Deutschland

100 SEHNSUCHTSZIELE

Wolfgang Rössig

Imposant thront der Watzmann über dem
Berchtesgadener Talkessel

Inhalt

Deutschland – Im Norden 10

Deutschland – Im Osten   96

Brandenburg

Sachsen-Anhalt

Thüringen

Sachsen

Deutschland – Im Süden   202

Deutschland – Im Westen 292

Hessen

Wolfgang Rössig

Unser Reiseautor und Fotograf ist für zahlreiche deutsche und internationale Verlage tätig, für Polyglott besonders als Kubaspezialist. Wenn er nicht gerade in der Karibik, in Südamerika, in den USA, in Australien oder am Mittelmeer unterwegs ist, geht er gern in Deutschland auf Entdeckungsreisen. Denn wer die ganze Welt anschaut, gewinnt auch der Heimat immer wieder neue Facetten ab.

Im Norden

Ein weiter Himmel wölbt sich über der silbrig schimmernden Wattlandschaft der Nordseeküste, violett blüht die Lüneburger Heide, blau schimmern die Seen Mecklenburgs: So schön ist Deutschlands Norden zwischen Ems und Oder! Von der Blütezeit der Hanse zeugt die Backsteingotik der Ostseehäfen, während weiter südlich verspielte Weserrenaissance und Fachwerkromantik im Märchenland der Brüder Grimm bezaubern. Zentrum ist die Freie und Hansestadt Hamburg, deren Weltoffenheit und unerhört dynamischer Hafen jährlich Millionen von Besuchern locken.

Der Weststrand am Darßer Wald bei Prerow
auf der Halbinsel Fischland-Darß-Zingst verspricht
Abgeschiedenheit und Entspannung pur

Der Norden

0   30 km

N

Der Norden map – *Nordsee*, *Nordfriesische Inseln*, *Ostfriesische Inseln*, *Deutsche Bucht*, *Wattenmeer*, *Ostfriesland*, *Schleswig-Holstein*, *Dithmarschen*, *Holstein*, *Niedersachsen*, *Lüneburger Heide*

1 Rügen
2 Hiddensee
3 Stralsund
4 Fischland-Darß-Zingst
5 Mecklenburgische Seenplatte
6 Heiligendamm
7 Wismar
8 Lübeck
9 Holsteinische Schweiz
10 Schleswig
11 Friedrichstadt
12 Nord-Ostsee-Kanal
13 Westerhever
14 Sylter Listland
15 Helgoland
16 Hamburg
17 Lüneburger Heide
18 Hildesheim
19 Hannoversch Münden
20 Hameln
21 Altes Land
22 Worpswede
23 Bremerhaven

Tour 01:

Rundtour über Fischland-Darß-Zingst

Route:

Ahrenshoop ▶ Wieck ▶ Prerow
▶ Darßer Ort ▶ Zingst ▶ Barth
▶ Ribnitz-Damgarten ▶ Ahrenshoop

Dauer:

1 Tag; 100 km

Praktische Hinweise:

• Das Bernsteinmuseum in Ribnitz-Damgarten hat im Sommer tgl. bis 18 Uhr geöffnet.
• In Zingst laden bei der Seebrücke Fischlokale zur Einkehr.

Tour-Start:

Auf der Rundfahrt über die Halbinsel fasziniert vor allem der ständige Wechsel von Ostsee und Boddenküste. Von

Ahrenshoop 1, in dem das Kunstmuseum besondere Aufmerksamkeit verdient, geht es über Born in das am Bodstedter Bodden gelegene Wieck. Das dortige Besucherzentrum »Darßer Arche« informiert über den Nationalpark Vorpommersche Boddenlandschaft.

Anschließend fährt man weiter zum Ostseebad **Prerow** 2. Von dort verkehren Pferdekutschen zum Leuchtturm Darßer Ort in der Kernregion des Schutzgebiets (der Weg ist für den öffentlichen Verkehr gesperrt). Zurück in Prerow, setzt sich die Tour entlang der Nordküste der Halbinsel nach **Zingst** 3 fort, das die meisten Gästebetten auf der Halbinsel

anzubieten hat. Wer im Herbst unterwegs ist, sollte nicht versäumen, eine Führung zu den Kranichrastplätzen zu machen.

Schließlich verlässt man die Halbinsel über die Meiningenbrücke in Richtung **Barth**. Das romantische Städtchen lohnt einen Bummel, bevor man weiter nach **Ribnitz-Damgarten** 4 fährt. Das dortige Bernsteinmuseum bietet eine beeindruckende Sammlung des urzeitlichen Harzes mit eingeschlossenen Blüten und Insekten sowie von Schmuckstücken aus mehreren Jahrhunderten. Sogar ein Teil des berühmten Bernsteinzimmers wurde nachgebildet. Dann kehrt man zurück nach Ahrenshoop.

Ahrenshoop 1

Kapitäns-, Matrosen- und Fischerhäuser bestimmen auch im Ostseebad Ahrenshoop (630 Einw.) das Straßenbild. Das Bad machte sich als Künstlerkolonie einen Namen. Um 1900 entdeckte der Maler Paul Müller-Kaempff den weltabgeschiedenen Flecken. Ihm sollten viele andere Künstler folgen. Müller-Kaempff ließ in der **Dorfstr. 18** für sich Wohnhaus und Atelier, in der **Dorfstr. 35** für seine Schüler die St.-Lukas-Pension errichten. Steilufer, Sanddünen, bizarre Bäume und geduckte Katen wurden auf Leinwand und Papier gebannt. Als Ausstellungsräume entstanden der **Kunstkaten** mit reetgedecktem Walmdach und die **Bunte Stube**.

Zu den Malern der Kolonie gesellten sich Schriftsteller und Musiker wie Bertolt Brecht, Anna Seghers und Hanns Eisler, zudem Gäste und Spitzen von SED und DDR-Regierung. Von der Aura einer Künstlerkolonie zehren die Ahrenshooper noch heute. Wer die Landschaft am Saaler Bodden, den endlosen Sandstrand bis zum Darßer Ort, die Verkaufsgalerien oder das Ahrenshooper Holz, ein fast 400 Jahre altes Waldgebiet am Ortsrand, etwas länger genießen möchte, sollte Quartier nehmen.

Ahrenshoop wartet mit einem überregional bedeutenden **Kunstmuseum** auf. Es präsentiert Werke von Mitbegründern der Künstlerkolonie Ahrenshoop, Paul Müller-Kaempff, Friedrich Wachenhusen oder Elisabeth von Eicken. Darüber

Beste Erholung im Romantik Hotel Namenlos

hinaus werden Künstler der Klassischen Moderne von Marianne von Werefkin über Lyonel Feininger, Max Pechstein, Max Kaus bis zu Ernst Wilhelm Nay gezeigt. Werke von DDR-Künstlern finden hier ihren Rahmen ebenso wie die Gegenwartskunst. Außerdem gibt es regelmäßig Wechselausstellungen (Weg zum Hohen Ufer 36, Tel. 03 82 20/667 90, www.kunstmuseum-ahrenshoop.de, April–Okt. tgl. 11–18, sonst Di–So 10–17 Uhr).

Info:
Kurverwaltung
• Kirchnersgang 2
  18347 Ahrenshoop
  Tel. 03 82 20/66 66 10
  www.ahrenshoop.de

Unterkunft:
Seezeichen
Feines Hotel im modern reduzierten Loft-Design in schöner Lage am Strand.
• Dorfstr. 22, Ahrenshoop
  Tel. 03 82 20/678 70
  www.seezeichen-hotel.de

The Grand Ahrenshoop
Luxushotel mit Schwerpunkt auf Wellness. Alle Zimmer mit Balkon bzw. Terrasse. Barrierefreier Zugang.
• Schifferberg 24, Ahrenshoop
  Tel. 03 82 20/67 80
  www.the-grand.de

Romantik Hotel Namenlos
Die Ahrenshooper Institution ist bekannt für ihre erlesene landestypische Küche und bietet darüber hinaus auch gemütliche Zimmer.
• Dorfstr. 44
  Ahrenshoop
  Tel. 03 82 20/60 66
  www.hotel-namenlos.de

Morgensünn & Susewind
Zwei Reethäuser in ruhiger Boddenlage mit Apartments, Suiten und Doppelzimmern. Schöner Pool, Sauna, Wellnessprogramm und Restaurant »Am Kiel«.
• Bauernreihe 4b, Ahrenshoop
  Tel. 03 82 20/64 10
  www.landhaus-morgensuenn.de

Shopping:
Bunte Stube
Die Bunte Stube hat sich schon seit vielen Jahrzehnten im Ahrenshooper Dorfleben etabliert und ist nicht nur Laden, sondern auch ein kleines Kulturzentrum und lokaler Treffpunkt. Der Verlag Bunte Stube gibt Regionalpublikationen heraus, die man hier ebenso kaufen kann wie Keramik und Souvenirs.
- Dorfstr. 24, Ahrenshoop
  Tel. 03 82 20/238
  www.bunte-stube.de

Prerow

Die Seemannskirche in Prerow mit einer barocken Taufkapelle und Votivschiffen

Das größte Seebad auf dem Darß ist Prerow (1500 Einw.), das wegen seines besonders breiten Sandstrands und als FKK-Bad gerühmt wird. Die Richtung Zingst gelegene **Seemannskirche** (18. Jh.) präsentiert sich mit barocker Innenausstattung und vielen alten Schiffsmodellen, die als Votivgaben zum Dank für die Rettung aus Seenot gestiftet wurden (Mo–Sa 10–18, So 13–18 Uhr). Das **Darß-Museum** (Waldstr. 48, Tel. 03 82 33/697 50, Mai bis Okt. Di–So 10–18, sonst Fr–So 13–17 Uhr) hebt Land und Leute aus dem Dunkel der Geschichte – im Mittelpunkt steht die Schifffahrt. Vom Hafen kann man zu Boddenrundfahrten starten. Zu Fuß, per Rad oder Kutsche gelangt man zum **Darßer Ort** mit einem **Leuchtturm** von 1848, von dessen Aussichtsplattform man einen spektakulären Rundblick hat. Hier hat auch das **Natureum** des Deutschem Meeresmuseums seinen Sitz. Es informiert über die Geschichte des Leuchtfeuers und vermittelt einen Eindruck von Flora und Fauna des umliegenden Nationalparks Vorpommersche Boddenlandschaft (Juni–Aug. tgl. 10–18, Mai, Sept./Okt. tgl. 10–17, Nov.–April Mi bis So 11–16 Uhr, www.deutsches-meeresmuseum.de).

Info:
Kur- und Tourismusbetrieb Prerow
- Gemeindeplatz 1
  18375 Prerow
  Tel. 03 82 33/61 00
  www.ostseebad-prerow.de

Unterkunft:
Hotel Haus Linden
Ruhig gelegenes Haus mit vegetarischem Restaurant. Auf Wunsch werden auch vegane und glutenfreie Gerichte zubereitet. Helle Zimmer. Sauna.
- Gemeindeplatz 3, Prerow
  Tel. 03 82 33/636
  www.haus-linden.de

Regenbogen Resort Prerow
Mit rund 800 Stellplätzen einer der größten und bekanntesten Campingplätze direkt am breiten Sandstrand. Kinderanimation, eigene Bäckerei.
- Bernsteinweg 4–8, Prerow
  Tel. 03 82 33/331
  04 31/237 23 70
  www.regenbogen-camp.de

Restaurants:
Landhaus Lange
In der rustikalen Gaststube mit Terrasse werden Mecklenburger Spezialitäten aufgetischt. Auch einfache Zimmer.
- Lange Str. 9, Prerow
  Tel. 03 82 33/601 53
  www.landhaus-lange.m-vp.de

Fischrestaurant Seeblick
Leckerer Ostseefisch, im Herbst Wildbret vom Darß. Am Hauptübergang zum Strand.
- Prerow
  Tel. 03 82 33/348
  www.pension-voss-prerow.eu

Zingst
Wenn von Stränden die Rede ist, darf bei der Aufzählung der 12 km lange Strand des Ostseeheilbades (3000 Einw.) nicht fehlen. Das einstige Fischerdorf hat mittlerweile kleinstädtische Züge, das Angebot an Gäste-

betten beläuft sich auf etwa 10 000. Etliche Hotels und Fachkliniken haben sich auf Kuranwendungen und Wellnessangebote spezialisiert. Im Jahr 2000 wurde das **Kurhaus** an der Seebrücke wieder eröffnet, in dem Ausstellungen und Veranstaltungen stattfinden. Über die Ortsgeschichte informiert das **Heimatmuseum** im denkmalgeschützten Haus Morgensonne.

Sehenswert ist die **Kirche** (1860–1862) von Schinkel-Schüler Friedrich August Stüler. Im Hafen kann man zu Fahrten nach Hiddensee und über den Bodden an Bord gehen.

Geduld braucht man, um vom **Pramort,** dem Ostzipfel der Halbinsel, alles zu beobachten, was schnattert, klappert, zirpt und singt. Zur Zeit der Kranichzüge von Anfang September bis Anfang November werden z. B. Abendführungen zu den Schlafplätzen der Vögel angeboten.

Info:
Kur und Tourismus GmbH
• Seestr. 56, 18374 Zingst
  Tel. 03 82 32/81 50
  www.zingst.de

Unterkunft:
Am Strand
Familiengeführtes Haus am Strandübergang 7. Im hauseigenen Restaurant werden regionale Spezialitäten von Fisch und Wild aufgetischt – die Kräuter kommen aus dem eigenen Garten.
• Birkenstr. 21, Zingst
  Tel. 03 82 32/156 00
  www.amstrand.de

Hotel-Appartement Seebrücke
Familienfreundliches Quartier, rollstuhlgerecht, guter Service. Restaurant »Seepferdchen« mit Terrasse. Liegt direkt hinter dem Deich nur wenige Schritte von der Ostsee entfernt.
• Seestr. 52–53, Zingst
  Tel. 03 82 32/840
  www.hotel-seebruecke.net

Ribnitz-Damgarten 4

Die Recknitz mit ihrer sumpfigen Flussniederung bildet die Grenze zwischen Mecklenburg und Pommern. Die beiden Städte Ribnitz (in Mecklenburg) und Damgarten (in Pommern) wurden 1950 zur Doppelstadt Ribnitz-Damgarten zusammengelegt (15 000 Einw.).

In Ribnitz blieb von der einst mächtigen Befestigung das **Rostocker Tor** aus dem 13. bzw. 15. Jh. erhalten. Die gotische Kirche **St. Klaren** gehört wie das Dominahaus mit Bernsteinmuseum zum ehemaligen **Klarissinnenkloster,** das Herzog Heinrich II. von Mecklenburg 1323 gründete. Zum Inventar zählen die Ribnitzer Madonnen, kostbare Holzskulpturen aus dem 15. Jh.

Wer Freude an fossilen Harzen hat, der kommt bei einem Besuch im **Deutschen Bernsteinmuseum** auf seine Kosten. Das Gold des Meeres schimmert in all seinen Farben – rau und unbearbeitet, geschliffen und poliert. Hier erfährt man alles Wissenswerte zu Herkunft, Fund und Abbau, Verwendung, Bearbeitung sowie Aberglauben. Dass Bernstein relativ weich und

leicht zu bearbeiten ist, zeigt sich an fein geschnitzten Tieramuletten oder Rosenkränzen, Schiffsmodellen und Figuren. Wem der Schmuck gefällt, findet im Shop schöne Stücke (Im Kloster 1–3, Tel. 038 21/46 22, www.deutsches-bernsteinmuseum.de, März–Okt. tgl. 9.30–18, Nov.–Febr. Di bis So 9.30 bis 17 Uhr).

Info:
Stadtinformation
• Am Markt 14
  18311 Ribnitz-Damgarten
  Tel. 038 21/22 01
  www.ribnitz-damgarten.de

Unterkunft:
Perle am Bodden
Das Stadtzentrum ist gut zu Fuß zu erreichen, trotzdem genießt man von vielen Zimmern einen schönen Blick auf die Ribnitzer See, die Teil des Saaler Boddens ist.
• Fritz-Reuter-Str. 15
  Ribnitz-Damgarten
  Tel. 038 21/21 48
  www.perle-a-b.de

Millionen Jahre in Bernstein überdauert

Rügen

Mythos Kreidefelsen

Früh am Morgen oder vor Sonnenuntergang muss man kommen, über den Hochuferweg, der durch Rotbuchenwälder entlang den steilen Klippen führt, denn dann ist es still, und sie leuchten in Rosa, Gold und Weiß, die Kreidefelsen in Deutschlands kleinstem Nationalpark Jasmund. Es war diese Stimmung, die um 1818 Deutschlands berühmtesten romantischen Maler so faszinierte, der Natur als Spiegel menschlicher Empfindungen darstellte.

Die genaue Stelle, an der Caspar David Friedrich malte, wird man nicht finden: Es waren nicht die Wissower Klinken, die im Februar 2005 nach einem Kreideabrutsch weitgehend zerstört wurden, und auch nicht der 119 Meter hohe Königsstuhl. Aber gerade deshalb sieht man Friedrichs Kreidefelsen überall, schaut wie der junge Maler rechts in den Abgrund, in die unendlich scheinende Weite des Meeres.

Später am Tag, wenn die Ausflugsbusse von Sassnitz und vom Großparkplatz in Hagen anrollen und Hunderte von Menschen auf die Aussichtsplattform des Königsstuhls drängen, ist es vorbei mit der romantischen Stimmung. Eine halbe Million Besucher im Jahr: Friedrich wäre entsetzt geflohen.

Für die Gäste hat man eines der innovativsten Besucherzentren eingerichtet, mit Multivisions-

kino und Erlebnisausstellung, die »Unsichtbares sichtbar« machen will. Gut so, denn auch auf Rügen scheint nicht immer die Sonne. So erfährt man, dass kalkhaltige Schalen, Skelette und Panzer von Kleinlebewesen vor über 50 Millionen Jahren die Kreide der Felsen bildeten. Der Romantiker will das gar nicht so genau wissen.

Lieber flüchtet er hinüber zur ruhigeren, aber winzigen Balustrade der Viktoria-Sicht, von der aus sich der beste Blick auf den Königsstuhl bietet, geht unten am steinigen Strand auf Bernstein- und Hühnergottsuche oder streift durch Rotbuchenwälder (Weltnaturerbe!), durch Kesselmoore mit Schwarzerlen, Eiben und Wildobstbäumen, bewundert die Farbenpracht von Frauenschuh und Perlmuttfalter und hofft, an einem der Bäche den seltenen Eisvogel zu erspähen. Gar nicht weit ist der Weg vom Königsstuhl zum dunklen

Beliebtes Ausflugsziel sind die Kreidefelsen im Nationalpark Jasmund

Herthasee und zum zehn Meter hohen Erdwall der Herthaburg aus heidnischer Slawenzeit, um die sich mancherlei Volksdichtung rankt. Nur Todgeweihte durften die Fruchtbarkeitszeremonien der Göttin am See beobachten, erzählt der römische Geschichtsschreiber Tacitus, der »auf einer Insel des Weltmeers« eine Opferstätte für die germanische Gottheit Nerthus wähnte. Pommersche Historiker verballhornten ihren Namen zu Hertha. Opferstein, Blutschale, ertränkte Jünglinge und Jungfrauen: Den Touristen wird hier so manche Elfe im Mondschein aufgebunden.

Manche Legenden haben fatale Folgen. Der Jüngling, der als Erster von der Seeseite her den Königsstuhl erklomm, wurde einst zum König der Insel gewählt, erzählen die Rüganer hartnäckig. Die Feuerwehr von Sassnitz findet diese Geschichte weniger lustig, denn sie muss mit bergwachttauglicher Ausrüstung immer wieder lebensmüde Nachahmer retten. Doch auch auf markierten Fußsteigen kann Gefahr drohen, wie Weihnachten 2011 der tragische Klippenabrutsch am Kap Arkona zeigte, bei dem ein Mädchen starb.

Harmlos, aber vermutlich erfolglos ist die Suche nach dem Schatz, den der brüderlich teilende Seeräuber Klaus Störtebeker am südlichen Ende des Nationalparks in der Piratenschlucht versteckt haben soll: ein Märchen, das wohl den Verkäufern von Metalldetektoren ihren Umsatz sichern soll. Ein sinnvollerer Erwerb ist ein Fernglas, mit dem Vogelfreunde Mehlschwalben, Zwergschnäpper, Wasseramseln, Gebirgsstelzen und Grüne Laubsänger beobachten können.

Sassnitz ist idealer Ausgangspunkt für Streifzüge durch den Nationalpark, und noch immer

Romantiker zieht es in die alten Laubwälder und -alleen auf Rügen

künden schöne Bädervillen von der Zeit, in der Fontane seine Effi Briest bemerken ließ: »Nach Rügen reisen heißt nach Sassnitz reisen.« Doch Anfang des 20. Jahrhunderts lief das weiter südlich gelegene Binz dem »Tor zu Skandinavien« seinen Rang als schönster Badeort auf Rügen ab. Mit wilhelminischer Sittenstrenge, knielangem Badezeug und Fotografierverbot am Strand ist es im »Nizza der Ostsee« natürlich längst vorbei. Die weißen Binzer Stadtvillen, die Bäderhotels der Gründerzeit und natürlich das 1908 im Jugendstil errichtete Kurhaus mit seinen Zeltdächern sind Blickfang und Motive genug. Mit einer Express-

Kleinbahn zuckelt man zum Jagdschloss Granitz, einer mittelalterlich anmutenden Burg aus dem 19. Jahrhundert. Drinnen wartet viel Klassizismus von Karl Friedrich Schinkel. So richtig mittelalterlich wird's erst beim »Schlemmerspektakel« in der Alten Brennerei, wo man sich an »Warmen Bärentatzen« und »Rügener Dampflümmeln« oder »Ritterbrot« erfreut, während Spielleute musizieren und Gaukler ihre Possen treiben.

Ruhe suchenden Zeitgenossen wird es ein paar Kilometer weiter in Sellin gefallen. In der Morgendämmerung leuchten die reich ornamentierten Holzfassaden der Bädervillen in der historischen Wilhelmstraße zartrosa, am Abend strahlt die 1998 wiedereröffnete Seebrücke mit ihrem Kaiserpavillon wie ein Weihnachtsbaum vor indigoblauem Meer. Mehrfach ist sie, wie andere Seebrücken auf Rügen, durch Stürme und Eisschollen zerstört worden. Vielleicht war es ja so ein Eisgang, der Friedrich sechs Jahre nach den Kreidefelsen zu seinem verstörenden Gemälde »Das Eismeer« inspirierte.

Auf Rügen haben sich auch andere berühmte Personen wohlgefühlt. »O Land der dunkeln Haine, O Glanz der blauen See, O Eiland, das ich meine, Wie tut's nach dir mir weh!«, dichtete der freiheitsliebende Schriftsteller Ernst Moritz Arndt, ein Zeitgenosse Friedrichs. Der Schriftsteller und Pastor Gotthard Kosegarten, auch er der Roman-

▶ Seitenblick

Die Deutsche Alleenstraße

Zu den landschaftlichen Höhepunkten Rügens zählt auch die Alte Bäderstraße von Altefähr nach Sellin. Grünen Gewölben gleich schließen sich von Mai bis in den Herbst die Kronen der Kastanien, Eichen, Ulmen und Linden über der Straße zusammen und bieten ein grandioses Spiel von Licht und Schatten. Zum Schutz des Baumbestands wurde die Strecke bereits 1993 zum ersten Abschnitt der »Deutschen Alleenstraße« erklärt (www.alleenstrasse.com).

tik verpflichtet, hielt seine berühmten Uferpredigten im Märchendörfchen Vitt. Er besuchte jene, die aufgrund ihrer Arbeit nicht nach Altenkirchen zum Gottesdienst kommen konnten. Seine Taktik war so erfolgreich, dass in Folge die Kapelle in Vitt errichtet wurde.

Und in Ralswiek am großen Jasmunder Bodden, wo man schon im frühen Mittelalter mit Arabern Handel trieb, feiern die Rüganer den ganzen Sommer über auf ihrer Freilichtbühne Klaus Störtebeker. Weil man dessen legendäre Schatzkiste noch immer nicht gefunden hat, packt man »Störtebekers Beute« in Seekisten zum Mitnehmen, mit hochprozentigem Arkonafeuer, Leuchtturmwärtertee und Kap-Arkona-Salami. Der Urlauber soll ja später nicht grummeln, wie 1584 ein fürstlicher Salzgraf, der auf Rügen nichts als Kreide und Kalk fand. Nun ja, er suchte ja auch nach dem weißen Gold der damaligen Zeit. Mit Kreide fahren die Rüganer heute aber besser.

► Informationen

Anreise:

Von Stralsund aus über den Rügendamm. Fünf- bis sechsmal täglich wird die alte Ziegelgrabenbrücke für jeweils 20 Minuten geöffnet. Die zweite, 2931 m lange Rügenbrücke (Querung insgesamt 4100 m) über den Strelasund wurde 2007 eröffnet. Weiterhin verkehrt eine Autofähre der Weißen Flotte im 20-Minuten-Takt zwischen Stahlbrode und Glewitz (Ende März bis Ende Okt.). IC-Verbindungen mit Berlin, Hamburg, Köln, Frankfurt, München. Autozüge nach Rügen gibt es nicht mehr.

Info:

Tourismuszentrale Rügen
* Circus 16
  18581 Putbus
  Tel. 038 38/807 70
  Fax 25 44 40
  www.ruegen.de

Nationalparkzentrum Königsstuhl
* Stubbenkammer 2, Sassnitz
  Tel. 03 83 92/66 17 66
  www.koenigsstuhl.com

Unterkunft:

* Die architektonische Pracht des Fünfsternehotels **Kurhaus Binz** sollte man eine Nacht lang genossen haben. Strandpromenade 27, Binz Tel. 038 93/66 50 www.travelcharme.com
* Um einiges preiswerter nächtigt man in den zauberhaften Ferienwohnungen der strahlend weißen historischen **Villa Agnes**, ebenfalls direkt am Meer. Strandpromenade 2, Binz Tel. 038 38/25 38 44 www.ferienapartments-binz.de/Villa_Agnes/
* Ideal für Ausflüge zu den Kreidefelsen liegt das **Waterkant Garni-Hote** mit herrlichem Blick über den Hafen. Seit 2017 unter neuer Leitung. Walterstr. 3, Sassnitz Tel. 03 83 92/509 41 www.hotel-waterkant.de

Restaurants:

* Besonders kreativ bereitet Ralf Haug in seinem mit einem Michelin-Stern bedachten Spitzenrestaurant **Freutal** im vornehmen Hotel Vier Jahreszeiten fangfrischen Fisch aus der Ostsee und Mecklenburger Wild zu. Erfreulich günstig ist das zweigängige Mittagsmenü. Zeppelinstr. 8, Binz Tel. 03 83 93/504 44 www.freustil.de
* Wirklich fangfrisch direkt vom Kutter und angenehm preiswert (auch als Imbiss) sind Dorsch- und Ostseelachsfilet in der **Gaststätte der Fischereigenossenschaft Kutterfisch** am Stadthafen von Sassnitz. Tel. 03 83 92/513 55 www.sassnitz.kutterfisch.de Tgl. 11–16 Uhr
* Ein achtgängiges Gourmetmenü mit Rügener Täubchen und in Chablis eingelegten Streifen vom Steinbutt bei exzellenter Weinbegleitung serviert Henry Krüger im Restaurant **Rugard Gourmet** des gleichnamigen Hotels. Strandpromenade 62, Binz Tel. 03 83 03/560 www.rugard-strandhotel.de

Hiddensee

Künstler-träume

Rügens Nachbarinsel ist eine kleine Perle im Nationalpark Vorpommersche Boddenlandschaft, frei von Autos, Hektik, Lärm und Rummel. Dies schätzten auch schon Künstler des 19. und frühen 20. Jahrhunderts.

Und dies mit schönsten Worten! »Sonnentau und Sanddornblatt, ich möchte die Augen nicht schließen, diese Insel ist schön«, schrieb Hanns Cibulka in seinen »Ostseetagebüchern«. Hierher reisen heißt zu sich finden, und so haben Künstler und

Schriftsteller schon vor 100 Jahren das seepferdchenförmige Eiland westlich von Rügen entdeckt. Auf Hiddensee lauschte Gerhart Hauptmann während eines ersten Kurzbesuchs im Jahr 1885 dem Trillern der »Mondscheinlerchen«, und die Insel ließ ihn nicht mehr los. »Nur stille, stille, dass es nicht etwa ein Weltbad werde«, flehte der Dichter. Wohl unzählige Male ist er durch den Dornbusch gewandert, jene herbe, schöne Landschaft im Norden der Insel. 1998 folgte ein Wetterfrosch Hauptmanns Spuren den Steiluferweg hinauf zum windigsten Leuchtturm Deutschlands, der auf dem 72 Meter hohen Bakenberg thront: Das hier ansässige Hiddenseer Wetterstudio von Meteomedia ist ARD-Zuschauern wohlvertraut. Zu DDR-Zeiten durfte kein Normalbürger auf den Leuchtturm klettern. Er hätte ja von dort einen Blick ins kapitalistische Ausland werfen und auf dumme Gedanken kommen können: An klaren Tagen kann man nämlich bis zu den Kreideklippen der dänischen Insel Møn schauen.

Gerhart Hauptmann kehrte immer wieder hierher zurück, doch da auch er den Goldschatz

Strandspaziergang auf Hiddensee

Ein Hauch von mediterranem Flair hoch im Norden

nicht fand, den die Zisterziensermönche vor der Reformation hier versteckt haben sollen, musste er erst durch Schreiben zu Geld kommen, bis er schließlich in Kloster die Villa Seedorn erwerben konnte, die heute Museum und kulturelles Zentrum ist. Die Dauerausstellung präsentiert die Lebens- und Arbeitsstätte des Dichters praktisch so, wie er sie verlassen hat. 1904 steckte der Maler Oskar Kruse viel Geld in den Bau einer Jugendstilvilla in Kloster. Ein anderer Künstler, Felix Krause, malte viel, viel blauen Himmel, so blau wie die Atelierscheune in Vitte, zu der die Tagesbesucher pilgern. Joachim Ringelnatz richtete den Blick etwas tiefer: »Nackt im Sande, purzeln Menschen, selig töricht«, dichtete der Schwerenöter. So vielen Prominenten gefiel es hier in den Goldenen Zwanzigern: Filmstars wie Billy Wilder, Lilian Harvey und Asta Nielsen, die sich die runde Villa Karusel errichten ließ, Theatergrößen wie Max Reinhardt und Bertolt Brecht, Schriftstellern wie Carl Zuckmayer, Gottfried Benn, Hans Fallada

und Lion Feuchtwanger. Sogar Albert Einstein nahm in Hiddensee Quartier. Zu Pfingsten 1935 verkündeten plötzlich infame Schilder, dass so mancher illustre Gast nicht mehr willkommen sei. Auf den literarischen Inselführungen von Ute

► Seitenblick

Sagenhafte Schatzinsel Hiddensee
Wikingeranführer Hithin heiratete Hilde. Brautvater Hägin beschuldigte ihn des vorehelichen Geschlechtsverkehrs, beim folgenden Zweikampf starben beide. Schauplatz des Dramas: die Insel Hiddensee, deren Name auf den Wikingerherrscher zurückgeführt wird. Von deren Präsenz zeugt der Hiddenseer Goldschatz, dessen Nachbildung im Heimatmuseum Kloster zu sehen ist. Glaubt man der Fama, so liegen noch immer reiche Schätze im Sand verborgen.

Fritsch durch Kloster und Vitte zu den Quartieren der oft jüdischen Prominenz wird das nicht verschwiegen.

Hauptmann liegt auf dem idyllischen Klosterfriedhof begraben, unter einem riesigen efeuumrankten Findling, an der Westseite der 1332 geweihten Inselkirche, von deren mit Rosen bemalter Decke ein fröhlicher Taufengel herabschwebt. Noch manch anderes hat sich seit Hauptmanns Zeiten nicht geändert: Autos sind auf Hiddensee nicht geduldet, vom kleinen Inselbus mal abgesehen. Und so warten bei der Ankunft am Fährhafen in Kloster die Einheimischen mit Gepäckhandwagen auf ihre Gäste, die den Dornbusch mit seiner Steilküste, seinen Kiefern- und Birkenwäldern, seinen Heckenrosen und Sanddorndickichten hauptsächlich zu Fuß erkun-

den. Für längere Strecken nimmt man das Fahrrad oder den Pferdewagen. Die meisten Besucher sind Tagesausflügler, doch da die letzte Fähre um 19.30 Uhr ablegt, entgeht ihnen zumindest im Sommer der glorreiche Hiddenseer Sonnenuntergang, was der Beschaulichkeit suchende Feriengast nicht im Mindesten bedauert.

Im Mai blüht der Ginster, im August die Dünenheide zwischen Vitte und Neuendorf. An winzigen, reetgedeckten Fischerhäusern vorbei spaziert man hinein in die Dünenlandschaft, die Luft schmeckt salzig, es duftet nach Glockenheide, Wacholder und Krähenbeere, sanft blöken die Schafe, und das Meer rauscht dazu. Bläst der Wind mal gar zu frisch, dann wärmen ein oder zwei Gläschen Hiddenseer Sanddornlikör. Man könnte es ewig genießen, das »söte Länneken«.

► Informationen

Anreise:
Über Stralsund nach Schaprode auf Rügen, wo man das Auto abstellen kann. Mehrmals täglich Fähren der Weißen Flotte/ Reederei Hiddensee, April bis Nov. auch ab Stralsund. Ab Schaprode verkehren zudem Wassertaxis.
Service-Tel. 038 30/210
www.reederei-hiddensee.de

Info:
Insel-Information Hiddensee
• Achtern Diek 18
  18565 Vitte/Hiddensee
  Tel. 03 83 00/60 86 85
  www.seebad-hiddensee.de

Unterkunft:
• Luxuriöse und moderne Ferienwohnungen kann man im **Inselhaus Hiddensee** anmieten.

Süderende 85, Vitte
Tel. 03 83 00/66 20
Fax 662 10
www.inselhaus.de
• Um einiges preiswerter, aber sehr gemütlich wohnt man in der **Pension Lachmöwe,** die mit einer schönen Kaffeestube aufwartet.
Wallweg 5, Vitte
Tel. 03 83 00/253
www.lachmoewe.de
• Gleich beim Leuchtturm von Dornbusch, mitten im Wald, liegt die Pension **Zum Klausner,** nur einen Katzensprung vom Meer entfernt und mit herrlichen Sonnenuntergängen gesegnet. Das Restaurant serviert gute Fischgerichte.
Im Dornbuschwald 1, Kloster
Tel. 03 83 00/66 10
Fax 661 20
www.klausner-hiddensee.de

Restaurants:
• Das Restaurant **Inselreif** serviert pommersche Küche.
Süderende 9, Vitte
Tel. 03 83 00/263
www.hiddensee-inselreif.de
• Regional mit viel Fisch kocht auch die **Stranddistel.**
Plogshagen 15, Neuendorf
Tel. 03 83 00/393
www.stranddistel-hiddensee.de
• Urgemütlich ist das auch als Unterkunft sehr zu empfehlende **Gasthaus & Pension Zum Hiddenseer,** in dem man sich auf die Zubereitung sehr leckerer Fischgerichte mit Gemüse frisch vom Feld versteht, aber auch auf vorzüglich geschmorte Rinderschulter mit Portwein-Jus.
Wiesenweg 22, Vitte
Tel. 03 83 00/419
www.hiddenseer.de

Stralsund

Gotik in Backstein

Dem von Rügen kommenden Besucher präsentiert sich die schönste Seite der alten Hansestadt an der Ostsee. Es ist in erster Linie privater Initiative seit 1989 zu verdanken, dass der Altstadtkern wieder im Rot der gotischen Backsteinarchitektur erstrahlt. Das beeindruckte 2002 auch die UNESCO: Stralsund ist heute Weltkulturerbe.

Einst wichtiges Handelszentrum der Hanse im 14. und 15. Jahrhundert, heute Weltkulturerbe

Das Ozeaneum in Stralsund zeigt die Wasserwelten der nördlichen Meere

»Meerstadt ist Stralsund, vom Meer erzeugt, dem Meere ähnlich«, dichtete Ricarda Huch. Profaner ausgedrückt: Stralsund verdankt seinen Aufstieg im Mittelalter den riesigen Heringsschwärmen an der Küste dieses Landstrichs, den die Slawen »po morje« nannten, »am Meer«. Die geschützte Insellage der Altstadt war es wohl, die Stralsund im Juli 2006 den Besuch des US-amerikanischen Präsidenten George W. Bush einbrachte. Die Stadt habe 1628 schon der Belagerung durch Wallenstein getrotzt, spotteten die Gegner. Wie alle illustren Gäste zog auch George W. Bush mit einem Fässchen Stralsunder Bismarckhering wieder von dannen, der schon 1871 Reichskanzler Otto von Bismarck gemundet hatte: fangfrisch mild-sauer eingelegt, wie es sich gehört. Dazu schmeckt das eigens für Hannelore Höpner hergestellte »Fährwasser«, ein Kümmelschnaps, den es »Bei Hanni« gibt, die in der Altstadt eine der ältesten Hafenkneipen Europas betreibt. Als »Taberna apud passagium« wurde das Lokal im Jahr 1332 erstmals urkundlich erwähnt, und so heißt es auch heute noch: »Zur Fähre«.

Tatkräftig sorgen Hanni und viele andere Stralsunder Bürger dafür, dass die schmucke Altstadt nicht zu einem reinen Freilichtmuseum verkommt. Wie im Museum fühlt man sich dennoch, wenn man die filigrane spätgotische Schaufront des Rathauses am Alten Markt bewundert. Mit seinen Giebeln und Fialtürmchen gehört es zu den Glanzstücken der Backsteingotik. Es fügt sich ein in das Ensemble stolzer Bürgerhäuser, wie das Wulflamhaus von 1358, hinter dessen Staffelgiebelfassade heute die feinen »Wulflamstuben« Leckeres aus alten Kochbüchern servieren. Blendbögen und Giebel blieben auch in späteren Zeiten schick. Das auf Brandschutz bedachte lübische Baurecht aus dem 13. Jahrhundert sorgte dafür, dass sich zwar der Stil der Bürgerhäuser änderte, aber bis in den Klassizismus hinein die Baufluchten des Mittelalters bestehen blieben. Ein Gebäude aber ist mehr als nur Fassade: Im Museumshaus in der Mönchstraße 38 sind die Zimmer im Zustand des 14. Jahrhunderts erhalten, inklusive guter Stube und Schwarzküche.

Von mittelalterlichem Bürgerstolz künden auch Stralsunds gotische Kirchen. Geradezu ein Fest für die Sinne bietet die Nikolaikirche, die heute wieder wie im 15. Jahrhundert in strahlenden Farben ausgemalt ist. Der Chor im Inneren der Kirche ist eine Symphonie von Pfeilern, Streben und Holzschnitzereien, bekrönt von einem rosenförmigen Schlussstein. Von wegen norddeutsche Nüchternheit!

Monumentaler gibt sich die Marienkirche aus dem 15. Jahrhundert, von deren 104 Meter hohem Turm der Blick über die Altstadt schweift. Ihr Glanzstück ist die prächtige Barockorgel. Ältere Stralsunder berichten gern von der Zeit, als die in den 1970er-Jahren eingeführten Orgelkonzerte in der Marienkirche kleine Fluchten aus dem DDR-Alltag bedeuteten.

Auch heute haben die Menschen in Stralsund wieder mit wirtschaftlichen Problemen zu kämpfen. Aber sie stellen auch hierin ihre Zähigkeit unter Beweis, und das nicht nur beim Sundschwimmen, dem ältesten Langstreckenschwimmen weltweit.

Innovativ sind die Stralsunder ohnehin. Eine frühgotische Klosterkirche wandelten sie in ein Meeresmuseum um, das mit seinen Haien und Kraken inzwischen zu einer der meistbesuchten Attraktionen Mecklenburg-Vorpommerns gehört. In einem spannungsreichen Kontrast zur historischen Hafenfront mit ihren alten backsteinernen Speichern steht seit 2008 der futuristische Neubau des Ozeaneums. Es präsentiert die Lebensräume Stralsunder Hafenbecken, Bodden, Ostsee, Wattenmeer, Helgoland und Nordpolarmeer. Vom Ozeaneum blickt man auf den Großsegler »Gorch Fock«, der jetzt wieder sorgfältig restauriert an seinem angestammten Platz an der historischen Ballastkiste liegt und von künftigen Großseglertreffen träumt.

► Informationen

Anfahrt:
Autobahn- und Zugverbindung mit Hamburg, Lübeck, Rostock und Berlin.

Info:
• **Tourismuszentrale der Hansestadt Stralsund**
Alter Markt 9
18439 Stralsund
Tel. 038 31/246 90
www.stralsundtourismus.de

Unterkunft:
• Hanseatisches Flair am Hafen bietet das **Kontorhaus,** ein modernes Hotel beim Ozeaneum. Die Inneneinrichtung wurde von einem Spezialisten für Kreuzfahrtschiffe gestaltet und erinnert an die Kabinen eines Luxusliners. Die geräumigen Zimmer tragen die Namen berühmter Schiffe, darunter *QE2* oder *Gorch Fock.*

Am Querkanal 1
Tel. 038 31/28 98 00
www.kontorhaus-stralsund.de
• Die zentrale Lage am historischen Markt ist das große Plus vom **Hotel zur Post.**
Tribseer Str. 22
Tel. 038 31/20 05 00
Fax 20 05 10
www.hotel-zur-post-stralsund.de
• In geschmackvollem Puppenstuben-Ambiente schläft man in der **Hotel-Pension Quast.**
Greifswalder Chaussee 54
Tel. 038 31/27 05 32
Fax 27 05 33
www.pension-quast.de

Restaurants:
• Die **Wulflamstuben** servieren in einem besonders schönen mittelalterlichen Giebelhaus Mecklenburger Gerichte nach alten Rezepten.

Alter Markt 5
Tel. 038 31/29 15 33
www.wulflamstuben.de
• Gute Fischgerichte gibt es im **Fischermann's,** untergebracht in einem alten Getreidespeicher am Hafen mit großer Terrasse.
An der Fährbrücke 3
Tel. 038 31/29 23 22
www.fischermanns-restaurant.de
• Moderne, saisonal wechselnde nordische Küche unter einer schönen alten Holzdecke serviert das Restaurant **Zum Scheele.**
Fährstr. 23–25
Tel. 038 31/28 33 00
www.hotel-stralsund-scheelehof.de

Halbinsel Fischland-Darß-Zingst

Atlantis der Ostsee

Ob sie wirklich auf dem Grund des Barther Boddens liegt, die sagenhaft reiche Stadt Vineta? Heines »Seegespenst« versank im 12. Jahrhundert ob der Sündhaftigkeit seiner Bewohner. Von der Barther
Hafenpromenade schweift der »Vineta-Blick« über den Bodden, zu
den Wäldern der nahen Halbinsel Zingst, an deren Ostspitze zweimal
im Jahr rund 60 000 Kraniche eine Rast einlegen.

Auf altertümlichen Booten durch die
Vorpommersche Boddenlandschaft schippern

Bodden, so werden die flachen, seenähnlichen
Ostseelagunen genannt, die durch Inseln und
Nehrungen weitgehend von der offenen See ab-
geriegelt sind. Altertümliche Zeesboote, deren
breite Rümpfe aus Eichenholz und rostrote
Segel schon Caspar David Friedrich faszinierten,
fahren heute fast nur noch zum Vergnügen kreuz
und quer durch den im Jahr 1990 eingerichteten Nationalpark Vorpommersche Boddenlandschaft, zu dem der Mittelteil des Darßes und der
östliche Teil von Zingst gehören.

Zusammen mit dem schmalen Fischland bilden Darß und Zingst eine amphibische Landschaft, eine Halbinsel, die aus drei Eilanden zu-
sammengewachsen ist. Ob es wohl dieser Bodden
war, auf den die Kinder aus Benno Pludras Roman »Tambari« bei Nacht und Nebel hinaus-
fuhren, mit dem Kutter des alten Weltumseglers
Luden Dassow, den sie in mühevoller Arbeit
wieder instand gesetzt hatten? In beliebten Kin-

derbüchern wie diesem konnten DDR-Autoren die Sehnsucht nach Freiheit und großer Welt gefahrlos bedienen.

Früher durften normale DDR-Bürger noch nicht einmal den urtümlichen Darßwald besuchen, denn der war den Parteibonzen als Jagdrevier vorbehalten. Immerhin blieb auf diese Weise die romantische Landschaft mit ihren bis zu 400 Jahre alten Baumriesen unberührt. Heute genießt man die Wanderung vom FKK-Paradies Prerow zum roten Leuchtturm und zum puderzuckerfeinen Weststrand des Darßes.

Frühjahrs- und Herbststürme waren einst ein Segen, spülten sie doch den begehrten Bernstein an die Strände. Die Darßer kamen aber auch durch Seefahrt und Schiffbau zu Wohlstand. Wie in Dänemark sind die in der Seemannskirche von Prerow aufgehängten Votivschiffe keine Bittgaben, sondern Statussymbole.

Die bunt bemalten Türen der liebevoll restaurierten Kapitänshäuser von Prerow zeigen oft die aufgehende Sonne: Symbol für eine gute Heimkehr. Farbenfroh gibt sich auch das am Südende des Darßes gelegene und teilweise schon zu Fischland gehörende Künstlerdorf Ahrenshoop, in dem Paul Müller-Kaempff im Jahr 1892 das erste Malerhaus errichtete. Bis heute zieht das idyllische Dörfchen mit seinen bunt verzierten, reetgedeckten Bauernkaten Maler, Bildhauer und Schriftsteller an.

Kein Wunder, an manchen Abenden brennt hier der Himmel in den goldenen Farben des Bernsteins, jener Tränen der Götter, die einst das sagenhafte Vineta im Wohlstand schwelgen ließen, der später jedoch auch zu seinem Untergang führte. Und wer ganz still ist, hört vielleicht sogar die Glocken Vinetas vom Meeresgrund heraufläuten.

▶ Informationen

Anreise:
Über Rostock oder Stralsund nach Ribnitz-Damgarten und Ahrenshoop beziehungsweise Barth und Zingst. Zugverbindung von Hamburg/Rostock nach Ribnitz-Damgarten oder nach Barth über Velgast. Ab Barth und Ribnitz-Damgarten fahren regelmäßig Busse auf die Halbinsel Fischland-Darß-Zingst (mit Fahrradtransport).

Info:
• **Tourismusverband Fischland-Darß-Zingst**
Barther Str. 16
18314 Löbnitz
Tel. 03 83 24/64 00
www.fischland-darss-zingst.net

• **Nationalparkamt Vorpommern**
Im Forst 5, Born/Darß
Tel. 03 82 34/50 20
www.nationalpark-vorpommersche-boddenlandschaft.de

Unterkunft und Restaurants:
• Das **Hotel Haferland** glänzt nicht nur mit großem Wellnessangebot, sondern auch mit feiner Küche, die das Beste aus ausschließlich regionalen und lokalen Zutaten zaubert.
Bauernreihe 5a
Wieck auf dem Darß
Tel. 03 82 33/680
Fax 682 20
www.hotelhaferland.de

• Ein ganz besonderer Tipp ist das ehemalige Jugendstil-Wohn- und Atelierhaus der Malerin Elisabeth von Eicken im Ostseebad Ahrenshoop. In sechs künstlerisch-individuell gestalteten Zimmern kann man nächtigen. Außerdem bietet das Haus kulinarische Genüsse mit mediterranem Einschlag, dazu erlesene Weine.
Dorfstr. 39
Tel. 03 82 20/679 70
Fax 67 97 67
www.elisabeth-voneicken.de

• Exquisite, leichte Regionalküche zelebriert das Café und Restaurant **Namenlos** in Ahrenshoop.
Schifferberg 2
Tel. 03 82 20/60 62 60
www.cafe-namenlos.de

Mecklenburgische Seenplatte

Spiegel der Wolken

Einsame tiefblaue Seen, stille dunkelgrüne Buchenurwälder, weite Niedermoore, gelbe Rapsfelder unter endlosem Himmel: Das »Land der tausend Seen, Flüsse und Kanäle« ist eine Offenbarung für gestresste Stadtmenschen. Entdeckung der Langsamkeit!

Über das Buckelpflaster der herrlichen Alleen polterten schon Postkutschen, am Kummerower See entlang strampelt man auf Schienen mit altertümlichen Draisinen. Reiterhöfe laden zur Entdeckung der Natur hoch zu Ross oder in einer Pferdekutsche ein, und das beste Fortbewegungsmittel ist ohnehin das Fahrrad. Selbst in der Mecklenburgischen Schweiz sind die »Berge« höchstens 100 Meter hoch. Ausgeschilderte Radrouten gibt es fast so viele wie Seen, und egal, wie lang die Tagestour ist, die man sich vorgenommen hat: Ein kleines Städtchen ist nie weit, immer wieder kann man in Ausflugslokale, Cafés und Restaurants einkehren. Hier kommt der Fisch frisch aus dem Rauch und das Brot aus dem Steinbackofen. Auch Übernachtungsmöglichkeiten finden sich für Pedalritter überall. Schiffe und Busse mit speziellen Anhängern nehmen die Drahtesel gern mit, kostenlos übrigens.

Aber Mitteleuropas größtes zusammenhängendes Seengebiet, das die zurückweichenden Gletscher der letzten Eiszeit hinterlassen haben, kann man natürlich auch zu Wasser erleben: Mit Hausboot, Kanu, Motor- oder Segeljacht schippert man gemächlich über idyllische Seen und Flüsse, und am Abend findet sich immer ein einsames Plätzchen für den Sonnenuntergang an Deck.

Inmitten dieses Wasserparadieses liegt die Müritz, mit 115 Quadratkilometern Deutschlands größter Binnensee. Fisch- und Seeadler

▶ Seitenblick

Binnenschifffahrt

Zehn Schiffe umfasst die Weiße Flotte Müritz, darunter auch das Dampfschiff *Europa*.
Sie verkehrt im Linienverkehr von Waren nach Klink und Röbel oder von Waren über Klink zum Bolter Kanal und weiter zum Hafendorf Müritz. Außerdem gibt es eine regelmäßige Verbindung zwischen Müritz und Plauer See. Überaus beliebt sind auch Ausflugsfahrten wie die Große Müritzrundfahrt (www.weisse-flotte-mueritz.de).

Urlaub mit dem Hausboot auf dem Mirower See lässt hektische Stadtmenschen entschleunigen

kreisen hoch in den Lüften, denn der National-park ist ihre Kinderstube. Ihre Horste bauen sie auf den höchsten Bäumen. Im Morgengrauen röhren die Hirsche, und im Herbst durchbrechen Kranich- und Wildgansschwärme auf ihrem Zug gen Süden die Stille. Am Uferrand blitzt das tür-kis-orange Gefieder eines Eisvogels auf, Hauben-taucher ziehen Furchen durch die spiegelglatte Wasseroberfläche. Immer wieder stößt man auf verschwiegene Strände im Schilf. Baden darf man meist hüllenlos. Frühaufsteher rudern hinaus auf den von zarten Nebelschleiern eingehüllten See, bis das helle Grau sich rosa färbt. Auf ausgedehn-ten Wanderungen mit einem Ranger entdeckt man auch die verborgenen Schätze des Müritz-Nationalparks.

Seit 2011 sind die mächtigen Buchenhaine um Serrahn Teil des UNESCO-Weltnaturerbes »Alte Buchenwälder Deutschlands«. Und immer wie-der ist man auf stillen Alleenstraßen unterwegs, einst angelegt, damit die Einwohner auch im Win-ter den Weg von Dorf zu Dorf fanden. Da die Kut-schen und später die Trabis gemächlich fuhren, mussten die herrlichen Bäume nicht aus Sicher-heitsgründen abgeholzt werden. Von Rügen aus führt das grüne Band mitten durch die Mecklen-burger Seenlandschaft. Besonders schön sind die Strecke am Ostufer des Malchiner Sees entlang und die Straße zwischen Wustrow und Rheins-berg, das schon zu Brandenburg gehört.

Städte und Dörfer liegen verstreut in der gan-zen Region, nie spektakulär, aber oft mit eigenem See, einer hübschen Kirche, verwinkelten Alt-stadtgassen, stolzen Rathäusern und gelegentlich einem etwas großspurig Schloss genannten Her-rensitz. In Neubrandenburg kann man gar 80 his-torische Gebäude der Region auf einem Areal besichtigen, im Modellpark Mecklenburgische Seenplatte, und wer die Originale sehen möchte, lässt sich im Informationszentrum den Anreise-weg ausdrucken. Die spätgotischen Stadttore, die 32 Wiekhäuser und die 1298 geweihte, zum Kon-zertsaal umgebaute Marienkirche Neubranden-burgs sind nur einen Spaziergang entfernt.

Tausendjährige Eichen in Ivenack

Fritz Reuter, der Dichterstolz Mecklenburgs, begegnet einem auf Schritt und Tritt, besonders in Stavenhagen, wo er 1810 zur Welt kam – angemessen ist deshalb auch der Beiname »Reuterstadt«. Den unterirdischen Gang zwischen Stavenhagen und Ivenack, von dem der Dichter und Schriftsteller erzählte, gibt es zwar nicht, wohl aber die tausendjährigen Eichen im Wildgehege von Ivenack, durch das Damhirsche streifen. Sage und schreibe 1200 Jahre alt ist der älteste der knorrigen Riesen, dem Fritz Reuter in schönstem Mecklenburger Platt ein Denkmal setzte: »Ick weit einen Eikbom, de steiht an de See, de Nurdsturm de brust in sin Knäst; stolz reckt hei de mächtige Kron in de Höh, so is dat all dusend Johr wäst.«

▶ Informationen

Anfahrt:
Autobahnverbindung mit Hamburg, Schwerin und Berlin, Regionalzugverbindung von Berlin und Rostock (Flughafen) nach Waren/Müritz und Neustrelitz.

Info:
• **Tourismusverband Mecklenburgische Seenplatte**
Turnplatz 2
17207 Röbel/Müritz
Tel. 03 99 31/53 80
Fax 538 29
www.mecklenburgische-seenplatte.de

Unterkunft:
• Plätschernde Wellen wiegen den Gast im Reetdachhaus **Hotel Seglerheim** in den Schlaf, denn es steht sogar teilweise auf Pfählen mitten im Wasser.

Müritzpromenade 11
Röbel/Müritz
Tel. 03 99 31/591 81
Fax 592 06
www.seglerheim.de
• Feudal am Ufer der Müritz, mit einem großen Wellness-Angebot, wohnt man auf **Schloss Klink,** errichtet 1898 im Stil eines Loire-Schlosses.
Schlossstr. 6
Tel. 039 91/74 70
www.schlosshotel-klink.de
• Direkt oberhalb des Tollensesees liegt das überaus idyllische Hotel **Bornmühle.**
Groß Nemerow
Tel. 03 96 05/600
Fax 603 99
www.bornmuehle.de
• Direkt am Luzinsee befindet sich der romantische historische Gasthof **Altes Zollhaus.**

Am Erddamm 31, Feldberg
Tel. 03 98 31/500
Fax 502 69
www.romantik-am-see.de

Restaurants:
• Köstlichen Fisch aus der Müritz und Wild aus den umliegenden Wäldern bietet das Gourmetrestaurant im Hotel **Kleines Meer.**
Alter Markt 7
Waren (Müritz)
Tel. 039 91/64 80
www.kleinesmeer.de
• Preiswerter, aber ebenfalls topfrisch sind selbst geräucherter Müritz- und Seefisch in der urigen Gaststätte **Altes Reusenhus.**
Schulstr. 7, Waren/Müritz
Tel. 039 91/66 68 97
www.reusenhus.de

Heiligendamm

Weiße Stadt am Meer

In der See zu baden galt noch im 18. Jahrhundert als befremdliches Tun. Aber einer muss ja immer anfangen. An der Ostseeküste war es Herzog Friedrich Franz I. von Mecklenburg-Schwerin, der sich anno 1793 mit einigen unverzagten Gefährten am Heiligen Damm in die Fluten der Ostsee wagte – auf Anraten seines Leibarztes Samuel Gottlieb Vogel.

Der Buchenwald reicht in Heiligendamm bis an die Küste

Blick von der Seebrücke Heiligendamm auf die »weiße Stadt«

1794 stand bereits das erste Badehaus in Heiligendamm, doch ins gefährliche Wasser trauten sich die 300 Badegäste zunächst nur mithilfe absonderlicher Vorrichtungen. Man zog am Strand vertäute Segelboote, die Badeschaluppen, aufs Meer hinaus, wo sich die Badenden hinter geschlossenen Gardinen entkleideten und über eine Treppe hinunter in einen Holzkäfig stiegen, der in die See abgesenkt wurde. Dummerweise verdarb oft Seekrankheit das Vergnügen, und bald ging man zu Badekarren über. Damen durften übrigens erst ab 1802 planschen, separiert natürlich.

Schon 1823 wurde zwischen Heiligendamm und Doberan die erste Galopprennbahn eröffnet, 1850 die herrliche Lindenallee zwischen beiden Orten angelegt, und ab 1885 schnaufte mit der »Molli« die erste Bäderbahn nach Heiligendamm. Es gibt sie heute noch, diese Rarität für Schmalspurbahnfreunde: Gemächlich zuckelt die Molli durch Bad Doberan mit seiner herrlichen gotischen Zisterzienserklosterkirche, dann weiter parallel zur Lindenallee und an der 1993 wieder eröffneten Rennbahn vorbei nach Heiligendamm. Von dort geht die Fahrt ins Seebad Kühlungsborn, das mit einem herrlichen Sandstrand glänzt, an dem 1882 der Strandkorb erfunden wurde.

Schon der herzogliche Leibarzt Vogel hatte dem »ganz unbeschreiblich großen und herrlichen Anblick der See« heilende Kräfte zugeschrieben, und tatsächlich wollten die illustren Gäste bald direkt am Meer wohnen. So wurde aus Heiligendamm ein feudales Seebad mit Seebrücke. Die Architekten wechselten, doch das störte das Bild des konsequent zur See hin ausgerichteten Gesamtkunstwerks nicht. Es besteht aus dem Kurhaus mit dorischer Säulenvorhalle und flachem Dreiecksgiebel, dem barockisierten Haus Mecklenburg von 1795, den klassizistischen Logiervillen, der romantischen Burg Hohenzollern, dem Grandhotel und der Orangerie. Auf der Vorderseite des Kurhauses prangt das lateinische Motto des Seebads: »Hic te laetitia invitat post balneum sanum« – »Hier empfängt dich Frohsinn nach gesundem Bade«. Doch in DDR-Zeiten verfiel das Architekturensemble, in dem der europäische Hochadel logiert und sogar die Zarenfamilie ihre Sommerfrische verbracht hatte.

Inzwischen wurde die Anlage aufwendig renoviert, um das moderne Palais Severin erweitert und 2003 als Kempinski Grand Hotel eröffnet. Die Wahl Heiligendamms zum Tagungsort des G-8-Gipfels im Sommer 2007 war sicherlich der

Exklusivität und der leicht bewachbaren Abgeschiedenheit des Seebads zu verdanken. US-Präsident Bush hatte ja im Juli 2006 schon mal in der Burg Hohenzollern unter romantischen Zinnen, Giebeln und Türmchen »vorgeschlafen«.

Die Kempinski-Gruppe hat sich inzwischen zurückgezogen, doch setzen die Privatinvestoren nach wie vor auf Eliteklientel und Luxuswellness. Die Angebote, von indianischer La-Stone-Therapie bis zur tibetischen Klangzeremonie, sind ebenso exotisch wie teuer. Mehrere Jahre war der Badeort größtenteils im Besitz der Investorengruppe des Fundus-Fonds, Nach der Insolvenz 2012 im Sommer 2013 erfolgte die Privatübernahme durch den Wirtschaftsprüfer Paul Morzynski aus Hannover. Familienurlaub der obersten Preisklasse scheint nun eine weitere Strategie zu lauten, mit eigener Kindervilla für die komplette Rundumbespaßung der Sprösslinge. Die Entwicklungs-Compagnie Heiligendamm (ECH) saniert inzwischen die sieben Villen der historischen »Perlenkette«.

Ein klassisches Strandleben in Heiligendamm gibt es wegen des schmalen und mit Geröllkieseln bedeckten Strandes nicht. Die eigentliche Attraktion ist der bis unmittelbar an die Küste reichende dunkle Buchenwald. Herrliche Spaziergänge führen zum waldgesäumten Spiegelsee und zum faszinierenden Gespensterwald von Nienhagen, dessen vom salzigen Seewind bizarr verformte Bäume wie Geister an der Steilküste stehen. Die dortigen herrlichen Sonnenuntergänge werden auch in Zukunft nicht nur die Reichen und Schönen dieser Welt bewundern dürfen.

▶ Informationen

Anreise:
Über Rostock nach Bad Doberan (Zug), von dort auf der Landstraße oder mit der mecklenburgischen Bäderbahn »Molli« (www.molli-bahn.de) nach Heiligendamm.

Info:
- **Tourist-Information Bad Doberan**
  Severinstr. 6
  18209 Bad Doberan
  Tel. 03 82 03/621 54
  www.bad-doberan.de
- **Touristik-Service Kühlungsborn**
  Ostseeallee 19
  18225 Kühlungsborn
  Tel. 03 82 93/84 90
  www.kuehlungsborn.de

Unterkunft:
- Das **Grand Hotel** in Heiligendamm ist inzwischen das Maß aller Dinge. In den verschiedenen Gebäuden des Luxuskomplexes schläft man in außerordentlich noblen Gemächern (Präsident Bush logierte in der Burg Hohenzollern). In der Nebensaison werden erschwinglichere Aufenthalte inklusive Wellness angeboten.
  Tel. 03 82 03/74 00
  www.grandhotel-heiligendamm.de
- Wesentlich preiswerter wohnt man im **Gästehaus Koch** oder in Bad Doberan und Kühlungsborn.
  Gartenstr. 1a
  Tel. 03 82 03/638 82
  Fax 638 83
  www.urlaub-in-heiligendamm.de

Restaurants:
- Verfeinerte regionale Küche in edlem Ambiente serviert das **Restaurant im Kurhaus,** Gourmetküche das **Restaurant Friedrich Franz.** Die **Sushi Bar** im Wandelgang zwischen Kurhaus und Haus Mecklenburg (mit Terrasse) kredenzt asiatische Sundowners mit Blick auf den Sonnenuntergang und das Meer.
- Regionale Köstlichkeiten gibt es auch im vornehmen **Restaurant Weißer Pavillon** in Bad Doberan, Auf dem Kamp 1, Tel. 03 82 03/623 26, www.weisser-pavillon.de, und im **Café Röntgen** in Kühlungsborn, Strandstr. 30 a, Tel. 03 82 93/781 36, www.classic-conditorei.com

Wismar

Nosferatus Reich

Am 2. August 1921 war eine denkwürdige Anzeige im Mecklenburger Tagesblatt zu lesen: »Zur Filmaufnahme 30 bis 50 lebende Ratten zu hohen Preisen gesucht.« Cineasten erinnern sich: Diese Ratten huschten dann tatsächlich von Bord des führerlosen Totenschiffs in die düstere, neblige Altstadt von Wismar, um die Pest zu verbreiten. Als »Wisborg« war die Hansestadt an der Ostsee ein zentraler Drehort für Friedrich Wilhelm Murnaus Stummfilmklassiker »Nosferatu – Eine Symphonie des Grauens«.

Bei Nebel wirkt Wismar auch heute noch ein wenig gespenstisch, aber wenn die Sonne scheint, bietet die kleine, farbenfrohe Altstadt, seit 2002 Weltkulturerbe der UNESCO, ein wesentlich freundlicheres Bild. Alles ist noch da: das von spätgotischen Giebeln gekrönte Wassertor, durch das Nosferatu mit dem Sarg die Stadt betritt, der Platz mit Brunnen im Innenhof der Heilig-Geist-Kirche, der Turm von Sankt Marien und der Markt, über dessen spitzen Giebeln in Murnaus Film idyllisch die Sonne liegt, bis das große Sterben kommt. Auch die berühmte Wasserkunst, ein Brunnenpavillon aus dem Jahr 1602, ist im Filmklassiker klar zu erkennen.

Murnau blickte vom 80 Meter hohen spätgotischen Turm der 1960 wegen irreparabler Kriegsschäden abgetragenen Marienkirche auf den Marktplatz. Am frühen Abend, wenn die kulissenhaft wirkenden Giebelfassaden des Platzes effektvoll beleuchtet werden, wirkt er besonders

▶ **Seitenblick**

Lichter in der Nacht

Wenn es Nacht wird, gehen an der Küste die Lichter an. Dazu gehören einige Denkmäler deutscher Architektur und Technikgeschichte: Das älteste entstand 1826–29 nach Plänen Schinkels am Kap Arkona. 1848 folgte der Darßer Leuchtturm und sieben Jahre später das mit 39 m höchste auf der Greifswalder Oie, dessen Strahlen 26 sm (ca. 50 km) weit zu sehen sind.

Anlegestelle des Totenschiffs – glücklicherweise nur im Stummfilmklassiker »Nosferatu« von 1922

malerisch. Die Nordseite beherrscht das klassizistische Rathaus, in das man die gotischen Reste des Vorgängerbaus integrierte. Originalgetreu erhalten blieb das um 1380 errichtete Backsteinhaus an der Ostseite: Das darin untergebrachte Gasthaus »Alter Schwede« gibt es schon seit 1878.

Überhaupt die Schweden: Keine andere deutsche Stadt war so lange Teil eines nicht deutschsprachigen Staates wie Wismar: 1632 zogen die Schweden in die Stadt ein, und erst seit 1903 gehört Wismar wieder endgültig zu Mecklenburg, an das die Stadt schon 100 Jahre zuvor verpfändet worden war. Im Fürstenhof aus dem Jahr 1553, der den mecklenburgischen Herzögen als Sommerresidenz gedient hatte, richteten die neuen Machthaber das höchste schwedische Gericht für die Besitzungen in Norddeutschland ein.

Von der langen Schwedenzeit kündet darüber hinaus das mächtige barocke Zeughaus, das der schwedische Baumeister Erik Dahlberg 1701 an der Ulmenstraße unweit des Alten Hafens errichtete: eine freitragende Deckenkonstruktion

ohne Stützpfeiler. Das einstige Waffenarsenal dient heute als Stadtbibliothek absolut friedlichen Zwecken.

Schwedische Touristen kommen heute gern auf Spurensuche nach Wismar – und natürlich auch, um gemeinsam mit den Einwohnern Wismars das alljährliche Schwedenfest zu feiern. Mächtige »Schwedenköpfe«, gusseiserne, bunt bemalte Poller, zierten einst die Hafeneinfahrt. Ein erhaltenes Original ist heute der Stolz des Stadtgeschichtlichen Museums Schabbelhaus, Kopien sind vor dem Baumhaus am Alten Hafen zu besichtigen.

Mit den vorgelagerten Inseln Walfisch und Poel bildet dieser einen der sichersten Hafenplätze der Ostseeküste: Grund genug, dass Wismar ab 1259 als Mitglied des Dreibunds mit Lübeck und Rostock zu einer der mächtigsten Städte der Hanse aufstieg. Das 14. Jahrhundert war Wismars Blütezeit. Hier wurden Fische und Gewürze, Pelze, Holz und südliche Weine umgeschlagen – und natürlich Wismarer Bier. Das

Kein bisschen gespenstisch ist die bunte Altstadt bei strahlendem Sonnenschein

mundete seinerzeit halb Europa so gut, dass die Lübecker zeitweise seinen Ausschank verboten, um den eigenen Gerstensaft zu schützen.

Heute kann man in Wismars Hafen, vor der historischen Kulisse alter Speicherhäuser, in Restaurants und Kneipen zechen oder mit Hafenbarkassen und Ausflugsdampfern auf Rundfahrt gehen. Immer wieder rückt die mächtige spätgotische Backsteinbasilika Sankt Nikolai ins Bild, die als einzige der drei großen mittelalterlichen Kirchen Wismars den Zweiten Weltkrieg weitgehend unbeschadet überstanden hat. Sie war die Kirche der Seefahrer und Fischer und zählt zu den größten Gotteshäusern Mitteleuropas. Ihr 37 Meter hoch aufsteigender Innenraum ist ein Juwel norddeutscher Backsteingotik. Der reich geschnitzte Krämeraltar von 1430 stammt allerdings aus der noch größeren Georgenkirche, die seit Jahren wieder aufgebaut wird.

Murnau-Fans erkennen die Nikolaikirche natürlich sofort: als Hintergrund der Geisterschiffszene. Aber die Pestschiffe legten hier gottlob nur im Film an.

► Informationen

Anfahrt:
Autobahn- und Zugverbindung mit Rostock, Lübeck und Schwerin.

Info:
• **Tourist-Information**
Lübsche Str. 23 a
23966 Wismar
Tel. 038 41/194 33
Fax 251 30 91
www.wismar.de

Unterkunft:
• Direkt am Marktplatz hinter historischer Fassade wohnt man im **Steigenberger Hotel Stadt Hamburg.**
Am Markt 24
Tel. 038 41/23 90
Fax 23 92 39
www.wismar.steigenberger.de

• Eine komfortable Altstadtunterkunft in einem detailgetreu restaurierten hanseatischen Giebelhaus ist das Hotel **Alter Speicher.**
Bohrstr. 12/12 a
Tel. 038 41/21 17 46
www.hotel-alter-speicher.de
• Stimmungsvoll am alten Hafen liegt die **Pension am Wassertor.**
Spiegelberg 66
Tel. 038 41/20 02 21
www.seelord.de

Restaurants:
• Über 600 Jahre alt ist das Haus, in dem die Traditionsgaststätte **Alter Schwede** feine mecklenburgisch-schwedische Spezialitäten serviert.

Am Markt 22
Tel. 038 41/28 35 52
www.alter-schwede-wismar.de
• Das in einem fast ebenso alten, nur von außen schlicht wirkenden Dielenhaus eingerichtete Restaurant im **Hotel Reuterhaus** besticht vor allem durch edle Tropfen.
Am Markt 19
Tel. 0 38 41/222 30
www.reuterhaus-wismar.de
• Viel historisches Ambiente, Gerichte wie Mecklenburger Gulasch und Wismarer Pfannfisch, dazu selbst gebraute Biere, bietet das **Brauhaus am Lohberg.**
Kleine Hohe Str. 15
Tel. 038 41/25 02 38
http://brauhaus-wismar.de

Sommerzeit in der romantischen
Altstadt von Wismar

Tour 02:

Vielseitiges Sylt

Route:

Westerland ▶ Wenningstedt-
Braderup ▶ Kampen ▶ Listland
▶ Braderuper Heide ▶ Munk-
marsch ▶ Keitum ▶ Morsumer
Kliff ▶ Westerland ▶ Rantum
▶ Hörnum ▶ Westerland

Dauer:

2 Tage, 115 km (70 und 45 km)

Praktische Hinweise:

• Die Touren verlaufen überwiegend auf asphaltierten oder
geschotterten Radwegen.
Wird die Tour zu lang, kann
man auch den Bus nehmen.
• Durch das Naturschutzgebiet
am Morsumer Kliff kommt
man nur zu Fuß (ca. 1 Std. hin
und zurück).

Tour-Start:

Von **Westerland** 1 aus radelt
man oberhalb des Kliffs nach
Wenningstedt-Braderup 2,
wo es das Großsteingrab **Deng-
hoog** zu sehen gibt. Weiter
geht es durch **Kampen** 3 mit
einem Schwenk in die Nobelmeile Strönwai. Danach wird es
auf der alten Inselbahntrasse
durch die Heide des Klappholt-
tals idyllischer.

Listland 4 im Inselnorden
beeindruckt mit mächtigen
Wanderdünen. Eine Sackgasse
führt in die Dünenlandschaft des
Ellenbogens mit seinen atemberaubend schönen Buchten. In
List macht das Erlebniszentrum
»Naturgewalten« die ungeheu-
ren Kräfte von Wind und Meer

fühlbar; am lebhaften Hafen sollte man ein leckeres Fischbröt-
chen essen.

Schön grün ist Sylt auf der
Wattseite. Nach den Badeorten
genießt man die Stille der **Braderuper Heide.** Im Friesen-
dorf **Keitum** sollte man das
Museum besuchen. Von hier
radelt man nach Osten zum
Morsumer Kliff und dann nach
Westerland zurück.

Am nächsten Morgen führt die
Radtour in den Süden zum Ring-
wall **Tinnumburg**, anschließend zum **Rantumbecken.** In
Rantum wird es Zeit, eine Pause einzulegen und echtes Sylter
Mineralwasser zu trinken sowie
modernes Kunstschaffen im
»kunst:raum« der **Sylt Quelle**
zu genießen, bevor man zum
Hafen von **Hörnum** aufbricht.

Auf dem Rückweg durchs Dü-
nenland lohnt sich eine Pause
am **Sansibar-Strand.**

Westerland 1

Badekultur seit Mitte des 19. Jh.,
Surf World Cup Sylt und viele
weitere prominente Veranstaltungen – Westerland gibt sich
weltoffen, bleibt aber trotz der
Gästescharen in der Saison eine
sympathische Kleinstadt mit gerade mal 9500 Einwohnern.

Vom Luxushotel bis zur Privat-
pension ist alles vorhanden, was
zu einem Kur- oder Badeurlaub
gehört, gastronomisch reicht die
Bandbreite von der Imbissbude
am Strand bis zum noblen Ster-
ne-Restaurant.

Ein architektonisches Juwel ist
Westerland nicht, aber es hat
einige nette Ecken. Wer nördlich vom Bahnhof etwa 400 m
dem Kirchenweg folgt, stößt auf
die kleine Kirche **St. Niels**
(17. Jh.), umgeben von reetgedeckten Häusern. Auf dem
Friedhof der Heimatlosen
an der Käpt'n-Christiansen-
Straße fanden die Gestrandeten
zahlloser Schiffsunglücke vor
Sylts Küste ihre letzte Ruhe.

Westerland hat stattliche 7 km
Anteil am Sylter Strand mit einer langen Promenade. Wer
Gedränge mag, braucht sich nur
unterhalb der Einkaufs- und Fla-
niermeile **Friedrichstraße** einen Strandkorb zu mieten. Ein
paar Schritte nordwärts lässt
man sich vom Programm der
Musikmuschel unterhalten,
dahinter flitzen Surfer die Küste
entlang. Es gibt Kinderstrände,
Hundestrände, FKK – und immer wieder auch ruhige Ecken.

Westerland ist aber auch Kur-
und Wellnesszentrum. Was früher schlicht Kurmittelhaus hieß,
nennt sich heute **Syltness Center.** Die Bandbreite an Kur- und
Wellnessbehandlungen ist uner-
schöpflich (Dr.-Nicolas-Str. 3,
Tel. 046 51/99 81 12).

Im Freizeitbad **Sylter Welle**
(tgl. 10–22 Uhr) kann man noch
schwimmen, wenn am Strand
die Badeaufsicht zwei Gefahren-
bälle hochzieht. Nach Sonnenuntergang geht in Westerland
die Post ab: Spielcasino, Bars,
Disco und Tanz bis morgens.

Info:
Tourist-Information
- Strandstr. 35
  Bahnhof und Friedrichstr. 44
  25980 Westerland
  Tel. 046 51/99 80
  www.westerland.de
  www.insel-sylt.de

Anreise & Verkehr:
- **Bahn:** Mindestens stdl. via
  Hamburg.
- **Auto/Bahn:** Autoverladung
  SyltShuttle von Niebüll nach
  Westerland (in der Saison tgl.
  18- bis 26-mal, Tel.
  018 06/22 83 83, www.sylt
  shuttle.de). Langzeitparkplätze
  in Niebüll und Klanxbüll.
- **Autofähre Rømø–Sylt:** Von
  Havneby auf der Insel Rømø
  nach List auf Sylt, Tel. 04 61/
  86 46 01, www.syltfaehre.de;
  Juli/August bis 9-mal tgl., sonst
  ca. 3-mal tgl., Überfahrt 35 Min.
- **Flug:** Direkt von vielen Flughäfen nach Westerland,
  Info: Tel. 046 51/92 06 12,
  www.flughafen-sylt.de
- **Linienbusse auf Sylt:** Das
  Netz der Sylter Verkehrs-Ge-
  sellschaft deckt die ganze Insel
  ab; Fahrrad-Mitnahme möglich,
  Info-Tel. 018 05/836 10-0,
  www.svg-busreisen.de
- **Fahrrad:** Am Bahnhof und in
  jeder Gemeinde kann man Räder ausleihen (auch E-Bikes).

Unterkunft:
Hotel Miramar
Gründerzeitbau direkt am
hohen Ufer oberhalb der
Promenade.
- Friedrichstr. 43, Westerland
  Tel. 046 51/85 50
  www.hotel-miramar.de

Hotel Gutenberg
In der Fußgängerzone, gutes
Frühstück.
- Friedrichstr. 27, Westerland
  Tel. 046 51/98 88-0
  www.hotel-gutenberg.de

Restaurants:
Jörg Möller
Hotel mit Sterneküche.
- Süderstr. 8, Westerland
  Tel. 046 51/277 88
  www.hotel-joerg-mueller.de

Seenot

Fischrestaurant mit Panoramablick auf den Strand.

• Lornsenstr. 31, Westerland
  Tel. 046 51/92 98 38

Nightlife:

American Bistro

Gut bestückte Bar, American
Dance Hall, Surfertreff.

• Paulstr. 3, Westerland
  tgl. 18 Uhr–o.e., Küche bis
  23 Uhr

Cohibar

Karibisches Flair mit Drinks und
kubanischen Zigarren.

• Bötticherstr. 10, Westerland

Aktivitäten:

• **Nordic Walking Park Sylt:**
  tatsächlich 220 km lang,
  26 Routen in drei Schwierig-
  keitsgraden, in jedem Ort findet man Streckentafeln.

• Mit einem **Segway-Elektro-
  roller** bequem und schnell
  über die Insel rollen: www.
  sylt-segway.de

Wenningstedt-Braderup 2

Von Westerland Richtung Norden reihen sich die Badeorte,
doch jeder ist anders und zieht
unterschiedliche Gäste an, so
auch das Familienbad Wenningstedt. Hier gibt es viele Ferienwohnungen. Der schöne Sandstrand ist immer in der Nähe.

Am legendären **Roten Kliff**
wandert man von Wenningstedt
nach Kampen. Im alten Dorf-
kern erhebt sich der Backstein-
turm der **Friesenkapelle**
(1915). Ein paar Schritte weiter
kann man in das über 5000 Jahre

alte Steinzeit-Ganggrab **Deng-
hoog** hineingehen.

Kinder finden in der Nähe einen **Spielplatz** und einen Mit-
mach-Zirkus (Kampener Weg,
www.circus-mignon.de, Work-
shops im Juli/Aug. Mo–Fr ab
10 Uhr). Die Kinder-Motorrad-
bahn **Mini-Cross Sylt** ist ebenfalls nicht weit von hier (Nord-
dörfer Halle, Saison tgl. 10–21,
Ostern und Herbst 11–19 Uhr).

Eine Gemeinde, zwei Namen
und zwei völlig unterschiedliche
Gesichter: Nur 2 km östlich,
aber an der Wattseite von Sylt
liegt der Ortsteil Braderup mit
reetgedeckten Häusern. Dazu
passen Biohof, Naturzentrum
und Ponyreiten.

Der Ortsteil hat seine eigene
malerische Küste: das **Weiße
Kliff**. Daran schließt sich das
**Naturschutzgebiet Braderu-
per Heide** an mit einladenden
Wander-, Reit- und Radwegen.

Info:

Tourist-Information

• Strandstr. 25
  25996 Wenningstedt-Braderup
  Tel. 046 51/447 70
  www.wenningstedt.de

Unterkunft:

Hausen & Gottschalk

Strandnahe Ferienwohnungen.

• Dünenstr. 6
  Wenningstedt-Braderup
  Tel. 046 51/414 26

Pension Leißner

Strandnahe Pension.

• Seedüne 23
  Wenningstedt-Braderup
  Tel. 046 51/414 70
  www.pension-leissner-sylt.de

Restaurant:

Gosch am Kliff

Fisch und Meeresfrüchte in
Top-Lage.

• Dünenstr. 17 a
  Wenningstedt-Braderup
  Tel. 046 51/995 94 90
  www.gosch.de

Aktivitäten:

Naturzentrum Braderup

Führungen, Vorträge (Do),
Kräutergarten, lehrreiche Akti-
vitäten für Kinder, nebenan
Biobauernhof.

• M.-T.-Buchholz-Stich 10 a
  Wenningstedt-Braderup
  Tel. 046 51/444 21
  April–Okt. Mo–Sa 10–18 Uhr

Kampen 3

Kampen besitzt nicht nur Sylts
höchsten Punkt, die **Uwe-
Düne** (52 m), sondern auch die
höchsten Immobilienpreise.
Nach Osten Richtung Wattenmeer breitet sich der angesagte
Promi-Ort in einer gepflegten
Gartenlandschaft mit Reetdach-
villen aus. Seine Attraktivität
verdankt Kampen seiner großartigen Natur mit dem Roten Kliff,
den beeindruckenden Sonnenuntergängen und der wilden
Heidelandschaft im Westen. Der
bewachte **Strand** am Ende des
steilen Kliffs ist für Sylter Ver-
hältnisse kurz; von den gut
1000 Strandmetern ist ein Drittel Textilstrand, der größere Teil
FKK-Gelände. Am Nordende
bei **Buhne 16** tobt – je nach
Wetter und Saison – das Nachtleben.

Sehen und Gesehenwerden ist
die Devise auf der nur kurzen,
aber umso exklusiveren Shop-

Säbelschnäbler leben in der Lister Nehrung

pingmeile **Strönwai** mit ihren schicken Boutiquen, Juwelieren und mehreren Nachtklubs, die ihr den Beinamen Whiskeystraße eingetragen haben. Tatsächlich ist den meisten Kampen-Gästen der Schickeria-Trubel ziemlich schnuppe. Sie suchen Ruhe, verschwinden in ihren Villen, Hotels und Pensionen des Seebads und genießen die Natur. Ein Großteil der Gegend steht unter Naturschutz, so der Urwald an der **Vogelkoje** im Nordosten. 1767–1921 wurden hier noch Enten gefangen; darüber informieren Ausstellung und Naturlehrpfad. Nebenan im **Restaurant Vogelkoje** gibt es köstliche Entenspezialitäten.

Info:
Tourismus-Service
• Hauptstr. 12, 25999 Kampen
  Tel. 046 51/469 80
  www.kampen.de

Unterkunft:
Norderhof
Edle Apartments am Strand.
• Kurhausstr. 39, Kampen
  Tel. 046 51/984 20
  www.ibf-sylt.de

Haus Margarete
Zwei Ferienwohnungen im grünen Zentrum, ruhig.
• Wattweg 6, Kampen
  www.sylt-travel.de

Restaurants:
Gogärtchen
Promitreff für Fischliebhaber und Austernschlürfer.
• Strönwai 12, Kampen
  Tel. 046 51/412 42
  www.gogaertchen.de

La Grande Manne Pahl
Charmantes Traditionslokal.
• Zur Uwe Düne 2, Kampen
  Tel. 046 51/425 10
  www.manne-pahl.de
  Tgl. ab 10 Uhr

Die Kupferkanne
Kunstvoller Bau, herrlicher Garten mit Blick aufs Watt.
• Stapelhooger Wai 7, Kampen
  Tel. 046 51/410 10
  www.kupferkanne-sylt.de

Plage
Schickes Strandbistro mit Sauna in eleganter Holzkonstruktion.
• Strandabschnitt H, Kampen
  Tel. 046 51/88 60 78
  www.grande-plage.de

Nightlife:
Buhne 16
Heiße Partys und Szenetreff.
• vor Strandabschnitt B
  Listlandstr. 133 b, Kampen
  www.buhne16.de

Pony
Cocktail- und Bierbar.
• Strönwai 6, Kampen
  Tel. 046 51/421 82
  www.pony-kampen.net

Das Listland 4
Im Listland, dem Norden von Sylt, landet der Sand, den das Meer seit Jahrhunderten von der Inselmitte nordwärts spült. Der Wind hat hier mächtige Dünen aufgeweht, einige kahle Einzeldünen treibt er aber weiter, sie sind Deutschlands einzige **Wanderdünen.** Dieses Dünengebiet darf nicht betreten werden.

Wo der starke Meeresstrom des Lister Tiefs zwischen den beiden Inseln Sylt und Rømø den Sand nach Osten zieht, bildete sich im Lauf der Zeit ein **Ellenbogen** genannter Haken aus. Hier findet man himmlische Ruhe und herrliche Buchten. Die Privatstraße ist mautpflichtig.

Auf der Nordseite des Ellenbogens ist das Baden wegen der Strömung lebensgefährlich!

Der **Königshafen,** die flache Bucht südlich des Ellenbogens, ist Nationalpark-Schutzzone 1 und wartet mit einer reichen Vogelwelt auf.

Lübeck

Stadt der Manns

»Alte Schornsteine und Mäste der Schiffe schaukelten leise in Wind und Dämmerung auf dem trüben Flusse … Die schmalen Giebel und spitzen Türme, die über die nächsten Dächer herübergrüßten … Großer Gott, wie winzig und winklig das Ganze erschien!« So sah es aus, das Lübeck vor 100 Jahren, in das Thomas Manns Novellenheld Tonio Kröger zurückkehrte.

Zu diesem Zeitpunkt hatte die über 850 Jahre alte Hansestadt an der Trave ihre große Zeit schon längst hinter sich und Kaiser Wilhelm II. ihr mit dem Nord-Ostsee-Kanal das letzte Wasser abgegraben.

Heute ist die backsteinrote Altstadt Weltkulturerbe. Ihr mächtiges, im Jahr 1478 vollendetes Holstentor, dessen Kanonen nie einen Schuss abfeuerten, kündet von der Vormachtstellung der reichsfreien Stadt im Ostseeraum. Auch das spätgotische Rathaus gleich daneben strahlt mit seinen Türmen, Erkern und der Renaissancelaube alles andere als hanseatische Zurückhaltung aus. Die von 1250 bis 1350 errichtete Markt- und Stadtkirche St. Marien gleich nebenan war die Mutterkirche der norddeutschen Backsteingotik und Vorbild für rund 70 Kirchen dieses Stils im Ostseeraum. Noch heute beherrschen die sieben Türme der fünf mittelalterlichen Kirchen das Ufer der Trave und lassen die Zeit erahnen, als die

Macht der »Königin« des 1356 gegründeten Hansebunds vom norwegischen Bergen bis ins russische Nowgorod reichte und jede Mark lübisch verbucht wurde.

Der schönste Blick auf die Silhouette der Altstadtinsel bietet sich vom Küsterberg an der Travebucht Schlutuper Wiek. Auch das Altstadtpanorama von der 50 Meter hohen Aussichtsplattform der Domkirche St. Petri im romanischen Stil, die Heinrich der Löwe bereits 1173 gründete, ist einmalig.

Tonio Krögers winkeliges Lübeck, das gibt es auch, in Handwerkerquartieren wie Glockengießer- oder Fleischhauerstraße, bei den alten Salzspeichern aus dem 16. bis 18. Jahrhundert an der Obertrave, in den über 100 Wohngängen und in den Stiftshöfen, die wie Puppenstuben wirken. Im Heiligen-Geist-Hospital, das die Reichen im 13. Jahrhundert für die Mittellosen und Kranken bauten, findet alljährlich der schönste Kunst-

Aus dem »mäßigen Handelsplatz an der Ostsee« ist ein Weltkulturerbe geworden

handwerker-Weihnachtsmarkt Schleswig-Holsteins statt. In den alten Gildehäusern wird getafelt, so auch in dem vor 1292 errichteten Haus der Schiffergesellschaft, wo man an langen Tischen aus Schiffsplanken sitzt.

Eng und museal war Lübeck mit der Zeit geworden, der »mäßige Handelsplatz an der Ostsee«, den Thomas Mann in seinem berühmten Roman »Buddenbrooks« nie beim Namen nennt. Jeder beschriebene Schauplatz ist in Lübeck wiederzuerkennen und doch keine Abbildung der Wirklichkeit, sondern literarische Fiktion. Selbst das im vornehmen Rokoko errichtete »Buddenbrookhaus« in der Mengstraße 4, das die Familie Mann bis 1891 tatsächlich besessen hat, das aber im Roman nicht so heißt, macht da keine Ausnahme. Wie Konsul Buddenbrook, »in seinem Tuch-

rock ein wenig fröstelnd«, kann jeder Besucher an der grauen Giebelfassade den lateinischen Spruch »Dominus providebit« ablesen.

Bei Betreten des Hauses wird man sich unweigerlich an die besondere Atmosphäre im Roman erinnert fühlen, auch wenn die Inneneinrichtung nicht den Beschreibungen von Thomas Mann gehorcht. Da ist das Zimmer, dessen Tapeten zartfarbige, von Sonnenuntergängen beherrschte Landschaften zeigen, und der Speisesaal mit seinen schlanken Säulen, weißen Götterbildern, schweren roten Fenstervorhängen, vergoldeten Kandelabern und steiflehnigen Sofas in rotem Damast. Dabei ist nichts vom Inneren des Hauses so wie zu Zeiten der Familie Mann, denn der englischen Bombardierung am Palmsonntag 1942 widerstand nur die Fassade.

Nicht gerade von hanseatischer Zurückhaltung zeugt das spätgotische Rathaus

Heute erzählt das Heinrich-und-Thomas-Mann-Zentrum vom Verhältnis der Brüder Mann zueinander und zu ihrer Heimatstadt Lübeck. Das war beileibe nicht immer so ungetrübt wie heute. Heinrich Mann hatte sich mit seinen Werken »Der Untertan« und »Professor Unrat« sogar noch unbeliebter gemacht als sein jüngerer Bruder Thomas, der sich in seinem großen Roman »Buddenbrooks« ebenfalls so manchen Seitenhieb auf das bigotte, engstirnige Bürgertum der Heimatstadt leistete. Dennoch hat der Autor Lübeck über alles geliebt, und schon längst wird die Liebe erwidert. Der Roman ist an den Ort seiner Handlung zurückgekehrt, und zur Adventszeit wird an jedem Samstag ab 18 Uhr die Weihnachtsszene aus den »Buddenbrooks« zu neuem Leben erweckt: »Der Herr wird vorsorgen.«

► Informationen

Anfahrt:
Autobahn und Zugverbindung mit Hamburg und Kiel.

Info:
• **Lübeck und Travemünde Tourist-Service**
Holstentorplatz 1
23552 Lübeck
Tel. 04 51/88 99 700
Fax 409 19 90
www.luebeck-tourismus.de
• Das **Buddenbrookhaus** in der Mengstr. 4 ist tgl. 10–18, von Jan.–März 11–17 Uhr geöffnet.
www.buddenbrookhaus.de
• Besonders schön ist Lübeck in der Adventszeit.

Unterkunft:
• Aus zwei Patrizierhäusern entstand das elegante Hotel **Kaiserhof.**

Kronsforder Allee 11–13
Tel. 04 51/70 33 01
Fax 79 50 83
www.kaiserhof-luebeck.de
• Klassisch-romantische, individuell gestaltete Gästezimmer mit dunklen Hölzern und hellen Farben bietet das im alten lübischen Stil wieder aufgebaute **Klassik Altstadt Hotel.**
Fischergrube 52
Tel. 04 51/70 29 80
Fax 737 78
www.klassik-altstadt-hotel.de

Restaurants:
• Im Gildehaus von 1535 mit einzigartigem nautischem Dekor lädt die **Historische Gaststätte Schiffergesellschaft** zu dreierlei hausgebeizten Heringen, Ostseescholle, Steckrübenmus oder

dem unvermeidlichen Labskaus mit Spiegelei.
Breite Str. 2
Tel. 04 51/767 76
www.schiffergesellschaft.de
• Feine italienische Küche serviert das **Ristorante Roberto Rossi** im Schabbelhaus, ein nach dem Krieg wieder aufgebautes und museal ausgestattetes Herrenhaus. Preiswerter Mittagstisch.
Mengstr. 48–50
Tel. 04 51/720 11
www.schabbelhaus.de
• Das schon seit dem Mittelalter gebraute ungefilterte, naturtrübe Lübecker Zwickelbier kann man in der Traditionsgaststätte **Brauberger** verkosten.
Alfstr. 36
Tel. 04 51/714 44
www.brauberger.de

Das Lübecker Holstentor

Holsteinische Schweiz

Schönste Hecken

Alte Lindenalleen in zartem Grün, leuchtend gelbe, sanft gewellte Rapsfelder und Hecken, die nach Weißdorn-, Holunder- und Schlehenblüten duften: Mai und Juni ist die große Zeit der Holsteinischen Schweiz. Doch auch im Herbst, wenn bunte Früchte an den Sträuchern der »Knicks« hängen und sich lichte Hainbuchenwälder goldgelb gegen die still glitzernden Seen abzeichnen, zeigt Schleswig-Holsteins größter Naturpark, zwischen Lübeck und Kiel gelegen, eines seiner schönsten Gesichter.

Idyllische Lage: Plön ist umgeben von 16 Seen

»Knicks« nennt man die landschaftsprägenden Wallhecken, die einst die Güter voneinander abgrenzten und vor Wind schützten. Sie sind ein früher Glücksfall des Naturschutzes, denn hier können Singvögel ungestört nisten, und durchs Unterholz huschen Igel und Haselmäuse. Auf Wanderungen, Fahrrad- und Reittouren durch den Naturpark entdeckt man 800 Jahre alte Feldsteinkirchen wie St. Petri in Bosau, Reetdachkaten mit alten Bauerngärten und prächtige Herrensitze aus dem 18. Jahrhundert.

Das Tor zur Holsteinischen Schweiz ist der Luftkurort Bad Segeberg, von dessen 91 Meter hohem Kalkberg sich ein großartiger Rundblick auf die Wald- und Seenlandschaft bietet. Unterhalb des Kalkbergs reiten Winnetou und Old Shatterhand allsommerlich zu ihren Abenteuern, denn hier finden auf einer der schönsten Freilichtbühnen Europas die bekannten Karl-May-Festspiele statt. Die 15 000 Fledermäuse stört das Spektakel nicht: Sie fliegen erst zur Überwinterung in die Kalkberghöhlen ein.

Gleich von 16 Seen umgeben ist das Städtchen Plön. Von den Schlossterrassen bietet sich ein schöner Blick auf die idyllische Altstadt mit ihren Twieten – so werden die von Fachwerkhäusern gesäumten schmalen Gassen genannt. Durch die barocken Lindenalleen und den herrlichen Landschaftsgarten des Schlosses lassen sich wunderbare Spaziergänge unternehmen. Im Sommer spielt sich das Leben weitgehend auf dem Plöner See ab. Mit Paddel- oder Tretboot entdeckt man stille Buchten und verschwiegene Seitenarme, und vielleicht kreist hoch in den Lüften sogar ein Seeadler.

Als das Zentrum der Holsteinischen Schweiz gilt Eutin, die ehemalige Residenzstadt der Lübecker Bischöfe. Die historische Altstadt und die Promenade des Großen Eutiner Sees laden zum Bummeln ein. Um das Jahr 1800 war das mehrfach umgebaute alte Schloss geradezu ein »Musenhof«, dem das klassizistisch geprägte Eutin seinen Beinamen »Weimar des Nordens« verdankt. Auf Eutins Schlossplatz finden zu Ehren des berühmtesten Sohns der Stadt, Carl Maria von Weber, Festspiele statt.

»Durch die Wälder, durch die Auen«, wird in Webers »Freischütz« gesungen – vielleicht hin zur 500 Jahre alten »Bräutigamseiche« im Dodauer Forst? 1891 tauschte eine Försterstochter hier heimliche Liebesbotschaften mit einem Schokoladenfabrikantensohn aus. Das Astloch wird noch heute als Briefkasten für Kontaktsuchende genutzt: Täglich gegen zwölf Uhr stellt ein Postbote Briefe zu. Wer einsam ist, greift zu. Die Adresse? Bräutigamseiche, Dodauer Forst, 23701 Eutin. Viel Glück!

▶ Informationen

Anfahrt:
Eutin und Plön liegen an der Straße und Bahnlinie zwischen Lübeck und Kiel.

Info:
- **Naturpark Holsteinische Schweiz**
  Uhrenhaus
  Schlossgebiet 9
  24306 Plön
  Tel. 045 22/74 93 80
  Fax 74 93 77
  www.naturpark-holsteinische-schweiz.de
- Die **Karl-May-Festspiele** von Bad Segeberg finden von Ende Juni–Anf. Sept. statt.
  www.karl-may-spiele.de
- Die Opern und klassischen Operetten der **Eutiner Festspiele** werden im Juli

und August aufgeführt.
www.eutiner-festspiele.de

Unterkunft:
- Liebevoll gestaltete 21 Zimmer mit charmanten Bädern, romantischem Garten und viel Flair bietet **Das Kleine Hotel,** ein Ensemble aus zwei schönen historischen Stadtvillen aus dem 19./20. Jh. Exzellentes Frühstücksbüfett, aufmerksamer Service.
  A.-Mahlmann-Str. 6, Plön
  Tel. 045 21/858 04 41
  www.daskleinehotel-eutin.de
- Hübsch am Plöner See liegt das im Villenstil errichtete **Hotel Seeufer** mit gemütlichen Zimmern und Terrasse, Garten am See, einem Boot für Gäste, Fahrradverleih.

Prinzenstr. 9, Plön
Tel. 045 22/20 15
www.hotel-seeufer.de

Restaurants:
- Moderne mediterran inspirierte Küche, darunter auch eine gute Auswahl an feinen Pizzen, in einem historischen Haus am Marktplatz bietet das **Restaurant Markt 17.**
  Markt 17, Eutin
  Tel. 045 21/83 08 37
  www.markt17-eutin.de
- Das elegante **Seher & Fölsch's Prinzenhuus** in einem Gewölbekeller überzeugt mit kreativer Küche und vorzüglicher Weinkarte.
  Markt 14, Plön
  Tel. 045 22/746 98 58
  www.prinzenhuus-ploen.de

Schleswig

Die Wikinger

Langsam gleitet ein nordisches Langschiff die Schlei hinauf. Auf dem geblähten Segel prangt eine roter Drache: Die Wikinger kommen!

Doch bei näherem Hinsehen tummeln sich auf dem Schiff nur Touristen mit roten Rettungswesten, die sich während der alle zwei Jahre im August stattfindenden Schleswiger Wikingertage diesen Spaß gönnen. Dann wird an der Schlei ein großes Wikingerdorf aufgebaut. Schaukämpfe, Axtwerfen, Bogenschießen, Holzschnitzen und – na ja – irische Folkmusik werden geboten. Wikingergesang soll eher geklungen haben »wie das Gebell von Hunden, nur noch tierischer«.

Vor einem Jahrtausend haben die Nordmänner die Geschichte Schleswigs und der Schlei-Ostsee-Region maßgeblich geprägt. Die Wikingersiedlung Haithabu am Haddebyer Noor – in Sichtweite des heutigen Stadtkerns von Schleswig – war um das Jahr 1000 eine der größten Handelsstätten Nordeuropas. Hier verlief ab dem 8. Jahrhundert der Danewerk, ein frühmittelalterlicher Erdwall, mit dem sich die Dänen räuberische Sachsen und Slawen vom Leib hielten.

Rekonstruiertes Wikingerdorf in Haithabu

In der Schiffshalle des Museums von Haithabu wurde in annähernd 3000 Arbeitsstunden ein Wikingerschiff originalgetreu nachgebaut. 2014 lief es unter dem Namen *Erik styrimathr* vom Stapel. Im historischen Freigelände lernt man in sieben Wikingerhäusern und auf einer Landebrücke Wikingerleben kennen.

Nur einmal spielte die Wikingereuphorie den Schleswigern einen Streich. Da zeigten in den 1930er-Jahren die restaurierten gotischen Fresken des mächtigen Schleswiger Doms Sankt Petri plötzlich einen höchst amerikanischen Vogel. Gotische Truthähne um 1320? Den Historikern des Dritten Reichs galt dies als Beweis, dass Schleswigs Vorfahren, die Wikinger, als Erste Amerika entdeckt haben mussten. Früher wusste man in Schleswig mehr über die Welt: Im Garten des barocken Gottorfer Schlosses steht ein Nachbau des Gottorfer Riesenglobus, der zwischen 1650 und 1664 in herzoglichem Auftrag geschaffen worden war. Auf seiner Außenseite war die damals bekannte Welt »… so fein alß in den gedruckten Land Charten« eingezeichnet, mit »allerhand Thieren nach Landes Art«. Nur eben keine Truthähne: Wie sich herausstellte, hatte der Maler und Kunstfälscher Lothar Malskat 1937 Schleswigs »gotische« Fresken »hinrestauriert«. Günter Grass setzte ihm in seinem Roman »Die Rättin« ein literarisches Denkmal.

Zweifellos echt im gotischen Dom ist der Bordesholmer Altar, ein Meisterwerk nordischer Bildschnitzerkunst des ausgehenden Mittelalters. Zwischen 1514 und 1521 schuf Hans Brüggemann diesen Schnitzaltar mit 400 naturalistisch-sinnlich wirkenden Figuren: ein biblisches Bildprogramm auf zwölf Meter Höhe und sieben Meter Breite, dessen religiöse Aussagekraft und künstlerische Wirkung ohne Beispiel wird.

▶ Informationen

Anfahrt:
Autobahn- und Zugverbindung mit Hamburg, Kiel und Flensburg. Von Schleswig Busse nach Haithabu und Schloss Gottorf.

Info:
• **Ostseefjord Schlei GmbH**
Plessenstr. 7, 24837 Schleswig
Tel. 046 21/85 00 50
Fax 85 00 55
www.ostseefjordschlei.de

Unterkunft:
• In einem denkmalgeschützten Bahnhof ist das gemeinnützige **Hotel Alter Kreisbahnhof** untergebracht; die Hälfte der Angestellten sind Menschen mit Handicaps. Besonders barrierefrei eingerichtet.
Königstr. 9
Tel. 046 21/302 00

Fax 30 20 10
www.hotel-alter-kreisbahnhof.de
• Ein liebevoll renoviertes Altstadthaus bietet **Bed & Breakfast am Dom.**
Ursula Sinram
Töpferstr. 9
Tel. 046 21/48 59 91
Fax 48 59 93
www.bb-schleswig.de

Restaurants:
• Im **Restaurant Ringelnatz** kommen mit Dorschfilet und Kutterscholle leckere fangfrische Fische aus Ostsee und Schlei auf den Tisch.
Fischbrückstr. 3
Tel. 046 21/201 77
www.ringelnatz-schleswig.de
• Für Kenner regionaler Gourmetküche lohnt sich die Fahrt Richtung Kappeln ins hübsche Dörfchen Sieseby an der Schlei. Hier werden im **Schlie-Krog,** einem reetgedeckten alten Gasthof am Südufer der Schlei, raffiniert zubereitete Siesebyer Fischsuppe und köstlicher Schleiaal serviert.
Dorfstr. 19, Sieseby
Tel. 043 52/25 31
www.schliekrog.de
• Tafeln wie die Nordmänner, vom Haithabu-Mahl bis zur Odins-Tafel, kann man in der **Wikingerschänke.**
Am Margarethenwall 2
Busdorf bei Haithabu
Tel. 046 21/321 90
www.wikingerschaenke.de

Friedrichstadt

Toleranz aus Holland

Kaufmannshäuschen mit Treppengiebeln, verträumte Grachten, Fahrräder auf holprigem Kopfsteinpflaster und der Kirchensegen auf Holländisch! Wie nur ist das »Amsterdam des Nordens« in die wildromantische nordfriesische Flusslandschaft von Eider und Treene gekommen? Und was sind eigentlich Remonstranten?

Das Historische Museum »Alte Münze« am Mittelburgwall erzählt, wie Friedrich III., Herzog von Schleswig-Holstein-Gottorf, Anfang des 17. Jahrhunderts holländische Kaufleute ins Land holte. Allein der erträumte Handel mit Spanien, Persien und Indien scheiterte am Dreißigjährigen Krieg, da halfen auch das Münzrecht und die Befreiung von Zoll und Steuer nicht. Als Lockmittel für die Holländer hatte der Herzog 1621 auch Religionsfreiheit gewährt. So wurde schon 1624 in Friedrichstadt die erste, 1854 wiedererrichtete Remonstrantenkirche erbaut – heute die einzige außerhalb Hollands. Die Remonstrantse Broederschap, die noch etwa 10 000 Anhänger zählt (davon 200 in Friedrichstadt), wies die in Holland dominierende strenge Prädestinationslehre des Calvinismus zurück und beharrte auf Willens- und Glaubensfreiheit. Sie ist die älteste religiöse Gemeinde, die versucht hat, Toleranz wirklich zu praktizieren, erläutert ihr Vorsitzender Wibren van der Burg. So gab es auch nie Konflikte zwischen den vielen verschiedenen Glaubensgemeinschaften in Friedrichstadt: Remonstranten, Lutheranern, Mennoniten, Quäkern, Katholiken, dänischen Lutheranern. Der kleine jüdische Friedhof ist stummer Zeuge einer Zeit, als in Friedrichstadt auch Platz für eine Synagoge war – sie stand bis 1938.

Herausgeputzt, zieht das malerische Friedrichstadt heute immer mehr Besucher an. Ein beliebtes Fotomotiv ist die geschlossene holländische Fassadenzeile aus der Gründungszeit der Stadt an der Westseite des Marktplatzes. Aber auch in den umliegenden Gassen stehen noch einige schöne Doppelgiebelhäuser aus dem 17. Jahrhundert. In einem dieser alten Kaufmannshäuser, dem Neberhaus von 1630 am Mittelburgwall, kann man sogar stilvoll nächtigen.

Die Hausmarken an den Giebeln der Häuser künden vom Beruf der einstigen Bewohner und animieren zum Rätseln: Mühle und Fisch sind klar, aber was mag wohl eine Katze bedeuten? Natürlich darf man sich auch eine Grachtenfahrt

Friedrichstadt erscheint wie ein Städtchen aus dem Modellbahnkatalog

nicht entgehen lassen: Mit Ruderboot oder Kanu gleitet man gemächlich unter hölzernen Bogenbrücken hindurch, immer weiter hinaus auf die Treene. Auf die den Gezeiten unterworfene Eider sollten sich dagegen nur erfahrene Freizeitkapitäne wagen. Und wenn es regnet, schaut man sich eben den »Modellbahnzauber« der Familie Röckendorf in der Brückenstraße an: eine Minieisenbahnanlage auf 100 Quadratmeter Fläche. Irgendwie wirkt das ganze Städtchen so, als sei es nach einem Bild im Modellbahnkatalog gebaut worden. Oder ist es doch umgekehrt?

▶ Informationen

Anfahrt:
Auf der Autobahn von Hamburg nach Heide und weiter auf der B 5 bis zur Abzweigung Friedrichstadt. Regionalzüge von Hamburg nach Westerland halten auch in Friedrichstadt.

Info:
- **Tourist Information Friedrichstadt und Umgebung**
  Am Markt 9
  25840 Friedrichstadt
  Tel. 048 81/939 30
  Fax 93 93 93
  www.friedrichstadt.de

Unterkunft und Restaurants:
- Vornehmste Unterkunft in Friedrichstadt ist das **Ringhotel Aquarium Boddenberg,** dessen Restaurant auch viele nordfriesische Spezialitäten auftischt, etwa Räucheraalsuppe, Nordseescholle oder Buttermakrelensteak.
  Am Mittelburgwall 2–8
  Tel. 048 81/930 50
  www.hotel-aquarium.de
- Das familiengeführte Hotel **Holländische Stube** ist in einem der ältesten Häuser (um 1630) untergebracht, von der Terrasse fällt man fast in die Gracht. Hier schmecken Lamm- und Fischgerichte.

Am Mittelburgwall 24–26
Tel. 048 81/939 00
www.hollaendischestube.de
- Das **Hotel Herzog Friedrich** bietet stilvoll eingerichtete Zimmer und ein Friesencafé mit Garten, das hausgebackenen Kuchen zum Pharisäer (Kaffee mit Rum und Schlagsahne) serviert.
  Schmiedestr. 11 a
  Tel. 048 81/17 71
  www.herzog-friedrich.de
- Leckeren Fisch gibt's im **Markt Café – Restaurant Altes Amtsgericht.**
  Markt 12
  Tel. 048 81/77 43
  www.restaurant-altes-amtsgericht-friedrichstadt.de

Nord-Ostsee-Kanal

Dickschiffe

Wenn die MS *Europa* kommt, füllt sich die Aussichtsplattform auf der 42 Meter hohen Rendsburger Eisenbahnbrücke. Das Schiff ist der Lieblingskreuzfahrtriese der »Schiffegucker« am Nord-Ostsee-Kanal zwischen Brunsbüttel an der Elbe und Kiel an der Ostsee.

Viele Schiffe sparen sich durch die Benutzung der meistbefahrenen künstlichen Seeschifffahrtsstraße der Welt den 250 Seemeilen längeren Weg ums stürmische Skagen. Kaiser Wilhelm II. hatte den 1895 eröffneten Kanal eigentlich zu militärischen Zwecken anlegen lassen, um Flottenteile geheim und ungehindert verschieben zu können.

Fernweh regt sich, wenn das Kreuzfahrtschiff MS *Europa* strahlend weiß durch grüne Wiesen und gelbe Rapsfelder gleitet. Nachts, mit Festbeleuchtung, wirkt das Spektakel geradezu wie aus einem Fellini-Film: *E la nave va …* Die Zuschauer haben Glück, dass der schwimmende Traum die größte erlaubte Länge von 235 Metern unterbie-

Die MS Europa bei Rendsburg auf ihrem Weg durch den Nord-Ostsee-Kanal

tet. Bei der Einfahrt in die Brunsbütteler Schleuse wird das Kreuzfahrtschiff mit flotter Marschmusik empfangen, in Rendsburg spielt seit 2006 eine Begrüßungsanlage die Hymnen der vorbeifahrenden Pötte, während Zaungäste in der Schwebefähre, die an Seilen unter der Eisenbahnbrücke entlangfährt, die Kameras klicken lassen.

An Bord des Schiffs hat während der 98,7 Kilometer langen Passage der Kanallotse das Sagen. Seit 2006 ist seine Arbeit leichter, denn seitdem schützt ein modernes elektronisches Verkehrsleitsystem vor Kollisionen auf der engen Wasserstraße. Das elf Meter tiefe Fahrwasser ist am Grund des Kanals an vielen Stellen gerade einmal 44 Meter breit, und so gibt es zwölf Ausweichstellen. Telefon und Fernglas der professionellen Kanalbeobachter haben ausgedient.

Am Ende der Fahrt wird sich die MS *Europa* langsam aus der Schleusenkammer von Kiel-Holtenau hinaus in die Ostsee schieben. Man könnte sich übrigens mit ihr und anderen Dickschiffen ein gemütliches Wettrennen liefern: Die Betriebswege entlang der Kanalufer sind zwar für den privaten Autoverkehr gesperrt, doch Wandern und Radfahren ist erlaubt, und da auch Ozeanriesen nicht schneller als 15 km/h fahren dürfen, kann man sein Lieblingsschiff auf der acht Stunden langen Passage begleiten. Fähranleger, Hochbrücken, Schleusen, Restaurants und Cafés mit Kanalblick gibt es auf dem Weg zur Genüge.

Es müssen ja nicht immer die Luxusliner sein, die kommen ohnehin nicht täglich vorbei. Man kann auch mit dem 1905 gebauten Raddampfer *Freya* den gesamten Kanal durchfahren.

► Informationen

Anfahrt:
Die Kanalschleusen von Brunsbüttel an der Elbmundung erreicht man über Itzehoe (Autobahn) und Wilster, Züge fahren von Hamburg über Itzehoe nach St. Michaelisdonn, ab dort Bus. Autobahn- und Zugverbindung zwischen Hamburg und Rendsburg (über Neumünster) bzw. Hamburg und Kiel.

Info:
• **Tourist-Information Nord-Ostsee-Kanal & Ticket-Service**
Altes Rathaus/Altstädter Markt, 24768 Rendsburg
Tel. 043 31/211 20
Fax 2 33 69
www.tinok.de
• Durchfahrende Schiffe werden von der **Schifffahrtsverwaltung** Kiel, Tel. 04 31/360 31 22, und Bruns-

büttel, Tel. 048 52/88 51 22, angesagt, außerdem sind sie aufgelistet unter www.traum schiffe-im-kanal.de
• Passagen und Veranstaltungsprogramm auf dem Raddampfer Freya.
Adler-Schiffe Insel- und Halligreederei
Tel. 046 51/987 08 88
www.adler-schiffe.de

Unterkunft:
• Im 1874 errichteten **Hotel Restaurant Convent-Garten** wohnt und speist man direkt am Kanal.
Hindenburgstr. 38–42
Rendsburg
Tel. 043 31/590 50
Fax 59 05 65
www.conventgarten.de
• Einen schönen Blick auf den Kanal bietet auch das **Hotel Waffenschmiede.**

Friedrich-Voß-Ufer 4
Kiel-Holtenau
Tel. 04 31/36 96 90
Fax 36 39 94
www.hotel-waffenschmiede.de

Restaurant:
• Westlich von Kiel lohnt der kulinarische Abstecher in das Dörfchen Achterwehr. Hier werden in **Beckmanns Gasthof** vorzügliche Holsteiner Spezialitäten wie Aal in Gelee mit Bratkartoffeln, Lamm von der Westküste und Rote Grütze mit Holunderblütensorbet aufgetischt. Und übernachten kann man im Gasthof auch.
Dorfstr. 16, Achterwehr
Tel. 043 40/43 51
Fax 43 83
www.beckmanns-gasthof.de

Westerhever

Am Leuchtturm

»Heut bin ich über Rungholt gefahren, die Stadt ging unter vor fünfhundert Jahren …« Noch heute weckt Detlev von Liliencrons Ballade Fantasien vom reichen Rungholt des Mittelalters. Aber gab es Rungholt wirklich, und wo lag es?

Fahren wir auf die Halbinsel Eiderstedt in Nordfriesland. Nördlich von St. Peter-Ording steht er wie hingemalt, der weithin sichtbare Leuchtturm mit seinen zwei baugleichen Häusern auf einer Warft in reizvoller Salzwiesenlandschaft. Er ist das rot-weiß-rote Entzücken der Fotografen, Briefmarkensammler und Modelleisenbahner. 1906 wurde er errichtet, 41 Meter beträgt seine Feuerhöhe, und bei klarer Sicht kann man sein Licht noch auf Helgoland ausmachen. Wer die 157 Stufen nicht scheut, kann dort oben sogar heiraten. Von der Leuchtturmspitze schweift der Blick über die glitzergraue nordfriesische Insel- und Halligwelt aus Schlick, Meer und einsamen Gehöften, die dem »Blanken Hans«, der tosenden Nordsee, Trutz bieten.

Manchmal war das Meer stärker: Am 16. Januar 1362 holte sich die Flut das mythische Rungholt, das alte Karten auf der Insel Strand im Nordfriesischen Wattenmeer verzeichnen. 1634 versanken in einer weiteren Sturmflut Dörfer, Häfen und Kirchen Strands: Was blieb, waren die Inseln Pellworm und Nordstrand sowie die Halli-

gen. Noch heute soll man an windstillen Tagen die vom Tidestrom bewegten Glocken hören, dort, wo nur noch die kleine Hallig Südfall aus dem Meer ragt. Ein paar Scherben des friesischen Atlantis hat man wohl im Schlick gefunden, den Rest spülte der Heverstrom ins Meer. Rungholt war wohl nur ein bäuerlicher Handelshafen und schwelgte kaum im Reichtum der Legende, die eine blasphemische Stadt ihrer Gottlosigkeit wegen versinken lässt – von »drey jungfrawen« mal abgesehen, denn etwas Moral muss sein.

An der nordfriesischen Küste gäbe es so manchen Schauplatz von Legenden zu erwandern. Mit etwas Fantasie taucht in stürmischen Nächten Storms Schimmelreiter auf, auch er wurde aus alten Überlieferungen in Husum zu einer berühmten Novelle geformt. Vor der Hattstedter Marsch soll er entlanggeritten sein – erfunden zwar, aber die geografischen Details vollkommen realistisch. All diese Legenden künden vom ewigen Kampf der Menschen gegen die wütende Nordsee, der man hinter hohen Deichen bis heute die Stirn bietet. Auf Pellworm hat der Turm der alten Kirche

Der alte Kirchturm von St. Salvator auf Pellworm hat Wind und Wetter getrotzt

St. Salvator seit dem 12. Jahrhundert alle Sturm-fluten überdauert. Auf Hallig Hooge ragen bei »Land unter« nur noch die neun Warften aus dem Wasser. Niemand hat den Anblick stimmungsvoller in Verse gefasst als Theodor Storm: »Ans Haff nun fliegt die Möwe / Und Dämmrung bricht herein, / Über die feuchten Watten / Spiegelt der Abendschein. / Graues Geflügel huschet / Neben dem Wasser her, / Wie Träume liegen die Inseln / Im Nebel auf dem Meer.«

▶ Informationen

Anfahrt:
Von Hamburg nach Tönning, weiter nach St. Peter-Ording. Zugverbindung mit Hamburg über Husum. Von St. Peter-Ording Busverbindung zum Leuchtturm Westerheversand.

Info:
- **Tourismus-Zentrale St. Peter-Ording**
  Maleens Knall 2
  25826 St. Peter-Ording
  Tel. 048 63/99 90
  www.st.peter-ording.de
- **Kur- und Tourismus-service Pellworm**
  Uthlandestr. 2
  25849 Pellworm
  Tel. 048 44/189 40
  www.pellworm.de

- **Kurverwaltung**
  Schulweg 4
  25845 Nordstrand
  Tel. 048 42/454
  www.nordstrand.de

Unterkunft:
- Besonders vornehm wohnt man in St. Peter-Ording im **Hotel Vier Jahreszeiten.**
  Friedrich-Hebbel-Str. 2
  Tel. 048 63/70 10
  www.hotelvierjahreszeiten.de
- In der **Pension Zum Alten Anker** ist der Blick besonders schön.
  Norderdeich 10–13
  St. Peter-Ording
  Tel. 048 63/13 41
  Fax 74 22
  www.zumaltenanker.de

Restaurants:
- Die **Friesenstube** in St. Peter-Ording serviert Salzwiesenlamm und Nordseezunge.
  Dünenweg 14
  Tel. 048 63/35 00
  www.friesenstube.net
- Fisch schmeckt im auf Stelzen errichteten **Strandrestaurant Seekiste** vorzüglich.
  Zum Böhler Strand
  St. Peter-Ording
  Tel. 048 63/47 67 57
  www.dieseekiste.de
- Auch auf Pfählen steht die **Strandbar 54° Nord,** die u. a. Lammbratwurst serviert.
  Strandweg 999
  St. Peter-Ording
  Tel. 048 63/47 81 75
  www.strandbar-54grad-nord.de

Sylter Listland

Ganz im Norden

Gleich hinter dem Dorffriedhof von List, wo junge Kaninchen zwischen alten Kapitänsgräbern Fangen spielen, führt ein sandiger Trampelpfad auf eine kleine Anhöhe. Von hier schweift der Blick über das gesamte Listland: im Süden der schwarz-weiße Leuchtturm von Kampen, im Westen die blendend weißen Lister Wanderdünen und im Norden der Königshafen mit dem Ellenbogen, ein schmaler Nehrungshaken mit zwei Leuchttürmen in Rot-Weiß. Dort drüben liegt Deutschlands nördlichster Punkt, und da wollen wir hin.

Aber nehmen wir nicht die Straße. Spazieren wir durch das Listland, in dem im Mai die Lerchen trällern und im Sommer die Glockenheide betörend violett blüht. Heute soll man die beiden Wanderdünen nur noch aus der Ferne bewundern, doch aus glücklichen Ferientagen, als wir noch unbehelligt die fast senkrechte Sandwand hinaufstapften und uns im Sand hinunterrollten, wissen wir, wie es da oben aussieht: fast wie in der Sahara, abgesehen von den wenigen Büscheln Strandhafer und der rauschenden Nordsee im Hintergrund. Spazieren wir also auf dem Bohlenweg an der nördlichen Wanderdüne vorbei hinunter zum Weststrand, wo in der Hochsaison ein legaler Wegelagerer der Kurverwaltung nach der Kurkarte fragen wird. Und nun immer weiter den Strand entlang. Immer einsamer wird es, fast un-

merklich knickt die Küste nach Nordosten um, der Strand weitet sich. Hinter den flachen Uferdünen lugt die Spitze des Leuchtturms Westellenbogen hervor. Und jetzt sind wir da. Ein Schild, das uns erzählen könnte, dass es von hier genau 1061 Kilometer Luftlinie bis in Deutschlands südlichste Gemeinde Oberstdorf sind, würde die nächste Flut fortspülen. Aber sobald am Horizont der weiße Strand der dänischen Insel Rømø in Sicht kommt, sind wir schon vorbeigelaufen an jenem Punkt, wo Deutschland endet.

Im Nachbarland Dänemark hält man Strandkörbe, Strandburgen und Verbotsschilder übrigens für typisch deutsche Marotten. Aber die Zeiten, in denen Listland und Königshafen eine Enklave des dänischen Königreichs waren, sind nun eben Vergangenheit. Dänen kommen heute

Der markante Leuchtturm List West am Sylter Ellenbogen

höchstens für ein paar Stunden nach Sylt, wegen der niedrigeren Alkoholsteuer.

Man könnte um den ganzen Ellenbogen herumlaufen, kilometerlang den weißen Sandstrand entlang, und dann auf der Wattenmeerseite zurück über den Deich nach List. Die verlockende Abkürzung übers Watt des Königshafens bei Ebbe ist tabu, denn die reißenden, tiefen Priele, über die das Wasser abfließt, die sieht man vom Strand aus nicht.

Aber übernachten könnte man in dieser Einsamkeit: Üthörn heißen Deutschlands nördlichste Ferienwohnungen, und zum ruhigen Watten-

meerstrand sind es nur wenige Meter. Im Sommer scheint die Dämmerung kaum enden zu wollen. Wattvögel piepsen, Säbelschnäbler schreien, Silbermöwen klagen, Schafe blöken. Am violetten Horizont fährt das letzte Schiff hinüber nach Rømø, ein einsamer Windsurfer trotzt den Wellen des vollgelaufenen Königshafens: »Rüm Hart, klaar Kimming«, sagen die Friesen, weites Herz, klarer Blick.

Nur zum Essen muss man dann doch nach List zurück. Am besten schmeckt der Fisch am Lister Hafen, bei Gosch natürlich. Die alten Hasen unter den Urlaubern wissen noch, wie er angefangen

Bestes aus dem Meer serviert Gosch, die »nördlichste Fischbude Deutschlands«, in List

hat, der Maurergeselle aus Tönning: vor über
40 Jahren mit »Deutschlands nördlichster Fischbude« direkt am Hafen, und wer ihn kannte,

kippte mit ihm so manches Flens mit Köm zum
fettigen Aalbrötchen. Heute ist Gosch ein Fisch-
delikatessenimperium und »Aal-Jürgen« umgezogen in die lustig dekorierte »Alte Bootshalle«.
Auch dort schmeckt kein Edelfisch so gut wie
junger Matjes im Juni: Schließlich bedeutet das
dänische »Sild« nichts anderes als Hering. Natürlich muss man hier auch die »Sylter Royal« schlür-
fen, eine zart-nussige Auster.

Ja, auch List macht sich schick. Gleich zwei
»richtige« Hotels haben vor ein paar Jahren am
Wattstrand eröffnet. Während das Grand Spa Resort A-ROSA mit seinen fünf Sternen noch seine
internationale Klientel sucht, bietet das wesentlich kleinere Hotel Strand am Königshafen eine
echte Alternative zu den zahlreichen Ferienwohnungen, die aus steuerlichen Gründen oft über
überdimensionierten Garagen errichtet wurden,
hier am sehr deutschen Ende der Welt.

▶ Informationen

Anfahrt:
Von Hamburg nach Niebüll,
dort Verladung in den Auto-
reisezug über den Hindenburg-
damm nach Westerland (auch
Nord-Ostsee-Bahn ab Ham-
burg), von dort Bus über Kampen nach List. Zum Ellenbogen
führt eine Mautstraße. Die Anreise von Dänemark aus erfolgt
über Flensburg und die Insel
Rømø. Per Autofähre gelangt
man von Havneby nach List.
Linienflugverbindungen von
Hamburg, Berlin und anderen
Städten nach Westerland.

Info:
• **Kurverwaltung
List auf Sylt**
Landwehrdeich 1, 25992 List
Tel. 046 51/952 00
www.list.de

Unterkunft:
• Deutschlands nördlichste
Unterkunft sind die **Ferien-
wohnungen Üthörn** von
Conni und Thomas Died-
richsen.
List-Ellenbogen
Tel. 046 51/87 02 18
Fax 87 74 09
www.uethoern.de
• Im Ort List gibt es zahlreiche
Ferienwohnungen; wer Hotel-
service vorzieht, kann jetzt
im **Grand Spa Resort
A-ROSA** Luxus und Well-
ness genießen (Listlandstr. 11,
Tel. 046 51/96 75 00, http://
resort.a-rosa.de) oder sich im
intimeren **Hotel Strand** ver-
wöhnen lassen (Hafenstr. 41,
Tel. 046 51/ 88 97 50, www.
hotel-strand-sylt.de).

Restaurants:
• Fisch natürlich in List bei
Gosch: schön im Panorama-
restaurant Hafendeck, Tel.
046 51/836 09 66, oder im
Lister Fischhaus, Tel. 046 51/
87 13 11, sowie weiteren
Filialen, zu finden unter
www.gosch.de
• Für die Sylter Royal ist
Austernmeyer zuständig:
Hafenstr.10–12, Tel. 046 51/
87 75 25, www.sylter-royal.de
• Bei steifer Brise wärmt ein
friesischer Pharisäer (Kaffee
mit Rum und Schlagsahne) in
Deutschlands nördlichstem
**Café Voigts Alte Back-
stube.**
Süderhörn 2, List
Tel. 046 51/87 05 12
www.altebackstube.de

Helgoland

Kleine Möwe

»Irgendwo ins grüne Meer, hat ein Gott mit leichtem Pinsel, lächelnd, wie von ungefähr, einen Fleck getupft: die Insel.« Nun, James Krüss hatte gut reden, der ließ sich von seiner Heimatinsel zu dem wunderschönen Kinderbuch »Der Leuchtturm auf den Hummerklippen« inspirieren. Normalsterbliche aber müssen erst mal aufs Schiff, und diese Fahrt kann sich ziehen.

Doch seit einigen Jahren düst man mit einem flinken Katamaran, dem Halunder-Jet, in nur 70 Minuten von Cuxhaven nach Helgoland hinüber und legt direkt an der Mole an. Das geht so schnell, dass man fast nicht seekrank werden kann! Meistens gab aber angeschlagenen Passagieren ohnehin erst das »Ausbooten« in die schaukelnden Börteboote den Rest. »Was in den Tüten landet, wird dann in Helgolands Hummerbuden als Labskaus verkauft.« Wer den derben Humor der Bootsmänner nicht missen möchte, nimmt das stolze Bäderschiff *Wappen von Hamburg*, das hat zu viel Tiefgang für Helgolands Hafen, sodass einem das Ausbooten nicht erspart bleibt.

»Welkoam iip Lunn«, begrüßt Deutschlands einzige Hochseeinsel gut 300 000 Tagesbesucher und 240 000 Übernachtungsgäste pro Jahr. Den Spießrutenlauf durch die »Lästerallee«, an der einst Helgoländer und Badegäste die grün ge-

sichtigen Neuankömmlinge verspotteten, gibt es schon lange nicht mehr. Dafür den Lung Wai, wo sich ein zollfreier Laden an den nächsten reiht. Mancher Tagesbesucher belässt es bei dieser Meile. Bis man die Preise von 800 Whiskysorten miteinander verglichen hat, ist die Aufenthaltszeit meistens schon herum. Da muss man wohl Willem Zwo danken, der im Jahr 1890 mit den Engländern Sansibar gegen Helgoland tauschte: Auf die Insel im Indischen Ozean wär's zum Einkaufen zu weit.

Doch ein Helgoland-Besuch hat weit mehr als Zollfreiheit zu bieten. Man sollte sich ruhig ein bisschen beeilen: Das Wahrzeichen der rostroten Steilküste des Oberlands, die einsame Felsnadel »Lange Anna«, hält vielleicht nicht mehr allzu vielen Stürmen stand.

Zumindest vorläufig vom Winde verweht ist der Luxustourismus auf Helgoland: Das dafür zuständige Atoll Ocean Resort vermietete im

Die »Lange Anna« zieht viele Touristen an

Jahr 2012 seine Einrichtungen für die nächsten zehn Jahre komplett an den Windparkbetreiber Wind MW. Man muss aber schon auf der Insel übernachten, um die westliche Steilküste Helgolands im Sonnenuntergang flammendrot erglühen zu sehen.

Auch den »Lummensprung« gibt's nur abends zu bestaunen: Auf Helgoland nistet nämlich Deutschlands einzige Kolonie von Trottellummen, Meeresvögeln, die an possierliche Pinguine erinnern. Im Juni und Juli ziehen sie ihre Jungen drei Wochen lang direkt an der Felswand auf, dann springt Papa ins Meer und ruft sein Junges so lange, bis es endlich hinterherhüpft. Mit einem Fernglas kann man das große Schauspiel live erleben.

Auch für einen Ausflug auf die Düne reicht bei einem Tagesbesuch die Zeit nicht. Auf dieser Helgoland vorgelagerten Strandinsel tummeln sich nicht nur Badende, sondern auch Seehunde und Kegelrobben. Und die zahlen noch nicht mal Kurtaxe!

▶ Informationen

Anfahrt:

Besonders schnell flitzen wetterfeste Katamaran-Schnellfähren von Hamburg (3,5 Std.) und Cuxhaven (70 Min.) sowie verschiedenen nord- und ostfriesischen Häfen nach Helgoland, direkt in den Südhafen. Gemächlicher verläuft die Überfahrt mit einem der komfortablen Seebäderschiffe (mit Ausbooten), die von vielen Nordseehäfen und -inseln Helgoland anlaufen. Tägliche Flugverbindungen (Landeplatz auf der Badedüne mit Boots-transfer) gibt es mit Bremerhaven und Büsum, in der Hauptsaison auch mit Hamburg.

Info:
• **Helgoland Touristik**
Lung Wai 28 (im Rathaus)
27498 Helgoland
Tel. 047 25/814 30
www.helgoland.de

Unterkunft:
• Das **Atoll Ocean Resort**
hat zwar seinen öffentlichen Hotelbetrieb eingestellt, bietet aber vier exklusive Ferienwohnungen an, die man auf www.atoll-apartments.de buchen kann. Unter gleicher Leitung ist auch das **Haus Marinas** direkt am Jachthafen mit sechs Ferienwohnungen: www.haus-marinas.de. Tel. für beide: 047 25/80 04 25

• Ein nettes Mittelklassehotel direkt am Wasser ist das **Hotel Rickmers Insulaner.** Am Südstrand 2
Tel. 047 25/814 10
Fax 81 41 81
www.insulaner.de
• Außerdem gibt es zahlreiche Privatunterkünfte und auf der Düne ein Camping- und Bungalowdorf.

Restaurants:
• Spezialitäten wie Helgoländer Knieper, Seezunge und Steinbutt gibt's in vielen Lokalen der Unterstadt, z. B. **Bunte Kuh** (Hafenstr. 1013, Tel. 047 25/81 13 43, www. buntekuh-helgoland.de).

Strandkörbe mit Blick aufs Meer sind das klassische
Urlaubsrefugium an Deutschlands Küste

Tour 03:

Kunstmeile und St. Georg

Route:
Deichtorhallen ▶ Markthalle ▶ Hühnerposten ▶ St. Georg ▶ Lange Reihe ▶ Kunsthalle ▶ Lombardsbrücke

Dauer:
1 Stunde ohne Besichtigungen

Praktische Hinweise:
- **Start:** Ⓤ Steinstraße
- **Ziel:** Ⓢ Ⓤ Hauptbahnhof
- Museum für Kunst und Gewerbe und Kunsthalle sind montags geschlossen und haben donnerstags Spätöffnung bis 21 Uhr.
- Die Geschäfte entlang der Langen Reihe und dem Steindamm schließen gegen 19 Uhr, St. Georg ist bis spät in die Nacht belebt.

Tour-Start:
An der 1 km langen Kunstmeile am östlichen Wallring, die am Hauptbahnhof vorbeiführt, könnte man gut und gern mehrere Tage verweilen, so viele Museen, Galerien und Ausstellungen gibt es hier zu besichtigen. Die bedeutendsten Institutionen der Kunstmeile veröffentlichen auf einer Homepage u. a. ihre Sonderausstellungen: www. kunstmeile-hamburg.de.

Einen Abstecher lohnt die vielseitige Vorstadt St. Georg, sie mausert sich vom ehemals bahnhofsnahen Schmuddelviertel zum angesagten Wohn- und Kneipenquartier mit idyllischen Hinterhöfen, netten Straßencafés, interessanten Läden und viel (multi-)kulturellem Engagement.

Deichtorhallen 1
In den Deichtorhallen wurde von 1911 bis 1962 mit Obst und Gemüse gehandelt, bis der neue Großmarkt eröffnete. Großzügige Stiftungen erlaubten Anfang der 1980er-Jahre den Umbau der beiden alten Hallen in stilvolle Kunststätten. Der nördliche Bau, die **Halle für Aktuelle Kunst**, bietet dank seiner Fläche von 3800 m² Platz für außergewöhnliche Großprojekte zeitgenössischer Kunst, aber auch für Designmessen u. a. Veranstaltungen.

Seit der Hamburger Modefotograf F. C. Gundlach seine Sammlung dem **Haus der Photographie** vermachte, ist die südliche Halle Domizil dieses Bilderschatzes. Sonderausstellungen präsentieren Teile dieses Besitzes, widmen sich aber auch anderen Aspekten der Fotografie (Deichtorstr. 1–2, www.deichtorhallen.de, Di bis So 11–18 Uhr).

Kostenlos steht Interessierten der Präsenzbestand der **Bibliothek F.C. Gundlach** zur Verfügung (Di/Do 14–18 Uhr).

Markthalle 2
Hügelan zieht sich zwischen Klosterwall und Bahntrasse ein lang gestrecktes Backsteingebäude. In dieser Markthalle von 1914 wurden früher Blumen gehandelt, heute ist hier zeitgenössische Kunst zu bewundern, so in den Räumen der **Freien Akademie der**

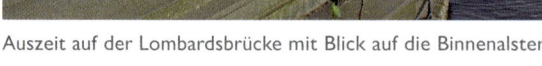
Auszeit auf der Lombardsbrücke mit Blick auf die Binnenalster

Künste (Klosterwall 23, Eingang von der Rückseite, www.akademie-der-kuenste.de), in den Ausstellungen des **Kunstvereins** (Klosterwall 23, www.kunstverein.de) und im **Kunsthaus** (Klosterwall 15, Tel. 33 58 03; alle Di–So 11/12 bis 18 Uhr). Auch mehrere moderne Galerien sind eingezogen (Klosterwall 13). Abends finden hier Popkonzerte statt.

Im Untergeschoss kann man in den 30 Verkaufskojen des Antik-Centers noch echte Schätze entdecken. Das Spektrum reicht von alten Möbeln bis zum Antiquariat (Klosterwall 9–21, Di/Do 12–18, Sa 10–16 Uhr). Modernes Taschendesign aus LKW-Planen ist die Spezialität von **Freitag** im Parterre (Mo–Fr 11 bis 20, Sa 10–18 Uhr).

Restaurant:
Pane e Tulipani

Zeit für eine Pause? Dann ist das puristisch gestylte Restaurant gleich neben dem Eingang des Kunstvereins eine gute Quelle für italienische Bistroküche.

• Klosterwall 23, Tel. 040/80 60 16 88, www.pane-e-tulipani.eu, So geschl.

Hühnerposten ❸

Zu den Nachfolgern der Post im Hühnerposten zählt die **Zentralbibliothek** der Hamburger Öffentlichen Bücherhallen. In den oberen Geschos-

Skulptur von Stephan Balkenhol vor der Zentralbibliothek

sen residiert das **Goethe-Institut,** das immer wieder interessante Lesungen, Ausstellungen und Kulturevents veranstaltet. Die Zentralbibliothek steht jedermann offen, hier kann man Zeitungen und Bücher lesen und im Internet surfen; Ausleihe nur mit Leserausweis (Mo–Sa 11–19 Uhr).

St. Georg 4 und Lange Reihe 5

Östlich des Wallrings liegt seit Jahrhunderten die Vorstadt St. Georg. Was einst ein Quartier für Aussätzige und Richtplatz war, zeigt sich heute sehr

lebendig. Der Vordere Orient ist auf der linken und rechten Seite des **Steindamms** vertreten, wie die bunten Gemüsekisten vor den Läden zeigen. Das Varieté **Hansa-Theater** (Nr. 17, Okt.–Anf. März) und das Kabarett **Politbüro** [H4] (Nr. 45, Tel. 28 05 54 67, www. polittbuero.de) sind Publikumsmagneten.

Zwischen Böckmann- und Lindenstraße befindet sich die **Centrum Moschee,** gleich daneben versetzen einen der **Lindenbazar** und winzige türkische Barbier- und Döner-Läden geradewegs nach Istanbul.

Auf dem kurzen Weg zur Langen Reihe passiert man den katholischen **Mariendom,** der sich zum 100-jährigen Jubiläum fein herausgeputzt hat.

Die **Lange Reihe** ist die Pulsader von St. Georg. Das Besondere an der lebhaften Kultmeile sind die vielen Spezialgeschäfte und die zahlreichen Straßencafés, Bars und Restaurants quer durch alle Kontinente. Allein vier Geschäfte für Asiatika, buddhistische Kunst und Schmuck aus Indien, Tibet und Nepal wie z. B. **Tibetan Lama Art** (Nr. 76) gibt es hier. Außerdem Buchhandlungen und Antiquariate, einen ostasiatischen und gleich daneben einen indischen Supermarkt. Das **Lagerhaus** (Nr. 27) lockt mit unwiderstehlichen Design- und Modeideen sowie meisterlichen Torten.

Schmale Durchgänge erschließen hie und da idyllische Hinterhöfe, gern genutzt wird der Zugang zum **Haus für Kunst und Handwerk,** Koppel 66 (Eingang auch von der Langen Reihe). In dieser ehemaligen Maschinenhalle fertigen und verkaufen Ateliers und Werkstätten auf drei Etagen ihre Werke und Schaustücke; im **Café Koppel 66** im Erdgeschoss gibt es leckere vegetarische Gerichte.

Restaurants:
• Sehr dezent weisen einige Läden und Bars, wie die **Buchhandlung Männerschwarm** [H4] (Nr. 102) und das **Café Gnosa** (Nr. 93, u. a. köstliche Kuchen), darauf hin, dass im Viertel auch die Gay-Szene einen Schwerpunkt hat.

- Schräg gegenüber ist die rustikale Bierkneipe **Frau Möller** (Nr. 96) immer brechend voll, nicht zuletzt wegen der üppigen, preiswerten Portionen Hausmannskost.
- Im **Cox** (Nr. 68) genießt man französisch und asiatisch inspirierte Küche mit regionalen Zutaten.

Hamburger Kunsthalle 6

Die Kunsthalle besitzt eine der bedeutendsten Gemälde- und Skulpturensammlungen in Deutschland, von den alten Meistern des Mittelalters bis zur zeitgenössischen Kunst. Die Sammlungen verteilen sich auf drei zusammenhängende Gebäude am Glockengießerwall, den skulpturenverzierten dunklen **Gründungsbau** (eröffnet im Jahr 1869), den südlich anschließenden hellen **Muschelkalkbau** aus dem Jahr 1919 mit auffälliger Kuppel sowie die **Galerie der Gegenwart**, ein markanter weißer Kubus von 1997, den Oswald Mathias Ungers nordwestlich des Gründungsbaus für die zeitgenössischen Sammlungen schuf.

Beide Altbauten wurden bis 2016 umfassend modernisiert. Seit April 2016 führt ein repräsentatives Portal im Gründungsbau in den erneuerten Kunsthallenkomplex.

Zu den bedeutenden Schätzen der Hamburger Kunsthalle zählen mittelalterliche Altäre sowie Malerei der Romantik bis zur Klassischen Moderne. Zusätzlich finden Sonderausstellungen statt (Glockengießerwall 1, www.hamburger-kunsthalle.de, Di So 10–18, Do 10–21 Uhr).

Café:

Wieder an seinen alten Platz in der historischen Säulenhalle zurückgekehrt ist das barocke **Café Liebermann**. Das Speisenangebot reicht von Antipasti bis Kuchen. Der Besuch ist allerdings nur in Verbindung mit einer Eintrittskarte für das Museum möglich.

Lombardsbrücke 7

Von der Lombardsbrücke hat man den besten Ausblick auf die Binnenalster und die Hamburger City mit dem Rathaus, den fünf Hauptkirchtürmen und dem Elbphilharmoniedach. Die Steinbrücke von 1868 mit den schmiedeeisernen Kandelabern trennt mit der parallel verlaufenden neueren Kennedybrücke die Binnen- und Außenalster voneinander und markiert die Stelle des einstigen Festungswalls.

Hamburger Kunsthalle, Treppenhaus des Gründungsbaus

Hamburg

Hafen und Elbe

»Wussten Sie, verehrte Herrschaften, dass man vom Turm des Michel drei Meere sehn kann? Wie dat? Tags das Häusermeer, abends das Lichtermeer und inne dunkle Nacht gor nix mehr!«

»He lücht!« (Er lügt), hätte früher ein Arbeiter in schönstem Hamburger Platt von einem Nachbarschiff oder der Kaimauer gerufen. Diesen Spitznamen haben die »Erklärer« auf den Barkassen, die Touristen durch die faszinierende Welt des Hamburger Hafens schippern, seit Jahrzehnten weg. Aber Seemannsgarn gehört nun mal dazu. Besonders wenn das Wetter tatsächlich so ist, wie es die bayerische Feindpropaganda immer behauptet, dann fallen Döntjes (Anekdoten), Tühnkram (Flunkereien) und Klein-Erna-Witze auch mal etwas deftiger aus, was aber keinen mit einem

»steifen Grog« (Rum muss, Zucker darf, Wasser kann) »angetüterten Quiddje« (beschwipsten Nicht-Hamburger) stört.

Eigentlich ist man froh, dass es in Hamburg noch vertraute Dinge gibt, vom »Schietwetter« mal abgesehen. Wer vor 30 Jahren das letzte Mal hier war, erkennt die Stadt kaum wieder. Aber zum Glück gibt es ja immer noch den »Michel«, die St.-Michaelis-Kirche, von deren Turmplattform in 82 Meter Höhe man sich einen Überblick verschaffen kann. Auch die Binnenalsteransicht von Lombardsbrücke und Jungfernstieg, die wird erst mal so bleiben. Auf dem St.-Pauli-Fischmarkt frühmorgens am Sonntag wird »Aal-Dietääh« noch lange seine Bananen und »so 'n schönen Aal« unters feixende Volk werfen, und auf der Reeperbahn werden auch künftig nachts um halb eins die sündigen Lichter funkeln. Aber sonst?

Nun mal keine Bangbüx sein, und rauf aufs Wasser! Barkasse oder Ausflugsboot?, lautet die Gretchenfrage. Dat geiht nur kattameng (beides zusammen), also zuerst die Barkasse und später das große Boot. Denn nur die Barkassen können in die Fleete – so werden in Hamburg die innerstädtischen Kanäle genannt – und in die Speicher-

> ▶ Seitenblick

Hummel, Hummel – Mors, Mors
Hamburgs deftiger Schlachtruf stammt von einem Hamburger Original, dem Wasserträger Johann Wilhelm Bentz (1787–1854), genannt »Hummel«. Auf diesen Spottnamen, doppelt ihm hinterhergerufen, soll er »Mors, Mors« geantwortet haben, was so viel bedeutet wie: »Ihr könnt mich mal …«

Die Landungsbrücken am Hamburger Hafen liegen zwischen Niederhafen und Hamburger Fischmarkt

stadt fahren. Die großen Boote schippern dagegen von den Landungsbrücken in entgegengesetzte Richtung zu den Containerpötten.

Am Jungfernstieg legen Barkassen zur zweistündigen Fleetfahrt ab. Hart an der Wasseroberfläche geht es durch die Rathausschleuse in das Alsterfleet, unter reich verzierten Brücken hindurch, am Neuen Rathaus und an den Alsterarkaden entlang, die mit ihren strahlend weißen Rundbögen geradezu an Venedig erinnern. Doch, die Slamatjenbrücke (»Brücke der schlampigen Mädchen«) hat ihren Namen tatsächlich von den losen »Dockschwalben«, die hier einst ihre Dienste anboten. Durch die Schaartorschleuse fährt man in den Binnenhafen und in eine Welt, die

Normalsterblichen erst seit einigen Jahren zugänglich ist: Mit über 300 000 Quadratmeter Lagerfläche ist die heute denkmalgeschützte Speicherstadt, die aus dem Freihafen ausgegliedert wurde, das größte Lagerhausareal der Welt.

Fast zwei Kilometer Kontorlandschaft aus dunkelrotem Backstein, zierlichen Giebeln, Türmchen, Brücken und Kais. Die hohen Häuser erinnern an neogotische Kathedralen. Kein Wunder, die meisten Architekten hatten damals Kirchenbau studiert. »Warenhaus der Welt«, nannte man die alte Hamburger Speicherstadt, für die man ab 1888 mehr als 20 000 Bewohner umsiedelte und ein ganzes altes Wohnviertel plattmachte. Hier lebten die Händler und Quartiersleute 100 Jahre lang in einer eigenen Welt. Über hydraulische Winden erreicht man noch immer jedes Speicherhaus auf dem Wasserweg.

Wie es hier einst zuging, davon erzählt das Speicherstadtmuseum in einem der alten Lagerhäuser im Block L am Sandtorkai. Als die Container kamen, zog man um ans Südufer, wo Platz war für Kräne, Schienen und Straßen. Heute sind die Schauerleute verschwunden, nur noch wenige Ewerführer steuern ihre Schuten (Lastkähne) in die Fleeten. Hafenromantik ade. Die größte digital gesteuerte Modelleisenbahn der Welt hat auf der Kehrwiederinsel Platz gefunden. Nebenan sitzen die erfolgreichen Musicalmacher von Stage Entertainment. Im gruseligen Hamburg Dungeon führt die Reise in die Vergangenheit der Freien und Hansestadt: mit interaktiv präsentiertem Großen Brand und Wiederauferstehung der Sturmflut.

Immerhin, bei »Hälssen & Lyon« werden noch immer, wie seit 1879, täglich Hunderte Sorten Tee verkostet, und am Sandtorkai sitzt mit der Neumann-Gruppe noch der größte Kaffeehändler der Welt. Der Kaffee wird jedoch längst auf der anderen Elbseite entladen. Immerhin ist die Speicherstadt noch das Zentrum des orientalischen Teppichhandels, wie das inzwischen leider geschlossene Afghanische Museum am Sandtorkai demonstrierte. Im selben Speicher erzählt das Gewürzmuseum Spicy's die Geschichte der Gewürze vom Anbau bis zum Verkauf. Spannend auch das Deutsche Zollmuseum, das beredtes Zeugnis darüber ablegt, auf welche ausgefallenen Schmuggelverstecke Menschen kommen können.

Nachts erstrahlt die Wunderwelt der Speicherstadt im Licht Hunderter Scheinwerfer und blauer Neonröhren: Hamburg inszeniert sich als Gesamtkunstwerk.

In wenigen Minuten tuckert die Barkasse von der Vergangenheit durch den Magdeburger Hafen in Hamburgs Zukunft. Die Brücke schlägt das im Kaispeicher B untergebrachte Internationale Maritime Museum Hamburg, dessen neun Ausstellungsdecks 3000 Jahre Seefahrtsgeschichte prä-

Nur wer früh aufsteht, erlebt den echten Fischmarkt an der Elbe

sentieren. Etwas weiter nimmt auf 157 Hektar Fläche die futuristische HafenCity Gestalt an. Europas größtes Neubaugebiet, die neue Wasserseite der Hamburger Innenstadt, beginnt nur zehn Gehminuten hinter dem Rathaus, mit Wohnungen am Wasser, Lofts und Cafés, Büros und Bootsstegen. Die großen Firmen ziehen bald ein, die ersten Luxusapartments stehen schon: Würfel aus Glas, Stahl und Backstein. Geplant sind Wohneinheiten für bis zu 12 000 Menschen und Arbeitsplätze für bis zu 45 000 Personen, zehn Kilometer Uferpromenade, ein Museums- und ein Sportboothafen. Mit den neuen Bewohnern der fertiggestellten Wohnungen richten sich im Überseequartier immer mehr Einzelhändler und Gastronomen ein. Mit der Katharinenschule gibt es in der HafenCity nun auch eine topmodern und nachhaltig konzipierte Lehranstalt.

Von der Zukunftsmusik wieder in die Vergangenheit. Über Norderelbe und den Binnenhafen schippert die Barkasse, wenn die Tide das erlaubt, hinein in Hamburgs ältestes Hafengebiet: das Nikolaifleet. Hier lag der erste Umschlagplatz in der 1189 gegründeten Neustadt, der Kaiser Friedrich I. Barbarossa freien Handel und Zollfreiheit auf der Unterelbe zusicherte. An der Deichstraße stehen noch restaurierte alte Kaufmannshäuser: Nostalgie pur.

Hamburgs Herz aber pulsiert an den Landungsbrücken. »Grroße Hafenrundfahrt«, schallt es allerorten, und bevor man Zeit hat, sich zu fragen, ob es eigentlich auch kleine gibt, will einen schon der erste Schlepper auf sein Boot bugsieren. Am besten nimmt man einfach das Boot, das als Nächstes startet. Auch von hier fahren Barkassen zur Hafencity und in die Speicherstadt, doch wir wollen jetzt die großen Pötte sehen.

Aber vielleicht fahren wir vorher erst noch mit dem Auto oder dem Taxi über die Köhlbrandbrücke. Die grazile Schrägseilbrücke führt über den 300 Meter breiten Verbindungsarm zwischen Süder- und Norderelbe. Von hier aus überblickt man den gesamten Hafen. Stadteinwärts rechter Hand, pardon, steuerbord, liegt der Hansaport, Hamburgs Schüttguthafen, mit riesigen Kohle- und Erzhalden, die auf Schiffe und Eisenwaggons verladen werden und in den unterschiedlichsten

Hamburgs Speicherstadt gehört seit 2015 zum UNESCO-Welterbe

Farben schimmern. Gleich nebenan leuchtet blau, gelb und rot der topmoderne CTA (Container-Terminal Altenwerder). Fast vollautomatisch steuern Computer die Warenwege: Nur wenige Menschen kontrollieren dieses Meisterwerk minutiöser Just-in-Time-Logistik. Wie von Geisterhand bewegt, sausen transponderkontrollierte Roboterfahrzeuge hin und her, drehen sich die Kräne, schweben mit Laserradar überwachte Container an dünnen Seilen über Schiffen und Brücken. Rund um die Uhr wird hier gearbeitet, stets liegen neue Schiffe und Tanker auf Reede. Bei Sonnenuntergang und nachts bei Flutlicht ist das ein geradezu berauschender Anblick.

Die Wunder der Technik sieht man auch vom Schiff aus. Und wenn es um harte Fakten geht, dann »lücht« der Erklärer auf dem Ausflugsboot nicht: Der Containerumschlag belief sich 2016 auf insgesamt 8,9 Millionen TEU (Twenty-Feet Equivalent Units, d. h. 20-Fuß-Standardcontainer): eine eindrucksvolle Zahl. In Europa schafft mit 12,4 Millionen TEU nach wie vor lediglich Rotterdam mehr. Hamburgs Hinterland reicht jetzt vom Atlantik bis Osteuropa, ja bis nach China. Alle zwei Minuten wird ein 20 oder 40 Fuß (6 bzw. 12 m) langer Container vom Schiff gehoben und einer aufs Schiff geladen. Bis zu 40 000 Euro pro Tag kann das Liegegeld kosten: Time is money. Welche Schiffe gerade wo im Hafen liegen, was sie geladen haben, woher sie kommen, und unter welcher Flagge sie fahren, steht haarklein im »Shipping Lloyd's Index« und im täglichen Hafenbericht. Aber den wirklichen Überblick haben wohl nur die Hafenlotsen, denn die hat noch kein Computer ersetzen können.

Na gut, ein paar Döntjes zur Auflockerung müssen schon sein. Den Schuppen, in dem die Bananen aus Südamerika erst krumm gebogen werden müssen, den lässt kein Erklärer aus. Und warum gibt es nur Schwesterschiffe? »Schiffe sind immer weiblich. Das sieht man doch sofort: Erstens an den schönen Formen, zweitens an den hohen Betriebskosten, und sie laufen einem auch gern aus dem Ruder. Außerdem sind sie mit allen Wassern gewaschen.«

Ein paar elegante Ladys haben im Hafen für immer den Anker geworfen. Zwischen Landungs- und Überseebrücken liegen die elegante grüne Dreimastbark *Rickmer Rickmers*, die einst als Frachtensegler über die Meere fuhr, und der schnittige weiße Stückgutfrachter *Cap San Diego* am Kai, dem die Konkurrenz der Containerschiffe

den Garaus machte. Weiter elbabwärts sind im Museumshafen Övelgönne das Feuerschiff *Elbe 3*, das einst als mobiler Leuchtturm auf See diente, der Hafenschlepper *Tiger* und andere historische Elbschiffe zu sehen. Gleich im ersten Schuppen, 50 A, präsentiert das Hafenmuseum eine einmalige Sammlung zum Güterumschlag im Hafen, zum Hamburger Schiffbau sowie zur Schifffahrt auf der Elbe und im Hafen.

Ewig spannend ist der Hafen, da reicht eine Fahrt nicht aus. Wer ganz nah ran will an die Pötte, muss doch eine Barkasse nehmen, auch wenn's mal schaukelt und der Rettungsring nur für den Kapitän da ist, wie geflunkert wird.

Nicht nur für »Pennschieter« (Geizhälse) sind auch die regulären Hafenfähren des HVV interessant, auf denen man zum Preis einer Tageskarte ebenfalls eine ganze Menge sieht. Wie das geht? Einfach mit der U-Bahn in die Speicherstadt (U3 Baumwall), dann am Sandtorhöft, der westlichen Spitze der Speicherstadt, auf die Fährlinie 62, am Elbufer entlang vorbei an Landungsbrücken (ab hier wird's voll), an der Blohm & Voss-Werft, am Fischmarkt, am Museumshafen Övelgönne und

Neben Konzertsälen beherbergt die Elbphilharmonie auch ein Hotel, Wohnungen und Restaurants

Hamburger HafenCity mit der Störtebeker-Statue

am Containerterminal bis nach Finkenwerder. Von dort geht's mit der Linie 64 weiter zum Fähranleger Teufelsbrück. Dort setzt man sich ins Café Engel und sieht zu, wie sich die Riesenfrachter zum Greifen nah in den Hafen schieben. 12 000 Seeschiffe und ebenso viele Binnenschiffe kommen hier jedes Jahr vorbei. Oder man fährt noch weiter die vornehme Elbchaussee mit ihren prächtigen Kaufmannsvillen entlang bis nach Blankenese, »wo sie sogar die Petersilie mit Fleurop bestellen«.

Im Rennen um die beste Hamburger Aussicht liegt das topmoderne Stück Designerarchitektur namens »Dockland« am alten Fischereihafen ganz weit vorn: ein spitz in See stechendes Büroschiff aus Glas und Stahl mit bestem Panoramablick, z.B., wenn der Luxusliner *Queen Mary 2* in Hamburg einläuft.

Und nun ist auch noch der 789 Millionen Euro teure Ausblick von der Elbphilharmonie hinzugekommen. 2017 wurde das spektakuläre Konzerthaus endlich eröffnet. Im Juli lauschten die Staatsgäste des G-20-Gipfels der von Kent Nagano dirigierten Neunten Sinfonie von Beethoven.

Man kann sich aber auch einfach am Elbstrand in den Sand setzen, zu einem der vielen Lagerfeuer, und den Schiffen nachsehen, ganz kostenlos.

Ja, und was ist mit dem Nachtleben? Eines ist mal sicher: Die Seeleute der großen Pötte bekommen das sündige Treiben nicht mehr zu Gesicht, nur wenige Stunden beträgt heute noch die Verweildauer im Hafen. Auf der »Reeperbahn nachts um halb eins« tummeln sich fast nur noch Touristen und Einheimische. Wer das Treiben mit Insiderblick kennenlernen möchte, bucht die »historische Hurentour«. Hier vermittelt eine (völlig seriöse) Gästeführerin in historischer Hurentracht auf einem Streifzug durchs Hamburger Rotlichtviertel Einsichten in das älteste Gewerbe der Welt und berichtet von Barkassenhuren, Zuschickfrauen und Schlafbaaswirtschaften. Allerdings kostet so eine Tour um einiges mehr als den sprichwörtlichen »Heiermann«, das Handgeld, das Matrosen beim Anheuern bekamen und oft noch schnell vor dem Auslaufen des Schiffes bei gewissen Damen anlegten. Die Hamburger sahen das immer ganz unverkrampft. Was gut ist für den Hafen, das ist nun einmal gut für Hamburg.

► Informationen

Anfahrt:
Flug-, Autobahn- und ICE-Ver-
bindungen mit allen deutschen
Großstädten.

Info:
- **Tourist Information**
  Hauptbahnhof, Bahnhof
  Dammtor und Landungs-
  brücken
- **Hamburg Tourismus
  GmbH**
  Tel. 040/30 05 17 01
  www.hamburg-tourism.de
  Dort sind auch die Anbieter
  von **Hafenrundfahrten** ver-
  zeichnet.
- Weitere gute Infos für Touris-
  ten unter www.hamburg.de
- Die Besichtigung des **Contai-
  nerhafens** (nur mit Sonder-
  genehmigung) ermöglicht je-
  des Wochenende die
  dreistündige Bustour von
  Jasper Rundreisen.
  Tel. 040/22 71 06 10
  www.jasper.de
- Wichtigste Veranstaltung ist
  das **Hafenfest** im Mai (mit
  Windjammerparade).

Unterkunft:
- Ein vornehmes Hotel mit Elb-
  blick ist das **Louis C. Jacob.**
  Elbchaussee 401–403
  Nienstedten
  Tel. 040/82 25 50
  www.hotel-jacob.de
- Das **25hours** ist das erste
  Hotel in der HafenCity. Es
  bietet 170 »Kojen«. Etwas
  Baulärm muss man im Über-
  seequartier in Kauf nehmen.

Überseeallee 5
Tel. 040/257 77 70
www.25hours-hotels.com/
hafencity
- Höchst originell nächtigt man
  in den Kabinen mit Bad im
  historischen **Stückgutfrachter Cap San Diego.**
  Liegeplatz Vorsetzen
  (Überseebrücke)
  Tel. 040/36 42 09
  www.capsandiego.de
- In (ehemals!) Norddeutsch-
  lands vornehmstem Bordell
  bietet das **Hotel Village** ein
  plüschiges Ambiente.
  Steindamm 4, St. Georg
  Tel. 040/480 64 90
  Fax 48 06 49 49
  www.hotel-village.de
- Junge Gäste bis 26 bekommen Rabatt in der durch-
  gestylten Stadtvilla **YoHo –
  the young hotel.**
  Moorkamp 5
  Tel. 040/284 19 10
  Fax 28 41 91 41
  www.yoho-hamburg.de
- Bed & Breakfast in hanseati-
  schen Bürgerhäusern vermit-
  telt **Margarete Barth.**
  Tornquiststr. 1
  Tel. 040/40 18 61 37
  Fax 40 18 61 36
  www.bedroomforyou.de

Restaurants:
- Eine beliebte Adresse in
  der Speicherstadt ist das
  Fleetschlösschen, einst ein
  Zollhäuschen, in dem heute
  ein Café Pasta und Wrap
  Rolls serviert.

Brooktorkai 17
Tel. 040/30 39 32 10
www.fleetschloesschen.de
- Die Panoramafenster des
  Café Engel eignen sich bes-
  tens zum Schiffegucken.
  Elbanleger Teufelsbrück
  Nienstedten
  Tel. 040/82 41 87
  www.restaurant-engel.de
- Wunderbar ist auch der Blick
  von den **Süllberg-Terras-
  sen.** Man hat die Wahl zwi-
  schen einfachen Gerichten auf
  der Sommerterrasse, feinerer
  Kost auf der Bistroterrasse
  oder exklusiver Gourmetkü-
  che im Restaurant Seven Seas.
  Süllbergterrasse 12
  Blankenese
  Tel. 040/866 25 20
  www.suellberg-hamburg.de
- Besonders gute Fischgerichte
  serviert das **Fischereihafen
  Restaurant.**
  Große Elbstr. 143
  Tel. 040/38 18 16
  www.fischereihafenrestaurant.
  de
- Aal aus eigener Räucherei
  und andere ausgezeichnete
  Fischgerichte gibt's im **Alt
  Hamburger Aalspeicher.**
  Deichstr. 43
  Tel. 040/36 29 90
  www.aalspeicher.de
- Norddeutsche Küche mit
  französischem Pfiff und Blick
  auf die Elbphilharmonie ser-
  viert **Carls Brasserie.**
  Am Kaiserkai 69
  Tel. 040/300 32 24 15
  www.carls-brasserie.de

Brunnen vor Hamburgs Michaeliskirche

Tour 04:

Auf Norderney

Route:

Norddeich ► Hafen Norderney
► Kurviertel ► Leuchtturm
► Strandpromenade ► Hafen
Norderney ► Norddeich

Dauer:

1 Tag; 13 km zu Fuß/mit Rad

Praktische Hinweise:

• Autofähren fahren im Sommer
stündlich nach Norderney.
• Fahrradverleih auf der Insel.

Tour-Start:

Von **Norddeich** **1** geht es
nach **Norderney** **2**. Schon am
Hafen kann man Räder ausleihen, um ins Kurzentrum rund
um das **Conversationshaus** zu
gelangen. Später geht es zum
Leuchtturm mit grandioser
Aussicht.

Norden-Norddeich **1**

Norden ist die älteste Stadt
Ostfrieslands, sie wurde 1277
gegründet. Am Marktplatz findet
man bedeutende alte Bauwerke,
u. a. die **Ludgerikirche** (13. Jh.)
und das **Alte Rathaus** mit

Heimat- und **Teemuseum**
(Am Markt 36, Saison: Di–So
10–17 Uhr, Juli/Aug. auch Mo).
Nur 5 km östlich Richtung
Hage liegt der **Schlosspark
Lütetsburg** (Mai–Sept. tgl.
8–21, April–Okt. 10–17 Uhr).

Norddeich

Norddeich ist das größte Nord-
seebad an der ostfriesischen
Küste und wartet mit der
Badelandschaft »Ocean
Wave« und dem **National-
park-Haus** mit **Seehund-
station** und **Waloseum** auf.

Info:

Kurverwaltung
• Dörper Weg 22
26506 Norddeich
Tel. 049 31/98 62 00
www.norddeich.de

Unterkunft:

Romantik Hotel Reichshof
Wohlfühlambiente 3 km vom
Meer entfernt.
• Neuer Weg 53, Norden
Tel. 049 31/17 50
www.reichshof-norden.de

Restaurant:

Minna am Markt
Raffinierte norddeutsche Küche.
• Am Markt 68, Norden
Tel. 049 31/32 11

Insel Norderney **2**

Keine Ostfrieseninsel bietet
mehr Vielfalt an Kultur und Unterhaltung als dieses traditionsreiche Staatsbad. Dem nostalgischen Flair können selbst die
Hochhausskyline, die vielen
Gäste und der Autoverkehr
nichts anhaben. In der Inselmitte
und im Osten ist noch viel
Raum für Wander-, Rad- und
Reitwege.

Norderney – Kurviertel

Im alten Zentrum leuchten die
Kurgebäude in brillantem Weiß.
Aus der Konzertmuschel klingt
Musik, wobei die Bandbreite von
Klassik bis Pop reicht (April bis
Okt. tgl. außer Mo).
Blickfang ist das Kurhaus, auch
Conversationshaus genannt,
das die Touristen-Information
beherbergt. Westlich davon liegt
Deutschlands größtes Thalasso-

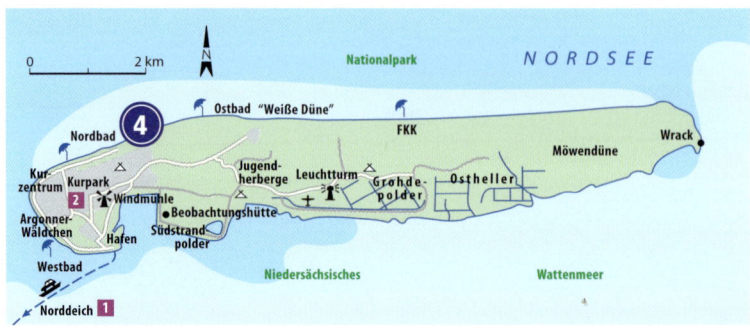

Blick aus der Vogelperspektive auf Norderney

bad, das **bade:haus norderney** (tgl. 9.30–21.30 Uhr). Neben dem **Haus der Insel** ist das **Kurtheater** zu bewundern.

Parks und Strände
Der **Kurpark** erlaubt einen Waldspaziergang. Jenseits der Mühlenstraße kann man sich in der **Windmühle** niederlassen. Südlich des Kurviertels erstreckt sich das **Argonner Wäldchen,** in dem das **Fischerhaus-Museum** untergebracht ist (Mo–Mi 15–17 Uhr). Von der Südseite erreicht man das **Bademuseum** (Weststrand 11, Di–So 11 bis 16 Uhr). Den Strand **Westbad** überblickt man von der Promenade. Diese zieren nur wenige historische Gebäude, etwa die frühere **Bülowsche Villa.**

Nordbad
Auf der Westseite kracht die Nordsee an Beton und Buhnen. Der Badestrand **Nordbad** beginnt östlich des Küstenschutzes, weiter östlich folgen das Ostbad **Weiße Düne** und der FKK-Strand.

Norderneys Natur
Norderneys höchstes Bauwerk, der 56 m hohe **Leuchtturm,** bietet eine Panoramasicht (April bis Okt. tgl. 14–16 Uhr). Auf der Wattseite liegen Salzwiesen: Eingedeicht sind die Weiden des **Grohdepolder.** Der **Ostheller** ist Vogelrückzugsgebiet. Ein Feuchtgebiet mit Buschwerk ist der **Südstrandpolder.**

Durch die Mitte der Insel zieht sich abwechslungsreicher Dünenstreifen: Wäldchen, Buschwerk und Graslandschaft. Die

östliche Hälfte und der Südstrandpolder sind Ruhezonen des Nationalparks.

Das **Nationalpark-Haus** erläutert das Ökosystem Wattenmeer und veranstaltet Führungen (Mai–Okt.). Am Hafen 1, Tel. 049 32/20 01, April–Okt. Mo–Fr 9–18, Sa, So 13–18 Uhr).

Info:
Kurverwaltung
• Am Kurplatz 1
26548 Norderney
Tel. 049 32/89 10
www.norderney.de

Anreise:
Reederei Norden-Frisia
Fähren ab Norddeich, in der Saison bis zu 14-mal tgl.
• Am Hafen
Norden-Norddeich
Service-Tel. 049 31/98 70
www.reederei-frisia.de

FLN
Flüge von April–Sept. zweimal tgl. ab Harle.
• Westerlooger Strohweg 5
Norden
Tel. 049 31/933 20
www.fln-norddeich.de

Unterkunft:
Strandhotel Georgshöhe
Vornehme Resortanlage in der jod- und solehaltigen Sprühzone des Strands mit umfangreichem Wellnessangebot und Gourmetrestaurant **N'eys,** bekannt für seine vorzüglichen, mediterran inspirierten Fischgerichte.
• Kaiserstr. 24
Tel. 049 32/89 80
www.georgshoehe.de

Hotel Seesteg
Designhotel in historischem Lagerhaus.
• Damenpfad 36 a
Tel. 049 32/89 36 00
www.seesteg-norderney.de

Künstlerhaus
Denkmalgeschütztes Hotel, wenige Schritte zum Wasser.
• Strandstr. 6
Tel. 049 32/93 44 30
www.hotel-kuenstlerhaus.de

Restaurant
Weiße Düne
Restaurant am schönsten Strand.
• Weiße Düne 1
Tel. 049 32/93 57 17
www.weisseduene.de

Lüneburger Heide

Bilder in Violett

»Calluna vulgaris« heißt die Besenheide, deren rosaviolette Blüten-pracht im August und September für Heideromantik sorgt, wie man sie aus Gedichten von Hermann Löns und aus Heimatfilmen kennt. Sieht es da wirklich so aus? Da ist man mit dem ICE in einer guten Stunde von Hamburg nach Hannover gefahren, durch Lüneburg und Celle, und nirgendwo hat man violette Heide, dunkle Wacholdersträuche, ein-same Birken, kleine Schäferkaten oder wollige Heidschnucken gesehen.

Nun, die »echte« Heide liegt abseits der großen Verkehrswege. Zwischen Totengrund und Wilse-der Berg, im Herzen des Naturschutzparks, da ist sie noch so, wie sie Theodor Storm im Jahr 1848 beschrieben hat: »Die Kräuter blühn; der Heide-duft / Steigt in die blaue Sommerluft. / Laufkäfer hasten durchs Gesträuch / In ihren goldnen Pan-zerröckchen. / Die Bienen hängen Zweig um Zweig / Sich an der Edelheide Glöckchen, / Die Vögel schwirren aus dem Kraut – / Die Luft ist voller Lerchenlaut.«

Nur einsam und still wie bei Theodor Storm ist die Heide längst nicht mehr. Millionen Besucher bevölkern jedes Jahr die sandigen Wege: zu Fuß, mit dem Fahrrad oder per Pferdekutsche. Oft ist der Heide-Ausflug nur ein Abstecher, vom Ver-gnügungspark in Soltau oder vom Serengetipark in Hodenhagen. Doch der Blick vom 169 Meter hohen Wilseder Berg ist schon berauschend, die Menschenmassen sind es eher weniger. Die Ka-meras klicken: Könnte der bärtige Schäfer bitte noch etwas dekorativer ins Bild? Doch, der ist echt, und seine Heidschnucken werden mal wie-der Überstunden machen müssen. Dabei sind sie nicht in erster Linie zum Streicheln da: Die typi-schen Schafe der Heide halten das Gras kurz und sind somit biologische »Heidepfleger«.

Im August und September haben auch die Hei-deköniginnen von Schneverdingen und Ame-lingshausen viel zu tun, die mit ihren Kutschge-spannen die Touristen erfreuen. Gewählt werden sie auf den Heideblütenfesten ihrer jeweiligen Ortschaften, was immer ein überaus farbenfrohes Spektakel ist. Wer es ruhiger und entspannter mag, besucht im Mai die Lüneburger Heide, da singen auch die Lerchen viel schöner.

Ihren ganzen Zauber entfaltet die Heide im Spätsommer

Unter der Heide ist Sand, aber in Lüneburg hat man auf Salz gebaut. »Träumereien in Backstein« nannte Ricarda Huch die stolzen Bürger- und Patrizierhäuser. Giebel, wohin das Auge schaut: schlichte gotische Dreiecksgiebel, prunkvolle Staffelgiebel der Renaissance und barock geschwungene Giebel, häufig mit ranken- oder kranzförmigen Ornamenten aus Formsteinen geschmückt, gelegentlich auch mit farbigen Terrakotten verziert. Lüneburgs Saline belieferte die Ostseeländer schon vor 1000 Jahren mit dem weißen Gold – es war im Mittelalter die einzige Möglichkeit, Fleisch und Fisch zu konservieren. Seit 1372 war Lüneburg Mitglied der Hanse und zwischen 1460 und 1530 eine der reichsten Städte des Nordens. Hinter einer imposanten Barockfassade verbirgt sich ein kostbar ausgestattetes gotisches Rathaus, mit leuchtenden farbigen Fenstern, kostbar geschnitztem Ratsstuhl und einer Gerichtslaube, die mit Darstellungen aus der römischen Geschichte und dem Jüngsten Gericht ausgemalt ist. Kunstvoll ausgestattet sind auch die gotischen Kirchen von Lüneburg und das etwas außerhalb liegende Kloster Lüne.

Weitgehend unzerstört geblieben ist auch Celle, die alte Residenzstadt des Fürstentums Lüneburg. Dieses Kleinod unter den Heidestädten besitzt noch rund 500 seit spätgotischer Zeit entstandene Fachwerkbauten. Die Fassade des Hoppener-Hauses von 1532 ist geradezu ein architektonisches Bilderbuch. In Celle befindet sich die einzige erhaltene Synagoge aus der Barockzeit in Norddeutschland, und im Barockschloss lockt Deutschlands ältestes bespieltes Theater.

Höhepunkt einer Kunstreise durch die Lüneburger Heide ist das gotische Zisterzienserinnenkloster Wienhausen südöstlich von Celle. Der Nonnenchor von 1330 zeigt eine in seltener Vollkommenheit erhaltene gotische Ausmalung und einen prachtvollen Marien-Flügelaltar von 1519. Sogar die Zellen der Nonnen sind teilweise kunstvoll ausgemalt. Nur an elf Tagen, vom Freitag nach Pfingsten an, werden die exquisiten neun Wienhäuser Bildteppiche ausgestellt, die zwischen 1300 und 1500 von den Nonnen geschaffen wurden. Besonders berühmt sind drei Teppiche, auf denen die Abenteuer Tristans und Isoldes abrollen. Auch Nonnen sind eben romantisch.

Ein Hirte mit Schafherde – in der Lüneburger Heide kein seltenes Bild

▶ Informationen

Anfahrt:

Lüneburg und Celle liegen an der Bahnlinie von Hamburg nach Hannover. Der schnellste Weg zum Wilseder Berg führt über die Autobahn von Hamburg bis Egestorf und weiter nach Undeloh.

Info:

- **Lüneburger Heide GmbH**
  Wallstr. 4, 21335 Lüneburg
  Tel. 07 00/20 99 30 99
  www.lueneburger-heide.de
- **Heideblütenfest** in Ame-lingshausen (Mitte Aug.;
  www.heidebluetenfest.com),
  Schneverdingen (Ende Aug.;
  www.heidebluetenfest.de)

Unterkunft:

- Ein restauriertes Ensemble im Wasserviertel ist das **Hotel Bergström.**

Bei der Lüner Mühle
Lüneburg
Tel. 041 31/30 80
Fax 30 84 99
www.bergstroem.de
- In einem Ensemble aus drei romantischen Fachwerk-häusern des 17. Jh. hat das **Hotel Garni St. Georg** 15 stilvolle, komfortable Zimmer eingerichtet.
  St. Georg Str. 25–27, Celle
  Tel. 051 41/21 05 10
  www.hotel-st-georg.de
- Im Naturschutzpark liegt der romantische **Hof Tütsberg.**
  Schneverdingen Heber
  Tel. 051 99/900
  Fax 90 50
  www.tuetsberg.de

Restaurants:

- Bürgerliche Küchenklassiker zu naturtrübem Brauhausbier

oder samtigem Stackmann's Dunkel serviert die Traditi-onsgaststätte **Zum alten Brauhaus.**
Grapengießer Str. 11
Lüneburg
Tel. 041 31/72 12 77
www.brauhaus-lueneburg.de
- Im gotischen Gewölbe des **Historischen Ratskellers** schmecken vielfältige Heid-schnuckengerichte und frische Forellen.
  Markt 14, Celle
  Tel. 051 41/290 99
  www.ratskeller-celle.de
- Im Naturschutzpark bietet ein reetgedecktes Heidehaus, das **Landhaus Haverbeck-hof,** Unterkunft und heide-typische Spezialitäten.
  Niederhaverbeck 2, Bispingen
  Tel. 051 98/989 80
  www.haverbeckhof.de

Hildesheim

Ottonische Träume

Dreißig Kilometer südlich von Hannover liegt Hildesheim, die »Hauptstadt des romanischen Comicstrips«. Nein, das ist nicht despektierlich gemeint, wir reden hier immerhin von einem Weltkulturerbe. Fast zärtlich streicht die Hand über die biblischen Reliefs der berühmtesten Bronzetüren Deutschlands, die unbekannte Künstler 1015 im Auftrag von Bischof Bernward geschaffen haben.

Am Westportal der Vorhalle des Doms St. Maria, dem »Paradies«, läuft auf zwei mal acht rechteckigen, thematisch aufeinander zukomponierten Bildfeldern das gesamte biblische Programm ab: links der alttestamentarische Sündenfall und die immer tiefere Schuldverstrickung des Menschen, gefolgt von der Vertreibung aus dem Paradies und der Erschlagung Abels, rechts die wichtigsten Etappen der Heilsgeschichte Christi und der Erlösung aus dem Neuen Testament. Bernward ließ sich von den geschnitzten Holztüren der Kirche Santa Sabina in Rom inspirieren. Die Türen des Westportals verweisen zurück auf das antike Bronzeportal des Tempels Salomo. Gerühmt wird insbesondere die ausgeprägte Individualität der Einzelfiguren.

Nach vierjähriger Sanierung erstrahlt der Dom seit 2014 in neuem hellerem Glanz. Umso leichter fällt jetzt die Fortsetzung der biblischen Lektüre an der im südlichen Querhaus aufgestellten,

3,79 Meter hohen Christussäule aus Bronze, die Bischof Bernward von Hildesheim um 1020 wohl der Trajanssäule in Rom nachbilden ließ. Das

Die bemalte Holzdecke von St. Michael ist einzigartig nördlich der Alpen

Das Knochenhaueramtshaus am Marktplatz war ursprünglich das Gildehaus der Fleischer

spiralförmig ansteigende Reliefband schildert in 24 Szenen das öffentliche Leben Jesu, von der Taufe im Jordan bis hin zum triumphalen Einzug in Jerusalem.

Bernwards Träume vom Himmlischen Jerusalem vollendete der um 1061 von Bischof Hezilo gestiftete romanische Radleuchter über dem Hochaltar mit aus vergoldetem Blech getriebenen Zinnen, Toren und Türmen. Ursprünglich war die bronzene Christussäule genau unter ihm aufgestellt. Mit dem Thietmarleuchter im Altarraum ist aus der benachbarten Antoniuskirche ein zweiter Radleuchter hinzugekommen, der älteste der in Deutschland noch erhaltenen vier Rundleuchter aus dem Mittelalter. Auch das um 1225 geschaffe-

ne Bronzetaufbecken in der Kapelle des heiligen Georg an der Nordseite des Langhauses erzählt eine Bildergeschichte vom Sakrament der Taufe. Getragen wird das Becken von vier knienden Männern mit Wasserkrügen, die für die Paradiesströme stehen.

Wer romanische Paradiesträume auch in Farbe sehen möchte, sollte die ebenfalls mustergültig restaurierte Michaeliskirche besuchen. Zwar musste die Basilika nach dem Zweiten Weltkrieg in ihrer ursprünglichen Form von 1010 wieder aufgebaut werden, doch ihre einzigartige Holzdecke mit vollständiger spätromanischer Bemalung von 1200 blieb bis auf die östlichen Bildfelder in ihrem ursprünglichen Zustand erhalten, da man sie 1943 in weiser Voraussicht ausgelagert hatte. Man möchte sich am liebsten auf den Boden legen, stundenlang nach oben schauen und den vielen Verästelungen des als Leitmotiv gestalteten Baums Jesse folgen. Von West nach Ost erscheinen der Sündenfall, der schlafende Jesse, die Könige David, Salomon, Hiskia und Josias, dann Maria mit der Spindel und Christus als Weltenrichter.

Und wieder taucht das Himmlische Jerusalem auf: diesmal auf der Rückseite der Chorschranke, in deren Rundbogennischen sieben reliefierte Stuckfiguren mit bereits frühgotisch anmutenden, fein ausgearbeiteten faltenreichen Gewändern erscheinen. In der Mitte Maria mit Kind, flankiert links vom Ordensgründer Benedikt und rechts vom inzwischen heiliggesprochenen Bernward, der das Modell der Michaeliskirche trägt. Nach außen folgen die Apostel Jakobus und Petrus sowie Paulus und Johannes. Die abendländischen Kirchenbauten in den Bogenzwickeln der mit Schirmkuppeln bedeckten Rundbogennischen symbolisieren die Tore zum Himmlischen Jerusalem.

Es grenzt schon an ein Wunder, dass die bedeutendsten Kunstschätze von Hildesheim 1945 nicht im Bombenhagel versanken. Inzwischen wurde vieles restauriert, vor allem der historische Marktplatz mit dem berühmten Knochenhaueramtshaus. Auch die romanischen Kirchen hat man originalgetreu wieder aufgebaut. Die päpstliche Basilika St. Godehard wurde im Krieg weniger hart getroffen und bietet daher ein besonders reines Beispiel romanischer Architektur, mit achteckigem Vierungsturm, drei Radialkapellen des Chorumgangs und zwei schlanken Querhausapsiden. Im steilen dreischiffigen Langhaus erzählen Würfelkapitelle aus dem Leben Jesu und von einem Reich, das nicht von dieser Welt ist.

▶ Informationen

Anfahrt:
Autobahn- und Zugverbindung mit Hannover.

Info:
• **Besucherzentrum Welterbe Hildesheim & tourist-information** Rathausstr. 20 (Tempelhaus) 31134 Hildesheim Tel. 051 21/179 80 www.hildesheim.de
• Sehenswert sind die Schätze des **Dom-Museums**, darunter das Große Ringelheimer Kruzifix (Di–So 10–17 Uhr). Domhof 4 Tel. 051 21/30 77 60 www.dommuseum-hildesheim.de

• Ebenfalls sehenswert: die Sammlungen alter Kulturen des **Roemer- und Pelizaeus-Museums** (Di–So 10–18 Uhr). Am Steine 1–2 Tel. 051 21/936 90 www.rpmuseum.de

Unterkunft:
• Das **Van der Valk Hotel** bietet modernen Komfort. Markt 4 Tel. 051 21/30 00 Fax 30 04 44 www.vandervalk.de
• Besonders ruhig nächtigt man in der Tagungsstätte im Michaeliskloster. Hinter der Michaeliskirche 5 Tel. 051 21/697 13 00 www.michaeliskloster.de

Restaurants:
• Frisch vom Hildesheimer Markt sind die Zutaten, die das historische **Gildehaus im Van der Valk Hotel** zu schmackhafter regionaler Küche verarbeitet. Markt 4 Tel. 051 21/30 06 20 www.gildehaus.de
• Im angeblich schönsten Fachwerkhaus der Welt tischt **OS Das Marktrestaurant im Knochenhauerhaus** saftige Steaks mit feinen Salaten auf. Markt 7 Tel. 051 21/102 91 17 www.knochenhaueramtshaus. com

Hannoversch Münden

Fachwerk pur

»Wo Werra sich und Fulda küssen / Sie ihre Namen büßen müssen / Und hier entsteht durch diesen Kuss / Deutsch bis zum Meer der Weser Fluss.« Generationen von Schülern haben seit 1899 dieses Flusspoem eines Mündener Fabrikanten memoriert, aber über die Stadt des Kusses, auf halbem Wege zwischen Kassel und Göttingen am südlichen Zipfel des Weserberglandes, oft wenig erfahren. Dabei rühmte schon Alexander von Humboldt Münden als eine der sieben schönstgelegenen Städte der Welt.

Und Humboldt hatte recht: Vom 25 Meter hohen Turm der Tillyschanze bietet sich ein herrlicher Blick auf ein geschlossenes mittelalterliches Stadtbild mit über 700 Fachwerkhäusern aus sechs Jahrhunderten im »Mündener Sonderstil«, mit Wehrtürmen und Resten der Befestigungsmauern. »Hier hab' ich so manches liebe Mal / Mit meiner Laute gesessen / Hinunterblickend ins weite Tal / Mein selbst und der Welt vergessen«, dichtet Franz von Dingelstedt in seinem Weserlied. Der Feldherr Tilly war weniger romantisch gewesen: 1626 ließ er fast die gesamte Bevölkerung Mündens massakrieren.

Und dann war da noch der Doktor Eisenbart, der »die Leut kurirt auf seine Art«, wie das Spottlied behauptet. Mit marktschreierischem Gefolge zog der Chirurg um 1700 von Stadt zu Stadt, zog

Zähne, operierte Brüche, stach den Leuten den Grauen Star und entfernte quälende Nierensteine. Weil das alles ohne Narkose höllisch wehtat, traten Gaukler und Spielleute auf, die den Patienten, aber auch das gaffende Volk unterhielten und ablenkten. Der Doktor ging durchaus fortschrittlich zu Werke: Er soll sogar schon sein Besteck über einer Flamme erhitzt haben. Trotzdem verweilte der Wanderdoktor nie lange – besser, man war schon meilenweit fort, wenn es Komplikationen gab.

Dass der berühmte Medicus ausgerechnet in Münden starb, 1727 im ehemaligen Gasthaus »Zum Wilden Mann«, hat man ihm nicht vergessen. In der Ägidienkirche liegt er bestattet, und dreimal täglich ertönt das Glockenspiel mit dem Spottlied im Giebel des 1609 vollendeten Rathau-

Der Turm der Tillyschanze bietet hervorragende Tief- und Rundblicke

ses – schönste Weserrenaissance natürlich. Dazu erscheint ein Figurenumlauf mit einer Szene aus dem Wirken des Wanderarztes. In den Sommermonaten finden an fast allen Sonntagen die Doktor-Eisenbart-Spiele vor dem Rathaus statt, und samstags um halb zwei ist kostenlose »Sprechstunde« im Rathaus: Zu Risiken und Nebenwirkungen fragen Sie Ihren Arzt oder Apotheker.

In Münden konnte man den Bürgern nicht nur Zähne, sondern auch Geld aus der Tasche ziehen. Schon 1247 hatte der Ort von Heinrich dem Löwen Stadt- und Stapelrecht erhalten. So mussten alle Kaufleute, die hier auf einer der ältesten Steinbrücken Norddeutschlands die Werra überquerten, ihre Ware für einige Tage feilbieten. Die Fürstenmacht ist vergangen, doch im mächtigen

Blick über die Dächer von Hannoversch Münden

Welfenschloss zeugen erlesene Mündener Fayencen und in dieser Qualität für Norddeutschland fast singuläre profane Renaissancefresken von jener Zeit. Im Sommer sind auch die Konzerte im 20 Kilometer entfernten romanischen Kloster Bursfelde ein Hochgenuss.

▶ Informationen

Anfahrt:

Hannoversch Münden liegt an der Bundesstraße und der Bahnlinie zwischen Göttingen und Kassel und ist ein idealer Ausgangspunkt für Ausflüge und Radtouren durch das Wesertal.

Info:

- **Tourist-Information Hannoversch Münden**
  Rathaus, Lotzestr. 2
  34346 Hannoversch Münden
  Tel. 055 41/753 13
  Fax 754 04
  www.hann.muenden-tourismus.de
- **Museum im Welfenschloss:** Mai–Okt. Mi–So

11–16, Nov.–Dez. Mi–So 13–16 Uhr.

Unterkunft und Restaurants:

- Am Zusammenfluss von Werra und Fulda wurde im 1837 erbauten Lagerhaus das **Hotel Alter Packhof** mit Zimmern im Landhausstil eingerichtet. Probieren sollte man eine Spezialität des Hotelrestaurants: die grätenlose Reinhardswälder Bachforelle. Bremer Schlagd 10–14 Tel. 055 41/988 90 www.packhof.com
- Der ehemalige Sommersitz eines Bildhauers unweit der Tillyschanze mit tollem Blick

ins Tal ist jetzt das **Berghotel Eberburg,** dessen italienisches Restaurant einen Hauch Toskanaflair verbreitet. Es gibt sogar einen kleinen Pool in idyllischer Lage. Tillyschanzenweg 14 Tel. 055 41/50 88 www.berghotel-eberburg.de
- Schöne Gästezimmer und marktfrische regionale Küche, z. B. Filet vom Hilwartshäuser Weideochsen oder Rehrücken aus lokaler Jagd bietet das **Gasthaus Letzter Heller** in einem liebevoll renovierten Fachwerkhaus. Letzter Heller 7 Tel. 055 41/64 46 www.letzter-heller.de

Hameln

Perlen an der Weser

Eigentlich hätte Hameln längst mal wieder einen Rattenfänger nötig. Er könnte die Brotratten aus den Bäckereien holen und die Lakritzratten aus den Konditoreien. Er würde dafür sorgen, dass den Touristen keine flambierten Rattenschwänze mehr vorgesetzt werden, dass sie keinen Rattenködertee und keinen Rattenblutschnaps mehr trinken müssen. Rattenschlipse, Rattenbecher und Rattenshirts würden verschwinden, und das sonntägliche Rattenfängerfreilichtspiel gehörte endlich der Vergangenheit an, vom rockigen Musical »Rats« ganz zu schweigen.

Dabei leistet sich Hameln gleich fünf offizielle Rattenfänger, doch führen die keine Ratten aus der Stadt, sondern Touristen in ihr herum. Viele Japaner kennen den Rattenfänger besser als das Brandenburger Tor. Das will vermarktet sein. Über zwei Millionen Tagestouristen kommen jedes Jahr. Um die Ratten, die deswegen noch nicht geflohen sind, kümmert sich Günter Löschner, Hamelns einziger »echter« Rattenfänger, den man Touristen nicht vorstellt. Denn er arbeitet nicht mit Pfeife und buntem Gewand, sondern mit Gift. Das Touristenspektakel ist dagegen eher Lug und Trug.

Dabei ist das Ganze sowieso ein Märchen. Eine Tragödie, die sich wohl tatsächlich im 13. Jahrhundert in der Weserstadt abgespielt hatte, wurde erst 300 Jahre später mit einer Rattenplage verknüpft. Die Inschrift am Rattenfängerhaus erzählt lediglich, dass anno 1284 ein bunt gekleideter Pfeifer 130 Hamelner Kinder aus der Stadt den Kalvarienberg hinaufgeführt hat. Vermutlich war er ein lautstarker Werber, der auswanderungswillige Bürger mit einem besseren Leben im Osten lockte. Von Ratten kein Wort. Doch spätestens mit den Brüdern Grimm verschmelzen der Pfeifer und der Rattenfänger zu ein und derselben Person, zum Rattenfänger von Hameln, dem die Ratsherren seinen gerechten Lohn vorenthielten, nachdem er die lästigen Tiere in der Weser ertränkt hatte. Aus Rache lockte der Mann mit seiner Pfeife 130 Hamelner Kinder aus der Stadt heraus – sie wurden nie wieder gesehen.

Da fragt man sich, was dem Frevler passieren würde, der in der Bungelosen-Straße ketzerisch eine Flöte zückte. Durch diese Straße sollen die Kinder das Ostertor hinausgezogen sein, und danach durfte in der »tonlosen Straße« niemals mehr Musik erklingen. Das strenge Verbot gilt bis heute.

Etwas Gutes hat das Spektakel aber doch. Vielleicht hätte man ohne die Legende die Stadt nie besucht, nie die großartigen Profanbauten der Weserrenaissance in der Osterstraße kennengelernt, mit ihren Rundbogenportalen, Volutengiebeln, breiten Ornamentbändern, skulpturenverzierten Erkern, die man hier Utluchten nennt, mit ihren Masken, Girlanden und Löwenköpfen. Besonders prunkvoll ist das Ensemble aus Stiftsherrenhaus und Leisthaus. Hier erzählt das Hamelner Heimatmuseum – man ahnt es – von der Rattenfängersage, aber gottlob nicht nur, und das Rattenfängerhaus von 1603 heißt auch nur wegen seiner Balkeninschrift so.

Angenehm rattenfrei sind die Kirchen von Hameln, in denen man sich durch die Baustile gucken kann: in der Münsterkirche von der Romanik bis zum Barock.

Wer noch nicht genug hat von der Weserrenaissance, der fährt zur Hämelschenburg acht Kilometer südlich. Das über dem Emmerthal gelegene Schloss ist das Paradebeispiel dieses Baustils: eine hufeisenförmige Anlage mit zwei achteckigen Treppentürmen. Für die Ornamentik kennt die Fachwelt so schöne Ausdrücke wie Zahnschnittgesimse, Beschlagwerklisenen, Bossensteinbänder und verkröpfte Gesimse.

Einiges von Hameln abgeschaut hat man sich 16 Kilometer weiter weseraufwärts im Fachwerkstädtchen Bodenwerder. Hier wurde der berühmte Lügenbaron Karl Friedrich Hieronymus von Münchhausen geboren, und hier starb er auch. Das Rathaus, Münchhausens ehemaliger Herrensitz, ist selbstredend im Stil der Weserrenaissance erbaut. Natürlich vermarktet Bodenwerder seinen illustren Sohn nach Kräften. Dabei hat der weit gereiste Münchhausen zwar fesselnd zu erzählen verstanden, aber die absurden Anekdoten, die man in seinem Namen verbreitete, die hat er nie zum Besten gegeben. Es wird also nicht nur in Hameln für Touristen geflunkert.

Käme doch nur ein Rattenfänger, der die Stadt von dem Rattenwahn befreite …

Die ehrwürdige Hämelschenburg im Renaissancestil

► Informationen

Anfahrt:

Mit dem Auto von Hannover (Flughafen). Von Dortmund fährt man über Minden und Bückeburg, von Kassel über Paderborn und Bad Pyrmont oder über Hannoversch Münden die Weser flussabwärts. Zugverbindungen führen über Hannover.

Info:

• **Hameln Marketing und Tourismus**
Deisterallee 1 (am Bürgergarten), 31785 Hameln
Tel. 051 51/95 78 23
Fax 95 78 40
www.hameln.de

• Das **Rattenfänger-Freilichtspiel** findet am Sonntag um 12 Uhr statt, das Musical »**Rats**« gibt es (vorbehaltlich gesicherter Sponsorenfinan-zierung) mittwochs um 16.30 Uhr, beide am Hochzeitshaus, gratis, jeweils Mitte Mai bis Mitte September.

Unterkunft:

• In einem Fachwerkhaus bietet das **Hotel Christinenhof** modernen Komfort.
Alte Marktstr. 18
Tel. 051 51/950 80
www.christinenhof.de

• Eine schlossartige Anlage ist das sehr komfortable **Hotel Stadt Hameln.**
Münsterwall 2
Tel. 051 51/90 10
www.hotel-stadthameln.de

Restaurants:

• Das **Restaurant im historischen Rattenfängerhaus** serviert die oben zitierten »Rattenschwänze« – leckere Schweinefiletstreifen – und kredenzt Rattenfängerschnaps.
Osterstr. 28
Tel. 051 51/38 88
www.rattenfaengerhaus.de

• »Lust am Löffeln«, sehr leckere Suppen – ganz ohne Rattennamen – verspricht die **Suppenbar Hameln.**
Thietorstr. 20
Tel. 051 51/407 94 50
www.suppenbar-hameln.de

• Böhmische Küche serviert das **Restaurant Böhmerwald** in den historischen Räumen der Pfortmühle, mit Café auf der Promenade.
Sudetenstr. 1
Tel. 051 51/293 90
www.boehmerwald-restaurant.de

Altes Land

Blütezeit

Ende April werden die Hamburger langsam nervös. Ob sie schon blühen, die Obstbäume im Alten Land, Deutschlands größtem geschlossenen Obstanbaugebiet? Zeit, sich aufs Fahrrad zu schwingen und am linken Elbufer stromabwärts in die Blüten- und Fachwerkpracht zwischen Buxtehude, Jork und Stade hineinzuradeln, »drei Meilen vor Hamburg«.

Schon bald werden die Wiesen mit weißen Kirschblüten zugeschneit sein, später folgen die zartrosa Blüten der Birnen-, Pflaumen- und Ap-felbäume. Auf der Elbe ziehen mächtige Pötte dahin, und ein altes Fachwerkhaus mit kleiner Gaststube ist nie weit. An den schönsten Plätzen sind

Blütenpracht und Fachwerkzauber beim Frühjahrserwachen im Alten Land

von Brautpaaren gestiftete weiße »Altländer Hochzeitsbänke« aufgestellt. Einmal die Zeit anhalten: Hier kam nur der Hase außer Atem, der sich mit dem Igel das berühmte Wettrennen lieferte, »up de lütje Haide bi Buxtehude«.

Nur im Juli herrscht Stress, wenn die Bauern sich sputen müssen, um die reifen Kirschen vor den gefräßigen Staren von den Ästen zu pflücken. Bei der Apfelernte gibt es solche Probleme nicht: Ohne Leitern holt man die Früchte von den niedrigen Bäumen, und an zahlreichen Ständen am Straßenrand werden Holsteiner Cox und Jonagored erntefrisch angeboten.

Zu allen Jahreszeiten ein ästhetischer Hochgenuss sind die Altländer Bauernhäuser. Besonders schöne stehen in Neuenfelde und Jork. Die älteren Bauten stammen noch aus dem 17. Jahrhundert. Es sind dreischiffige Zweiständerhäuser mit reich gegliederten und verzierten Giebeln. Ihre strahlend weiß gestrichenen Fachwerkbalken sind mit gemusterten Backsteinfüllungen ausgemauert; diese Ziegelmuster fügen sich zu Sinnbildern. Der eingemauerte Hexenbesen schützte vor Blitzeinschlag und bösem Blick, und die Teufelsmühle sorgte dafür, dass immer frisches Brot im Haus war.

Hauptschmuck des Altländer Hauses ist die Brauttür, die früher nur von innen zu öffnen war. Diese zweiflügelige Holztür ist oft fantasievoll geschnitzt, mit Ornamenten, frommen Sprüchen und Namen bunt bemalt. Öffnen durfte man sie nur bei Hochzeiten und Beerdigungen. Ansonsten betrat man das Haus durch Prunkpforten, die noch vor mehreren Höfen stehen.

Mit einem nahezu unversehrten Häuserensemble des 17. Jahrhunderts punktet Stade, eine der ältesten Hansestädte. Besonders malerische Häuserzeilen mit alten Giebelhäusern säumen die Uferstraßen des Alten Hafens. Saniert hat man die Pracht mit den Steuereinnahmen aus Deutschlands ältestem Atommeiler. Aber der wird derzeit abgerissen.

▶ Informationen

Anfahrt:
Straßen- und Zugverbindung zwischen Hamburg und Stade. Der Elbe-City-Jet fährt von den Hamburger Landungsbrücken zum Lüheanleger (Nähe Jork) und nach Stadersand (Nähe Stade).

Info:
- **Tourismusverein Altes Land**
  Osterjork 10, 21635 Jork
  Tel. 041 62/91 47 55
  www.tourismus-altesland.de
- **Stade Tourismus**
  Tourist-Information am Hafen
  Hansestr. 16
  21682 Stade
  Tel. 041 41/40 91 70
  www.stade-tourismus.de

- Schönste Besuchszeit zur Obstblüte Mitte April bis Mitte Mai. Höhepunkt ist das **Blütenfest** Anfang Mai mit Krönung der Blütenkönigin.

Unterkunft:
- Eine familiär geführte preiswerte Unterkunft mit bürgerlicher Küche ist das **Vier Linden Kiek In Hotel.**
  Schölischer Str. 63, Stade
  Tel. 041 41/927 02
  www.hotel-vierlinden.de
- In Jork kann man im **Hotel Altes Land** nächtigen, dessen Gaststube deftig-ländlich kocht.
  Schützenhofstr. 16, Jork
  Tel. 041 62/914 60
  www.hotel-altes-land.de

Restaurants:
- Ein hübsches, reetgedecktes Bauernhaus in einem Museumsdorf ist das **Insel-Restaurant,** das viel Fisch und Wild serviert. Die Bedienung trägt traditionelle Altländer Tracht.
  Auf der Insel, Stade
  Tel. 041 41/20 31
  www.insel-stade.de
- In einem Fachwerkhaus mitten in der Stader Altstadt schmeckt die mit regionalen Produkten kreierte Gourmetküche des unter neuer Leitung wieder eröffneten **Knechthausen.**
  Bungenstr. 20–22
  Tel. 041 41/529 63 60
  www.knechthausen.de

Worpswede

Moor der Maler

»Es ist ein seltsames Land. Wenn man auf dem kleinen Sandberg von Worpswede steht, kann man es ringsum ausgebreitet sehen, ähnlich jenen Bauerntüchern, die auf dunklem Grund Ecken tief leuchtender Blumen zeigen. Flach liegt es da, fast ohne Falte, und die Wege und Wasserläufe führen weit in den Horizont hinein. Dort beginnt ein Himmel von unbeschreiblicher Veränderlichkeit und Größe.«

Man kann sie noch finden, die Worpsweder Natur mit ihren bizarren Wolkenformationen und faszinierenden Lichteffekten, von der Rainer Maria Rilke einst schwärmte. Im April leuchtet der Himmel über den Birken in diesem zarten Blau, das den Jugendstilkünstler Heinrich Vogeler so faszinierte, aber auch im November sind die unzähligen Schattierungen von Silbergrau, die Wind, Wolken und Nebelschleier zaubern, ein Erlebnis.

»Worpswede, Worpswede, Worpswede … es ist ein Wunderland«, schrieb die später mit Otto Modersohn verheiratete Malerin Paula Becker, eine der bedeutendsten Vertreterinnen des frühen Expressionismus, 1897 begeistert. »Entdeckt« hat die Landschaft des Teufelsmoors der Kunststudent Fritz Mackensen, dem bald sein Studienkollege Otto Modersohn folgte. Mit ihren Malerfreunden Fritz Overbeck, Hans am Ende und Heinrich Vogeler rebellierten die akademieverdrossenen Studenten gegen die Historien-

malerei der Jahrhundertwende und begeisterten sich für die Ursprünglichkeit der Worpsweder Natur. Mit einer Ausstellung im Münchner Glaspalast gelang den »ersten Fünf« der künstlerische Durchbruch, und immer mehr Maler zog es nach Worpswede.

Heute reisen die zahlreichen Besucher Worpswedes mit der Schienenbahn »Moorexpress« an und kehren erst einmal am Bahnhof ein, den Heinrich Vogeler 1910 im Jugendstil entworfen hat. Oder sie speisen im »Kaffee Worpswede«, das der 1914 zugezogene Bildhauer und Architekt Bernhard Hoetger 1926 als Künstlercafé baute: ein verwinkeltes Gebäude mit unregelmäßig ausgemauertem Fachwerk, über das seinerzeit mancher die Nase rümpfte. Nebenan sind in der Großen Kunstschau viele Bilder der Worpsweder Künstlerkolonie ausgestellt.

Zeitweiliger Mittelpunkt dieser Kolonie war der Barkenhoff, ein Fachwerk-Hallenhaus des

Birkenallee im Morgenlicht im Worpsweder Huvenhoopsmoor

18. Jahrhunderts, das Vogeler 1895 erworben hatte und anschließend im Jugendstil mit geschweiftem Giebel umbaute. Jetzt ist das Gebäude ein modern konzipiertes Museum, das Heinrich Vogelers Gesamtwerk in einer Dauerausstellung zeigt: Objekte der eigenen Sammlung in Kombination mit Leihgaben anderer Museen und Sammler. Das Moor wird inzwischen liebevoll renaturiert. Mit Torfkähnen, auf naturkundlichen Fahrradtouren und Moorwanderungen lernt man das Huvenhoopsmoor kennen, in dem mittlerweile wieder Kraniche brüten. Auch Künstler gibt es immer noch in Worpswede, aber die malen heute natürlich ganz anders.

▶ Informationen

Anfahrt:

Von Bremen über Lilienthal und Grasberg. Der »Moorexpress« zuckelt an Wochenenden (Mai bis Sep.) durchs Moor. Er verkehrt zwischen Stade und Osterholz-Scharmbeck. Sonntags (Mai–Sep.) kann man auch mit dem Torfkahn auf der Hamme zwischen Worpswede und Osterholz-Scharmbeck durchs Moor gleiten.

Info:

• **Tourist-Information**
  Bergstr. 13
  27726 Worpswede

Tel. 047 92/93 58 20
www.worpswede.de

Unterkunft:

• Das **Hotel Buchenhof** logiert im Haus, das der Maler 1895 erbaut hat. Nostalgische Atmosphäre, moderne Einrichtungen.
  Ostendorfer Str. 16
  Tel. 047 92/933 90
  www.hotel-buchenhof.de
• Eine idyllische Hofanlage mit vier mit allem Komfort ausgestatteten Ferienwohnungen ist das **Haus im Schluh.** Sie dienten seit der Zeit Martha

Vogelers als Wohnungen für Familie und Gäste, als Webwerkstatt und Künstlerateliers. Das Mobiliar wurde größtenteils nach Entwürfen von Heinrich Vogeler gefertigt.
Im Schluh 35–37
Tel. 047 92/522
www.vogeler-worpswede.de

Restaurants:

• Das Restaurant **Kaffee Worpswede** bietet Kunst und mediterrane Küche.
  Lindenallee 1, Worpswede
  Tel. 047 92/10 28
  www.kaffee-worpswede.de

Bremerhaven

Blick in die Ferne

Bis vor fünf Jahrzehnten kannte man Koggen nur noch von alten Stadt-siegeln und aus Erzählungen. Doch 1962 stießen Bagger im Hafen-becken auf ein hölzernes Schiff mit geräumigem Rumpf, dazu vorn und achtern gerade Steven auf einer flachen Kielplanke und ein Achter-kastell: Genauso sahen die Koggen auf den alten Darstellungen aus.

Ein Stück Schifffahrtsgeschichte zeigen die historischen Segelboote im Neuen Hafen

Gleich dreimal hat man die Bremer Kogge inzwischen nachgebaut. Die in der kürzlich neu eröffneten Kogge-Halle präsentierte Kogge ist aber natürlich nicht das einzige Schiff des Deutschen Schifffahrtsmuseums (DSM), das derzeit umgebaut wird und mitten im Zentrum von Bremerhaven liegt. Es erzählt von Ozeanriesen, historischen Großseglern und Dampfschiffen: eine spannende Reise durch 1000 Jahre Seefahrtsgeschichte.

Im Museumsgebäude sind neben der Hansekogge aus dem Jahr 1380 über 100 Originalfahrzeuge und über 500 Schiffsmodelle zu sehen, der Schiffsglobus von 1715 ebenso wie der Reaktorleitstand des Atomschiffs *Otto Hahn* von 1968.

Aber nun hinaus ins Freie! Im Alten Hafen, der heute zum Museum gehört, begeistert ein einzigartiges Schiffsensemble Besucher mit Faible für die Seefahrt. Besondere Erwähnung verdienen der weltweit letzte hölzerne Handelsgroßsegler *Seute Deern* (1919), der als Restaurant genutzt wird, das heute unter deutscher Handelsflagge registrierte Polarexpeditionsschiff *Grönland* (1867) als zweitältestes Seeschiff sowie das Feuerschiff *Elbe 3* (1909). Ein Highlight ist die von einem eigenen Museumsverein betriebene *Wilhelm Bauer* (1945). Dieses einzige erhaltene Unterseeboot der Kriegsmarine vom revolutionär modernen Typ XXI konnte durch einen neuartigen Schnorchel unter Wasser »atmen« und 220 Meter tief tauchen. Es wurde zum Vorbild für die atomgetriebenen U-Boote der Siegermächte.

Bremerhavens Blick ging immer in die Ferne. Im DSM sind auch Zwei- und Dreimaster zu sehen, auf denen Auswanderer ihrer neuen Heimat entgegensegelten. Für sieben Millionen, darunter fast vier Millionen Deutsche, waren die Kais von Bremerhaven das letzte Stück Europa. Von der Emigration erzählt das Deutsche Auswandererhaus an der Columbusstraße. Deutsche Schiffe waren beliebt, weil sie als sicher galten. Der Kapitän nahm alle mit, zurück kamen nur wenige.

Den herrlichsten Anblick bietet Bremerhaven, wenn sich hier Windjammer aus aller Welt, allen voran das stolze Segelschulschiff *Gorch Fock*, zur »Sail Bremerhaven« treffen, die erst wieder im Sommer 2020 stattfindet. Aber auch zur allsommerlichen Festwoche Ende Juli läuft so mancher Großsegler ein. Schiff ahoi!

▶ Informationen

Anfahrt:
Autobahn- und Zugverbindung mit Bremen.

Info:
• **TouristCenter Hafeninsel**
H.-H.-Meier-Str. 6
27568 Bremerhaven
Tel. 04 71/41 41 41
www.bremerhaven.de
• **Schifffahrtsmuseum**
Hans-Scharoun-Platz 1
Tel. 04 71/48 20 70
www.dsm.museum
• **Auswandererhaus**
Columbusstr. 65
Tel. 04 71/90 22 00
www.dah-bremerhaven.de

Unterkunft:
• Nur einen Katzensprung vom DSM entfernt liegt das komfortable **Hotel Haverkamp.**
Prager Str. 34
Tel. 04 71/483 30
www.hotel-haverkamp.de
• Architektonisch spektakulär präsentiert sich das **Atlantic Hotel Sail City.**
Am Strom 1
Tel. 04 71/30 99 00
www.atlantic-hotels.de

Restaurants:
• Auf der historischen **Dreimastbark Seute Deern,** servieren Smutjes und Stewards in Laderaum, Salon und Kapitänskajüte Schwarzbrot mit Matjes oder Limandesfilet.
Hans-Scharoun-Platz 1
Tel. 04 71/41 62 64
www.seutedeern.de
• Viel nautisches Flair zu Labskaus oder Aal-Essenz mit Meeresfrüchten bietet das **Natusch Fischereihafen-Restaurant,** das sich seinen frischen Nordseefisch von der Auktionshalle gegenüber holt.
Am Fischbahnhof 1
Tel. 04 71/710 21
www.natusch.de

Im Osten

Weltberühmt sind Schloss Sanssouci und Dresdner Zwinger, doch zwischen Erzgebirge und Oderbruch gibt es so viel mehr zu entdecken. Mit Luther geht es auf die Wartburg und durch Wittenberg, mit Goethe durch Weimar und das Gartenreich Dessau-Wörlitz, mit Bach und Mendelssohn durch die Musikstadt Leipzig und mit Fontane durch die stille Mark Brandenburg. Ein Juwel der Renaissance ist die Grenzstadt Görlitz an der Neiße, die Geburtsstätte der modernen Architektur besichtigt man in Dessau. Zur Hauptstadt des 21. Jahrhunderts entwickelt sich Berlin, dessen Museumsinsel über 3000 Jahre Menschheitsgeschichte versammelt.

Herbststimmung rund um das Neue Schloss im
Fürst-Pückler-Park von Bad Muskau

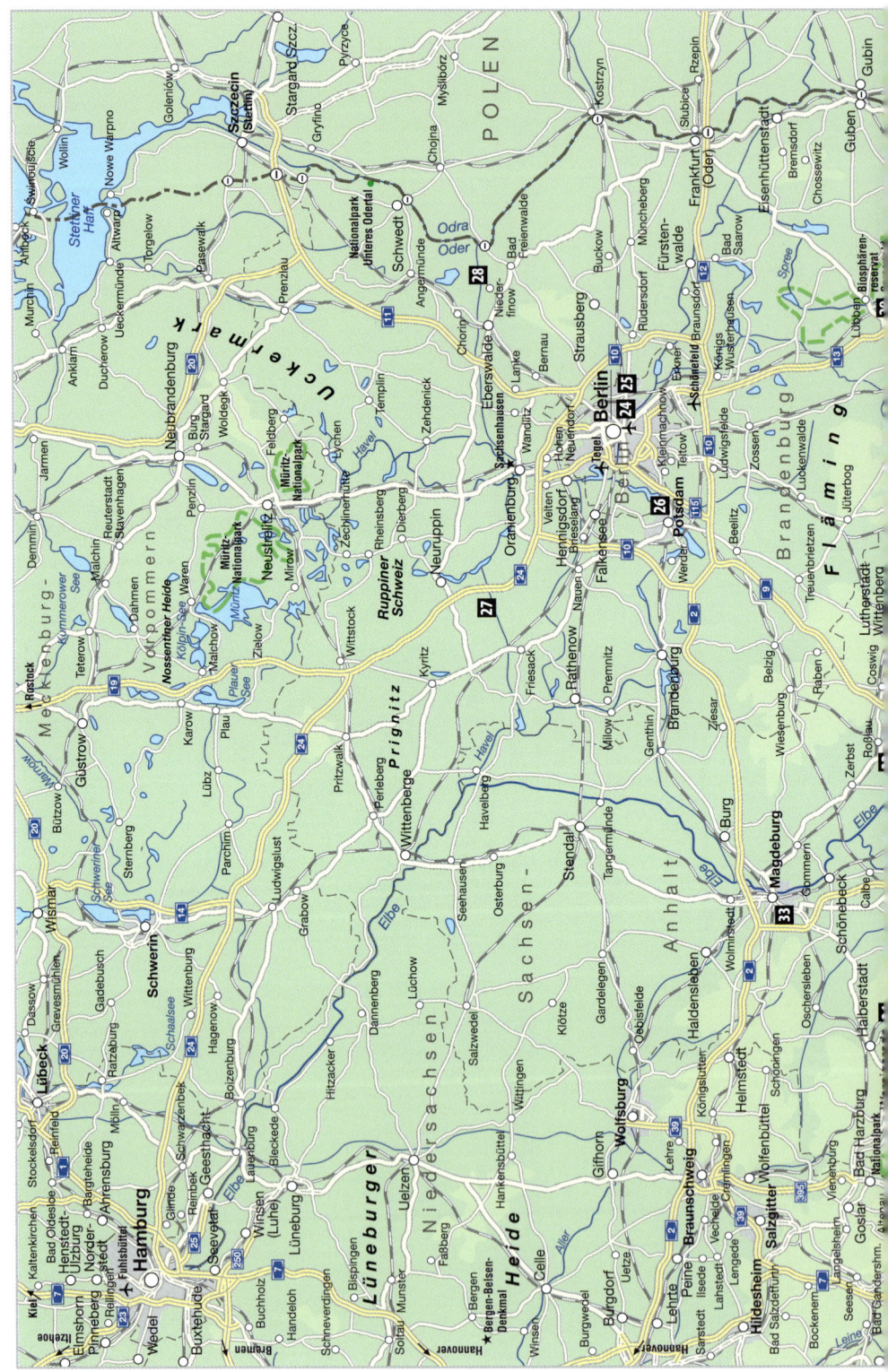

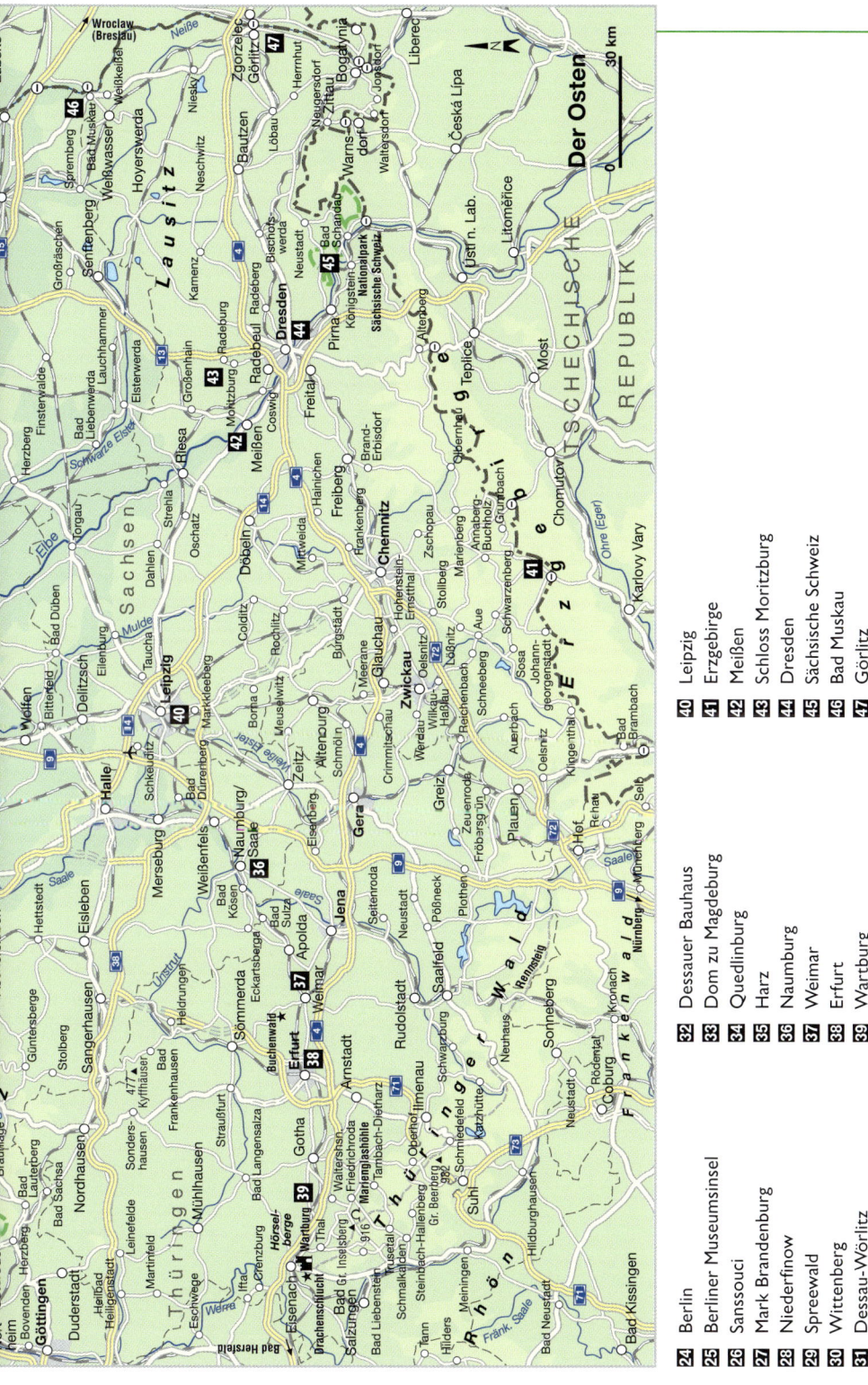

Der Osten

24 Berlin
25 Berliner Museumsinsel
26 Sanssouci
27 Mark Brandenburg
28 Niederfinow
29 Spreewald
30 Wittenberg
31 Dessau-Wörlitz
32 Dessauer Bauhaus
33 Dom zu Magdeburg
34 Quedlinburg
35 Harz
36 Naumburg
37 Weimar
38 Erfurt
39 Wartburg
40 Leipzig
41 Erzgebirge
42 Meißen
43 Schloss Moritzburg
44 Dresden
45 Sächsische Schweiz
46 Bad Muskau
47 Görlitz

Tour 05:

Vom Brandenburger Tor zum Schlossplatz

Route:
Brandenburger Tor ▶ Holo-
caust-Mahnmal ▶ Pariser Platz ▶
Unter den Linden ▶ Friedrich-
straße ▶ Gendarmenmarkt ▶
Staatsoper ▶ Schlossplatz

Dauer:
4 Stunden

Tour-Start:
Brandenburger Tor 1
Jahrzehntelang galt hier »Durch-
gang verboten«. Als 1989 das
erste Mauerstück fiel, wurde die
Anlage zum Symbol der wieder-

vereinigten Stadt. Bei der Ein-
weihung 1791 erhielt der Bau
den Namen »Friedenstor«:
Schadows Siegesgöttin bringt
mit ihrer Quadriga den Frieden.
    Napoleon fand solchen Gefal-
len an dem Vierergespann, dass
er es 1807 nach Paris bringen
ließ. 1814 kam es zurück.

Holocaust-Mahnmal 2
Südlich der Behrenstraße wurde
2005 mit dem Denkmal für die
ermordeten Juden Europas die
zentrale Holocaust-Gedenkstät-
te Deutschlands eröffnet. Das

von Peter Eisenman entworfene
Mahnmal mit rund 2700 Be-
tonstelen ist frei zugänglich. Der
Ort der Information dokumentiert Stationen des Holo-
causts (Ebert-/Ecke Wilhelmstr.,
10117, Tel. 28 04 59-61, April–
Sept. Di–So 10–2, Okt. bis März
Di–So 10–19 Uhr; www.holo
caust-denkmal-berlin.de).
    Seit 2008 erinnert direkt ge-
genüber dem Holocaust-Mahnmal ein **Gedenkstein an die
im Nationalsozialismus ver-
folgten Homosexuellen**
(www.stiftung-denkmal.de).

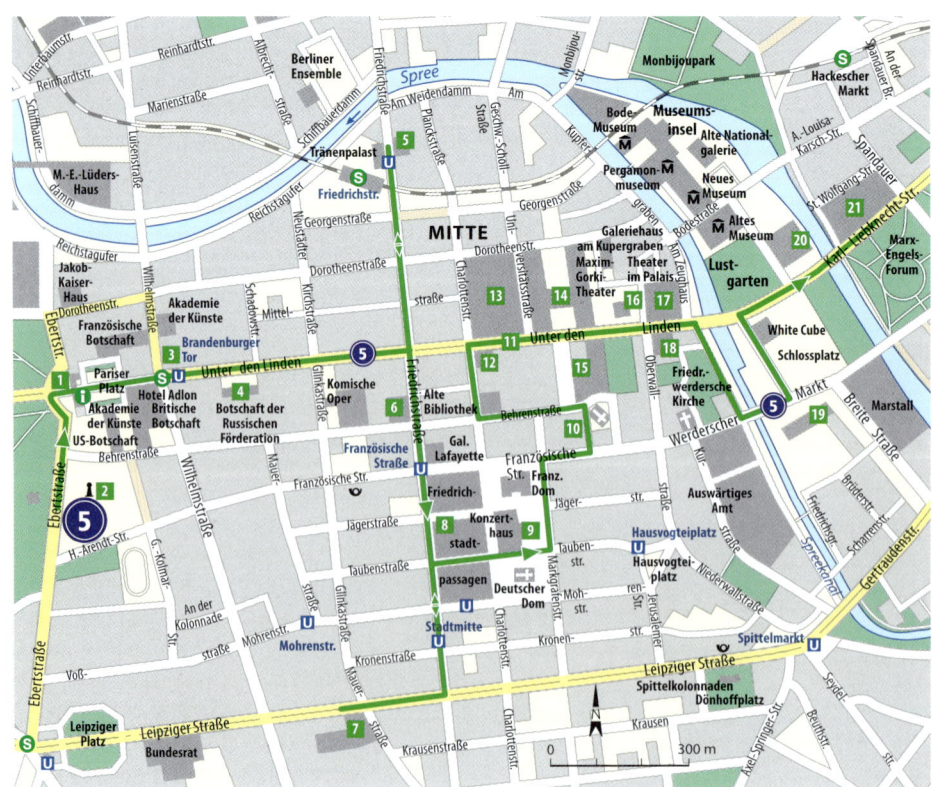

Pariser Platz

Vor dem Brandenburger Tor erstreckt sich der Pariser Platz. Für die Randbebauung einigte man sich auf einen historisierenden Baustil: nach außen traditionell, im Inneren architektonisch individuell – wie das **Haus Liebermann,** ehemals der Wohnsitz des Malers, heute Sitz der Stiftung Brandenburger Tor, und das **Haus Sommer,** heute Sitz einer Bank. Gegenüber liegt die Akademie der Künste. Den Innenhof der **DZ Bank** nimmt eine Skulptur des Architekten Frank O. Gehry ein (Pariser Platz 3, 10117, Tel. 20 24 10, www.dzbank.de).

Das Nobelhotel **Adlon** am Südwestende knüpft mit Eleganz und exklusivem Service an die eigene Legende der wilhelminischen Kaiserzeit an. Es lohnt sich, hier auf einen Kaffee und Kuchen einzukehren (Unter den Linden 77, 10117, Tel. 226 10, www.kempinski.com).

Restaurant:

Im urigen **Alt-Berliner Wirtshaus** am Brandenburger Tor mit Biergarten wird deftige lokale Küche serviert, z.B. Eisbein oder Currywurst (Wilhelmstr. 77, 10117, Tel. 22 48 82 05, www.altberliner-wirtshaus.de, tgl. 11–23 Uhr).

Unter den Linden

1647 ließ der Große Kurfürst den Weg von seinem Schloss zum Jagdrevier im Tiergarten mit sechs Reihen von Linden und Nussbäumen bepflanzen und verlieh der Straße so ihren Namen.

Im **Madame Tussauds** 3 sind rund 75 Wachsfiguren zu sehen, etwa Kaiserin Sisi, Marlene Dietrich, Boris Becker, Romy Schneider oder Angela Merkel (Unter den Linden 74, 10117, Tel. 018 06-54 58 00, www.madametussauds.com, tgl. 10 bis 19, im August bis 20, letzter Einlass 18/19 Uhr).

Die **Russische Botschaft** 4, ein Musterbau der Stalin-Ära, wurde 1950–53 von einem deutsch-russischen Architektenkollektiv errichtet (Unter den Linden 63–65, 10117, Tel. 229 11 10, www.russische-botschaft.ru/de/).

Um Berlin, Brandenburg, Preußen und die DDR geht es im Shop **Berlin Story.** Über 3000 Buchtitel sind hier zu finden (Unter den Linden 40, 10117, Tel. 20 45 30 42, www.berlin story.de, Mo–Sa 10–19, So bis 18 Uhr).

Friedrichstraße

An der Ecke Unter den Linden/Friedrichstraße führt ein Abstecher zum **Admiralspalast** 5 (Friedrichstr. 101, 10117, Tel. 22 50 70 00, www.admirals palast.de).

Wer die Friedrichstraße Richtung Süden abbiegt, trifft auf die Nobelherberge **The Westin Grand** 6. Das weniger anziehende Äußere steht im Kontrast zum prächtigen Inneren (Friedrichstr. 158, 10117, Tel. 207 00, www.westingrandberlin.com).

Einen kleinen Umweg wert ist das **Museum für Kommunikation** 7, das sich der Geschichte der Nachrichtenübermittlung widmet (Leipziger

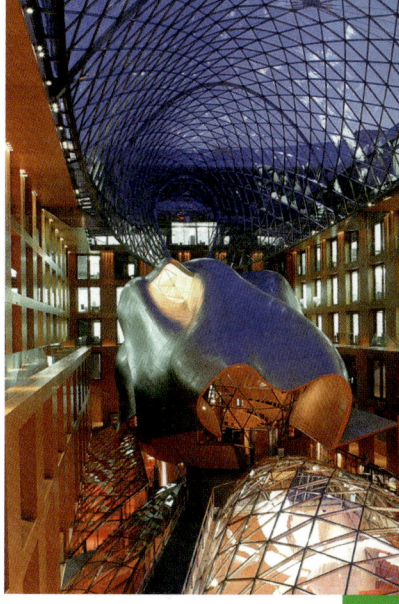

Die DZ Bank am Pariser Platz birgt eine Skulptur von Gehry

Str. 16, 10117, Tel. 20 29 40, www.mfk-berlin.de, Di 9 bis 20, Mi–Fr 9–17, Sa/So 10 bis 18 Uhr).

Die **Friedrichstadt-Passagen** 8 locken mit eleganten Geschäften. Magnetwirkung hat die Feinkostabteilung der Galeries Lafayette. Von dort führt ein Gang in das Quartier 206 mit seinen Luxusgeschäften (Friedrichstr., 10117, Tel. 20 94 80, www.galerieslafayette.de; Tel. 20 94 73 21, www.quartier206.com; jeweils Mo bis Sa 10–20 Uhr).

Gendarmenmarkt 9

Hinter den Friedrichstadtpassagen liegt der Gendarmenmarkt, der als schönster Platz Berlins gilt. Seinen Namen verdankt er dem Umstand, dass hier Friedrich Wilhelm I. einst Wachgebäude und Stallungen für sein Kürassierregiment anlegen ließ.

Der **Französische Dom** wurde für immigrierte Hugenotten errichtet, denen Ludwig XIV. Ende des 17. Jhs. die freie Religionsausübung untersagt hatte (Gendarmenmarkt 5, 10117, Tel. 20 64 99 23, www.franzoesischerdom.de). Über die Geschichte der »réfugiés« informiert das Hugenottenmuseum im Turm des Doms (Tel. 892 81 46, Di bis So 12–17 Uhr).

Im **Deutschen Dom** dokumentiert die Ausstellung »Wege – Irrwege – Umwege« die Entwicklung der parlamentarischen Demokratie in Deutschland (Gendarmenmarkt 1–2, 10117, Tel. 22 73 04 31, www.bundestag.de/deutscherdom, Okt.–April Di–So 10–18, Mai–Sept. Di–So 10–19 Uhr).

Das ehemalige Schauspielhaus, heute seiner neuen Funktion wegen **Konzerthaus** genannt, ist ein Meisterwerk Karl Friedrich Schinkels (Vorverkauf: Kasse Eingang Nordflügel, 10117, Tel. 203 09 21 01, www.konzerthaus.de, Mo–Sa 12–19, So/Fei 12–16 Uhr).

Rund um den Gendarmenmarkt haben sich exklusive Lokale angesiedelt, u. a. **Aigner, Borchardt** und **Vau**.

Forum Fridericianum

Gleich nach seiner Thronbesteigung wollte Friedrich II. einen städtebaulichen Schwerpunkt schaffen. Mit Knobelsdorff konzipierte er das Forum Fridericianum, einen repräsentativen Platz. Zu ihm gehören das Opernhaus, die St.-Hedwigs-Kathedrale, die Alte (königliche) Bibliothek, heute die Jura-Biblio-

thek, und das Prinz-Heinrich-Palais, heute das Hauptgebäude der Humboldt-Universität.

Vom Gendarmenmarkt geht man zur sanierten **St.-Hedwigs-Kathedrale** 10, die durch das leuchtende Grün ihrer Kuppel auffällt (Hinter der Katholischen Kirche 3, 10117, Tel. 203 48 10, www.hedwigs-kathedrale.de). Sie entstand 1747 nach Plänen Friedrichs des Großen. Zum Gedenken an den großen Regenten errichtete man am Opernplatz 1851 das **Reiterstandbild Friedrichs des Großen** 11, das als bedeutendstes Berliner Denkmal des 19. Jhs. gilt (Unter den Linden/Universitätsstr., 10117).

Deutsche Bank KunstHalle 12

Seit 2013 hat das Deutsche + Guggenheim am selben Ort einen Nachfolger, die Deutsche Bank KunstHalle. Gezeigt wird internationale Gegenwartskunst (Unter den Linden 13–15, 10117, Tel. 20 20 930, www.deutsche-bank-kunsthalle.de, tgl. 10 bis 20 Uhr, 4 €, erm. 3 €, Mo Eintritt frei).

Staatsbibliothek 13

Die Staatsbibliothek links daneben, 1903–14 errichtet und im Zweiten Weltkrieg schwer beschädigt, wurde mit ihrer westlichen Schwestereinrichtung am Potsdamer Platz zusammengelegt. Sie führt u. a. den Altbestand, rund 6 Mio. Bücher, Noten, Karten und Handschriften, die vor 1945 erschienen sind, sowie laufende Zeitungen und Zeitschriften (Eingang Doro-

theenstr. 27, Tel. 266 43 36 66, staatsbibliothek-berlin.de, Mo–Fr 9 bis 21, Sa 10–19 Uhr).

Humboldt-Universität 14

Gegenüber der Staatsoper hat die Humboldt-Universität ihren Sitz. Das Gebäude wurde 1748 bis 1766 für Prinz Heinrich, den jüngeren Bruder Friedrichs des Großen, errichtet. Nach Heinrichs Tod wurde der Bau der ersten Universität auf Betreiben ihres Gründers Wilhelm von Humboldt zugesprochen (Unter den Linden 6, 10117, Tel. 209 30, www.hu-berlin.de).

Staatsoper Unter den Linden 15

Das erste Gebäude, das Friedrich der Große in Auftrag gab, war die Staatsoper Unter den Linden (1741–43). Hier sang Enrico Caruso, und Richard Strauss stand am Dirigentenpult.

Das Opernhaus wurde sieben Jahre lang saniert und erstrahlt nun in neuem Glanz (Unter den Linden 7, 10117, Tel. 20 35 45 55, www.staatsoper-berlin.de, Theaterkasse tgl. 12–19 Uhr).

Neue Wache 16

Friedrich Wilhelm III. gab 1816 Order, eine neue Wachstube zu bauen. Der klassizistische Tempel fungiert heute als Zentrale Gedenkstätte für die Opfer von Krieg und Gewaltherrschaft (Unter den Linden 4, 10117, tgl. 10–18 Uhr). Das **Palais am Festungsgraben** dahinter beherbergt das Theater im Palais (Am Festungsgraben 1, 10117, Tel. 201 06 93, www.theater-im-palais.de).

Deutsches Historisches Museum 17

Das einstige Zeughaus, der bedeutendste Barockbau Berlins, ist Sitz des Deutschen Historischen Museums. Unter den 8000 Exponaten der Dauerausstellung zu 2000 Jahren deutscher Geschichte befindet sich u. a. ein Hut von Napoleon und Hitlers Schreibtisch. In dem modernen gläsernen Erweiterungsbau von I. M. Pei werden Wechselausstellungen gezeigt (Unter den Linden 2, Tel. 20 30 40, www.dhm.de, tgl. 10–18 Uhr).

Prinzessinnen- und Kronprinzenpalais 18

Fast zierlich wirkt das Prinzessinnenpalais mit Bar, Café und Restaurants (Unter den Linden 5–7, 10117). Über einen Brückenbogen sind die Gemächer der Töchter Friedrich Wilhelms III. mit dem **Kronprinzenpalais** verbunden. Friedrich Wilhelm I. ließ 1732 das Privatgebäude als Wohnsitz für Kronprinz Friedrich herrichten.

Die **Friedrichswerdersche Kirche** dahinter enthält eine Abteilung der Nationalgalerie mit klassizistischen Marmorskulpturen der Berliner Bildhauerschule (Am Werderschen Markt 1, Tel. 266 42 42 42, derzeit geschl.).

Schlossplatz

Von Schinkel stammen die Marmorstatuen auf der Schlossbrücke, die auf die Spreeinsel zum Schlossplatz führt. Hier veranlasste Walter Ulbricht 1950 die Sprengung des Hohenzollernschlosses, an Stelle des Ostflü-

gels entstand der **Palast der Republik**. 2006 begann der Abriss des »Volkspalasts«. Der Wiederaufbau des **Stadtschlosses** ist beschlossen. Die Bauarbeiten haben 2013 begonnen. In dem Ensemble nach Plänen von Franco Stella ist ein Kommunikations- und Kulturzentrum geplant, das sogenannte **Humboldt-Forum** (Unter den Linden 3, Tel. 265 95 00, www.sbs-humboldtforum.de). Darüber informiert bereits jetzt die **Humboldt-Box** am Schlossplatz (Schlossplatz 5, Tel. 290 27 82 48, www.humboldt-box.com, tgl. 10–20, im Winter 10–18 Uhr).

Am Südende des Platzes erstreckt sich das ehemalige **DDR-Staatsratsgebäude** 19. Zierde der nüchternen Fassade ist das eingebaute Portal IV des gesprengten Stadtschlosses.

Berliner Dom 20

1894 beauftragte Kaiser Wilhelm II. Julius Raschdorff mit der Errichtung des gewaltigen Kup-

pelbaus des Berliner Doms. Zu besichtigen sind Tauf- und Traukirche des Prachtbaus, das kaiserliche Treppenhaus, die Sarkophage des Großen Kurfürsten samt Gemahlin Dorothea, die Hohenzollerngruft und der Kuppelumgang, von dem aus man einen schönen Blick hat (Am Lustgarten, Tel. 20 26 91 36, www.berlinerdom.de, Mo–Sa 9–20, So 12–20, Winter bis 19 Uhr).

AquaDom & Sea Life und DDR-Museum 21

Maritimes Leben birgt im Hotel Dom Aquarée das **AquaDom & Sea Life**, ein Riesenaquarium (Spandauer Str. 3, 10178, Tel. 0 18 06-66 69 01 01, www.visitsealife.com, Online-Frühbucherpreis 10,75 €, erm. 8,95 €, tgl. 10–19 Uhr).

In der Nachbarschaft lässt das **DDR-Museum** 40 Jahre Sozialismus Revue passieren (Karl-Liebknecht-Str. 1, 10178, Tel 847 12 37 31, www.ddr-museum.de, tgl. 10–20, Sa bis 22 Uhr, 6 €, erm. 4 €).

Blick in das Innere des Berliner Doms

Berlin

Neues Berlin

Wer begreifen will, was heute in Berlin geschieht, der sollte die Stadt einmal vor dem Mauerfall gesehen haben. Damals führte der Bürgermeister wichtige Gäste gern hinaus auf den Schaubalkon des Reichstags, der fast über der Mauer hing. Man blickte über die Schneise, die quer durch die Innenstadt verlief, starrte den Wachposten drüben an, der starrte zurück, und es sah so aus, als würde das noch 100 Jahre lang so bleiben: das Brandenburger Tor versperrt, der Potsdamer Platz eine Wüstenei. Heute blickt man nicht mehr von einem Balkon, sondern von der Reichstagskuppel über die Stadt, und alles ist anders.

Nur junge Menschen können sich dem neuen Berlin unbefangen nähern, alle anderen werden stets vergleichen. Sanft gleitet der ICE in die 320 Meter lange gläserne Halle des Berliner Hauptbahnhofs, und schon erinnert man sich daran, dass hier noch bis 2002 der verwahrloste Lehrter Bahnhof stand, ein schmuddeliger Abgesang des Westens, bevor es hinüberging in eine bizarre Landschaft aus Absperrungen, Minenfeldern und viel grauer Leere, bis der Zug nach wenigen Minuten in den Bahnhof Friedrichstraße einlief. Auch ihn erkennt man nicht wieder, den einstigen Tränenpalast mit seinen von Grenzpolizisten gesäumten Bahnsteigen, seinen – pardon – pissgelben Kacheln und den Klaustrophobie auslösenden

Kabuffs, in denen DDR-Grenzer einem lange in die Augen stierten. Hier kann man die ständige Ausstellung »GrenzErfahrungen. Alltag der deutschen Teilung« sehen. Der Bahnhof selbst wurde zum topmodernen »Einkaufsbahnhof« umgestaltet. DDR-Nostalgie ist damit endgültig passé.

Wenige Meter vom ehemaligen Checkpoint Charlie entfernt ist jetzt Luxusshopping in den Friedrichstadt-Passagen angesagt: Architektonisch nicht so geglückt, sagen die Kritiker, nur die Galeries Lafayette mit ihrem gigantischen Lichtkegel gehen noch durch. Nun ja, nicht alles konnte gelingen, doch vielleicht macht gerade der Kontrast zwischen neuer Spießigkeit und alter Avantgarde den Reiz des neuen Berlins aus.

Potsdamer Platz – lebendiger Anziehungspunkt für Berliner und Touristen gleichermaßen

Die wahre Orgie der internationalen Architektenelite fand jedoch auf dem Potsdamer Platz statt, vor dem Krieg der verkehrsreichste Platz Europas, danach lange ödes Niemandsland, zerteilt von Mauer und Grenzanlage. In den 1990ern durften sich die besten Baumeister der Welt hier austoben. Das Forum des Sony Center (derzeit im Besitz der Investmentbank Morgan Stanley) schlägt dabei den Atrium Tower (früher debis-Zentrale) von Renzo Piano, der immerhin das Pariser Centre Pompidou schuf, um Längen – obwohl das kathedralenartige Atrium noch ein kreativer Lichtblick ist in der glas- und klinkerverkleideten Bürohochhauslangeweile der ehemaligen Daimler City, die ihr schwedischer Eigentümer SEB Asset Management inzwischen für 1,4 Milliarden Euro an den kanadischen Immobilieninvestor Brookfield Property Partners verkauft hat. Gut, der Blick vom Kollhoff Tower (Potsdamer Platz 1), zu dessen Aussichtsplatt-

form in 100 Meter Höhe Europas schnellster Aufzug mit 8,5 Metern pro Sekunde hinaufschießt, ist großartig, und durch die dreistöckige Einkaufspassage bummeln Berliner wie Touristen gern.

Aber architektonisch kommt nichts an den sensationellen Zeltdach-Fujijama des Sony-Forums heran, der auf den Umschlagseiten der Berlin-Reiseführer mit der Reichstagskuppel konkurriert. Architekt Helmut Jahn durfte sich was trauen, er kippte die gewaltige Kuppel sogar aus der Achse, verstärkte damit den Eindruck von Dynamik und eruptiver Energie, der besonders nachts bei wechselnder Beleuchtung atemberaubend ist.

Der berühmte, von den Bomben verschonte Kaisersaal aus dem einstigen Hotel Esplanade mit seinen reizenden Wandmalereien, Schauplatz von »Cabaret« (1972) und »Der Himmel über Berlin« (1986), war bei den Bauarbeiten im Weg. Also setzte man die Mauern auf ein luftkissengestütztes Fundament, verschob sie um 75 Meter und integrierte sie so in das Sony Center: In Amerika hätte man das nicht besser gemacht. Natürlich darf man auch einen Besuch im Filmmuseum nicht auslassen: für Marlene-Dietrich-Fans ein Wallfahrtsort, denn hier ist ihr Nachlass zu sehen.

Kann die Politik da mithalten? Der Reichstag ist zweifellos geglückt: im Krieg zerbombt, 1995 von Christo in silbriger Schönheit verhüllt und auf seine neue Rolle vorbereitet. Norman Foster ließ ihn auferstehen, ohne die düstere Vergangenheit zu verleugnen. Sogar die Graffiti sowjetischer Soldaten sind sorgfältig konserviert. Leicht und luftig präsentiert sich der funktionelle Plenarsaal des Bundestags. Von der Glaskuppel kann das Volk seinen Vertretern zwar auf die Finger schauen, bleibt aber hinter Glas doch ausgesperrt. Tatsächlich wirkt die Politik in Berlin entrückt wie in kaum einer anderen Metropole. Brücken und Tunnel verbinden die Gebäude, ein Steg führt vom riesigen, achtgeschossigen Paul-Löbe-Haus, das an die 1000 Büros, Sitzungssäle und den Besucherdienst beherbergt, hinüber zum Marie-Elisabeth-Lüders-Haus, in dem die Bibliothek und der Wissenschaftliche Dienst untergebracht sind. Die Architektur gaukelt Transparenz vor, bewirkt aber Abschottung: viel Beton, viel Glas, viel Leere.

Die Isolation besonders deutlich macht das Bundeskanzleramt, in das Gerhard Schröder 1999 als erster Kanzler einzog. Später jammerte er über sein einsames Wohnen dort. »Kohlosseum« schimpft Berliner Schnauze den avantgardistischen, aber doch sehr monumental geratenen Bau von Axel Schultes und Charlotte Frank: zwei lang gestreckte Bürotrakte, die ein 36 Meter hoher Kubus zusammenhält. Die »Bundeswaschmaschine« rächt sich: Volk wird nur einmal im Jahr, am Tag der offenen Tür, eingelassen. An anderen Tagen muss der Blick auf parkende Staatslimousinen genügen, mit Sicherheitsabstand, versteht sich.

Andere Zeichen setzten so manche der neuen Botschaften. Nur die Schweizer residieren noch in ihrem unzerstörten klassizistischen Bau direkt neben dem Bundeskanzleramt, die anderen Länder durften, ja mussten oft neu bauen und taten das erstaunlich unbekümmert. Die mexikanische Vertretung legte sich einen schrägen Fassadenvorhang zu, die Briten durchbrachen eine Fassade in Rosa und Lila mit einem himmelblauen Balkon, der jeden Feng-Shui-Anhänger in den Herzinfarkt treiben würde, die fünf nordischen Botschaften verwirklichten ihre Idee von einem Gemeinschaftskomplex aus landestypischen Bauten,

Das Bundeskanzleramt gehört sicher zu den schicksten Arbeitsplätzen der Republik

Bewegende und bewegte Architektur des Jüdischen Museums von Daniel Libeskind

den ein Kupferband aus rund 4000 vorpatinierten Lamellen umzieht, Indien versuchte es mit einem Bauhaus in rotem Stein aus Rajasthan, und die Amerikaner zogen 2008 in ihre Botschaftsfestung am Pariser Platz um.

Manchmal trügt der Schein. Da stellte der kanadische Architekturstar Frank O. Gehry der DG-Bank (jetzt DZ Bank) einen von außen geradezu unspektakulär wirkenden Bau hin, um den strengen Vorschriften am Pariser Platz Genüge zu tun. Bei näherem Hinsehen zeigt sich jedoch, dass sich Gehry bei der Fassadengestaltung stilistisch auf geniale Weise beim Brandenburger Tor nebenan bediente – und hinter der Fassade versteckte er eine spektakuläre lichtdurchflutet-biomorphe silberne Hallenkreation.

Und was noch? Die bunten Würfel des Mailänder Architekten Aldo Rossi zwischen Springer-Hochhaus und Checkpoint Charlie? Die gläserne Wand mit messerscharfer Spitze von Helmut Jahn hinter dem altehrwürdigen Kranzler-Eck? Ihr musste das traditionelle Café Kranzler weichen, weil der etwas ins Hintertreffen geratene Kurfürstendamm aufgepeppt werden sollte. Oder das Kantdreieck in der vorderen Kantstraße, ein elfgeschossiger Turmbau mit metallenem Werbesegel

auf dem Dach? Vielleicht die Treptowers und Twin Towers an der Spree, mit dem »Molecule Man«? Alles modern, mehr aber auch nicht. Be-

► Seitenblick

Mit der M1 von der Museumsinsel zum Prenzlauer Berg

Eine Tour mit Kultur und Szene bietet die Fahrt mit der Tramlinie M1. Die Straßenbahn fährt von der Museumsinsel durch die Friedrichstraße am Friedrichstadtpalast vorbei und durch die Oranienburger Straße zum Hackeschen Markt – die nähere Umgebung mit Läden, Boutiquen, Cafés, Bars und Restaurant lässt sich gut erlaufen.
Weiter geht es durch die szenige Kastanienallee am Biergarten Prater vorbei zur Schönhauser Allee im Bezirk Prenzlauer Berg. Am U-Bahnhof Eberswalder Straße kann man sich mit einer Currywurst für die Weiterfahrt oder für einen Bummel durch den Szenebezirk stärken.
Die M1 fährt noch über den S- und U-Bahnhof Schönhauser Allee weiter in den Nordosten Berlins durch Pankow nach Niederschönhausen.

wegender ist da das Jüdische Museum von Daniel Libeskind in der Kreuzberger Lindenstraße, dessen Grundriss an einen geborstenen Davidstern erinnert. Seine architektonische Symbolik veranschaulicht das Schicksal der Juden in Deutschland: kultureller Austausch, Exil, Holocaust und die Leere des Verlusts.

Aber beenden wollen wir den Besuch des neuen Berlins woanders: in der Kapelle der Versöhnung, die am zehnten Jahrestag des Falls der Berliner Mauer 1999 Richtfest feierte. Sie erinnert an eine alte Kirche von 1894, die seit 1961 im Todesstreifen lag und 1985 gesprengt wurde. Auf den alten Fundamenten entstand nach den Plänen der Berliner Architekten Peter Sassenroth und Rudolf Reitermann für die Gemeinde und für die Besucher der Gedenkstätte »Berliner Mauer« eine Kapelle in Stampflehmbauweise. »Es gibt nichts oder fast nichts Altes mehr in Berlin«, hatte bereits 1909 der französische Reiseschriftsteller Jules Huret beklagt. Doch die Erinnerung daran, die gibt es sehr wohl.

► Informationen

Anfahrt:

Berlin ist mit der gesamten Bundesrepublik per Autobahn, Zug oder Flugzeug verbunden. Den Reichstag erreicht man mit der S-Bahn, Haltestelle Unter den Linden, oder mit Bus M41 bzw. 100, den Potsdamer Platz mit S- und U-Bahn, Haltestelle Potsdamer Platz.

Info:

- **Berlin Tourismus Marketing**
  Am Karlsbad 11
  Tel. 030/25 00 23 33
  Fax 25 00 24 24
  www.visitberlin.de
- Touristinformation im Brandenburger Tor, im Fernsehturm, im Hauptbahnhof, in den Flughäfen Tegel und Schönefeld, im Europa-Center am Breitscheidplatz und in der Rankestraße, Ecke Kurfürstendamm.
- Öffnungszeiten für die Kuppel des **Reichstags**: tgl. 8 bis 24 Uhr (letzter Einlass um 22 Uhr).

Unterkunft:

- Eine Sehenswürdigkeit für sich ist das **Radisson Blu**, in dessen Innenhof das größte Rundaquarium der Welt steht: ein 25 m hoher Acrylzylinder, der das Hotel zu einer maritimen Erlebnislandschaft macht.
  Karl-Liebknecht-Str. 3
  Tel. 030/23 82 80
  Fax 238 28 10
  www.radissonblu.com
- Ein kleines Künstlerhotel mit Wellnessangebot am Spreeufer ist das **Riverside Hotel,** mit individuell eingerichteten Zimmern in allen Kategorien von Budget bis Luxus, wobei Letztere mit Wasserbetten und Whirlpool locken.
  Friedrichstr. 105
  Tel. 030/28 49 00
  www.riverside-mitte.de
- Sensationelles Design bietet das futuristisch anmutende **Hotel Q!** in Charlottenburg.
  Knesebeckstr. 67
  Tel. 030/810 06 60
  Fax 810 06 66 66
  www.hotel-q.com

Restaurants:

- Frühstücken im Reichstag, das bietet **Käfers Dachgarten.** Mit Reservierung kommt man ohne langes Anstehen durch den Seiteneingang für Rollstuhlfahrer nach oben in die Reichstagskuppel.
  Im Deutschen Bundestag
  Platz der Republik 1
  Tel. 030/226 29 90
- Fabelhafte Fischgerichte serviert das im luxuriösen Regent Hotel untergebrachte **Restaurant Fischers Fritz.**
  Charlottenstr. 49
  Tel. 030/20 33 63 63
  www.fischersfritz-berlin.de
- Die besten Currywürste bieten **Konnopke's Imbiß,** Schönhauser Allee 44 B, Prenzlauer Berg, Tel. 030/442 77 65, www.konnopke-imbiss.de (nur bis 20 Uhr), **Krasselt's Imbiss,** Steglitzer Damm 22, Steglitz, Tel. 030/796 91 47, www.krasselts-berlin.de, und **Curry 36,** Mehringdamm 36, Kreuzberg, Tel. 030/883 36, www.curry36.de.

Berliner Museumsinsel

Babylon und Pergamon

Nofretete ist schon da! 2006 zog sie auf die Museumsinsel – zunächst ins Alte Museum, wo sie in Gesellschaft der Schätze griechischer Kunst- und Kulturgeschichte ausharrte, bis sie in die Ägyptische Sammlung überwechselte. Diese wurde im Neuen Museum eingerichtet – 2009 vollendete David Chipperfield den Umbau. Auch einen Teil der Schätze aus Troja gibt es jetzt hier zu sehen – und vielleicht kehrt sogar der berühmte Schatz des Priamos aus Russland zurück?

Aber auch das Alte Museum wurde bis Ende 2010 saniert, und im Pergamonmuseum ist es 2008 losgegangen. Was das bedeutet, ist klar: Noch viele Jahre lang wird das UNESCO-Weltkulturerbe Berliner Museumsinsel »work in progress« bleiben. »Eine gewaltige Zeitmaschine« nennt Klaus-Dieter Lehmann, Präsident der Stiftung Preußischer Kulturbesitz, das größte Museumsprojekt der Welt. Ende 2018 soll die neue James-Simon-Galerie als zentrales Eingangsgebäude und Infozentrum für die gesamte Museumsinsel dienen.

Begonnen hatte das Abenteuer mit dem Alten Museum, einem 1830 eröffneten klassizistischen Meisterwerk Schinkels mit ionischer Vorhalle und Rotundenkuppel. So begeistert war König Friedrich Wilhelm IV., dass er schon 1835 seine Vision von einer Berliner Museumsakropolis mit kolonnadengesäumten Plätzen und herausgeho-

Bootstour rund um die Museumsinsel

benen Tempeln skizzierte und beschloss, die ganze Spreeinsel »zu einer Freistätte für Kunst und Wissenschaft umzuschaffen«. Friedrich August Stüler entwickelte daraus 1841 einen Gesamtentwurf für die Museumsinsel. Mit ihren fünf Häusern demonstrierte sie den Anspruch, Kulturgeschichte zu schreiben. Die Museumsinsel der Gegenwart wird allerdings erst in einigen Jahren ihr endgültiges Gesicht annehmen. Dann wird man auf einer »Archäologischen Promenade« von Nofretete zum Pergamonaltar und zu spätgotischen Madonnen spazieren.

2006 bejubelte die Fachwelt das glanzvoll wieder eröffnete Bode-Museum. Auch die 1903 entworfene Monbijoubrücke vor dem Museum ist wiedererstanden. Zwischen 1897 und 1904 hatte Ernst von Ihne für die Skulpturen- und Gemäldesammlung Wilhelm von Bodes (1845–1929)

einen Kuppelbau errichtet, den der Wiener Heinz Tesar großartig restauriert hat. Lichte Säle präsentieren die größte Sammlung europäischer Skulptur, die ein halbes Jahrhundert lang in Ost und West aufgeteilt war. Jetzt sind alle Stationen europäischer Bildhauerkunst an einem Ort erlebbar, eingebunden in ihre zeitlichen und stilistischen Zusammenhänge von der Spätantike über Byzanz und die Spätgotik Riemenschneiders bis hin zum Klassizismus. Die 1700 Skulpturen repräsentieren alle großen europäischen Länder. Man bewundert die romanische Sitz-Madonna aus Arezzo (1199), die lange verschollenen Patroklus-Figuren (1330), die Dangolsheimer Madonna von Niclaus Gerhaert von Leyden (1465), Tilman Riemenschneiders Evangelisten vom Münnerstädter Magdalenen-Retabel (1490/92) und Antonio Canovas »Tänzerin« (1757).

Löwe, Symbol der Göttin Ischtar, auf dem gleichnamigen Tor im Pergamonmuseum (Detailansicht)

Johannes der Täufer in einer Darstellung des Bildhauers Gregorio di Lorenzo im Bodemuseum

Noch trennt die Trasse der Stadtbahn das Bodemuseum vom neoklassizistischen Dreiflügelkoloss des Pergamonmuseums in der Mitte der Insel, das die Antikensammlung, das Vorderasiatische Museum und das Museum für Islamische Kunst vereint. Beim Umbau des Pergamonmuseums nach Plänen des Kölner Architekten Oswald Mathias Ungers (1926–2007) soll laut Auskunft der Museumsinsel u. a. »mit einem ergänzenden vierten Flügel ein Hauptrundgang geschaffen werden, der die monumentale Architektur des Ägyptischen und des Vorderasiatischen Museums, der Antikensammlung und des Museums für Islamische Kunst zu einem Gesamtbild vereinigt«. Das Museum für Islamische Kunst wird in den Nordflügel umziehen. Teile des Pergamonmuseums bleiben während des Umbaus geöffnet, der Saal mit dem Pergamonaltar ist aber voraussichtlich bis 2023 geschlossen. Dann wird sich der Zeusaltar aus Pergamon (um 180–159 v. Chr.) besonders effektvoll präsentieren, mit seinem umlaufenden, 120 Meter langen Fries, auf dem Götter gegen Giganten kämpfen. In neuem Ambiente wird man dann auch das hellenistische

Markttor von Milet (165 v. Chr.) und Skulpturen aus Milet, Samos, Naxos und Attika bewundern können.

4000 Jahre Geschichte und Kultur durchwandert der Besucher im Vorderasiatischen Museum. Die meisten Funde stammen aus Grabungen, die zwischen 1898 und 1917 von der Deutschen Orientgesellschaft durchgeführt wurden. Weltberühmt sind das Ischtar-Tor, einstiges Stadttor von Babylon, ein Teil der Prozessionsstraße sowie die Thronsaalfassade aus der Zeit Nebukadnezars II. (603–562 v. Chr.). Noch älter sind die Mosaikwand (um 3000 v. Chr.) und die Backsteinfassade (etwa 1415 v. Chr.) aus dem Eanna-Heiligtum in Uruk, einzigartig das Riesenvogelstandbild vom Teil Halaf (um 900 v. Chr.), die Siegesstele des Asarhaddon von Assyrien (680–669 v. Chr.) und das große Löwentor der Burg von Sendschirli.

Auch die Höhepunkte des Museums für Islamische Kunst werden in neuem Glanz erstrahlen: die Fassade des jordanischen Wüstenschlosses Mschatta (8. Jahrhundert), die der türkische Sultan Kaiser Wilhelm II. vermachte, das AleppoZimmer (Anfang 17. Jahrhundert), eine Gebetsnische aus der Maidan-Moschee in Kaschan (13. Jahrhundert), ein Prachtkoran, eine Gebetsnische der Safawiden (16. Jahrhundert), Miniaturen, Teppiche und vieles mehr.

Bereits 2001 wurde die Sanierung der 1866 bis 1876 nach Plänen von Friedrich August Stüler und Johann Heinrich Strack erbauten Alten Nationalgalerie abgeschlossen, deren Sammlung seit 1991 wiedervereinigt ist. In der Skulpturenhalle steht Schadows berühmtes Doppelstandbild der Schwestern Kronprinzessin Luise und Prinzessin Friederike. Die Vielzahl der Meisterwerke des Klassizismus, der Romantik und des Impressionismus ist überwältigend. Stellvertretend genannt seien Caspar David Friedrichs »Abtei im Eich-

wald«, Adolph Menzels »Eisenwalzwerk«, Arnold Böcklins »Toteninsel«, Manets »Wintergarten« und Cézannes »Mühle an der Couleuvre bei Pontoise«. Für immer verloren hat das Museum allerdings einen großen Teil der Sammlung deutscher Expressionisten, die von den Nazis ins Ausland verschleudert wurde. An diese unselige Zeit gemahnt heute vieles in Berlin, so das Denkmal zur Erinnerung an die Bücherverbrennung auf dem Bebelplatz oder das Stelenfeld des Holocaust-Mahnmals unweit des Brandenburger Tors. Bei aller Begeisterung für die großartigen Kunstschätze sollte man nicht vergessen, dass auch diese Orte bei einem Berlin-Besuch unbedingt dazugehören.

► Informationen

Anfahrt:
U-Bahn U6 (Friedrichstraße), S-Bahn S1, S2, S25 (Friedrichstraße), S5, S7, S75, S9 (Hackescher Markt), Tram M1, 12 (Am Kupfergraben), M2, M4, M5, M6 (Hackescher Markt), Bus TXL (Staatsoper), 100, 200 (Lustgarten), 147 (Friedrichstraße).

Info:
• **Neues Museum** (Besuchereingang Bodestr. 1, Tickets nur mit Zeitfenster), **Pergamonmuseum** (Besuchereingang Am Kupfergraben 5) sind tgl. 10–18, Do 10–20 Uhr geöffnet, **Alte Nationalgalerie** (Besuchereingang Bodestr. 1–3), **Altes Museum** (Besuchereingang Am Lustgarten) und **Bode-Museum** (Besuchereingang Monbijoubrücke) Mo geschl.
• Tel. für alle Museen 030/20 90 55 66
www.smb.museum

• Führungen: Besucher-Dienste Museumspädagogik, Tel. 030/ 266 42 42 42.

Unterkunft:
• Eine »Galerie zum Übernachten« ist das **Arte Luise Kunsthotel** in Sichtweite des Reichstags. Es ist in einem Stadtpalais von 1825 und einem Erweiterungsneubau aus dem Jahr 2003 untergebracht. Alle Zimmer wurden von namhaften Künstlern gestaltet.
Luisenstr. 19
Tel. 030/28 44 80
Fax 28 44 84 48
www.luise-berlin.com
• Für Kunstfans empfiehlt sich auch das Designerhotel **art'otel berlin mitte.**
Wallstr. 70–73
Tel. 030/24 06 20
Fax 24 06 22 22
www.artotels.de

Restaurants:
• Nur einen Katzensprung von der Museumsinsel entfernt kann man im **Peter Pane** eine Auszeit von der Kunst nehmen: Die Burger und knackfrischen Salate schmecken wirklich vorzüglich.
Friedrichstr. 101
Tel. 030/20 67 90 63
www.peterpane.de
• Mit einem fabelhaften Blick über die Museumsinsel gesegnet ist die **Rooftop Terrace** des Hotel de Rome, die mit leichter Küche und feinen Cocktails lockt. Im Sommer finden auf der Dachterrasse am Abend Events mit DJ und Livemusik statt.
Behrenstr. 37
Tel. 030/460 60 90
www.roccofortehotels.com

Deutsches Historisches Museum mit
dem Glasanbau von I. M. Pei

Tour 06:

Potsdam: Gelbe und Rote Stadt

Route:
Brandenburger Tor ► Gedenk-
stätte Lindenstraße ► Jägertor
► Nauener Tor ► Große
Stadtschule ► Holländisches
Viertel ► Französische Kirche
► St. Peter und Paul
► Brandenburger Straße

Dauer:
2–4 Std.

Praktische Hinweise:
• Ausgangs- und Endpunkt:
  Brandenburger Tor am Luisen-
  platz (Parken kostenpflichtig;
  Busse und Straßenbahnen ab
  Hbf).

Den nördlichen Teil der Innenstadt dominieren zweigeschossi-
ge Gebäude aus dem 18. Jh. mit
gelben Barockfassaden, während
roter Backstein das Holländische Viertel kennzeichnet.

Tour-Start:
Brandenburger Tor 🄵
Nicht nur Berlin, auch Potsdam
hat sein Brandenburger Tor!
Es ist zwar nicht so berühmt,
dafür aber zwölf Jahre älter.
1779 richtete man es als westlichen Stadtausgang ein. Den
üppigen Fassadenschmuck schufen Carl von Gontard und
Georg Christian Unger. Auf der
Attika thronen Herkules und
Mars.
  Vom Brandenburger Tor aus
führt die **Brandenburger
Straße,** Potsdams Fußgängerzone und Einkaufsmeile, schnur-

gerade in nordöstlicher Richtung
zum Bassinplatz.

Eiscafé:
Eis-Manufaktur
Hier werden so verführerische
Eissorten wie Zitrone-Basilikum
und Schokolade-Ingwer angeboten.
• Brandenburger Str. 67
  14467 Potsdam

Shopping:
In der **Brandenburger Straße**
reihen sich die üblichen internationalen Kettengeschäfte aneinander. Nette Boutiquen,
flippige Designerläden sowie
schöne Schmuck- und Antiqui-
tätengeschäfte findet man eher
in der parallel verlaufenden
Gutenbergstraße sowie in
den kleinen Querstraßen.

Puschn
Die Designerin Meike Böhme
entwirft Hausschuhe in schicken
Trendfarben aus reiner gefilzter
Wolle, die anschließend in alten
Manufakturen hergestellt werden. Dahinter stand die Idee,
traditionelles Handwerk durch
Verbindung mit Design zu stärken. Mo, Mi–Fr 14–18.30, Sa 10
bis 16 Uhr.
• Gutenbergstr. 23
  14467 Pottsdam
  www.puschn.de

Nightlife:
Bar-O-Meter
Etwas versteckt gelegene, gemütliche Bar in einem Kellergewölbe im Hinterhof, auf der
Karte stehen 180 Drinks.
• Gutenbergstr. 103
  14467 Potsdam

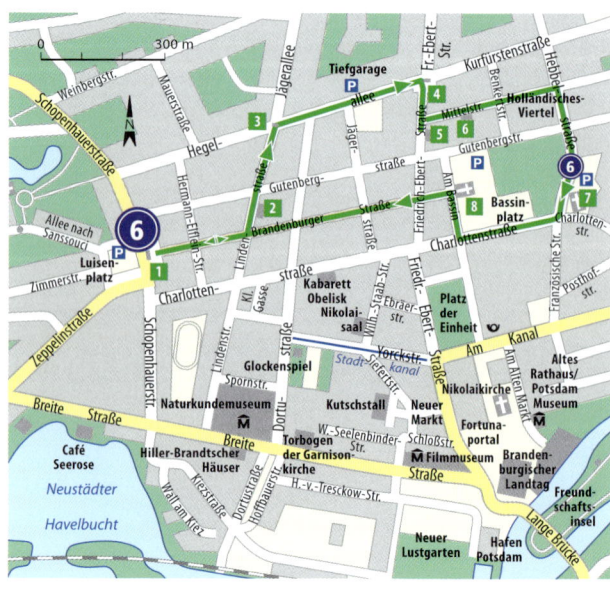

Das Brandenburger Tor in Potsdam

Gedenkstätte Lindenstraße 54/55 2

Zwischen den barocken Typen-häusern fällt das große Hol-länderhaus durch seine rote Ziegelfassade auf. Dass sich im Innenhof eine 100 Jahre alte Gefängnisanlage erhalten hat, die an die Willkür in zwei deut-schen Diktaturen erinnert, ist nicht zu erahnen. Hier befin-det sich die Gedenkstätte für die Opfer politischer Gewalt im 20. Jh.

Das Palais, das von 1733 bis 1737 für den Kommandanten des Königlichen Leibregiments, der Langen Kerls, erbaut wurde, war im Jahr 1809 Tagungsort der ersten frei gewählten Stadt-verordnetenversammlung. 1820 wurde es dann Stadtgericht, 1909 erhielt es die Gefängnis-bauten im Hof mit über 100 Zellen.

Während der NS-Diktatur waren hier Verfolgte des Nazi-Regimes inhaftiert, und das Erbgesundheitsgericht entschied u. a. über Zwangssterilisationen. Von 1945 bis 1952 waren hier Verfolgte des sowjetischen Geheimdienstes eingesperrt, danach wurde der Gebäude-komplex Stasi-Untersuchungs-gefängnis für den Bezirk Pots-dam; im Volksmund hieß es »Lindenhotel«.

1989/90 sorgten Mitglieder des Neuen Forums sowie Mit-arbeiter des Potsdam-Museums für die Sicherstellung zurück-gelassener Stasi-Akten, Möbel und anderer Gerätschaften. Die bedrückende Geschichte des Hauses dokumentiert eine Ausstellung des Potsdam-Muse-ums; die ehemaligen Gefängnis-höfe und der Zellentrakt sind zu besichtigen (Lindenstr. 54,

Di–So 10–18 Uhr, www. gedenkstaette-lindenstrasse.de).

Jägertor 3

An der Kreuzung von Linden-straße, Jägerallee und Hegelallee steht das Jägertor, durch das die Jägerallee einst zur kurfürstli-chen Fasanerie führte. 1733 er-richtet, ist es heute das älteste und am besten erhaltene der noch vorhandenen drei Stadt-tore. Die Skulpturen einer ja-genden Hundemeute zieren den schmalen Torbogen, begleitet von vergoldetem Trophäen-schmuck.

Nauener Tor 4

Weiter ostwärts, am anderen Ende der Hegelallee, erhebt sich an der Friedrich-Ebert-Straße das Nauener Tor. Friedrich der Große, der sich gern anhand von Kupferstichen über das

Aussehen von Bauwerken aus aller Welt inspirieren ließ, ordnete 1754 an, dass dieses Tor mit den mittelalterlichen Burgzinnen und zwei Türmen nach dem Vorbild des schottischen Schlosses Inveraray Castle zu bauen sei.

Große Stadtschule 5

Wenige Meter neben dem Café Heider liegt in der Friedrich-Ebert-Straße 17 die repräsentative Große Stadtschule, an der das schöne schmiedeeiserne Wappen mit den Initialen ihres Erbauers, Friedrich Wilhelm I., nicht zu übersehen ist. Der berühmteste Absolvent der Schule war Heinrich von Kleist, der hier sein Abitur machte.

Holländisches Viertel

Auf der Hitliste der Potsdamer Sehenswürdigkeiten nimmt das Holländische Viertel ganz klar einen der vorderen Plätze ein. Mit seinen vielen originellen Läden und Galerien, mit Cafés, Bars und Restaurants lädt das Quartier zum Flanieren, Herumstöbern, Shoppen und Verweilen ein.

In vier Karrees zwischen Kurfürsten- und Gutenbergstraße sowie Hebbel- und Friedrich-Ebert-Straße ließ der Soldatenkönig ab 1732 insgesamt 134 Häuser errichten, die bis 1742, zwei Jahre nach seinem Tod, fertiggestellt waren. Die aus Holland angeworbenen Handwerker und Künstler sollten zur Bereicherung der preußischen Wirtschaft beitragen und erhielten dafür diverse Privilegien. Allerdings blieben nur wenige holländische Familien länger hier wohnen.

Zu DDR-Zeiten verfiel das Viertel zusehends, weil für Reparaturen und Sanierungen das Material nicht ausreichte und die Menschen lieber in modernen Plattenbauten wohnten. Erst kurz vor der Wende engagierten sich einige Potsdamer für den Erhalt des Viertels und klärten über seinen kulturellen Wert auf.

Bereits am 16. Dezember 1989 wurden in einer gemeinsamen Ost-West-Aktion besonders bedrohte Gebäude vor dem nahenden Winter geschützt. Kurz danach begannen die umfangreichen Sanierungen, die aus dem Viertel wieder ein Schmuckstück machten.

Zwei einander kreuzende Straßen, die Benkert- und die Mittelstraße, durchziehen die Backsteingeviert, an deren Häuserfassaden sich die weißgrünen Blendläden und die hölzernen Toreinfassungen so hübsch ausmachen.

Holland in Potsdam: Das **Tulpenfest** wird im April gefeiert, mit Musik, Blumen und Verkaufsständen. Im September lohnt der Besuch des **Töpfermarktes,** und den **Weihnachtsmarkt** eröffnet Sinter-

Das Holländische Viertel

Nach romanischen und byzantinischen Vorbildern wurde die Potsdamer Kirche St. Peter und Paul gestaltet

klaas, der niederländische Nikolaus (nähere Infos unter www.hollaendisches-viertel-potsdam.de).

Restaurant:

Maison du Chocolat

Ein Himmelreich für Nasch-katzen mit selbst gemachten Pralinen und heißer Schokolade. Ein französisches Restaurant ist angeschlossen. Tgl. 10–22 Uhr.

• Benkertstr. 20
  14467 Potsdam
  Tel. 237 07 30
  www.schokoladenhaus-potsdam.de

Jan-Bouman-Haus 6

Das schön restaurierte Giebel-haus in der Mittelstraße 8 trägt den Namen des niederländi-schen Baumeisters Jan Bouman (1706–1776). Vorderhaus, Hof, Fachwerkhofgebäude und Haus-garten sind original erhalten. Unter Boumans Leitung entstan-den neben dem Holländischen

Viertel auch viele andere Bau-werke in Potsdam (Altes Rat-haus). Eine Ausstellung erzählt die Geschichte des Holländi-schen Viertels und zeigt, wie die Menschen hier lebten (Mo–Fr 13–18, Sa, So 11–18 Uhr, www.jan-bouman-haus.de).

Französische Kirche 7

Die Kirche liegt etwas versteckt am südöstlichen Ende des Bas-sinplatzes. Friedrich der Große ließ das kleine, runde Gottes-haus 1751 von Jan Bouman er-richten nach einem Entwurf von Knobelsdorff für die Potsdamer Hugenotten, die nach dem Edikt von Potsdam (1685) in der Stadt Zuflucht gefunden hatten; als Vorbild diente das Pantheon in Rom. 1968 schloss man die im Krieg beschädigte Kirche wegen Baufälligkeit. Zwischen 1991 und 2003 wurde sie restauriert und erhielt eine barocke Grüneberg-Orgel, die bei Konzerten klang-voll zum Einsatz kommt.

Kirche St. Peter und Paul 8

Am westlichen Ende des Bassin-platzes, wo von Montag bis Samstag der morgendliche Wochenmarkt brodelt, erhebt sich der 63 m hohe Glocken-turm der Kirche St. Peter und Paul. Wilhelm Salzenberg, ein Schüler von Karl Friedrich Schinkel, erbaute das katholi-sche Gotteshaus ab 1867 nach einem Entwurf von Friedrich August Stüler mit byzantini-schen und romanischen Stil-elementen.

Kunstschätze im Inneren der Kirche sind drei Altargemälde von Antoine Pesne, dem Lieblingsmaler Friedrichs des Großen (Di–Sa 10–18, So 12 bis 16 Uhr, www.peter-paul-kirche.de).

Direkt hinter der Kirche er-innert der **Sowjetische Friedhof** an die während des Zweiten Weltkriegs gefallenen Rotarmisten.

Sanssouci

Sorgenfreie Tage

Am Anfang stand die Sehnsucht nach Italien. Einen Weinberg am »Wüsten Berg« wollte Friedrich der Große anlegen. Die nach innen geschwungenen Terrassen sollten möglichst viel Sonne auffangen, damit die Weinstöcke aus Italien, Portugal und Frankreich gedeihen konnten. Landschaftskünstler Peter Joseph Lenné hatte in Frankreich ein Gespür dafür entwickelt, wie man Parks, Gärten, künstliche Seen und elegant geschwungene Wege zu einem harmonischen Ganzen vereint. Mit den Gärten von Sanssouci schuf der Königliche Garteningenieur sein unübertroffenes Meisterwerk.

Aber Friedrich wollte mehr: eine »maison de plaisance«, in der er nicht nur repräsentieren, sondern nach Herzenslust philosophieren, dichten, Flöte spielen und handverlesene Freunde empfangen konnte. In den großen Palästen in Berlin und Charlottenburg fühlte er sich nicht wohl, er suchte dezente Eleganz und ruhige Ländlichkeit. »So will ich es haben«, sagte er seinem Freund Georg Wenzeslaus von Knobelsdorff, wie Friedrich ein Verehrer antiker Baukunst, als dieser ihm 1745 die erste Skizze reichte – und so wurde es auch: ein gelbes Lustschloss, das sich hinter der sechsten Weinterrasse beinahe versteckt. Wer den militaristischen Geist von Potsdam sucht, in Sanssouci findet er ihn nicht, es sei denn, man betrachtet

die lediglich zwei Jahre währende Bauzeit als Sinnbild preußischer Disziplin. Erst unter Friedrich Wilhelm IV. wurden 1840 die Seitenflügel des Schlosses verlängert und aufgestockt.

Im Park von Sanssouci regieren Leichtigkeit und Eleganz des Rokoko, raffiniert angelegte Sichtachsen eröffnen immer wieder neue Perspektiven, eine ausgelassene Schar von Bacchantinnen und Bacchanten aus Sandstein empfängt den Spaziergänger. Kaum zu glauben, der erste Wunsch Friedrichs galt 1744 einem stattlichen Mausoleum auf der obersten Terrasse: »Erst hier werde ich ohne Sorgen seyn.«

»SANS, SOUCI.«, so steht es an der Gartenseite geschrieben. Über das seltsame Komma ist viel

Unumstrittener Höhepunkt Potsdams ist das Schloss Sanssouci

spekuliert worden, und das nicht immer jugendfrei. Fest steht jedoch, dass Friedrich Frauen grundsätzlich als Sorgen betrachtete, die er hier in Sanssouci beileibe nicht haben wollte, eingeschlossen seine ungeliebte Gemahlin Königin Elisabeth Christine. Enge Alkovenbetten in den als offene Zimmerfluchten konzipierten Gästequartieren und schmale Rokokosofas an den Wänden: Für amouröse Ausschweifungen war Sanssouci denkbar ungeeignet. Hier sollten sich hingegen nach Friedrichs Wunsch die geistvollsten Männer Europas zur berühmten Tafelrunde treffen, über Gott und die Welt philosophieren – ohne von Weibsbildern abgelenkt zu werden – und das Flötenspiel des »Philosophen von Sanssouci« genießen, wenn der »böhse Mann«, wie ihn die österreichische Kaiserin Maria Theresia nannte, nicht gerade einen seiner drei Schlesischen Kriege führte.

Mittelpunkt des Schlosses ist der ovale Marmorsaal, den acht korinthische Säulenpaare aus Carraramarmor mit vergoldeten Kapitellen gliedern. Unter der Kuppel, für die das Innere des römischen Pantheons als Vorbild diente, diskutierte die Elite der europäischen Aufklärung freimütig über Kunst, Literatur, Philosophie, Religion, Geschichte und Kriegsführung, über Medizin und über die Wissenschaften: Francesco Algarotti, Julien Offray de la Mettrie, der Marquis Jean-Baptiste d'Argens, Pierre Louis Moreau de Maupertuis und natürlich Voltaire, der Berühmteste der Tafelrunde, der 1750 in Potsdam eintraf und zunächst sehr angetan war. »Nirgends auf der Welt wurde je mit so viel Freiheit über den Aber-

Im prächtigen Rokoko-Konzertzimmer soll Friedrich der Große komponiert haben

glauben der Menschen gesprochen, und nie mit so viel Spott und Verachtung. Gott war ausgenommen; aber von denen, die in seinem Namen die Menschen getäuscht hatten, blieb keiner verschont.«

▶ Seitenblick

Gartenpoet im Beamtenrock

Ihre einzigartige harmonische Ausstrahlung haben die Potsdamer Parks der Schöpferkraft eines Mannes zu verdanken, der als größter Gartengestalter Preußens gilt: Peter Joseph Lenné (1789–1866), der schon mit 39 Jahren das Amt des Königlichen Gartendirektors bekleidete. Eine besondere Freundschaft verband ihn mit Friedrich Wilhelm IV. Wie sein Rivale Hermann von Pückler-Muskau (1785–1871) brachte Lenné neue Impulse in die Spätzeit des romantischen Landschaftsgartens. Wer durch die Parks von Sanssouci und den Neuen Garten wandelt, kann die Komposition aus Rasenflächen, sanft geschwungenen Wegen, verstreuten Baumgruppen und einer artenreichen Bepflanzung erleben.

An kalten, feuchten Tagen wich die plaudernde Runde lieber ins beheizbare Audienzzimmer aus. Prunkvoller geben sich die östlich anschließenden königlichen Zimmer. Als eine der schönsten Raumschöpfungen des friderizianischen Rokoko gilt das Konzertzimmer, ganz in strahlendem Gold und Weiß gehalten. Große Spiegel verstärken die Raumwirkung. Goldene Rocaillen lassen Blumen und Früchte an den Wänden und der Decke sprießen, umranken die spielerisch leichten Gemälde von Antoine Pesne, die Liebesszenen aus Ovids »Metamorphosen« schildern. In diesem entzückenden Ambiente erklang Friedrichs Flötenspiel, von Adolph Menzel auf Leinwand gebannt.

Wie Friedrichs Arbeits- und Schlafzimmer nebenan einst aussah, wissen wir nur aus Beschreibungen des Marquis de Bouillé, denn Friedrich Wilhelm II. ließ es als einzigen Raum des Schlosses klassizistisch umgestalten. Das Gemach war tatsächlich äußerst renovierungsbedürftig, denn Friedrichs geliebte Hunde hatten hier allzu große Narrenfreiheit genossen. Die prunkvolle Bibliothek durften dagegen weder Gäste noch Hunde betreten: ein intimer Raum in warmen Farben. Die umlaufende Bücherwand ist mit kostbarem

Zedernholz getäfelt und mit vergoldeten Bronze-ornamenten verziert. Von der kreisrunden Decke strahlt eine vergoldete Sonne: das Symbol der Aufklärung und der Freimaurer. In den niedrigen Bücherschränken reihen sich in hellbraunes Maroquinleder oder rotes Ziegenleder gebundene Werke von Voltaire und anderen französischen Autoren, naturwissenschaftliche Schriften und Architekturwerke bis hin zu den griechischen und römischen Philosophen und Geschichts-schreibern. Seneca und Mark Aurel las der König besonders gern.

Die Kleine Galerie zwischen Vestibül und Wohngemächern diente als Kunstkabinett für einen Teil der Gemälde- und Skulpturensammlung des Königs, darunter die heiter-melancholischen Bilder von Watteau, den der König besonders schätzte.

Die fünf Gästezimmer, zwar ohne Bad, aber jeweils mit Zutritt zum Garten, sind sparsam dekoriert. Das vierte, genannt das Voltairezimmer (in dem der Philosoph jedoch nie schlief), erinnert mit seinen in natürlicher Farbigkeit präsentierten Blumen- und Früchteverzierungen aus Stuck oder bemaltem Eisenblech an eine charmante Gartenlaube. »Man presst die Orange aus und wirft die Schale weg.« Mit diesem höchst abfälligen Spruch provozierte Friedrich die Abreise Voltaires.

Nach dem verlustreichen Siebenjährigen Krieg ließ er zwischen 1763 und 1769 das gewaltige Neue Palais bauen: eine »Prahlerei«, wie er das Ganze selbst in weiser Selbsterkenntnis nannte. Allzu flüchtig war die heitere Zeit von Sanssouci, und aus dem Philosophenkönig wurde der griesgrämige Alte Fritz.

► Informationen

Anfahrt:

Von Berlin nach Potsdam per Zug oder S-Bahn. Ab Potsdam Hauptbahnhof mit Bus 695 oder X15 bis Schloss Sanssouci.

Info:

• Der **Park** von Sanssouci ist frei zugänglich. Eingänge: Obeliskportal (Schopenhauerstr.), Grünes Portal (Allee nach Sanssouci), Historische Mühle.

• **Schloss Sanssouci** ist nur im Rahmen einer Führung zu besichtigen. Geöffnet Di–So 10–17, April–Okt. bis 18 Uhr, Kassenschluss jeweils 30 Min. vorher, Mo Ruhetag.

• **Besucherzentrum**, an der Historischen Mühle (An der Orangerie 1), Tel. 03 31/ 969 42 02, www.spsg.de

Unterkunft:

• Stilvoll eingerichtete Zimmer in unmittelbarer Nähe der Filmstudios am Griebnitzsee bietet das familiengeführte **Anno 1900 Hotel garni Babelsberg.** Stahnsdorfer Str. 68 Potsdam Tel. 03 31/74 90 10 www.anno-1900-hotel-babelsberg.de

• Ein denkmalgeschütztes Palais von 1726 ist das **Hotel am Luisenplatz,** mit elegant ausgestatteten, wenngleich leicht in die Jahre gekommenen Zimmern (hohe Stuckdecken, altes Mobiliar) und riesigen Bädern. Luisenplatz 5 Tel. 03 31/97 19 00 www.hotel-luisenplatz.de

Restaurants:

• Einen Spaziergang von Sanssouci entfernt gibt es im **Krongut Bornstedt** echte Brandenburger Küche. Ribbeckstr. 6–7 Tel. 03 31/550 65 45 www.krongut-bornstedt.de

• International verfeinerte märkische Küche serviert das **Restaurant Friedrich Wilhelm** im Hotel Bayrisches Haus. Im Wildpark, Elisenweg 2 Tel. 03 31/550 50 www.bayrisches-haus.de

• 1752 von Knobelsdorff entworfen, wurde das Haus, in dem **Speckers Landhaus** preußisch mit mediterranem Einschlag kocht. Jägerallee 13 Tel. 03 31/280 43 11 www.speckers.de

Mark Brandenburg

Mit Fontane unterwegs

»Da lag er vor uns, der buchtenreiche See, geheimnisvoll, einem Stummen gleich, den es zu sprechen drängt.« Schön, wenn ein Meister der unpathetischen Erzählkunst für eine oft als langweilig verschriene Region die Werbetexte schreibt. Wenn es um seine Neuruppiner Heimat geht, sind Theodor Fontanes »Wanderungen durch die Mark Brandenburg« noch heute beste Reiselektüre. Es müssen ja nicht gleich alle 4000 Seiten sein.

So wie ihn Theodor Fontane anno 1862 beschrieb, tief und glasklar, ist der Stechlinsee immer noch, denn schon seit 1938 steht er unter Naturschutz. Er ist gar nicht besonders groß, aber 68 Meter tief und so nährstoffarm, dass man bis zu zwölf Meter in die Tiefe schauen kann. Buchen, Eichen und Kiefern neigen sich weit in den See hinein. Am Ufer blühen Bärlapp, wilder Rosmarin und Waldhyazinthen, See- und Fischadler kreisen über dem spiegelglatten Wasser, Waldkäuzchen schreien, und »wenn's draußen was Großes gibt, dann brodelt's hier nicht bloß und sprudelt und strudelt, dann steigt ein roter Hahn auf und kräht in die Lande hinein«.

Halt, Letzteres ist nur eine Sage, und überdies aus Fontanes Spätwerk »Der Stechlin«, in dem der Neuruppiner Literat den See dann doch noch zum Sprechen bringt, in Gestalt des Junkers Dubslav von Stechlin. »Zum Schluss stirbt ein Alter, und zwei Junge heiraten sich; – das ist so ziemlich alles, was auf 500 Seiten geschieht«, beschrieb der Meister bescheiden seinen Roman.

Heutzutage passiert natürlich wesentlich mehr auf der Welt, und der Hahn wäre wohl längst stockheiser. Dabei findet man den Stechlin gar nicht so schnell auf der Landkarte, so viele Seen gibt es nördlich und östlich von Rheinsberg … Moment mal, Rheinsberg? War das nicht das Schloss, in dem der Alte Fritz noch jung und glücklich philosophieren durfte, anstatt zu regieren? Rheinsberg, wo im Jahr 1912 Kurt Tucholskys »Bilderbuch für Verliebte« spielt, diese wunderbare Liebesgeschichte von Wolfgang und Claire: »Träge schob sich der See in kleinen Wellchen an die schilfigen Ufer …« Da könnte man doch auch mal hinfahren!

Schauplatz von Tucholskys Liebesgeschichte ist das Schloss Rheinsberg am Grienericksee

Georg Wenzeslaus von Knobelsdorff schuf in Rheinsberg ab 1740 ein harmonisches barockes Stadtbild und verwandelte das Schloss nach und nach in schönstes friderizianisches Rokoko: mit Spiegelsaal, Muschelsaal, Bibliothek und Lustgarten jenseits des Sees. »An einem kleinen Rondell schimmerten weiße Figuren aus dem Blätterwerk. Ein Satyr lehnte an einem Baumstumpf, mit gesenkter Flöte, ein Faun stach eine fliehende Nymphe …«, fabulierte Tucholsky, dem man im Nordflügel ein Museum eingerichtet hat. Alles trägt die Handschrift von Friedrichs frankophilem Bruder Prinz Heinrich von Preußen, der Unsummen für seine Residenz verschleudern durfte. Länger als ein halbes Jahrhundert hat er hier gewohnt und gestaltet, und hier ist er auch begraben, in einer von ihm selbst entworfenen Pyramide. Dabei hätte der kunstsinnige Heinrich, der auf militärische Mäßigung setzte, viel lieber die Arbeit seines großen Bruders getan, gern auch als König Polens.

Erst allmählich erfüllt sich Fontanes Wunsch, dass dem »klugen, geistvollen Prinzen« endlich Gerechtigkeit und Anerkennung widerfahre.

Unweit von Rheinsberg lockt bestens erhaltenes Mittelalter in der »festen Stadt« Gransee, über die Fontane manch Geschichtchen zu erzählen wusste. Besonders prächtige Giebelarchitektur zeigt das Ruppiner Tor. Aber Fontanes höchstes Lob galt dem Luisendenkmal auf dem Marktplatz. Karl Friedrich Schinkel hatte diese Laube in Eisenguss zum Gedenken an die jung verstorbene, sehr geliebte Luise von Preußen an die Stelle gesetzt, an der 1810 der Leichenzug der Königin gerastet hatte: »Es spricht nur für sich und die Stadt und ist rein persönlich in dem Ausdruck seiner Trauer. Und deshalb rührt es.«

Bleibt noch Zeit für Neuruppin, Heimatstadt Fontanes und auch Schinkels, der die mächtige frühgotische Klosterkirche restaurierte. In der Bilderbogengalerie des Alten Gymnasiums sind

Unbeschwerte Sommertage am Stechlinsee

viele Exemplare des berühmten Neuruppiner Bilderbogens zu bewundern. Seine 22 000 verschiedenen Motive wurden von 1810 bis 1937 gedruckt, den Ereignissen der Weltgeschichte auf dem Fuße folgend, wie Fontane bemerkte. Für wenige Pfennige sah man mit diesem Vorläufer der Illustrierten hinaus in die große Welt, aber das wäre nun wirklich »ein zu weites Feld«.

▶ Informationen

Anfahrt:
Neuruppin, Gransee und Rheinsberg erreicht man mit Auto und Zug von Berlin, Neuglobsow am Stechlinsee mit dem Auto über Gransee oder mit dem Zug über Fürstenberg (ab dort Bus oder Taxi).

Info:
• **Tourist-Information Neuglobsow**
  Stechlinseestr. 17
  16775 Stechlin
  Tel. 03 30 82/702 02
  Fax 406 05
  www.stechlin.de
• **Stadt Rheinsberg**
  Mühlenstr. 15 a
  16831 Rheinsberg
  Tel. 03 39 31/349 40

www.tourist-information-rheinsberg.de

Unterkunft:
• Romantische Urlaubstage verlebt man im 1750 errichteten **Gasthof & Fleischerei Endler.** Die Zimmer vereinen originales Fachwerk und altes Mobiliar mit modernem Komfort. Im Innenhof genießt man die hauseigenen Spezialitäten der Fleischerei.
  Mühlenstr. 14, Rheinsberg
  Tel. 03 39 31/20 79
  www.endler-rheinsberg.de
• Elegante Zimmer zeichnen das Hotel **Der Seehof** aus, ein umgestaltetes Ackerbürgerhaus von 1750 mit exzellenter regionaler Küche.

Seestr. 18, Rheinsberg
Tel. 03 39 31/40 30
www.seehof-rheinsberg.de

Restaurants:
• Der **Ratskeller Rheinsberg** serviert Fontanes Leibspeise Alt-Brandenburgischen Schmorbraten in Ingwersoße, dazu Apfelrotkohl und Kartoffelklöße.
  Markt 1, Rheinsberg
  Tel. 03 39 31/22 64
  www.ratskeller-rheinsberg.de
• Deftige Brandenburger Küche kommt im Gasthof **Zum Alten Brauhaus** auf den Tisch.
  Rhinhöher Weg 1, Rheinsberg
  Tel. 03 39 31/720 88
  www.brauerei-rheinsberg.de

Niederfinow

Giganten in Bewegung

Zwischen Oderbruch und Schorfheide, direkt am Nordrand des Eberswalder Urstromtals, nehmen schwere Schiffe den Fahrstuhl. Im Jahr 1934 wurde das damals größte Schiffshebewerk Europas eingeweiht – in Niederfinow, einem Nadelöhr an einer der wichtigsten Wasserstraßen in Ostdeutschland. Bis zum heutigen Tag gilt die 60 Meter hohe und 14000 Tonnen schwere genietete Stahlkonstruktion als ein technisches Meisterwerk. Kann man da auch mal mit dem Schiffsaufzug fahren?

Natürlich kann man das. Um elf Uhr legt der Ausflugsdampfer am Parkplatz »An den Treppenschleusen« zwischen Eberswalde und Liepe ab, tuckert gemächlich auf den Stahlkoloss zu. Schon seit dem Jahr 1605 wurde das Flüsschen Finow zwischen Havel und Oder zu einem schiffbaren Kanal ausgebaut, erzählt der Schiffsführer des Dampfers. Friedrich der Große ließ den Kanal bis 1747 neu anlegen, dann mit 19 Schleusen. Nur dampfschifftauglich war er nicht. Niederfinow erhielt eine Schleusentreppe, an der sich der Schiffsverkehr zwischen Berlin und Stettin oft tagelang staute.

Überall Stahlträger, Räder, Trossen. 4300 Tonnen wiegt der 85 Meter lange Trog mitsamt dem Wasser. Aber wenn jetzt das Schiff dazukommt, wird er doch viel schwerer? Nein, das überschüssige Wasser fließt einfach in den Kanal ab, das Gewicht ändert sich daher nie. Ah ja, Verdrängung. Aber was das wohl an Strom kostet? Aber nein, erklärt der Dampferkapitän geduldig, Ausgleichsgewichte aus Beton sorgen dafür, dass nur Reibung und Anfahrkräfte überwunden werden müssen: Das schaffen vier Gleichstrommotoren mit einer Leistung von je 55 kW. Diese simple Physik von Gewicht und Gegengewicht funktioniert – und das nun schon seit über 70 Jahren.

36 Meter geht es aufwärts, nur fünf Minuten dauert das Heben, etwa 20 Minuten die gesamte Schleusung. Bis zu 1000 Tonnen schwere Boote und Lastkähne werden mitgenommen, ein ausgeklügeltes Sicherheitssystem verhindert Havarien. Dennoch wird derzeit ein gigantisches neues

Fahrstuhl für Schiffsgiganten

Hebewerk gebaut, das alte, das jährlich etwa 11 000 Schiffe passieren, wird aber noch bis mindestens 2025 in Betrieb bleiben.

Von der 36 Meter hohen Besucherplattform des Stahlgerüsts schweift der Blick übers Barnimer Land. Von hier bieten sich Ausflüge in die Schorfheide an. Die schöne Waldlandschaft (der Buchenwald Grumsin gehört seit 2011 zum UNESCO-Weltnaturerbe) lockt mit Mooren, glasklaren Seen und vielen schönen Bächen.

Und das pseudobayrische Jagdschloss Hubertusstock am Werbellinsee am Rand der Schorfheide kennen wir doch? Richtig, in dem schlichten Schloss, das von 1847 bis 1849 im Auftrag von König Friedrich Wilhelm IV. im Landhausstil erbaut worden war, bewarfen die beiden Politiker Helmut Schmidt und Erich Honecker im Dezember 1981 handverlesenes DDR-Volk vom Balkon aus mit Schnee.

▶ Informationen

Anfahrt:

Von Berlin über Bernau nach Eberswalde, Zugverbindung zwischen Berlin und Eberswalde/Chorin. Ausflugsdampfer verkehren ab dem Parkplatz »An den Treppenschleusen« zwischen Eberswalde und Liepe.

Info:

• **Schiffshebewerk Niederfinow**
Hebewerkstr. 52
16248 Niederfinow
Tel. 03 33 62/215
www.wna-berlin.de oder
• **Wasser- und Schifffahrtsamt Eberswalde**
Schneidemühlenweg 21
16225 Eberswalde
Tel. 033 34/27 60
www.wsa-eberswalde.de

• **Tourist-Information**
Museum Eberswalde
Steinstr. 3
16225 Eberswalde
Tel. 033 34/644 15
Fax 644 28
www.eberswalde.de

Unterkunft:

• In unmittelbarer Nachbarschaft des Technikwunders nächtigt man im modernen familiengeführten **Hotel am Schiffshebewerk.** Im Restaurant und Café gibt es auch frischen hausgebackenen Kuchen.
Hebewerkstr. 43
Niederfinow
Tel. 03 33 62/700 99
www.hotel-schiffshebewerk.de

• Komfortable Zimmer in Klosternähe bietet das Hotel **Haus Chorin.**
Neue Klosterallee 10, Chorin
Tel. 033 66/500, Fax 326
www.chorin.de
• An einem kleinen See im Biosphärenreservat Schorfheide liegt das **Seehotel Mühlenhaus.**
Ragöser Mühle 1, Sandkrug
Tel. 03 33 66/523 60
www.hotel-muehlenhaus.de

Restaurant:

• Schon seit 1753 gibt es die **Alte Klosterschänke Chorin,** die herzhafte regionale Gerichte serviert.
Am Amt 9, Chorin
Tel. 033 66/53 01 00
www.alte-klosterschaenke-chorin.de

Spreewald

Auf Kahnfahrt

»Jesungen wird in Italjen, uff de Jondel!« Damit ist der Unterschied zwischen Spreewaldschiffer und Gondoliere erschöpfend beschrieben, abgesehen davon, dass es im Spreewald mehr Bäume und in Venedig mehr Häuser gibt. Offenbar hält der zitierte Kahnschiffer nichts von Fontanes Reimkunst: »Und dass dem Netze dieser Spreekanäle, nichts von dem Zauber von Venedig fehle, durchfurcht das endlos wirre Flussrevier, in seinem Boot der Spreewalds-Gondolier.«

Nun, als Theodor Fontane hier eine champagnerselige Segelpartie unternahm, ging das mit dem Touristenschippern in Lübbenau erst los. Aber seit 100 Jahren floriert das Geschäft der Kahnführer. Die berühmten süß-sauer eingelegten Spreewälder Gurken, im 16. Jahrhundert von Holländern eingeführt, von Fontane lobend erwähnt und spätestens seit dem Film »Good Bye, Lenin!« Inbegriff hemmungsloser Ostalgie, werden gleich am Bootsanleger aus Fässern verkauft. Sanft schaukelt der flache Holzkahn, leise gluckst das Wasser, unglaublich grün ist das Blätterwerk der Erlen und Moorbirken, durch das tiefblauer Himmel blitzt: So geht es durch das Wasserlabyrinth, von einem Dorfhafen zum nächsten, über 1000 Kilometer Wasserwege.

Erholsamer als die allzu lärmende Fahrt im drängend vollen Touristenboot ist das Paddeln im eigenen Kahn, den man in Lübbenau mieten kann, vorausgesetzt man besorgt sich gute Wasserwanderkarten und viel Mückenschutz. In ihren Nebenarmen entfaltet die Spree ihren ganzen Zauber: Hier blühen Teichrosen und Sumpfschwertlinien, Eisvögel stürzen sich ins klare Wasser, in dem man mit viel Glück sogar einen Fischotter erspäht.

Wenn in den Spreewälder Dörfern Heimatfeste gefeiern werden, ist was los auf den Kanälen. Dann holen die Einwohner von Vetschau oder Burg ihre alten sorbischen Spreewaldkostüme hervor, die noch so aussehen wie bei Fontane beschrieben: kurzer faltenreicher Friesrock, knappes Mieder, Busentuch, Schnallenschuhe, bunte seidene Bänder und extravaganter Kopfputz. In

Stocherkahnfahrt im Spreewald: mit flachem Kahn und langer Stange gemütlich unterwegs

Burg ist die Tracht noch Alltagskleidung der auf deutsch Wenden genannten Sorben, die sich ihre slawische Kultur und Sprache über viele Jahrhunderte bewahren konnten. Ansonsten vermittelt das Freilichtmuseum von Lehde bei Lübbenau einen lebendigen Eindruck davon, wie es sich in wendischen Spreewaldhäusern lebte und arbeitete. In Luckau säumen noch verzierte barocke Schmuckgiebelhäuser den Markt, und in der spätgotischen Pfarrkirche ertönt eine herrliche Barockorgel.

Inzwischen hat der Spreewald sogar etwas Südseeatmosphäre zu bieten. Nordwestlich von Lübben hat man die riesige CargoLifter-Luftschiffwerft in ein wahres Tropenparadies verwandelt, mit Palmenstrand, Bali-Lagune und Bühnenshows. Mit dem Kahn kommt man da aber nicht hinein.

Trachtenfest in Raddusch

▶ Informationen

Anfahrt:
Autobahn- und Zugverbindung von Berlin, Cottbus und Dresden nach Lübbenau.

Info:
- **Tourismusverband Spreewald e.V.**
  Lindenstr. 1
  Ortsteil Raddusch
  03226 Vetschau
  Tel. 03 54 33/722 99
  www.spreewald.de
- **Höllbergfest** (1. Mai) in Luckau, **Spreewald- und Schützenfest** mit Kahnkorso in Lübbenau (Juli), **Handwerker- und Bauernmarkt** (Juli) sowie **Heimatfest** (August) in Burg, **Museumsfest** (August) und **Dorffest** (Sept.) in Lehde, **Stadtfest** (Sept.) in Vetschau.

Unterkunft:
- Feudal im Grünen wohnt man in den mit Stilmöbeln eingerichteten Zimmern des klassizistischen Hotels **Schloss Lübbenau,** dessen Restaurant regionale Zutaten mit internationalem Touch serviert.
  Schlossbezirk 6, Lübbenau
  Tel. 035 42/87 30
  www.schloss-luebbenau.de
- Romantisches Flair im Grünen bieten die kleine **Pension Jerkel** (Max-Plessner-Str. 22, Lübbenau, Tel./Fax 035 42/436 96, www.pension-jerkel.de) sowie die **Pension im Spreewald** (Bergstr. 11, Lübbenau, Tel. 035 42/26 61, Fax 88 96 64, www.pension-nopper.de), Letztere mit Storchennest auf dem Dach.

Restaurants:
- Nur mit dem Kahn zu erreichen ist das in einem alten Bauernhaus eingerichtete **Gasthaus Kaupen Nr. 6,** das Spreewälder Kost wie Grützwurst oder Hefeplinsen serviert.
  Lübbenau/Lehde
  Tel. 035 42/478 97
  www.kaupen6.de
- Eine Institution ist die **Spreewaldgaststätte Wotschofska.** Hier lässt man sich Klassiker wie Spreewälder Fischplatte und Sorbische Bauernsuppe schmecken.
  Wotschofskaweg 1
  Lübbenau
  Tel. 035 46/76 01
  www.gasthaus-wotschofska.de

Tour 07:

Rund um den Brocken

Route:

▶ Ilsenburg ▶ Wernigerode ▶ Bad Harzburg (▶ Schierke) ▶ Rübeland ▶ Blankenburg ▶ Wernigerode

Dauer:

110 km

Ilsenburg 1

Von Wernigerode geht es nach Ilsenburg. Hier findet man ein Schloss, eine alte Kirche, viele schöne Fachwerkhäuser.

Das Zentrum bildet der **Marktplatz.** Eine Zierde ist die Fachwerkfassade der **Hirsch-Apotheke.** Nur wenige Schritte entfernt liegt in der Marienhöfer Straße das **Hütten- und Technikmuseum Ilsenburg.** Die Arbeitsweise von Schmieden, Berg- und Sägewerken wird anhand von Modellen, Geräten und Gemälden dargestellt (Tel. 22 22; Mo/Di/Do/Fr 13–16, Sa

14–16 Uhr; Schaugießen Mo–Fr 14 Uhr nach Anmeldung unter Tel. 24 94).

Kostbarkeiten der **Kloster-kirche St. Petri und Pauli** sind der barocke Hochaltar und die Kanzel.

Infos:

Tourismus GmbH Ilsenburg
• Marktplatz 1, 38871 Ilsenburg
  Tel. 03 94 52/194 33
  www.ilsenburg.de

Unterkunft:

Landhaus Zu den Rothen Forellen
Relais-&-Châteaux-Luxus in einem Fachwerkhaus.
• Marktplatz 2, Tel. 935 01
  www.rotheforelle.de

Restaurants:

Forellenstube
Gourmetrestaurant des Hotels zu den Rothen Forellen (s. o.).

Gasthof Vogelmühle
Gasthof mit Pension in einer ehemaligen Getreidemühle. Di bis Fr ab 14, Sa/So ab 12 Uhr, Mo Ruhetag.
• Vogelsang 1, Tel. 9 92 30
  www.vogelmuehle-ilsenburg.de

Bad Harzburg 2

Die Stadt bietet vielfältige Möglichkeiten: ein Kurzentrum, eine Sole-Therme, Heilquellen, Parkanlagen, Golfplatz, Spielbank und eine Fußgängerzone mit Läden und Restaurants. Anfang des 19. Jhs. eröffnete die erste medizinische Badestube.

Von der alten Festung auf dem **Burgberg** (483 m) sind nur noch Gräben und Mauerreste sichtbar. Von oben hat man eine schöne Aussicht über das Tal.

Infos:

Tourist-Information
• Herzog-Wilhelm-Str. 86
  38667 Bad Harzburg
  Tel. 053 22/753 30
  www.bad-harzburg.de
• **Bahnverbindungen** nach Goslar und Vienenburg.

Unterkunft:

Romantik Hotel Braun-schweiger Hof
Über 100 Jahre altes Traditionshotel mit modernem Komfort im Landhausstil und großem Wellnessangebot.
• Herzog-Wilhelm-Str. 54
  Tel. 78 70
  www.hotel-braunschweiger-hof.de

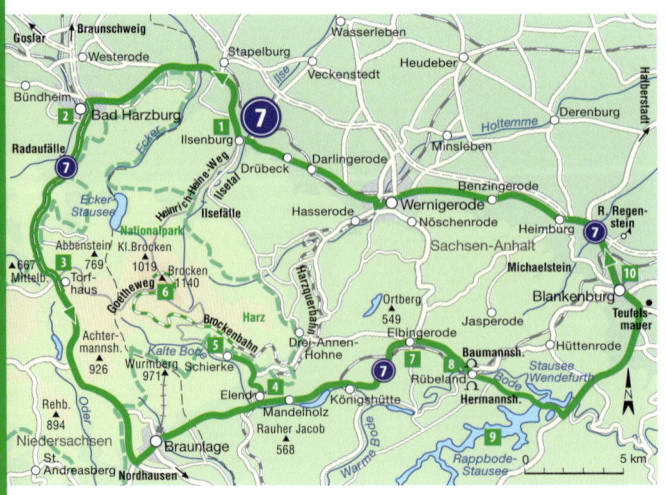

Seela

Angegrauter Charme direkt an der viel befahrenen B 4; aber mit guter Ausstattung.

- Nordhäuser Str. 5
  Tel. 79 60, Fax 79 61 99
  www.hotel-seela.de

Restaurants:

Victoria

Gutes Frühstück unter Palmen auf Sofas des vorletzten Jahrhunderts.

- Herzog-Wilhelm-Str. 74
  Tel. 7 80 50, Fax 7 80 55 00
  www.harz-hotelvictoria.de

Café Winuwuk

Expressionistisch gebautes Café.

- Waldstr. 9, Tel. 14 59
  www.winuwuk.de

Torfhaus 3

Wenn man frühmorgens hierherkommt, genießt man einen hervorragenden Blick auf den Brocken.

Infos:

Nationalparkhaus Altenau-Torfhaus

- Torfhaus 21, 38667 Torfhaus
  Tel. 053 20/263, Fax 266
  www.torfhaus.de

Elend 4

Zu DDR-Zeiten lag der Ort im Grenzsperrgebiet. Man sollte nicht versäumen, hier Deutschlands kleinster **Holzkirche** einen Besuch abzustatten. Der Kurort bietet sich als Startpunkt eines Brockenaufstiegs an. Die 4 km lange Wanderung durch das reizvolle Elendstal (Markierung blaues Dreieck, grünes Kreuz) zum Nachbarort lohnt.

Altstadt von Bad Harzburg

Infos:

Tourist-Info

- Hauptstr. 19, 38875 Elend
  Tel. 03 94 55/375
  www.elend-harz.de

Unterkunft:

Grüne Tanne

Familiengeführtes Haus in der Nähe der Mandelholztalsperre.

- Mandelholz 1 (an der B 27)
  Tel. 03 94 54/460
  www.mandelholz.de

Harzhaus

In der Pension wohnt man wie zu DDR-Zeiten.

- Heinrich-Heine-Weg 1
  Tel./Fax 03 94 55/386
  www.kukki.de

Schierke 5

Der Ort ist Zentrum des Brockentourismus. Hier hält die Brockenbahn das letzte Mal vor dem Gipfel. Hier beginnt auch der bequemste Aufstieg zur Bergkuppe. Der Ort besticht durch seine einzigartige Lage im Tal der Kalten Bode. In der Umgebung locken zahlreiche Wanderziele, z. B. die **Schnarcherklippen.**

Infos:

Kurverwaltung

- Brockenstr. 10, 38879 Schierke
  Tel. 03 94 55/86 80
  www.schierke-am-brocken.de

Unterkunft:

Brockenblick Ferienpark

Im Alpenlandstil gebautes Apartmenthotel.

- Alte Wernigeröder Str. 1–2
  Tel. 57 50, Fax 575 99
  www.brockenblick-ferienpark.de

Brockenscheideck

Rustikal wohnt man in einem Harzer Holzhaus.

- Brockenstr. 49
  Tel. 5 10 37, Fax 5 10 36
  www.hotel-brockenscheideck.de

Restaurant:

Bodeterrassen

Das Restaurant des Ferienparks (s. o.) serviert Harzer Wildspezialitäten.

Auf den Brocken 6

Bis zu 5000 Besucher tummeln sich zu Spitzenzeiten auf der Kuppe. An den wenigen klaren

Sonnentagen tut sich ein unvergleichliches Panorama auf, von dem Dichter schwärmten.

»Wir sahen Städte und Kirchtürme, Felder und Wiesen wie die niedlichsten Miniaturgemälde«, schrieb Hans Christian Andersen über die Aussicht.

Der Brocken liegt im Nationalpark Harz. Die Besucheranstürme drohen Flora und Fauna inzwische zu gefährden; Wanderer sollten sich unbedingt an die Nationalparkregeln halten.

Auf dem Gipfel lohnt das **Brockenmuseum** einen Besuch. Man erfährt Interessantes über die Historie und militärische Nutzung des Brocken, aber auch über die einheimische Flora und Fauna (Tel. 03 94 55/500 05, www.nationalpark-harz.de; tgl. 9.30–17 Uhr).

Unterkunft:
Brockenherberge
Wohnen in einem umgebauten Fernsehturm auf dem Gipfel.
• Brockenplateau
  Tel. 03 94 55/120
  www.brockenherberge.de

Elbingerode 7
Zu der Kleinstadt gehört das **Schaubergwerk Büchenberg.** Hier lernt man, wie im Harz Bergbau betrieben wurde (Tel. 03 94 54/422 00, www.schau bergwerk-elbingerode.de; Nov. bis Mai Führungen 10, 11.30, 13, 14.30, 16 Uhr, Juni–Okt. u. Fei zur vollen Stunde 10–17 Uhr).

Rübeland 8
Das Dörfchen wäre touristisch unbedeutend, hätten nicht im 16. Jh. ein Bergmann namens Baumann und 1866 Wilhelm Angerstein dort Höhlen entdeckt. Die Baumannshöhle und die Hermannshöhle locken jedes Jahr rund 500 000 Besucher an. Die Tropfsteinhöhlen gehören zu den größten und schönsten in Mitteleuropa.

Infos:
Schauhöhlen & Bergwerksbetrieb Rübeland
• Blankenburgerstr. 35
  38889 Rübeland
  Tel. 03 94 54/491 32
  www.harzer-hoehlen.de

Öffnungszeiten der Höhlen: Baumannshöhle Ostern–Okt. 9–16.30, Juli/Aug. 9–17.30 Uhr; Hermannshöhle Febr.–Juni 9 bis 16.30, Juli/Aug./Okt. 9 bis 17.30 Uhr.

Restaurant:
In einer Grotte liegt das **Höhlenrestaurant** (Burgstr. 17, Tel. 4 91 22; Mai–Okt. 10 bis 17 Uhr).

Rappbode-Stausee 9
Die Talsperre ist die größte im Harz. Die Ufer werden von bis zu 500 m hohen Bergen gesäumt, die meisten davon sind von dichten Tannenwäldern bestanden. Den besten Blick auf den See bietet die Aussichtsplattform oberhalb der Staumauer. Vom Parkplatz auf der Rübelander Seite ist diese drei Gehminuten entfernt.

Blankenburg 10
Die Stadt ist zwar weniger bekannt als Wernigerode oder Quedlinburg, hat aber fast ebenso viele Sehenswürdigkeiten. Der historische Kern besitzt romantische Gassen mit Fachwerkhäusern, er schmiegt sich an den Schnappelberg, auf dem das Schloss thront. Bis ins 17. Jh. führte der Ort ein unscheinbares Dasein. Das änderte sich, nachdem die Stadt an das Herzogtum Braunschweig gekommen war: Ab 1690 war sie Residenz und 1707 Zentrum des reichsunmittelbaren Fürstentums. Diese Blütezeit dauerte an, selbst nachdem die Fürsten ihre Residenz 1731 nach Wolfenbüttel verlegt hatten.

Brockenherberge mit Museum und TV-Sendeanlagen

Auf dem Weg zum Schloss kommt man an der ehemaligen **Domäne des Herzogs von Braunschweig und Lüneburg** vorbei. Das fürstliche Landgut versorgte früher die Schlossbewohner mit Lebensmitteln.

Den Markt dominiert das **Rathaus** aus dem 16. Jh., ein auffallender Bruchsteinbau mit hoch aufragendem Dachreiter.

In der **Bäuerschen Straße** stehen das kleinste (Nr. 10) und das älteste Fachwerkhaus (Nr. 17; um 1430) der Stadt. Vom Marktplatz ab geht die Bergstraße zum **Herbergsmuseum.** Das Haus bot im 19. Jh. durchziehenden Handwerksburschen Unterkunft. Es zeigt, wie die fahrenden Gesellen lebten und arbeiteten (Tel. 36 50 07; Mo–Fr 14.30 bis 17 Uhr).

Das **Große Schloss** entstand 1705–1718 anstelle der 1123 erbauten Burg. Ein Ausflug lohnt allein schon wegen des Blicks über die Stadt.

Durch einen Park gelangt man zum **Kleinen Schloss.** In dem Barockbau ist heute das Stadtmuseum untergebracht. Hier erfährt man allerlei Wissenswertes über die Geschichte des Orts und erhält Infos über die Rappbode-Talsperre (Tel. 26 58; Di–Sa 10–17, So 14–17 Uhr).

Das Barockschloss Blankenburg thront über der gleichnamigen Stadt

Infos:
Kurverwaltung
• Lange Str. 17
  38889 Blankenburg
  Tel. 039 44/28 98, Fax 631 02
  www.blankenburg.de
• **Bahnverbindungen** nach
  Halberstadt.

Unterkunft:
Villa Viktoria Luise
Elegant restaurierte Jugendstilvilla von 1893 in herrlicher Lage mit sehr schönem Blick auf das Blankenburger Schloss und die Barockgärten. Die Gästezimmer sind stilvoll und komfortabel eingerichtet. An kühlen Abenden trifft man sich gern im Kaminzimmer, an warmen Tagen zu einem Drink auf der Sonnenterrasse.
• Hasselfelder Str. 8
  Tel. 911 70
  www.viktoria-luise.de

Restaurants:
Zum Klosterfischer am Kloster
Spezialitäten aus fünf Sorten selbst gezüchteter Süßwasserfische; beliebt sind im Herbst und Winter die verschiedenen Karpfengerichte. Rustikales Ambiente; im »Schafstall« organisiert der Wirt Lesungen und Liederabende (auch Zimmervermietung).
• Michaelstein 14
  Tel. 35 11 14
  www.zum-klosterfischer.de

Altdeutsches Kartoffelhaus
Zwei Dutzend Bratkartoffelspezialitäten, z. B. als Harzer Bauernpfanne mit Gemüse und Schweinefleisch oder auf indische Art mit Curry und Pute, serviert das gemütliche Lokal mit Terrasse im Innenhof. Tgl. 11–24 Uhr.
• Marktstr. 7
  Tel. 35 12 61
  www.kartoffelhaus-
  blankenburg.com

Von Blankenburg lässt sich eine reizvolle Wanderung zur **Teufelsmauer** unternehmen (Strecke: 4 km, Markierung: blauer Punkt). In einer Sage der Brüder Grimm soll sie der Teufel gebaut haben, um sich mit Gott die Welt zu teilen. Da er aber die vereinbarte Zeit nicht einhalten konnte, warf er erbost einen großen Teil seines Werkes wieder um, so dass nur einzelne Stücke stehen blieben. In Wahrheit ist sie jedoch eine geologische Verwerfung, die sich parallel zum Gebirgsrand von Blankenburg nach Südosten bis nahe Neinstedt hinzieht.

Wittenberg

Lutherstadt

»Hier stehe ich. Ich kann nicht anders«, so steht es zu lesen ... auf den bunten Luthersocken der Souvenirshops von Wittenberg! Zusammen mit Martin Luthers Geburts- und Sterbeort Eisleben ist das auf halbem Weg zwischen Leipzig und Berlin gelegene Wittenberg seit 1993 UNESCO-Weltkulturerbe. Die Schlosskirche der Lutherstadt wurde in einer ZDF-Abstimmung sogar zum drittliebsten Ausflugsziel der Deutschen gewählt.

Ausgerechnet die Schlosskirche? Eigentlich wurde die Universitätskirche Friedrichs des Weisen, der das kleine Elbestädtchen im 16. Jahrhundert zu einem europäischen Kunst- und Geisteszentrum machte, im Siebenjährigen Krieg zerstört und ist im Wesentlichen eine im Jahr 1892 wiedereröffnete staatsprotestantische Anmaßung der Hohenzollern. »Eine Mischung aus Kaiserkrone, Pickelhaube und Wasserturm«, lästerte etwa der Theologe Friedrich Schorlemmer über die Turmhaube.

Aber da ist ja auch noch das Kirchenportal, an dessen Tür Martin Luther im Jahr 1517 seine Thesen gegen den Ablasshandel Johann Tetzels heftete. Doch leider: Selbst die Tür gibt es nicht mehr. Das verbrannte hölzerne Original wurde 1853 durch einen bronzenen Türflügel ersetzt, in den alle 95 Thesen eingelassen sind, auf lateinisch in spätgotischen Minuskeln: die Glorifizierung eines wichtigen Akts der Weltgeschichte, der so möglicherweise niemals stattgefunden hat, aber natürlich 2017 anlässlich des großen fünfhundertjährigen Reformationsjubiläums die zentrale Rolle spielte.

Aber warum auch die Illusion zerstören? Die Thesen hat Luther ja wirklich zur Disputation gestellt, und sie bleiben gültig: »Dem Armen zu geben oder dem Bedürftigen zu leihen, ist besser als sich mit Ablass freizukaufen.«

Unter der Kanzel, die das mächtigste Instrument der Reformatoren war, liegt er unter einer Bronzeplatte begraben, der »feiste Doktor und alte stinkende Madensack«, wie er sich selbstironisch nannte. In ebenso schlichter Manier ruht Philipp Melanchthon (1497–1560), der zweite große deutsche Reformator, neben ihm.

Der von schönen Bürgerhäusern gesäumte Marktplatz ist sommerliche Bühne für die in historischem Gewand gefeierte Lutherhochzeit. Vor dem mächtigen Renaissancerathaus findet man die beiden Freunde wieder, als neugotische Tabernakelfiguren unter eisernen Baldachinen: Luther unbeweglich wie die feste Burg, die sein Gott war, der Philosoph und Humanist Melanchthon kompromissbereit, die Schriftrolle der »Confessio Augustana« in Händen, bis heute wichtigste Bekenntnisschrift der evangelischen Kirche.

An diesem geschichtsträchtigen Ort veröffentlichte Luther in Wittenberg 1517 seine 95 Thesen

Den Platz beherrscht die wuchtige doppeltürmige Stadtkirche St. Marien aus dem 13. bis 15. Jahrhundert, Luthers Predigtkirche. Berühmt ist der Hochaltar (1547) von Lucas Cranach d. Ä., dessen vier Bildtafeln die reformatorische Heilsbotschaft formulieren: Erlösung allein durch den Glauben. Da erscheinen Melanchthon bei der Taufe, Luther als Junker Jörg, Johannes Bugenhagen im offenen Beichtstuhl und andere Mitglieder der Reformationsgemeinde.

Die vorreformatorische Kanzel, von der Luther regelmäßig predigte, ist heute im Lutherhaus zu besichtigen. Originalgetreu erhalten blieb die Lutherstube, wo der Theologe fast 35 Jahre lebte und zu Tischgesprächen einlud. Heute ist das Lutherhaus mit seinen reichen Sammlungen das größte Museum zur Reformationsgeschichte und erinnert unter anderem daran, dass Wittenberg zur Reformationszeit auch auf dem Gebiet des Buchdrucks führend war. Hier hängt auch

Cranachs »Luther mit Doktorhut« (um 1520), das erste erhaltene gemalte Porträt des Reformators. Wie geschäftstüchtig die Cranach-Werkstatt für Katholiken Marienbilder und für Protestanten rebellische Holzschnitte fertigte, dokumentieren Cranach-Haus und Cranach-Höfe am Markt 4 und in der Schlossstraße 1.

Nur einen Steinwurf vom Lutherhaus entfernt steht das im Jahr 1536 erbaute Melanchthonhaus in der Collegienstraße. Studier- und Sterbezimmer sind 1898 historisierend nachgebildet, das schmale, dreigeschossige Giebelhaus selbst ist jedoch eines der schönsten Renaissancegebäude der Stadt. Drei Etagen erläutern das Wirken des berühmten Humanisten, der 1521 die erste gültige Zusammenfassung der reformatorischen Lehre schrieb.

An Melanchthons illustre Studenten erinnert manche Gedenktafel. Nur das bei seinen Studiosi sehr beliebte Freudenhaus an der Stadtmauer, wo

Wirkstätte von Cranach d. Ä. im Cranach-Hof am Markt

sich wohl auch Lucas Cranach d. Ä. Anregungen für seine nackten Quellnymphen und Grazien holte, ist spurlos verschwunden. Zu heftig hatte Luther gegen das »giftige Geschmeiß« gewettert. So weit ging die Freiheit eines Christenmenschen dann auch in Wittenberg nicht.

▶ Informationen

Anfahrt:
Über Berlin, Magdeburg und Leipzig (auch Bahnverbindung).

Info:
• **Wittenberg-Information**
  Schlossplatz 2
  06886 Wittenberg
  Tel. 034 91/49 86 10
  Fax 49 86 11
  www.lutherstadt-wittenberg.de
• **Lutherhaus Wittenberg Stiftung**
  Collegienstr. 54
  Tel. 034 91/420 30
  Fax 42 03 27
  www.martinluther.de
  April–Okt. tgl. 9–18, Nov. bis März Di–So 10–17 Uhr.
• Im Juni findet als Stadtfest die **Lutherhochzeit** mit großem

historischem Festumzug statt, www.lutherhochzeit.de, im September der **Töpfermarkt** auf dem Marktplatz, im Beyerhof und im Cranach-hof.

Unterkunft und Restaurants:
• Ein Designerhotel in Nachbarschaft von Luther- und Melanchthonhaus ist das **Best Western Stadtpalais Wittenberg** mit klassizistischer Fassade, Restaurant und begrünter Terrasse. Collegienstr. 56/57 Tel. 034 91/42 50 www.stadtpalais.bestwestern.de
• Zwischen Thesentür und Cranachhof liegt ein Gasthof,

in dem schon Luther verkehrte. Heute besitzt hier das **Stadthotel Wittenberg Schwarzer Baer** individuell eingerichtete Zimmer und das älteste Restaurant der Stadt. Schlossstr. 2 Tel. 034 91/420 43 44 Fax 420 43 45 www.schwarzer-baer-wittenberg.de
• Gleich gegenüber der berühmten Thesentür bietet die 1391 erbaute **Alte Canzley** stilvolle, besonders behindertengerechte Zimmer und ein Restaurant mit gotischem Kreuzgewölbe und Bioküche. Schlossplatz 3–5 Tel. 034 91/42 91 90 www.alte-canzley.de

Dessau-Wörlitz

Paradies der Aufklärung

»Unendlich schön« fand Johann Wolfgang von Goethe das Gartenreich bei Dessau zwischen Elbe und Mulde, das er oft besuchte. In einem Brief von 1778 an Charlotte von Stein rühmte er den »Charakter elysischer Felder«. Fürst Leopold III. Friedrich Franz von Anhalt-Dessau (1740–1817) setzte er in »Dichtung und Wahrheit« ein Denkmal: »Alles sprach zugunsten eines Fürsten, der, indem er durch sein Beispiel den Übrigen vorleuchtete, Dienern und Untertanen ein goldenes Zeitalter versprach.«

Denn Fürst Franz von Anhalt-Dessau wollte, ganz im Sinne des berühmten römischen Dichters Horaz, »Nützliches mit dem Schönen mischen«. Barockgärten dienten immer nur der Ergötzung der Augen, doch in Wörlitz führte man den Besuchern moderne Agrarmethoden und neue Bewässerungstechniken vor, die der Herrscher in England kennengelernt hatte. 19 Brücken allein in den Wörlitzer Anlagen demonstrierten die fortwährende Verbesserung der Brückenbautechnik. Als »Stolz und Vorbild« des 18. Jahrhunderts rühmte Wieland das Gesamtkunstwerk, das keine Mauern und Zäune kannte und dem Volk frei zugänglich war.

Noch heute fasziniert die harmonische, ganz dem Geist der Aufklärung verpflichtete Verbindung aus Gartengestaltung, Architektur und freier Landschaft in den Elbauen. Wohldurchdacht war das System von Sichtbeziehungen, das die Gartenteile miteinander verbindet.

Aber wandern wir ziellos umher, so wie Goethe: »In der sachtesten Mannigfaltigkeit fließt eins in das andere, keine Höhe zieht das Aug' und das Verlangen auf einen einzigen Punkt, man streicht herum, ohne zu fragen, wo man ausgegangen ist und hinkommt.« Es gibt so viel zu entdecken. Verträumt liegen Rousseau-Insel und Nymphäum im milden Licht des späten Nachmittags, plötzlich rückt das Pantheon ins Blickfeld, spiegelt sich der Venustempel im Wasser, blitzt der Floratempel auf.

Und dann erst die großen Bauten! Schloss Wörlitz entstand zwischen 1769 und 1773 im Stil palladianisch geprägter Landhäuser, mit korin-

137

Die Ehrenhofseite von Schloss Oranienbaum

thischen Säulen und Dreiecksgiebelkrönung, und wurde so zum Gründungsbau des deutschen Klassizismus. Die Inneneinrichtung mit Sammlungen antiker Plastiken, Gemälden und Wedgwoodporzellan blieb überwiegend erhalten. Seit 2017 sind erstmals alle Etagen zu besichtigen.

Das bestimmende Baudenkmal im Parkteil Schochs Garten ist das von 1773 bis 1813 erbaute Gotische Haus, privates Refugium und Liebesnest des Fürsten, errichtet nach dem Vorbild von Horace Walpoles malerischem Landhaus »Strawberry Hill«. Die Fassade zum Kanal wurde der venezianischen Kirche Santa Maria dell'Orto nachgestaltet, die Gartenseite präsentiert – zum ersten Mal in Deutschland – das Formengut der englischen Tudorgotik. Herrliche Glasgemälde und Bilder von Lucas Cranach empfangen den Besucher.

Mit Oranienbaum ist dagegen eine niederländisch geprägte Barockanlage erhalten geblieben – was in Deutschland höchst selten ist. Zu den wertvollsten Räumen des Schlosses, das ab 1683 erbaut wurde, zählen der mit niederländischen Fliesen verzierte Sommerspeisesaal und der Nordflügel mit seinen Goldledertapeten. Im Park ließ der Fürst im Jahr 1797 Europas einzigen, in seiner ursprünglichen Form erhaltenen, englisch-chinesischen Garten mit Pagode und Teehaus anlegen. 1812 wurde außerdem die Orangerie modernisiert.

Ins bezaubernde klassizistische Landhaus Luisium, das in seiner Formensprache ebenso schlicht wie elegant ist, zog sich Fürstin Luise gern vor ihrem ungeliebten Gatten zurück. Schloss- und Gartenanlage Mosigkau sind wiederum ein in Mitteldeutschland seltenes Juwel des Rokoko, mit kostbaren, barock gehängten Gemälden flämischer und holländischer Meister im Galeriesaal. Erhalten blieb auch der Rokoko-Lustgarten mit einem Irrgarten des 18. Jahrhunderts, alten Heckenbosketten und einem chinesisch inspirierten Teehaus.

Das 1780 angelegte Georgium mit Landhaus, Rotunde und einem Landschaftspark, in den klassizistische Skulpturen hineinkomponiert wurden, war die Antwort von Prinz Johann Georg, einem Bruder des Fürsten, auf den Wörlitzer Park. Hier sind seit 1959 erlesene Kunstwerke der Gemälde- und Grafiksammlungen anhaltinischer Fürstenhäuser versammelt.

Und noch ein spektakulärer Schlusspunkt: 2005 konnte die im Jahr 1794 auf einem künstlichen Vulkan angelegte Insel Stein mitsamt Grotte der römischen Quellnymphe Egeria, antikem Amphitheater und einer Nachbildung der berühmten Villa Hamilton in Neapel am Fuß des Vesuv wiedereröffnet werden. Auch der

Dachdetail des Gotischen Hauses

nächtens als »künstlicher Lavafluss« illuminierte Wasserstrom funktioniert wieder – und wahrscheinlich sogar sehr viel besser als zu Zeiten des Fürsten.

► Informationen

Anfahrt:
Über Dessau, Oranienbaum und Wörlitz, mit der Dessau-Wörlitzer Eisenbahn oder zu Fuß auf dem Fürst-Franz-Wanderweg von Dessau.

Info:
- **Kulturstiftung Dessau-Wörlitz**
  Ernst-Zindel-Str. 8
  06847 Dessau-Roßlau
  Tel. 03 40/64 61 50
  www.gartenreich.com
- Der Wörlitzer Park ist immer frei zugänglich. Schloss Wörlitz und Gotisches Haus: Mai –Sept. Di–So 10–18, Ostern, April, Okt. Di–So 10–17 Uhr. Alle anderen Park- und Schlossanlagen: Mai–Sept. Di

bis So 10–18, Ostern, April, Okt. Sa, So 10–17 Uhr.
- **Stadtinformation**
  Schlossstr. 17
  06785 Oranienbaum
  Tel. 03 49 04/225 20
  www.oranienbaum.de

Unterkunft und Restaurant:
- Die Kulturstiftung Dessau-Wörlitz (s. o.) vermietet Ferienwohnungen im Gartenreich: im turmartigen Elbpavillon, im Schlangenhaus des Luisiums und im Eyserbeck-Haus (Wirtschaftshof des Luisiums).
- In unmittelbarer Nähe der Insel Stein übernachtet man im **Ringhotel Zum Stein,**

das komfortable Zimmer mit gutem Wellnessprogramm bietet. Das Hotelrestaurant serviert sehr gute regionale Küche, im Frühjahr gibt es Spargel aus dem Zerbster Umland, im Herbst Wild aus den umliegenden Wäldern, und dazu Weine aus dem lokalen Anbaugebiet Saale-Unstrut. Das Hotel vermietet auch Ferienwohnungen im klassizistischen Roten Wachhaus aus dem Jahr 1772.
Erdmannsdorffstr. 228
Wörlitz
Tel. 03 49 05/500
Fax 501 99
www.hotel-zum-stein.de

Dessauer Bauhaus

Funktion als Kunst

»… architektur erschöpft sich nicht in zweckerfüllung, es sei denn, dass wir unsere psychischen bedürfnisse nach harmonischem raum, nach wohlklang und maß der glieder, die den raum erst lebendig machen, als zwecke höherer ordnung betrachten.« Als Bauhausgründer Walter Gropius 1930 diesen Satz schrieb, träumte man in Dessau vom neuen, humanen, erschwinglichen Wohnen für alle. Hier gelang ein neues Zusammenspiel von Architektur, Wandmalerei, Design, Typografie, Tischlerei, Weberei und plastischer Werkstatt.

Architektur sollte die »Gestaltung von Lebensvorgängen« sein. Wer heute, ein Dreivierteljahrhundert später, durch die Gropiusallee geht, glaubt, das alles schon gesehen zu haben, in New York, London oder in der Heimatstadt, manchmal revolutionär modern, viel öfter aber banaler, in grauer Betontristesse. Meist ist man später dem zutiefst humanitären Anspruch vom Wohnen in der Zukunft durch Ausrichtung auf kostensparende industrielle Massenproduktion gerecht geworden, wie es 1926 bis 1932 Walter Gropius, Hannes Meyer und Ludwig Mies van der Rohe vormachten.

Dann steht man vor dem Bauhausgebäude mit seinem weltberühmten vertikalen Schriftzug und der Glasvorhangfassade. Plötzlich wird klar, warum gerade dieses 1925/26 von Walter Gropius geschaffene, glanzvoll restaurierte Ensemble zur Ikone der Klassischen Moderne werden konnte: Es ist eine den herkömmlichen geschlossenen Baukörper sprengende, transparent und fast schwerelos wirkende kubische Komposition aus Stahl, Beton und Glas. Die Architektur überbrückt die Grenzen zwischen Wohnen, Lernen und Arbeiten und präsentiert innen durch farbige Absetzung von tragenden und verkleidenden Bauteilen offen ihre konstruktiven Elemente.

Die 1925/26 im kleinen Kiefernwäldchen der heutigen Ebertallee errichteten weißen Meisterhäuser für die Professoren der Bauhausschule erinnern mit ihren ineinander verschachtelten kubischen Bauelementen, vertikalen Glasbändern und verglasten Ateliers an architektonische Umsetzungen der Bilder Pablo Picassos. Bauhausge-

bäude, Meisterhäuser, das Schulgebäude sowie das in Weimar gelegene Haus am Horn wurden 1996 von der UNESCO zum Weltkulturerbe erklärt, doch auch andere über Dessau verstreute Bauten sind sehenswert, so das damalige Arbeitsamt, die Ausflugsgaststätte Kornhaus am Elbufer, das Konsumgebäude, die Siedlung Dessau-Törten, das Stahlhaus und die Laubenganghäuser. Letztere wurden im Jahr 2017 in das Weltkulturerbe aufgenommen, ebenso die Bundesschule des Allgemeinen Deutschen Gewerkschaftsbundes in Bernau.

Dass die Nazis 1932 die Schließung des Bauhauses erzwangen, hat seinen weltweiten Einfluss eigentlich erst begründet. Heute ist es wieder ein lebendiger Ort der experimentellen Gestaltung, Forschung und Lehre. Mit dem 2005 errichteten Umweltbundesamt beweist Dessau, dass es auch heute noch architektonische Maßstäbe setzen kann: energieeffizient und nachhaltig.

Architektonische Ikone der Klassischen Moderne

► Informationen

Anfahrt:
Von Berlin, Leipzig und Magdeburg (auch Zugverbindung).

Info:
• **Besucherdienst der Stiftung Bauhaus Dessau**
Gropiusallee 38
Tel. 03 40/650 82 50
www.bauhaus-dessau.de
(tgl. 10–17, Führungen 11 und 14 Uhr oder öfter).
• **Meisterhaus Kandinsky/Klee**
Ebertallee 69/71
Tel. 03 40/661 09 34
• **Kurt-Weill-Zentrum im Meisterhaus Feininger**
Ebertallee 63
Tel. 03 40/61 95 95
www.kurt-weill.de

• **Tourist-Information Dessau-Roßlau**
Zerbster Str. 2 c
06846 Dessau-Roßlau
Tel. 03 40/204 14 42
Fax 204 11 42
www.dessau.de

Unterkunft:
• Im Bauhausstil errichtet wurde das **Radisson Blu Fürst Leopold,** das alle Annehmlichkeiten bietet.
Friedensplatz 1
Tel. 08 00/101 08 80
www.hotel-dessau-city.de
• Eine gemütliche Bleibe in einem grünen Stadtteil ist das **Hotel 7 Säulen.**
Ebertallee 66
Tel. 03 40/61 96 20
www.hotel-7-saeulen.de

Restaurants:
• Das in einem Fachwerkhaus aus dem Jahr 1743 untergebrachte **Pächterhaus** tischt vorzügliche Gerichte wie Rinderfiletspitzen, Barbarie-Entenbrust und Steinbeißerfilet auf.
Kirchstr. 1
Tel. 03 40/650 14 47
www.paechterhaus-dessau.de
• 1929 von Carl Fieger im Bauhausstil errichtet und 2012 umfassend restauriert wurde das **Ausflugslokal Kornhaus.** Sehr schön sind auch der Biergarten mit seinen hundertjährigen Kastanien sowie die große Elbterrasse.
• Kornhausstr. 46
Tel. 03 40/65 01 99 63
www.kornhaus-dessau.de

Dom zu Magdeburg

Pracht des Mittelalters

Als noch der Interzonenzug von Helmstedt nach Westberlin fuhr, da passierte mancher Durchreisende aus dem Westen auf halbem Wege Magdeburg. Manchmal tauchte im Industrienebel der Braunkohlebergwerke nur eine mächtige Doppelturmsilhouette über der Elbe auf: der Magdeburger Dom. Man hätte ihn sich gern einmal ausführlich angesehen, aber das Verlassen des Zugs war unmöglich. Und so fuhr man ein ums andere Mal an Deutschlands erster gotischer Kathedrale vorbei.

Der braune Nebel über Sachsen-Anhalts Hauptstadt hat sich längst gelichtet. Ein »sächsisches Rom« hatte Kaiser Otto I. im 10. Jahrhundert hier gründen wollen. Sein romanischer Dom muss überaus prunkvoll gewesen sein, doch im Jahr 1207 brannte er größtenteils ab. Eigentlich ein Wunder, dass überhaupt noch Mittelalterliches in der Stadt erhalten geblieben ist: Im Jahr 1631 »magdeburgisierte« Tillys Soldateska die Stadt, und im Zweiten Weltkrieg versanken 90 Prozent der Altstadt in Schutt und Asche. Aber den Dom St. Mauritius und St. Katharina gibt es trotzdem immer noch.

Von außen ist die lichte Erhabenheit des gotischen Chors kaum zu erahnen. Erzbischof Albrecht II. hatte die Architektur französischer Kathedralen in der Île-de-France bewundert.

Deshalb wollte er auch so an der Elbe bauen: eine dreischiffige, kreuzrippengewölbte Pfeilerbasilika mit Umgang und Kapellenkranz, über den Ruinen des ottonischen Doms, im Jahre des Herrn 1209. Nur zögerlich lösten sich die Magdeburger Baumeister von der Romanik, doch der Skulpturenschmuck kann sich mit jedem französischen Vorbild messen. Ungemein differenziert sind die klugen und törichten Jungfrauen in der Paradiesvorhalle dargestellt: Eine himmelhoch jauchzende Brautjungfer blickt in das zutiefst verzweifelte Gesicht ihres Gegenübers, bei einem anderen Paar begegnen sich demütige Freude und melancholisches Nachsinnen.

Es gibt unglaublich viele Kunstschätze im Magdeburger Dom zu sehen, von antiken Säulen aus Ravenna und romanischen Bronzeplatten bis hin zu einem schlichten, ergreifenden Ehrenmal für die Toten des Ersten Weltkriegs von Ernst Barlach (1929).

Im Chorraum ruhen die Gebeine Ottos I. im geplünderten Kaisersarkophag von 973. Würde und Freundlichkeit strahlt die erste authentische Darstellung eines Schwarzafrikaners in der deutschen Kunst aus: Es ist der hl. Mauritius (um 1250). Kaiser Otto der Große hatte den »Streiter Christi« besonders verehrt.

Wie oft man in Magdeburg der Zeit voraus war, demonstriert andernorts der avantgardistische Jahrtausendturm von 1999 im Elbauenpark, mit 60 Metern das weltweit größte Holzbauwerk seiner Art. Im Inneren des architektonischen Meisterwerks rollen auf fünf Ausstellungsebenen 6000 Jahre Menschheits- und Wissenschaftsgeschichte ab. Und da ist Magdeburg schließlich gut dabei. Immerhin hat Bürgermeister Otto von Guericke hier schon im 17. Jahrhundert demonstriert, dass man aus nichts eine ganze Menge machen kann: Er begründete nämlich die Vakuumtechnik.

Skulpturen im Dom zu Magdeburg zeigen möglicherweise das Herrscherpaar Otto I. und Editha

► Informationen

Anfahrt:
Autobahn- und Zugverbindung mit Berlin, Hannover und Leipzig.

Info:
• **Tourist-Information**
Breiter Weg 22
39104 Magdeburg
Tel. 03 91/540 49 02
www.magdeburg-tourist.de

Unterkunft:
• In einer Gründerzeitvilla im Grünen, in der einst das schwedische Konsulat residierte, bietet das **Privathotel Residenz Joop** stilvolle komfortable Zimmer.

Jean-Burger-Str. 16
Tel. 03 91/626 20
www.residenzjoop.de
• Goethe hat zwar nicht im **Hotel Geheimer Rat** geschlafen, aber das stilvolle Ambiente lohnt den Aufenthalt.
Goethestr. 38
Tel. 03 91/738 03
www.geheimer-rat.bestwestern.de

Restaurants:
• Im (auch als Herberge empfehlenswerten) **Parkhotel Herrenkrug** serviert das Gourmetrestaurant **Die Saison** in glanzvollem

Jugendstilambiente vorzügliche mediterrane Küche.
Herrenkrug 3
Tel. 03 91/850 80
www.herrenkrug.de
• Beste deftige Küche in einem 800 Jahre alten Gemäuer kommt im **Gewölbekeller Buttergasse** auf den Tisch.
Alter Markt 13
Tel. 03 91/662 56 66
• Gehobene regionale Küche, z.B. Geschmortes vom Ochtmersleber Rind, in eleganten holzvertäfelten Speiseräumen serviert **Selma & Rudolph.**
Gareisstr. 10
Tel. 03 91/59 76 50 20
www.selmarudolph.com

Quedlinburg

Domschatz auf Irrfahrt

»Herr Heinrich saß am Vogelherd« – viele kennen die Quedlinburger Ballade von Heinrichs des Allerersten Königswahl anno 919. Wie ein gewaltiges Schiff thront die romanische Stiftskirche St. Servatius mit ihren Türmen auf dem Burgberg von Quedlinburg, zu dessen Füßen Heinrich I. gern Fallen für Singvögel aufstellte. Ein anderer Heinrich, Himmler mit Nachnamen, erhob gut 1000 Jahre später den »Vogler« zum Ahnherrn des Dritten Reichs, präsentierte Königliche Gebeine aus der Hallenkrypta und profanierte den Dom von 1129 zur germanischen Weihehalle der SS.

Es waren nicht wirklich Heinrichs Knochen. Reden wir lieber über Heinrichs Kamm. Der ist aus Elfenbein, auch über 1000 Jahre alt und war plötzlich verschwunden, zusammen mit einem Gebetsbuch, einem Reliquienschrein, fünf juwelenbesetzten Kristallgefäßen, einer Reliquienkapsel aus Silber und dem mit Goldtinte geschriebenen Samuel-Bibelmanuskript aus dem 9. Jahrhundert samt Einband aus vergoldetem Silber und Juwelenintarsien. Ein kunstverständiger US-Leutnant hatte die ausgelagerten Preziosen im Juni 1945 per Feldpost ins texanische Kaff Whitewright geschickt, deklariert als »bible«, was nun wahrlich nicht gelogen war. Als die Erben das Evangeliar 1987 für viel Geld verscherbeln wollten, war dies

der Beginn eines Kunstkrimis, den man sich am besten vor Ort von Pfarrer Friedemann Goßlau erzählen lässt. Jedenfalls sind seit 1993 fast alle geraubten Dinge wieder daheim bei den anderen guten Stücken und die knapp drei Millionen Dollar, die für den gerichtlichen Vergleich bezahlt wurden, gut angelegt.

Doch bei allem Respekt vor dem Domschatz: Die ganze Altstadt von Quedlinburg ist eine Kostbarkeit – Deutschlands größtes Flächendenkmal. Mit ihren wuchtigen Kirchtürmen, verwinkelten Gassen, bröckelnden Ziegeldächern und moderndem Fachwerkgiebeln adelte sie die UNESCO 1994 zum 90 Hektar großen Welterbe. Die Hälfte der über 1300 Fachwerkhäuser ist inzwischen saniert, erzählt die Stadtführerin Christa Rienäcker. Acht Baustile gibt es in der Stadt. Das Fachwerkmuseum im gotischen Ständerhaus von 1375 in der Wordgasse 3 informiert über Andreaskreuze, Fächerpalmetten, Sonnenscheiben, Laubstäbe, Diamantbänder, Schiffchen und Knaggen. Das Ständerhaus muss aber damit leben, dass es seit Kurzem nicht mehr das älteste Fachwerkhaus Deutschlands ist. Letzteres ist nämlich fast 800 Jahre alt und steht in der Hölle, Hausnummer 11. Vorläufig jedenfalls, denn wer weiß, ob bei Sanierungsarbeiten nicht ein noch älteres entdeckt wird. Und ja, die Gasse heißt wirklich so. Da erstaunt es auch nicht mehr, dass die Stadt sogar ein Holzwurmmuseum hat.

Ja, die Quedlinburg war bedeutend. Nicht nur Heinrich fühlte sich wohl auf seiner Lieblingspfalz, auch die Ottonen überhäuften das Damenstift auf dem Schlossberg mit Reliquien. In Quiti-

lingaburg schloss Otto I. 973 Frieden mit den Ungarn, zumindest mit denen, die nicht 955 bei der Schlacht auf dem Lechfeld gestorben waren. Zu Pfingsten stellt eine Laienspielgruppe den »Kaiserfrühling« nach, mit viel Enthusiasmus und in historischem Gewand.

Aber es gab nicht nur olle Kaiser in Quedlinburg. Während der Reichsführer Heinrich Himmler morsche Knochen barg, rettete der Quedlinburger Architekt Hermann Klumpp viele Bilder des »entarteten« Malers Lyonel Feininger vor den Nationalsozialisten. Die Feiniger-Galerie zeigt die Sammlung, gleich neben dem Fachwerkhaus, in dem der Dichter und Aufklärer Friedrich Klopstock zur Welt kam. Das hier eingerichtete Museum weiß noch von anderen illustren Quedlinburgern zu berichten: von Friedrich GutsMuths, der die Schulgymnastik erfand, und von Carl Ritter, neben Alexander von Humboldt bedeutendster

Der Dom von Quedlinburg wandelte sich von der romanischen Stiftskirche zum Weltkulturerbe

Die Quedlinburger Altstadt besitzt mehr als 1300 bestens erhaltene Fachwerkhäuser

wissenschaftlicher Geograf seiner Zeit. Aber auch Deutschlands erste promovierte Ärztin praktizierte in Quedlinburg. »Academische Abhandlung von der gar zu geschwinden und angenehmen, aber deswegen öfters unsicheren Heilung der Krankheiten«, lautete das Thema, mit dem Dorothea Erxleben (1715–1762) nach langem Kampf den Doktortitel erwarb.

Ob die Heilung des in DDR-Zeiten maroden Quedlinburgs zu geschwind verläuft, wird sich zeigen. Direkt über dem Rathausportal schüttet eine Figur der Göttin des Wohlstands ihr Füllhorn aus. Allmählich mausert sich die Stadt zum Touristenmagneten. Wie heißt es doch in Johann Nepomuk Vogls Ballade vom Vogelherd so schön: »Du gabst mir einen guten Fang! Herr Gott, wie Dir's gefällt.«

▶ Informationen

Anfahrt:
z. B. über Magdeburg (Zugverbindung).

Info:
• **Quedlinburg-Tourismus-Marketing**
Markt 2, 06484 Quedlinburg
Tel. 039 46/905 50
www.quedlinburg.de
• Zu Pfingsten findet der Kaiserfrühling statt, ein großes Stadtfest mit Historienspielen und Handwerkermarkt (Tel. 039 46/51 60 59, www.kaiserfruehling.de). Im Dezember gibt es Advent in den Höfen rund um den Marktplatz.

Unterkunft:
• Nach der byzantinischen Gemahlin Ottos II. benannt ist das **Romantik-Hotel Theophano,** ein barocker

Fachwerktraum. Charmant mit Antiquitäten und edlen Teppichen eingerichtete Zimmer, Weinkeller mit mediterraner Küche, Café und romantischer Innenhof.
Markt 13
Tel. 039 46/9 63 00
www.hoteltheophano.de
• 250 Jahre alt ist das **Hotel zum Bär** mit sehr stilvollen Zimmern und einem großen Wellnessangebot.
Markt 8/9
Tel. 039 46/77 70
Fax 70 02 68
www.hotelzumbaer.de
• Fachwerkidyll pur bietet das **Hotel Maria Aurora,** ein kürzlich saniertes familiengeführtes Hotel in der um 1680 im Fachwerkstil erbauten Propstei mit individuell eingerichteten Zimmern.

Im Wasserwinkel 1a
Tel. 039 46/81 01 50
www.hotel-maria-aurora.de

Restaurants:
• Regionale Küche aus dem Harz und vier hausgebraute Biersorten gibt's im **Brauhaus Lüdde.**
Blasiistr. 14
Tel. 039 46/70 52 06
www.hotel-brauhaus-luedde. de
• Die Weinstube im **Romantik Hotel am Brühl** (auch empfehlenswerte Zimmer) serviert verfeinerte regionale Küche, wie Harzer Bachforelle, Ochsenschwanzsülze und Terrine vom Harzgeröder Reh.
Billungstr. 11
Tel. 039 46/961 80
Fax 961 82 46
www.hotelambruehl.de

Harz

Heines Brocken

»Die Bäume flüstern wie mit tausend Mädchenzungen, wie mit tausend Mädchenaugen schauen uns an die seltsamen Bergblumen, sie strecken nach uns aus die wundersam breiten, drollig gezackten Blätter, spielend flimmern hin und her die lustigen Sonnenstrahlen, die sinnigen Kräutlein erzählen sich grüne Märchen, es ist alles wie verzaubert.«

Ja, keiner hat dem Brocken ein schöneres literarisches Denkmal gesetzt als Heinrich Heine 1831. Dabei waren vor ihm schon viele Poeten auf den höchsten Gipfel des Harzgebirges hinaufgestiegen. Goethe schrieb Charlotten von den Gefühlen, die ihn 1777 auf dem Gipfel überwältigten: »Ich hab's nicht geglaubt bis auf der obersten Klippe … Alle Nebel lagen unten und oben lag herrliche Klarheit.« Selbstredend führt jetzt ein »Goetheweg« hinauf. Joseph von Eichendorff, Adelbert von Chamisso, Theodor Fontane und Hermann Löns, der während eines Urlaubs gleich 16-mal den Gipfel erklomm, sie alle gerieten ins Schwärmen – und heute wandeln jährlich über eine Million Besucher auf ihren Spuren. Nach Rom sind es 1110 Kilometer, verkündet eine Tafel auf der »Brockenuhr«, doch hier, auf 1141 Meter Höhe, pfeift es eher sibirisch, was eigentlich nur der arktischen Krautweide, dem kleinsten Baum der Erde, so recht behagen dürfte. Dafür sah Märchendichter Hans Christian Andersen frühmorgens »deutlich Magdeburg mit seinen Türmen, Halberstadt und Quedlinburg, die Türme der großen Domkirche zu Erfurt …«. Meistens aber

Hexenromantik in Goslar

blickt man vom Gipfel nur in eine trübe Wolken-nebelsuppe. Warum waren den Poeten immer die klarsten Tage vergönnt?

Aber auch der Nebel hat seine Reize, wenn einem so ist, »als ob hinter jedem Erlenstamm eine Hexe hervorsähe«, wie Fontane 1887 schrieb. Versagen wir uns Goethes »ergötzliche Blocksbergs-geschichten«, denn die Berichte von den wilden Orgien der Walpurgisnacht sind kaum romantische Lektüre, sondern schon seit 1540 aktenkundig und meist unter Folterqualen erpresst. Das hindert aber viele Leute nicht daran, in der Nacht zum 1. Mai eine ausgelassene Walpurgisnachtfeier zu erleben, allerdings nicht auf dem zugigen Brocken, sondern weiter östlich am Hexentanz-platz. Da ist es wärmer, wenn auch sehr touris-

Aussicht vom Brocken, dem höchsten Gipfel Norddeutschlands

tisch, und der Ausblick von Teufelskanzel und Rosstrappe ins wildromantische Bodetal mit seinen bizarren Felsformationen und mächtigen Granitblöcken im Flussbett ist höchst beeindruckend. Einst sprang hier die schöne Königstochter Brunhilde waghalsig mit ihrem Pferd über das tiefe Tal zum gegenüberliegenden Felsen. Vor Heine, dem das Antlitz der Bode »in sonnigster Pracht« entgegenleuchtete, wanderte hier Goethe, sammelte Inspiration für seinen Faust, und natürlich ist nicht nur ein Felsen nach ihm benannt.

»Der Brocken ist ein Deutscher«, befand Heine. Ein halbes Jahrhundert lang war er unzugänglich, als von hier aus der »VEB Horch und Guck« die Telefonate zwischen der BRD und West-Berlin abhörte. Wir lauschen beim Abstieg durchs Ilsetal lieber dem Quellengemurmel von Heines »lieblicher, süßer Ilse« und freuen uns, dass endlich wieder »goldene Sonnenlichter« durch dichtes Tannengrün huschen. Aber bitte nicht vom markierten Heinrich-Heine-Weg abschweifen: Der Renditeforst Harz soll wieder Urwald werden, zumindest in einem 2900 Hektar großen Kernbereich. Für Fußlahme gibt's die Brockenbahn mit Dampflok und brauner Koksfahne.

Heine war ja kein naiver Schwärmer: Auf seiner Harzwanderung bekam so mancher Ort einen bissigen Seitenhieb ab. Goslar erschien ihm als »Nest mit meistens schmalen, labyrinthisch krummen Straßen, allwo mittendurch ein kleines Wasser, wahrscheinlich die Gose, fließt, verfallen und dumpfig, und ein Pflaster, so holprig wie Berliner Hexameter«. Heute schätzen die Besucher das mittelalterliche Flair des einstigen Kaisersitzes, seine 1200 Fachwerkhäuser, das spätgotische Rathaus, die zweistöckige Kaiserpfalz von 1050, restauriert und mit schwülstigen Kaiserdarstellungen aus wilhelminischer Zeit ausgemalt, sowie die Domvorhalle, die der Abrisswut des frühen 19. Jahrhunderts entging. Wie hatte schon Heine gespottet: »Wir leben in einer bedeutungsschweren Zeit: tausendjährige Dome werden abgebrochen, und Kaiserstühle in die Rumpelkammer geworfen.« Immerhin, der Thronsessel der Salier- und Stauferkaiser ist zurückgekehrt.

Seit 1992 ist Goslar Weltkulturerbe, zusammen mit dem Oberharzer Wasserregal (seit 2010) und dem 1,5 Kilometer entfernten historischen Bergwerk Rammelsberg, wo man lange nach Silber, Eisenerz und Kupfer schürfte. Wer mit der Grubenbahn einfährt, kann ermessen, wie sich Heine fühlte, als er die Grube Carolina bei Clausthal-Zellerfeld besuchte: »Immerwährendes Brausen und Sausen, unheimliche Maschinenbewegung, unterirdisches Quellengeriesel, von allen Seiten herabtriefendes Wasser, qualmig aufsteigende Erddünste, und das Grubenlicht immer bleicher hineinflimmernd in die einsame Nacht.«

Mehr als ein Frösteln wird Besucher überkommen, die in die Gedenkstätte des Konzentrationslagers Mittelbau-Dora einfahren, wo 60 000 Häftlinge bei Nordhausen ab August 1943 eine unterirdische Raketenfabrik für den Bau der V2 in die Kohnbergstollen sprengen mussten.

Naturkundler Goethe durchkroch dagegen die seit 1649 zugängliche Baumannshöhle: »Schwarze Marmormassen, aufgelöst, zu weißen kristallinischen Säulen und Flächen wieder hergestellt, deuteten mir auf das fortwebende Leben der Natur. Freilich verschwanden vor dem ruhigen Blick alle die Wunderbilder, die sich eine düster wirkende

▶ **Seitenblick**

Harzer Roller

Mit dem Begriff Harzer Roller verbinden die meisten Käse. Im Lexikon findet man noch die ursprüngliche Bedeutung: Sie meint eigentlich einen Kanarienvogel. Die aus dem Harz galten als Könige unter den Sängern. Mit erstaunlicher Virtuosität brachten sie ihr kunstvolles Gezwitscher hervor. Zu ihren Kunststücken gehörte die »Hohlrolle«, ein rollendes Geräusch in tiefer Tonlage, und die »Klingel«, die eine Oktave höher angesiedelt war. Kanarienvögel wurden seit dem 16. Jh. gehandelt. Über Italien und Österreich brachten sie Händler in den Harz. Besonders in der Gegend um St. Andreasberg begann im 19. Jh. die intensive Zucht der gefiederten Sänger. Inzwischen ist die große Zeit des Harzer Rollers vorbei. Statt auf Gesang legen die Käufer mehr Wert auf Farbe und Größe der Ziervögel.

Rathaus von Werningerode

Einbildungskraft so gern aus formlosen Gestalten erschaffen mag …« Die märchenhafte Hermanns-höhle, eine der schönsten Tropfsteinhöhlen Deutschlands, kannte Goethe noch nicht: Sie wurde erst 1866 entdeckt. Beide Höhlen liegen beim Dörfchen Rübeland: schon wieder ein Harz-städtchen mit romantischen Gassen und maleri-schen Fachwerkhäusern.

Noch mehr Fachwerkseligkeit bietet Wernige-rode, dessen Rathaus mit zwei spitzen Türmchen ein architektonisches Wahrzeichen des Harzes ist. Viele Häuser sind farbenfroh gestrichen und zei-gen fantasievolles Schnitzwerk. Aber jetzt sind uns die Goethe- und Heine-Zitate ausgegangen …

▶ Informationen

Anfahrt:

Die großen Orte am Harz-rand erreicht man über Schnell-straßen und mit dem Zug. Die Harzer Schmalspurbahnen (HSB) fahren 24 regionale Bahnhöfe an. Mit der Brocken-bahn, einer reinen Adhäsions-bahn, geht es auf den Gipfel des Brocken.

Info:

- **Harzer Tourismusverband**
  Marktstr. 45
  38640 Goslar
  Tel. 053 21/340 40
  Fax 340 66
  www.harzinfo.de
- Eine weitere gute Infoseite ist
  www.nationalpark-harz.de
- **Weltkulturerbe**
  Rammelsberg Museum
  und Besucherbergwerk
  Bergtal 19, 38640 Goslar
  Tel. 053 21/75 00
  www.rammelsberg.de
  Tgl. 9–18 Uhr, letzte Führung
  16.30 Uhr

Unterkunft:

- Im umgebauten Fernsehturm sind das **Brockenhotel** und die einfache **Brockenher-berge** untergebracht. Hier lohnt sich eine Übernachtung schon wegen des herrlichen Ausblicks am Morgen und am Abend, wenn die Tagesaus-flügler verschwunden sind.
  Brockenplateau, Schierke
  Tel. 03 94/551 20
  Fax 551 21 00
  www.brockenhotel.de
- Ein schöner Fachwerkbau am Marktplatz von Wernigerode ist das **Hotel Weißer Hirsch,** das komfortable Zimmer und ein Restaurant mit Harzer Küche bietet.
  Marktplatz 5
  Tel. 039 43/26 71 10
  Fax 26 71 11 99
  www.hotel-weisser-hirsch.de
- In Goslar wohnt man stilvoll-komfortabel im **Hotel Kai-serworth,** einem Gildehaus aus dem 15. Jh.

Markt 3
Tel. 053 21/70 90
Fax 70 93 45
www.kaiserworth.de

Restaurants:

- Angenehm modern und krea-tiv mit regionalen Zutaten präsentiert sich die hochge-lobte Küche von Robin Pietsch, die in einem Fach-werkhaus das **Zeitwerk** mit kundig dazu ausgewählten Weinen serviert.
  Bergstr. 2 a, Wernigerode
  Tel. 039 43/694 78 84
  www.dein-zeitwerk.com
- Urige Harzer Spezialitäten, wie Goslarer Braumeister-steak und Rammelsberger Steigerplatte, dazu das tradi-tionelle Gosebier, gibt's im **Restaurant Worthmühle.**
  Worthstr. 4, Goslar
  Tel. 053 21/434 02
  Fax 70 99 67
  www.worthmuehle.de

Naumburg

Die Figuren der Stifter

Sie hieß Uta von Ballenstedt und stammte aus dem Geschlecht der Askanier. Seit über 750 Jahren blickt die unnahbare Schöne vom Westchor des Doms zu Naumburg an der Saale herab. Herder, Wieland, Goethe und Schiller haben sie noch ignoriert: Sie war eben nicht antik genug. Später musste Uta hanebüchene literarische Ergüsse über sich ergehen lassen. Wirklich Infames widerfuhr ihr, als ihr Foto 1937 in der Münchner NS-Ausstellung »Entartete Kunst« als Symbol für die Reinheit der deutschen Rasse gegen die Frauenporträts eines Otto Dix oder Max Ernst antreten musste.

Von wegen deutsch: Ihr Schöpfer, der unbekannte Naumburger Meister, hat seine Handschrift auch in Metz, Amiens, Noyon, Straßburg und Mainz hinterlassen. Ob er bei Uta nicht eher an eine französische Dame gedacht hat, wie sie so kapriziös den Mantelkragen hochschlägt, als wolle sie nichts zu tun haben mit ihrem herrischen Gemahl Ekkehard II., dem Markgrafen von Meißen, der neben ihr steht? 1034 hatte dieser skrupellose Herrscher den Grafen Dietrich ermorden lassen. Kein Wunder, dass Dietrichs Sohn, Thimo von Kistritz, so ein grimmiges Gesicht zieht. Dagegen blickt Graf Wilhelm von Camburg schwermütig. Er war ein erbitterter Gegner von Kaiser Heinrich IV. und wurde von ihm ins slawische Exil getrieben. Neben ihm lächelt heiter, geradezu keck seine Gattin Reglindis, eine polnische Prinzessin. Hinter seinem Schild versteckt sich »Dietmarus comes occisus«, »Dietmar, der Graf, der erschlagen wurde«.

Der Naumburger Meister musste um das Jahr 1250 improvisieren, denn die abgebildeten Herrschaften waren bereits seit 200 Jahren tot. Über das Ehepaar Ekkehard und Uta wissen wir kaum mehr, als dass sie kinderlos blieben und ihr Vermögen einem Vorgängerbau des Doms stifteten. Dennoch bleibt es eine Sensation, dass sie erhöht auf einem Podest die Wände des Westchors des Doms zieren dürfen, der sonst nur Heiligen vorbehalten war.

Die unnahbar-schöne Uta

Es gibt im Naumburger Dom jedoch noch viel mehr zu sehen: eine frühgotische Trennwand zwischen Langhaus und Westchor mit einem kunstvollen Figurenfries der Leidensgeschichte sowie gotische Glasmalereien im Chor.

Auch die Naumburger Altstadt ist attraktiv. Ein harmonisches Ensemble von Bürgerhäusern im Renaissance- und Barockstil säumt den Marktplatz. Hier stehen auch das spätgotische Rathaus und die schöne Kirche St. Wenzel, deren 1746 eingeweihte Hildebrandt-Orgel wegen ihrer Klangfülle als Verkörperung des Bach'schen Orgelideals gilt.

Die Restaurants in Naumburg kredenzen gern den angenehm trockenen Wein von Deutschlands nördlichster Rebfläche, dem Saale-Unstrut-Gebiet. Zu DDR-Zeiten waren die edlen Tropfen begehrte »Bückware«. Auch der bekannte Rotkäppchen-Sekt wird nicht weit von Naumburg gekeltert: in der Freyburger Sektkellerei. Es gibt ihn übrigens auch trocken …

▶ Informationen

Anfahrt:

Naumburg liegt abseits der Autobahn Nürnberg–Berlin und an der ICE-Strecke München–Nürnberg–Berlin.

Info:

- **Tourist-Information**
  Markt 6
  06618 Naumburg
  Tel. 034 45/27 31 25
  www.naumburg-tourismus.de
- Am letzten Juniwochenende wird das **Hussitenkirschfest** mit mittelalterlichem Festumzug gefeiert, das daran erinnert, dass der Hussitengeneral Prokob 1432 Kindern, die um Gnade flehten, Kirschen schenkte (www.kirschfest.de).

Unterkunft:

- Am historischen Marktplatz bietet in einem größtenteils aus dem Mittelalter stammenden Haus das **Hotel Stadt Aachen** mit Stilmöbeln eingerichtete komfortable Zimmer. Im Hotelrestaurant Carolus Magnus kommen regionale Gerichte und Saale-Unstrut-Weine auf den Tisch.
  Markt 11
  Tel. 034 45/26 10 80
  www.hotel-stadt-aachen.de
- Ein gemütliches kleines Hotel mit Restaurant ist das **Sankt Wenzel.**
  Friedrich-Nietzsche-Str. 21a
  Tel. 034 45/717 90
  Fax 717 92 13
  www.sankt-wenzel.de

Restaurants:

In einem alten Zunfthaus mit Domblick-Salon, Brunnenhof Kleinkunstbühne serviert das **Linie A Bistro** (ehemals Traditionslokal Bocks) gehobene deutscher Küche mit Tropfen aus der Saale-Unstrut-Region.
Steinweg 9
Tel. 034 45/261 51 10
www.liniea-naumburg.de

- Lokale Weine, selbst gebrautes Bier und Obstbrandspezialitäten aus der Edelbrennerei Schloss Neuenburg in Freyburg zu regionaler Küche gibt's im **Ratskeller.**
  Markt 1
  Tel. 034 45/261 63 97
  www.ratskeller-brauhaus.de

Die berühmte Kathedrale
von Naumburg

Tour 08:

Wanderung auf dem Rennsteig

Route:

Hörschel ► Hohe Sonne ►
Grenzwiese ► Grenzadler
► Allzunah ► Friedrichshöhe
► Spechtsbrunn ► Brennersgrün
► Blankenstein

Dauer:

8 Tage, 168 km

Praktische Hinweise:

- Der Regionalverbund Thürin-
  ger Wald empfiehlt diese acht
  Tagesetappen.
- Infos zu Unterkünften unter
  Tel. 03 68 82/477 69 20,
  www.thueringer-wald.com

Tour-Start:

Lassen Sie Hörschel durch das
Tor zum **Rennsteig** hinter sich.
Auf der ersten Etappe wird Ih-
nen nicht nur die Steigung den
Atem rauben, sondern auch der
Blick auf die **Wartburg** **1**.
Nicht weniger anspruchsvoll ist
die Strecke bis zur Grenzwiese,
bei der man den Inselsberg pas-
siert. Die dritte Etappe belohnt
mit Naturschauspielen wie dem
Trusetaler Wasserfall. Vom
Grenzadler geht es weiter nach
Allzunah, wobei unterwegs der
Rennsteiggarten mit Gebirgs-
pflanzen Abwechslung bietet.

Vor Ihrem fünften Etappenziel
sollten Sie sich eine Pause auf
der Rennsteigwarte gönnen:
Der Ausblick ist fantastisch.

Bei der nächsten Etappe treffen Sie auf den Dreistromstein,
die Wasserscheide zwischen
Weser, Elbe und Rhein. Der
vorletzte Streckenabschnitt
führt über den Schönwappen-
weg, wo Sie mit Wappen verzierte Grenz- und Dreiherren-
steine bewundern können. Vor
dem Ende durchqueren Sie das
Grüne Band, ein Biotop auf dem
ehemaligen Grenzstreifen (www.
bund.net/gruenes-band).

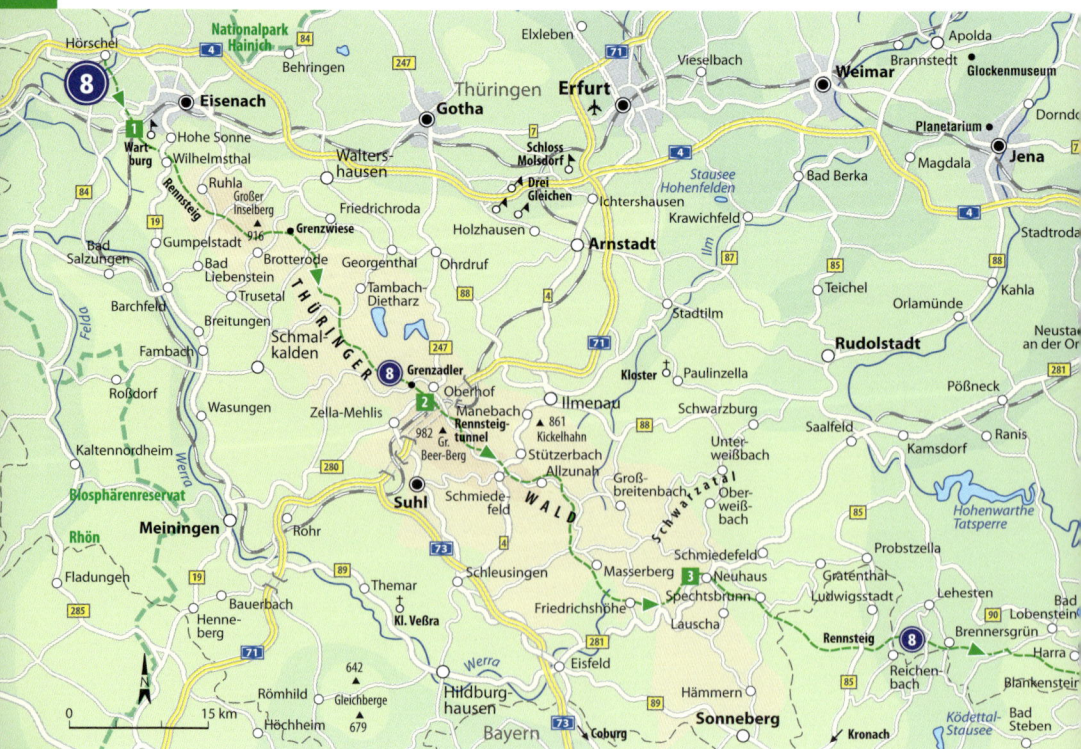

Unterwegs auf dem Rennsteig im Thüringer Wald

Rennsteig

Zwischen Hörschel und Blankenstein verläuft der berühmteste Wanderweg Deutschlands. Auf Höhen von 800–900 m geht es durch die Wälder und Wiesen von Thüringer Wald, Thüringer Schiefergebirge und Frankenwald. Eine gut ausgebaute Infrastruktur macht es dem Wanderer leicht, den mit einem weißen »R« markierten Rennsteig komplett zu bewältigen oder auch nur auf einer Tageswanderung zu erkunden.

Erstmals urkundlich erwähnt wurde der Rennsteig 1330 in einem Kaufbrief als »Rynnstieg« (schmaler Weg). Mit dem Kurfürstenstein bei Steinwabach a. d. Werra wurde 1513 der älteste Rennsteig-Wappenstein gesetzt. Die Strecke erlangte Bedeutung als Handels-, vor allem aber als Kurierweg abseits der Städte. Bis heute ist man sich nicht darüber einig, ob der Name von »rennen« abgeleitet wurde oder von dem Wort »Rain«, das »Grenze« bedeutete. Der Rennsteig markiert auch die Grenze zwischen Thüringen und Franken, wie man an vielen Grenzsteinen am Wegesrand sehen kann. Die Bezeichnung Rennsteig ist seit 1578 nachweisbar. Anfang des 19. Jhs. wurde der Rennsteig als Wanderweg bekannt. Im Jahresprogramm sind Wanderungen für flotte Geher ebenso wie für gemütliche. Für richtige Renner startet jährlich im Mai der traditionelle Rennsteiglauf, der größte Cross-Country-Lauf Europas. Die Strecken sind 21, 43 und 73 km lang.

Wartburg 1

Hoch über Eisenach thront die Wartburg, seit 1999 UNESCO-Weltkulturerbe. Der Sage nach wurde sie 1067 von Graf Ludwig dem Springer gegründet. Die Gebäude der Burganlage gruppieren sich um zwei Innenhöfe, die man über eine Zugbrücke betritt. Ältester Teil ist das spätromanische Landgrafenhaus, der **Palas** von 1220 (Besuch nur im Rahmen einer Führung).

In einer schlichten Holzstube der Vogtei wohnte Martin Luther bei seinem zehnmonatigen Aufenthalt 1521/1522 auf der Burg unter dem Decknamen »Junker Jörg«. Die **Lutherstube** ist fast unverändert erhalten. Hier übersetzte der Reformator das Neue Testament ins Deutsche.

In der **Neuen Kemenate** und in der **Dirnitz** (beide erst nach 1850 entstanden) zeigen die Kunstsammlungen spätgotische Wandteppiche, Kunsthandwerk der Renaissance, eine Skulptur aus der Werkstatt von Tilman Riemenschneider sowie Werke deutscher Barockmaler.

Die Wartburg wurde im 19. Jh. aufwendig restauriert. 1854/55 schuf Moritz von

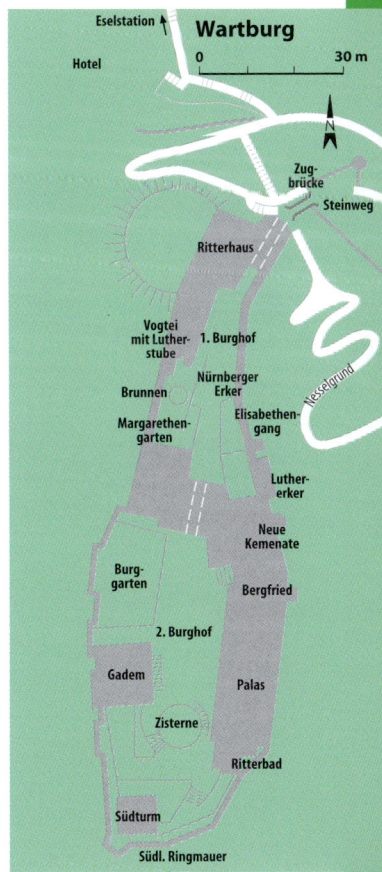

Schwind die berühmten Fresken in der **Elisabethkemenate,** die die Geschichte der Wartburg, den Sängerstreit und die Elisabethlegende darstellen (Tel. 036 91/25 00, www.wartburg.de, April–Okt. tgl. 8.30–20, Nov.–März 9–17, letzte Führung 17 bzw. 15.30 Uhr).

Infos:
Eisenach-Wartburgregion Touristik
• Markt 24, 99817 Eisenach
  Tel. 036 91/792 30
  www.eisenach.info

Unterkunft:
Auf der Wartburg
Fünf-Sterne-Hotel in Gebäude von 1913 bei der Wartburg.
• Tel. 036 91/79 70
  www.wartburghotel.de

Berghotel
Nahe beim Burschenschaftsdenkmal, mit herrlichem Blick über Eisenach.
• An der Göpelskuppe 1
  Tel. 036 91/226 60
  www.berghotel-eisenach.de

Hotel am Bachhaus
Hotel in zentraler Lage mit modern eingerichteten Zimmern.
• Marienstr. 7
  Tel. 036 91/204 70
  www.hotel-am-bachhaus.de

Gasthof am Storchenturm
Rustikale Wanderpension in mittelalterlichem Gehöft, Restaurant.
• Georgenstr. 43
  Tel. 036 91/73 32 63
  www.gasthof-am-storchenturm.de

Jugendherberge
Am Stadtrand, mit Familienzimmern.
• Marienthal 24
  Tel. 036 91/74 32 59
  www.eisenach.jugendherberge.de

Campingpark Eisenach
Ca. 8 km südl., Bungalowvermietung.
• Am Altenberger See 1
  99819 Wilhelmsthal
  Tel. 036 91/21 56 37
  www.campingpark-eisenach.de

Restaurants:
Turmschänke
Stilvolles Weinrestaurant im Nikolaitor, Spitzenküche, Mo–Sa ab 18 Uhr.
• Karlsplatz 28
  Tel. 036 91/21 35 33
  www.turmschaenke-eisenach.de

Gewölberestaurant Brunnenkeller
Typische Thüringer Gerichte im Gewölbe oder auf der Terrasse.
• Am Markt 10
  Tel. 036 91/21 23 58
  www.brunnenkeller-eisenach.de

Nightlife:
Thüringer Landestheater Eisenach
Auf dem Spielplan stehen Schauspiel, Oper, Operette, Jugend- und Puppentheater, Konzerte.
• Theaterplatz 4–7
  Tel. 036 91/25 62 32
  www.theater-eisenach.de

Irish Pub O'Tooles
Livemusik. Wer es ruhiger mag, geht ins Billard-Café in der ersten Etage (Di–Sa 18–1 Uhr).

• Goethestr. 25
  Tel. 036 91/74 38 11
  www.o-tooles.de

Schorsch'l
Kleinkunstkneipe, für Livemusik-Fans ein Muss (tgl. 19–2 Uhr).
• Georgenstr. 19
  Tel. 01 76/93 13 09 58
  www.schorschl.de

KAMCO
Tanzbar mit karibischem Flair.
• Katharinenstr. 11
  Tel. 036 31/88 66 11

Shopping:
Meisterwerkstatt Stephan Blezinger
Handgearbeitete Flöten, vom frühbarocken bis zum modernen Instrument.
• Karl-Marx-Str. 8
  Tel. 036 81/21 23 46
  www.blezinger.de

Oberhof ❷
Das Wintersportzentrum zieht jährlich mehr als 130 000 Besucher an. Es fing anno 1470 mit der Herberge »Oberer Hof« klein an. Mit dem Bau der Eisenbahnstrecke von Erfurt nach Stuttgart 1884 entwickelte sich der Luftkurort zum deutschen St. Moritz.

Oberhof war seit jeher ein Zentrum das Wintersports. 1906 wurde die erste Sprungschanze errichtet. Zu DDR-Zeiten sammelten die Oberhofer bei Olympischen Spielen sowie Welt- und Europameisterschaften viele Medaillen. Auch heute ist Oberhof noch regelmäßig Austragungsort internationaler Wintersport-Meisterschaften.

Botanik in freier Wildbahn: Im Rennsteiggarten werden Gebirgspflanzen kultiviert

Gäste können sich selbst einmal beim Bobfahren oder Biathlon versuchen – neben Aktivitäten wie Langlauf, Abfahrtslauf, Winterwandern und Rodeln. Das **Wintersportmuseum** wurde allerdings geschlossen.

In der **DKB-Skisport-Halle** kann man witterungsunabhängig auf einer knapp 2 km langen Strecke langlaufen gehen. Die Temperatur liegt ganzjährig bei –4 °C (Tambacher Str. 44, Tel. 03 68 42/539 90, www.oberhof-skisporthalle.de, Sept.–Feb. Mo–Fr 11–14, 17–20, Sa 12–18, So 11–16 Uhr, sonst kürzer).

Im Sommer sollte man sich den **Rennsteiggarten** ansehen. Der in die Bergwelt eingebettete botanische Garten beheimatet auf 7 ha fast 4000 Gebirgspflanzenarten. Von mehreren Aussichtspunkten bietet sich ein herrlicher Panoramablick ins südwestliche Vorland, bei gutem Wetter bis in die Rhön (www.rennsteiggartenoberhof.de, Mai–Sept. tgl. 9–18, Okt. 9 bis 17 Uhr).

Infos:
Oberhof-Information
• Crawinkler Str. 2
  98559 Oberhof
  Tel. 03 68 42/26 90
  www.oberhof.de

Unterkunft:
Treff-Hotel Panorama
Das unübersehbare Wahrzeichen Oberhofs. Vielstöckiger Betonkomplex aus DDR-Tagen. Die Silhouette ist zwei Sprungschanzen nachempfunden.
• Theodor-Neubauer-Str. 29
  Tel. 03 68 42/500
  www.treff-hotel-panorama.de

Haus Vergissmeinnicht
Bei Wanderern beliebte Pension mit gutem Restaurant und Café.
• Crawinkler Str. 10
  Tel. 03 68 42/223 46
  www.haus-vergissmeinnicht.de

Café:
Café-Pension Kanzlersgrund
Ausflugslokal in einem romantischen Tal, 5 km östl. von Oberhof, rustikale Ferienwohnungen.

• Im Tal des Kanzlersgrunds
  Tel. 03 68 42/200 56
  www.kanzlersgrund.de

Neuhaus am Rennweg 3
Mitten durch den 835 m hoch gelegenen Erholungs- und Wintersportort verläuft der Rennsteig. Sehenswert sind die neogotische **Stadtkirche** und das Heimatmuseum Im **Geißlerhaus** (www.foerderverein-geisslerhaus.de).

Infos:
Tourist-Information
• Marktstr. 3
  98724 Neuhaus am Rennweg
  Tel. 036 79/72 20 61
  www.neuhaus-am-rennweg.de

Unterkunft:
Rennsteighotel Herrnberger Hof
Nah am Wald gelegen, mit einem guten Preis-Leistungs-Verhältnis.
• Eisfelder Str. 44
  Tel. 036 79/792 00
  www.rennsteighotel.de

Weimar

Ruhm und Elend

»Nach Weimar zieht es die Deutschen gewaltig hin; es ist auch einzig in der ganzen Geschichte«, notierte Robert Schumann 1828 in sein Tagebuch. Schon zu Lebzeiten Goethes kamen die Leute in Scharen in das thüringische Städtchen an der Ilm, um den berühmten Geheimen Rat einmal aus der Nähe zu besehen. Ein Jahrhundert später spöttelte der Journalist Egon Erwin Kisch: »Ganz Weimar ist eine zur Stadt erhobene Dichterbiografie. Wer nicht zumindest einige Werke über das Leben Goethes studiert hat, kann sich in der Stadt verirren. Fragt man den Einheimischen, wie man ins Hotel kommt, so antwortet er, man müsse am Wohnhaus der Frau von Stein vorüber, bei der Bank, bei der Christiane Vulpius ihrem nachmaligen Gemahl mit einer Bittschrift entgegentrat, nach links biegen, dann geradeaus … und schon sei man beim Absteigequartier Zelters.«

Wo nur fängt man seine Besichtigungstour im klassischen Weimar nun an? Weltkulturerbe ist es, zur Kulturhauptstadt aufgeputzt, aber trotzdem keine museale Puppenstube geworden. Dafür sorgt schon das Autonome Cultur Centrum (ACC), das im angeblich ersten Wohnhaus von Johann Wolfgang von Goethe das Weimarer Bürgertum provoziert. Fast alles liegt in Rufweite. »Bei uns in Weimar gibt's dergleichen wie weite Wege nicht«, heißt es in Thomas Manns Roman »Lotte in Weimar«. Und so könnte man sich von Zitat zu Zitat schwingen – die Sehenswürdigkeiten der Altstadt wären in zwei Stunden abzulaufen: »Wo finden sie auf einem so engen Fleck noch so viel Gutes«, so Goethe zu Eckermann. Nur abends wird es allzu still.

Lust auf Unklassisches, Profanes kommt auf: Köstlich schmecken etwa Weimarer Zwiebel-

Die Dichterfürsten Goethe und Schiller vor dem Deutschen Nationaltheater in Weimar

kuchen und Zwiebelsuppe. Anfang des 19. Jahrhunderts fand der Zwiebelmarkt mit seinen kunstvoll geflochtenen Zwiebelrispen auf dem Frauenplan statt. »Goethe ließ davon für 14 Pfennig für das ganze Jahr einkaufen und hing sie an seinem Fenster patriotisch auf«, erzählt Karl-Friedrich Zelter, Komponist und Freund des Dichterfürsten.

Schon holt uns die Klassik wieder ein, denn Goethes Haus, heute Goethe-Nationalmuseum, steht just hier, in Rufweite zum Haus der Frau von Stein. Die spröde Dame bestimmte Goethes frühe Jahre in Weimar, bis Goethe sich wegstahl, ins sinnenfreudige Italien. Seit 1782 wohnte er am Frauenplan. Über die großartige Treppe betritt

man Goethes häusliche Welt, ausgebreitet in den 20 Räumen des ersten Stockwerks. Verteidigt hat sie einst Goethes »kleine Hausfreundin« Christiane Vulpius, die 1806 napoleonische Plünderer in die Schranken wies. Dankbar legalisierte der geadelte Dichterfürst daraufhin die missbilligte Verbindung mit einer Blumenbinderin, auch das revolutionär.

Immerhin, kein Drudenfuß auf der Schwelle, sondern ein »Salve« begrüßt den Besucher des Gelben Saals. Überhaupt ist der Spaziergang durch die Räume eine Stunde praktische Goethe'sche Farbenlehre. 50 Jahre lang war das Haus ein geistiger Mittelpunkt Deutschlands, und noch heute ist es von einer Anziehungskraft, die

Barbarei der Nationalsozialisten – dokumentiert in der KZ-Gedenkstätte Buchenwald

manchmal sprachlos macht. »Verweile doch! du bist so schön!«, möchte man vor dem Gipsabguss der Juno Ludovisi im blauen Junozimmer deklamieren, doch es sind uns nur Minuten vergönnt, und stumme Zweisamkeit schon gar nicht.

Flüchten wir hinüber zum original erhaltenen Schillerhaus, es ist ja so nahe, »dass die beiden Freunde einander die Briefe und Zettel hätten in die Fenster werfen können«, wie der Dramatiker Christian Friedrich Hebbel notierte. Zum ungestörten Schreiben zog sich der Nachtmensch Schiller in die schlichte Mansarde zurück, das Bett im Arbeitszimmer aufgestellt, um bei Bedarf die kranken Glieder ruhen zu lassen. Und trotz aller Leibesqual entstanden hier »Die Braut von Messina« und »Wilhelm Tell«. Nur noch drei Jahre waren Schiller im endlich eigenen Haus beschieden, im Tod mit Goethe in der barocken Fürstengruft auf dem Historischen Friedhof vereint.

Vor dem Nationaltheater, in dem Goethe die meisten Dramen Schillers aufführen ließ und wo man 1919 das Stück »Geburt der Weimarer Republik« gab, präsentiert Rietschels Denkmal Schiller und Goethe in vertrauter Pose: Ihre Zusammenarbeit in den Jahren 1796 bis 1804 war Weimars goldene Epoche.

Als Begründerin des Weimarer Musenhofs gilt die Fürstin Anna Amalia (1739–1807). An ihrer Tafel im Wittumspalais ist jeder Dichter, Künstler und Gelehrte des klassischen Weimar gesessen. Der Brand in ihrer kostbaren Bibliothek 2004, dem 50 000 wertvolle Bände zum Opfer fielen, entsetzte auch diejenigen, die von Goethe nur das Götz-Zitat kennen. Eine Million Bücher, vor allem aus der Zeit zwischen 1750 und 1850, lagern jetzt feuer- und wassersicher im modernen Bücherkubus der neuen Bibliothek. Der Rokokosaal ist bereits neu erstanden und wieder zur Besichtigung freigegeben.

Ein wenig Natur an der Ilm täte jetzt zur Abwechslung gut. Das »liebe Gärtgen vorm Tore« ist ein herrlicher Landschaftspark mit klassizistischen Lustbauten, Blutbuchen, Eichen und Eiben. Oft durchquerten ihn Goethe und sein junger Schützling, Herzog Carl August, in scharfem Galopp, woran mancher in Weimar Anstoß nahm. Harmonisch fügt sich das Gartenhaus in die Landschaft ein; Goethe ließ es im Stil der Frühklassik renovieren. Hier arbeitete er an »Iphigenie«, »Egmont« und »Torquato Tasso«, und die rauschende Ilm flüsterte ihm Melodien zu, wie es im hier ersonnenen Gedicht »An den Mond« heißt.

Es ließe sich noch lange berichten – von noch mehr Schlössern, Denkmälern und Museen, vom Wirken Cranachs, Herders und Wielands, von Nietzsche, der hier seinen Lebensabend verbrachte, von Franz Liszt, der musikalischen Glanz auf die Stadt warf. Aber selbst in Weimar muss mal Schluss sein mit den Klassikern ...

Am Parkrand erzählt das Haus am Horn, einziges realisiertes Zeugnis der Bauhauszeit in Weimar, von einer Chance, die Weimar nicht ergriff. Ein Jahrzehnt später zerstörte das protzige Gauforum den Traum von Deutschland als Bildungsnation. Weimar sei, so jubelte 1937 der Präsident der Reichsschrifttumskammer, »Symbol jener Sehnsucht nach dem Reich der Deutschen, das uns heute wahre Wirklichkeit wurde«. Auf dem Ettersberg versank es in nackter Barbarei. Von Schloss Ettersberg, dem barocken Sommersitz der kunstsinnigen Herzogin Anna Amalia, wo philosophiert, diskutiert und Theater gespielt wurde, wo Schiller »Maria Stuart« vollendete, von dort sind es genau 1,3 Kilometer hinüber zum Konzentrationslager Buchenwald. Zwischen 1937 und 1945 waren hier etwa 250 000 Menschen inhaftiert, über 56 000 wurden als »Feinde der Volksgemeinschaft« zu Tode gequält. »Jedem das Seine« steht zynisch über dem Lagereingang. Beides, das klassische, künstlerische Weimar und das barbarische Buchenwald, ist das Unsrige.

▶ Informationen

Anfahrt:

u. a. über Erfurt (nächstgelegener Flughafen). Weimar liegt an der Bahnlinie Frankfurt/Main Dresden und Düsseldorf–Berlin.

Info:

- **Tourist-Information**
  Markt 10, 99423 Weimar
  Tel. 036 43/74 50
  Fax 74 54 20
  www.weimar.de
- **Gedenkstätte Buchenwald**
  Weimar-Buchenwald
  Tel. 036 43/43 00
  Fax 43 01 00
  www.buchenwald.de
  Außenanlagen frei zugänglich bis Einbruch der Dunkelheit, Museen April–Okt. Di–So 10–18 Uhr (letzter Einlass 17.30 Uhr), Nov.–März Di–So 10–16 Uhr (letzter Einlass 15.30 Uhr).

Unterkunft:

- Thomas Mann verewigte in »Lotte in Weimar« das im Art-déco- und Bauhausstil wieder aufgebaute **Hotel Elephant,** mit italienischem Feinschmeckerrestaurant Anna Amalia.
  Markt 19
  Tel. 036 43/80 20
  www.hotelelephantweimar.com
- Ebenso eine Institution ist das **Grand Hotel Russischer Hof,** dessen Jugendstilrestaurant auch Weimarer Zwiebeldelikatessen serviert.
  Goetheplatz 2
  Tel. 036 43/77 40
  Fax 77 48 40
  www.russischerhof.com
- Fast bei Goethe wohnt man im **Hotel am Frauenplan.**
  Brauhausgasse 10
  Tel. 036 43/494 40
  Fax 494 44 44
  www.hotel-am-frauenplan.de

Restaurants:

- Der **Elephantenkeller** im Hotel Elephant (s. o.) pflegt regionale Küche, wie Weimarer Rostbrätel oder Gänsebraten mit Thüringer Klößen. Dazu schmeckt ein Köstritzer Schwarzbier vom Fass.
  Tel. 036 43/80 20
- Im gleichen Hotel (s. o.) verwöhnt das Sternerestaurant **Anna Amalia** mit klassischer und mediterran inspirierter Gourmetküche.
  Tel. 036 43/80 20
  www.restaurant-anna-amalia.com
- Weimars schönstes Fachwerkhaus ist das **Köstritzer Schwarzbierhaus,** in dem Weimarer Zwiebelgulasch und Köstritzer Bierfleisch schmecken.
  Scherfgasse 4
  Tel. 036 43/77 93 37
  www.koestritzer-schwarzbierhaus-weimar.de

Erfurt

Fachwerk am Wasser

Ein Ponte Vecchio in Deutschland? Ja, den gibt es: in Thüringens Hauptstadt Erfurt. Hier führt die malerische, 1325 errichtete steinerne Krämerbrücke in sechs Bögen über den Fluss Gera. Sie ist heute die einzige bebaute Brücke nördlich der Alpen, 120 Meter lang und 18 Meter breit. Ab 1472 drängten sich 60 mittelalterliche Fachwerkhäuser auf der Brücke zwischen Anger und Domplatz zusammen. Heute sind sie zu 32 größeren Häusern zusammengefasst.

Schuld an allem waren Zölle, die man in Erfurt nicht zahlen wollte. Da die Enden der Krämerbrücke die Grenzen zu zwei Fürstentümern bildeten, musste jeder, der auf der anderen Seite etwas verkaufen wollte, Zoll bezahlen. Pfiffig verlegten die Kaufleute ihren Markt direkt auf die Brücke. Noch heute leben und arbeiten Menschen in den Brückenhäusern, Ateliers und Galerien haben sich hier niedergelassen, und auch die Geschäftstüchtigkeit haben die Krämer unserer Zeit nicht verlernt. So bietet das Haus »Zum Schwarzen Ross« hübsche Flaschen mit hochprozentigem »Krämerbrücken-Wasser« an. Im Juni sorgen die Ritter, Gaukler und Artisten während des Krämerbrückenfests für Amüsement.

Vom Turm der Ägidienkirche am östlichen Brückenende schweift der Blick über Luthers vieltürmiges »Erfordia turrita« mit seiner markanten gotischen Doppelkirchenanlage von Mariendom und Severikirche und der mächtigen Freitreppe, die zu den Gotteshäusern hinaufführt. Über 300 Jahre lang hat man am Dom gebaut. Die gotischen Glasfenster in seinem Chor zählen zu den schönsten Deutschlands. Im mittleren Domturm hängt eine der größten frei schwingenden Glocken der Welt: Wenn die 1497 gegossene, über elf Tonnen schwere Gloriosa läutet, hört man sie bis nach Weimar.

Schon Luther wird sie vernommen haben, als er 1505 über die Krämerbrücke zog. Zu dieser Zeit war Erfurt eine Hochburg der Humanisten, seine Universität eine der ältesten des Heiligen Römischen Reichs. Im Haus Zum Güldenen Stern (Allerheiligenstr. 1) wurde 1473 erstmals mit beweglichen Lettern gedruckt, ausgerechnet ein Ablassbrief.

Zunächst studierte Luther in Erfurt Philosophie und Juristerei, doch als ihn 1505 bei Stotternheim ein schweres Gewitter überraschte, gelobte er in Todesangst, zur Theologie zu wechseln. Aus dem fröhlichen Zecher, der in den Kellergewölben der Altstadtkneipe Engelsburg so manchen Humpen weggeschluckt hatte, wurde ein sittenstrenger Mönch im Erfurter Augustinerkloster.

In den Altstadtkneipen wird nach wie vor fröhlich gebechert. Wie zu Luthers Zeiten kündigt wieder ein durchs Viertel ziehender Bierausrufer an, wo es »junges gutes Bier« gibt. Im Andreasviertel pflegt die Minibrauerei im Haus Zum Pfauen die Tradition der im Mittelalter gebrauten »Erfurter Schlunze«.

»Im Übrigen war Erfurt damals nichts besseres denn ein Hurenhaus und Bierhaus. Die zwei Lectiones haben die Studenten am fleißigsten allda gehört«, urteilte Luther. Aber dass die jungen Erfurterinnen scherzhaft »Puffbohnen« genannt werden, hat mit der liederlichen Vergangenheit der Stadt nun gar nichts zu tun. Puffbohnen sind vielmehr ein traditionelles knackiges Gemüse, das auf dem großen Erfurter Wochenmarkt am Domplatz inzwischen sogar schon als Plüschmaskottchen verkauft wird.

Für ihre Trinkfestigkeit haben die Erfurter eine gute Ausrede. Schon im Mittelalter mixte man aus den blauen Schoten des Färberwaids einen überwiegend blauen Farbstoff zusammen, der als »Thüringisches Waidpulver« in ganz Mitteleuropa gehandelt wurde. Zur Herstellung wurde auch eine menschliche Zutat benötigt, für deren Gewinnung viel getrunken werden musste. Bis dann die Fermentation zu Indigo abgeschlossen war, dauerte es etliche Stunden, und so wurde das

Die Krämerbrücke in Erfurt ist heute lebendiges Wohn- und Ladenquartier

Im Erfurter Dom hängt die Gloriosa, eine der größten frei schwingenden Glocken der Welt

»Blaumachen« zu einer Lieblingsbeschäftigung. Am schönsten ist das Nichtstun in einem der vielen Biergärten oder – anspruchsvoller – bei einem Musikabend im Fachwerkhof der Michaeliskir-che. Und wer beim Abschied vom Tannenwäld-chen am Nordrand des Steigerwalds noch einmal zurücksieht, der begreift, warum die Humanisten Erfurt als »thüringisches Rom« bezeichneten.

▶ Informationen

Anfahrt:
Autobahn- und Zugverbindung u. a. mit Frankfurt und Leipzig.

Info:
- **Tourismus Gesellschaft**
  Benediktsplatz 1
  99084 Erfurt
  Tel. 03 61/664 00
  Fax 664 02 90
  www.erfurt-tourist-info.de
- Das **Krämerbrückenfest** im Juni wird seit 1975 gefeiert und ist Thüringens größtes Altstadtfest.

Unterkunft:
- Geschmackvoll mit Kirsch-baummöbeln eingerichtete Zimmer und ein vorzügliches Restaurant bietet das **Hotel Zumnorde.**

Anger 50/51
Tel. 03 61/568 00
Fax 568 04 00
www.hotel-zumnorde.de
- Das Gasthaus **Alter Schwan** an der Krämerbrücke wurde in eine Designerherberge um-gewandelt.
  Gotthardtstr. 27
  Tel. 03 61/674 00
  www.ibbhotels.com

Restaurants:
- Im Kaisersaal, in dem schon Napoleon Diners gab und Schiller »Don Carlos« auf-führte, bietet das **Cla-ra – Restaurant im Kai-sersaal** Feines.
  Futterstr. 15/16
  Tel. 03 61/568 82 07
  www.restaurant-clara.de

- Schon Luther speiste 1522 im Gewölbekeller des ehemali-gen Gasthaus zur Lilie, in das kürzlich der Münchner **Hof-bräu am Dom** eingezogen ist und neben dem bekannten Bier bayrische Spezialitäten serviert.
  Domplatz 31
  Tel. 03 61/64 43 11 55
  www.hofbraeu-am-dom.de
- **Kromer's Restaurant & Gewölbekeller** setzt auf thüringisches Slowfood Steak wie Thüringer Landschwein oder Rinderroulade. Das Fleisch stammt von ausgewie-senen Ökobetrieben aus der Umgebung.
  Kleine Arche 4
  Tel. 03 61/64 47 72 11
  www.kromers-restaurant.de

Wartburg

Deutscher Mythos

Wo ist er denn nur, Doktor Luthers berühmter Tintenklecks an der Wand seiner Stube, den der Kastellan von Zeit zu Zeit angeblich wieder auffrischt? »Die meisten Reisenden haben doch etwas Handwerksburschenartiges und sehen sich gern nach solchen Wahrzeichen um«, notiert Goethe. Die modernen Kuratoren der Wartburg, die weithin sichtbar auf einer Felskuppe südlich von Eisenach über dem Thüringer Wald thront, nehmen auf solche Schnurren wohl keine Rücksicht mehr: Der Fleck ist weg. Die Originaltinte aus dem Fässchen, mit dem Luther nach dem Teufel geworfen haben soll, hatten Souvenirjäger wohl ohnehin schon im 16. Jahrhundert abgeschabt.

Was ist überhaupt noch original in der Vogteistube, die Luther vom Mai 1521 bis März 1522 als Junker Jörg bewohnte? Der Schreibtisch, an dem er das Neue Testament aus dem griechischen Urtext übersetzte und damit die Grundlage für eine einheitliche deutsche Schriftsprache schuf, ist es wohl nicht mehr, aber der Gesamteindruck wirkt authentisch. Kunstschätze aus Luthers Zeit zeigt das Museum. Berühmt sind der Dürerschrank sowie Gemälde von Lucas Cranach d. Ä., darunter die »Madonna mit der Weintraube« von 1537.

Kein Geringerer als Goethe regte 1815 die Gründung des Museums an. Als der Geheimrat die Wartburg 1777 zum ersten Mal besuchte, be-

eindruckte ihn eher die herrliche Landschaft, weniger der Palas, den er als »öden Kasten mit ungeheurem Dach und kleinen Fenstern« bezeichnete und in dessen Inneren er »eine unbeschreibliche Unbehaglichkeit« vorfand. Dennoch hat Goethe viel zur Wiedererweckung der Wartburg und ihres Mythos beigetragen. Aus seinen Zeichnungen wissen wir, wie die Anlage vor ihrer Restaurierung aussah.

Die 500 Burschenschaftler sind dem Dichter nicht so ganz geheuer gewesen, »unsere Jenaer Brauseköpfe«, die 1817 den Jahrestag der Leipziger Völkerschlacht und der Reformation zum Anlass nahmen, »Ehre, Freiheit, Vaterland« ein-

Die Wartburg erhielt durch Um- und Anbauten einen wilden Stilmix

zufordern. Doch führten sie Goethe und dem Weimarer Herzogshaus die Bedeutung des Nationaldenkmals Wartburg, der »deutschesten aller Burgen«, vor Augen.

Ihre Mischung an Baustilen ist durchaus gewöhnungsbedürftig, denn im 19. Jahrhundert entstanden unter dem Architekten Hugo von Ritgen zahlreiche historisierende Neubauten, wie etwa der Bergfried, die Neue Kemenate und die Torhalle. Aber der mächtige, um das Jahr 1155 von rheinischen Steinmetzen errichtete Palas ist mit seinen Arkaden, Säulen und reich verzierten Kapitellen einer der schönsten und besterhaltenen romanischen Profanbauten diesseits der Alpen.

Der Rittersaal im Erdgeschoss zeigt noch ein unverfälschtes Raumerlebnis des 12. Jahrhunderts. Darüber liegt die Elisabethkemenate, das einstige Frauengemach. Von 1211 bis 1228 lebte hier die mildtätige ungarische Königstochter Elisabeth als Braut und Gemahlin Ludwigs IV. von Thüringen. Gleich daneben betritt man den Sängersaal. Hier soll 1206 der berühmte Wettstreit der sechs Minnesänger stattgefunden haben. Erwiesen ist, dass Heinrich von Veldeke, Walther von der Vogelweide und Wolfram von Eschenbach am landgräflichen Hofe Hermanns I. auf der Wartburg zu Gast waren. 1845 setzte Richard Wagners »Tannhäuser« dem Ereignis ein musikalisch-dramatisches Denkmal, und im Sängersaal erzählt ein spätromantisches Fresko von Moritz von Schwind die Legende.

Besonders prächtig ist der Festsaal, der das gesamte zweite Stockwerk des Palas einnimmt. Moritz von Schwinds Darstellungen beeinflussten unmittelbar auch die Opernbilder und Opernfiguren Richard Wagners bis weit über beider eigene Zeit hinaus.

Historie und Legende vermischten sich auf der Wartburg schon früh. Bereits die Gründung der Burg um 1067 hat Sagenpotenzial: »Wart Berg, du sollst mir eine Burg tragen«, rief Landgraf Ludwig der Springer beim Anblick des schroffen Felsens, und weil ihm das Land nicht gehörte, ließ er einfach Erde von seinem eigenen Grund und Boden herbeischaffen. Ein wenig neidisch ob dieser simplen Methode des Grunderwerbs möchte man da schon werden.

An diesem Schreibtisch soll Martin Luther das Neue Testament übersetzt haben

▶ Informationen

Anfahrt:

Eisenach liegt an der Autobahn und Eisenbahnstrecke (ICE) zwischen Frankfurt/Main und Dresden. Von Eisenach fährt oder wandert man über die Wartburgallee zur Wartburg hinauf (auch Bustransfer).

Info:

• **Wartburg-Stiftung – Besucherservice**
Auf der Wartburg 1
99817 Eisenach
Tel. 036 91/25 00
Fax 20 33 42
www.wartburg.de
Palas nur mit Führung, Museum/Außenanlagen individuell: tgl. 8.30–17.30 Uhr, Torschluss 20 Uhr.

• In Eisenach lohnt die Besichtigung des **Lutherhauses**, wo der Reformator 1498–1501

als Lateinschüler wohnte, und des **Bachhauses** am Frauenplan 21, in dem Johann Sebastian Bach zur Welt gekommen sein soll.

• **Tourist Information**
Markt 24, 99817 Eisenach
Tel. 036 91/792 30
Fax 79 23 20
www.eisenach.de

Unterkunft:

• In Fünf-Sterne-Qualität nächtigt man auf dem Burgfelsen im **Hotel auf der Wartburg** in sehr romantischen Zimmern. Die Landgrafenstube kocht alte Rezepte der Region nach, rustikal-mittelalterlich geht es in der Burgschenke **Gadem** zu.
Auf der Wartburg 2
Tel. 036 91/79 70
www.wartburghotel.de

• Eine günstige Unterkunft in einer Eisenacher Gründerzeitvilla ist die **Villa Anna.**
Fritz-Koch-Str. 12
Tel. 036 91/239 50
Fax 23 95 30
www.hotel-villa-anna.de

Restaurant:

• Regionale Leckereien, wie geschmorte Wildschweinkeule mit Thüringer Hüllerchen, serviert in und neben einem mittelalterlichen Turm das **Weinrestaurant Turmschänke.**
Karlsplatz 28
Tel. 036 91/21 35 33
www.turmschaenke-eisenach.de

Tour 09:

Höhepunkte der Silberstraße

Route:

Freiberg ▶ Marienberg
▶ Wolkenstein ▶ Annaberg-
Bucholz ▶ Oberwiesenthal

Dauer:

2 Tage; 170 km

Praktische Hinweise:

• Autotour entlang der ersten
sächsischen Ferienstraße.
Rückreise über die A 72/A 4.

Tour-Start:

In zahlreichen Schaubergwerken
kann man erfahren, wie hart der
Reichtum Sachsens erarbeitet
werden musste. Auffallend sind

auf dieser Tour die prächtigen
Kirchen, die selbst in kleinen
Städten von dem einstigen
Wohlstand zeugen.

Im Dezember säumen Lichter-
bögen und Weihnachtspyramiden
die Strecke, und Bergparaden
ziehen Besucher an. Fast einen
ganzen Tag braucht man, um
Freiberg 1 mit seinen Schätzen unter- und übertage zu entdecken.

Weiter geht es am nächsten
Tag mit Halt auf dem schönen
Marktplatz von **Marienberg** 2
und im romantischen **Wolkenstein** 3 nach Wiesa-Wiesen-
bad, wo man in der schönen

Therme nach der Autofahrt
ausspannen kann. **Annaberg-
Buchholz** 4 mit der mächtigen
Annenkirche ist nächstes Etappenziel. Ist es noch früh am
Abend, so lohnt die Weiterfahrt
nach **Oberwiesenthal** 5, um
am oder auf dem **Fichtelberg**
zu übernachten.

Freiberg 1

In Sachsens ältester und bedeutendster Bergstadt fand man
1168 das erste Silber. Als Markgraf Otto von Meißen den Fund-
ort zum »freien Berg« erklärte,
löste er einen Silberrausch aus.
Im 13. Jh. gehörte Freiberg zu

den größten Städten Sachsens; bis ins späte 15. Jh. war es zudem die reichste. Obwohl der Bergbau um 1969 Freiberg eingestellt wurde, wird er in der Stadt weiter gelehrt. Die Bergakademie gilt als älteste Montan-Hochschule der Welt.

Dom

Der Dom am Untermarkt ist Symbol dieser Wirtschaftskraft. Hinter einer schlichten Außenfassade versteckt sich das prachtvolle Innere. Besonders die Tulpenkanzel wird immer wieder bewundert. Seinen kunstgeschichtlichen Weltruhm verdankt der Dom jedoch der »Goldenen Pforte«. Dieses älteste Figurenportal Deutschlands entstand um 1230. Es wurde bereits 1902 mit einem Schutzbau verkleidet und ist nur bei Führungen zu besichtigen (Infos zu Führungen· Tel. 037 31/ 225 98, www.freiberger-dom. de). Zu hören ist eine der größten und frühesten Orgeln (1711–1714) des Orgelbauers Gottfried Silbermann, der in Freiberg seine Werkstatt hatte.

Im Domherrenstift ist das **Stadt- und Bergbaumuseum** beheimatet. Besonders die erlesene Sammlung sakraler Holzplastiken verdient aufmerksame Betrachtung (Tel. 037 31/202 50, Di–So 10–17 Uhr, www.muse um-freiberg.de).

Altstadt

Auch in der **Petrikirche** (im Sommer Mi 12–12.30 Uhr Orgelspiel, Turmbesteigung Mo, Di, Do, Fr, So 11–18, Mi 12.30, Sa 14 Uhr; Tel. 341 88) und in der **Jacobikirche** stehen Silbermann-Orgeln. Das **Rathaus** ist nicht nur von außen sehenswert. Hinter dicken Mauern und Türen ist seit 1631 das Stadtarchiv untergebracht. Die Kellergewölbe dienten im Mittelalter als Kerker. Ein Paradebeispiel der Renaissance mit prachtvollem Portal ist das **Haus Obermarkt Nr. 16** (1545/46), einst die Ratsherrentrinkstube.

terra mineralia

Im komplett sanierten **Schloss Freudenstein** ist die weltweit größte Mineraliensammlung ausgestellt. Sie vereint die mineralogische Sammlung der Bergakademie mit einer riesigen privaten Sammlung (Tel. 037 31/ 39 46 54, www.terra-mineralia. de, tgl. 10–17, Sa/So bis 18 Uhr).

Alte Elisabeth

Die Bergbaugeschichte Freibergs lässt sich außerhalb des Stadtzentrums in der ehemaligen Schachtanlage erkunden. 1913 stillgelegt, wird sie seitdem von der Bergakademie als Lehrschacht genutzt. Über Tage ist die original erhaltene Technik der Anlage aus der Mitte des 19. Jhs. zu sehen. Ein Erlebnis ist die Untertagefahrt im Schacht **Reiche Zeche** (unterschiedlich lange Führungen, warme Kleidung empfohlen. Tel. 037 31/ 39 45 71, www.silberbergwerk-freiberg.de).

Info:

Tourist-Information

- Burgstr. 1, 09599 Freiberg
  Tel. 037 31/27 36 64
  www.freiberg-service.de

Unterkunft:

Mauck's sches Gut

Viel Komfort wird in einem alten Bauerngut mitten in der Stadt geboten.

- Hornstr. 20
  Tel. 037 31/339 78
  www.hotel-freiberg24.de

Restaurants:

Hotel Auberge Mistral

Charmante Gästezimmer im südfranzösischen Landhausstil, Weinhandel und Spa.

- Pestalozzistr. 11
  Tel. 037 31/35 39 60
  www.auberge-mistral.de

Schwanenschlösschen

Exquisite Speisen mit Seeblick im Ambiente von 1896.

- Meißner Ring 33
  Tel. 037 31/21 65 33
  www.schwanenschloesschen.de

Die Reiche Zeche

Stadtwirtschaft
Böhmische Küche, Spielecke für
Kinder, urige Atmosphäre.
• Burgstr. 18
Tel. 037 31/41 91 13
www.stadtwirtschaft.de

Am Abend:
**Mittelsächsisches Theater
Freiberg**
Vom Schwank bis zur Oper
reicht das Repertoire des 1710
gegründeten Theaters.
• Borngasse 3
Tel. 037 31/35 82 34
www.mittelsaechsisches-
theater.de

Marienberg 2
Einer der größten Plätze Sachsens, der Markt von Marienberg,
wird von sorgfältig restaurierten
Fassaden begrenzt. 1610 wurde
Marienberg von einem Großfeu-
er zerstört; nur der Rote Turm
und das Zschopauer Tor der
Stadtbefestigung blieben erhalten. Der Wiederaufbau nach
den Idealen der Renaissance
spiegelt sich im regelmäßigen
Stadtgrundriss wider.
Ein breit gefächertes Sportan-
gebot gibt es im Ortsteil Gebir-
ge-Gelobtland um die **Rätz-
teiche** (Fahrrad- und Skiverleih,
neue Skaterbahn) und im Lau-
tengrund mit dem **Erlebnisbad
Aqua Marien** (Tel. 037 35/
680 80, www.aquamarien.de,
tgl. 10–22 Uhr).

Wolkenstein 3
Sachsen zur Napoleonzeit – im
romantisch hoch über dem
Zschopautal gelegenen Wolkenstein kann man Geschichte
nachempfinden. Im Schloss

(16. Jh.) erinnert das Militärhistorische Museum an die Befrei-
ungskriege. In der Erlebnisgast-
stätte Zum Grenadier ist man
von Puppen in Uniformen und
Ausstellungsstücken aus der
Epoche umgeben.
Schönster Wellnesstempel
der Gegend ist die Silbertherme
im **Kurort Warmbad** (Tel.
03 73 69/151 15, www.warm
bad.de).

Unterkunft:
Wolkensteiner Zughotel
Ein Hotel auf Gleisen.
• Am Bahnsteig 10
09429 Schönbrunn-Wolkenst.
Tel. 03 73 69/58 21
www.wolkensteiner-zughotel.
de

Annaberg-Buchholz 4
Mit den Silberfunden am Schre-
ckenberg in den Jahren 1491/92
schlug die große Stunde der
1943 vereinten Doppelstadt,
deren bergbauliche Blütezeit im
16. Jh. nur rund 50 Jahre andau-
ern sollte. Äußerlich schlicht,
aber mächtig in den Dimensionen, dominiert die **St.-Annen-
kirche** das Stadtbild. Eindrucksvoll präsentiert sich auch der
Innenraum, der prächtige Wand-
und Deckenmalereien birgt. Motive aus dem Bergbaualltag finden sich insbesondere am
Bergaltar und an der Kanzel
(Mo–Sa 10–17, So 12–17, Jan.
–April 11–16 Uhr).
Mehr über die Wirtschaft des
Osterzgebirges erfährt man im
Erzgebirgsmuseum. Im Mu-
seumshof befindet sich der Eingang zu dem Besucherbergwerk
»Im Gößner« (Große Kirchgas-

se 16, Tel. 234 97, tgl. 10 bis
17 Uhr, letzte Führung 16 Uhr).
Eine weitere Attraktion ist die
Manufaktur der Träume.
Eine große private Spielzeug-
sammlung steht im Mittelpunkt
des neuen Museums- und Kul-
turzentrums, das die heimische
Holzkunst erlebbar machen will
(Buchholzer Str. 2, www.
manufaktur-der-traeume.de,
tgl. 10–18 Uhr). Einen Besuch
lohnt auch das **Adam-Ries(e)-
Museum** in dem Haus, das der
Rechenmeister von 1492 bis
1559 bewohnte (Johannisgasse 23, Tel. 037 33/221 86, www.
adam-ries-museum.de, Mo–Fr
10–16, Sa/So 12–16 Uhr).

Info:
Tourist-Information
• Buchholzer Str. 2
09456 Annaberg-Buchholz
Tel. 037 33/194 33
www.annaberg-buchholz.de

**Tourismusverband
Erzgebirge e.V.**
• Adam-Ries-Str. 16
09456 Annaberg-Buchholz
Tel. 037 33/18 80 00
www.erzgebirge-tourismus.de

Unterkunft:
Berghotel Pöhlberg
Rustikales Familienhotel mit
Gaststätte am Aussichtsturm.
• Tel. 037 33/813 20
www.berghotel-poehlberg.de

Restaurant:
Zum Türmer
Regionale Spezialitäten.
• Große Kirchgasse 19
Tel. 037 33/244 17
www.zum-tuermer.eu

In der St. Annenkirche in Annaberg-Buchholz

Am Abend:
Eduard-von-Winterstein-Theater
Abwechslungsreiches Programm, im Juli/Aug. auch auf der Naturbühne Greifensteine.
• Buchholzer Str. 67
  Tel. 037 33/140 71 31
  www.winterstein-theater.de

Oberwiesenthal 5
Die mit 914 m höchstgelegene Stadt Deutschlands verdankt ihr Dasein als Kurort und Wintersportzentrum in erster Linie dem **Fichtelberg** (1214 m), der ideale Wintersportbedingungen für Skifahrer, Rodler und Snowboarder bietet.
   Sollte der Schnee einmal ausbleiben, helfen Schneekanonen. Rund um den Berg erschließen die älteste Schwebebahn Deutschlands (1924), zwei Sessel- und vier Schlepplifte ca. 16 km an präparierten Pisten. Auf Langläufer warten 75 km

Loipen und Skiwanderwege (www.fichtelberg-ski.de).
   Das Skistadion mit drei Trainingsstrecken, Staffelgarten und Biathlonanlage dürfen auch Freizeitsportler nutzen. Wohl nur anschauen werden sie sich die Fichtelbergschanze, auf der der mehrfache Olympiasieger und Weltmeister Jens Weißflog seine Karriere begann. Die romantischste Anreise erlebt man mit der Schmalspurbahn aus dem 17 km entfernten Cranzahl.

Info:
Gästeinformation
• Markt 8
  09484 Oberwiesenthal
  Tel. 03 73 48/15 50 50
  www.oberwiesenthal.de

Unterkunft:
Relaxhotel Sachsenbaude
Wellness- und Beautyhotel in Traumlage, am Gipfel und an der Loipe.

• Fichtelbergstr. 4
  Tel. 03 73 48/13 90
  www.sachsenbaude.de

Jens Weißflog
Appartementhotel
Der große Skispringer ließ ein Erholungsheim in schöner Landschaft zu einem Appartementhotel umbauen.
• Emil-Riedel-Str. 50
  Tel. 03 73 48/100
  www.jens-weissflog.de

Pension Rotgießerhaus
Guter Komfort im ältesten Steinhaus Oberwiesenthals.
• Böhmische Str. 8
  Tel. 03 73 48/13 10
  www.rotgiesserhaus.de

Restaurant:
Wiesenthaler Hutzenstüb'l
Gemütliches Lokal mit Kachelofen.
• Annaberger Str. 81
  Tel. 03 73 48/72 25

Leipzig

Sachsens Messestadt

»Ei! wie schmeckt der Coffee süße, lieblicher als tausend Küsse, milder als Muskatenwein.« Ja, Leipzig und der Kaffee! Als Johann Sebastian Bach 1734 seine »Kaffeekantate« (BWV 211) komponierte, da waren die Einwohner der sächsischen Messestadt dem Türkentrank bereits verfallen.

Schon 1695 wurde in Leipzig zum ersten Mal Kaffee getrunken, und seit 1719 reicht über dem Portal des ältesten erhaltenen Kaffeetempels »Zum arabischen Coffe Baum« in der Fleischergasse ein liegender Osmane dem kleinen Amor ein »Schälchn Heeßen«. Es heißt, August der Starke habe die Plastik zum Dank für erbrachte Liebesdienste der ersten Wirtin gestiftet. Noch wenige Jahrzehnte zuvor war der Kaffeegenuss gelegentlich von höchster Stelle verboten worden, hochoffizielle »Kaffeeriecher« gingen durch die Straßen, um illegalen »Gaffeesaggsn« auf die Spur zu kommen. Kaffeehäuser waren gar als Lasterhöhlen verschrien, in denen »verdächtige Weibspersonen« nicht nur die Sucht nach dem schwarzen Türkentrank stillten …

Aber es half alles nichts: So wie Liesgen aus der Bachkantate vom Kaffee nicht lassen wollte, so blühten auch die Leipziger Kaffeehäuser, und bald spielte sich hier das kulturelle Leben der Stadt ab. Johann Sebastian Bach produzierte in

Leipzig als Thomaskantor nicht nur Kirchenmusik, er war auch Leiter des Collegium Musicum. Dieses spielte in der Regel zur Unterhaltung der Besucher im (1943 zerstörten) Zimmermann'schen Kaffeehaus in der Katharinenstraße zum »Ordinairen Concerte« auf, besonders häufig während der dreimal im Jahr stattfindenden Handelsmessen.

Vom »Coffe Baum« sind es nur wenige Schritte zur berühmten Thomaskirche. Hier führte Bach ab 1729 als Thomaskantor den nunmehr seit fast 800 Jahren bestehenden Thomanerchor zu neuen musikalischen Höhen und ließ nicht weniger als eine neue Kantate pro Woche einstudieren. Noch heute begleiten die etwa 100 Chormitglieder in der neogotisch umgebauten, durch vortreffliche Akustik glänzenden Kirche den Gottesdienst am Sonntag. Am Freitagabend und Samstagnachmittag singt der Knabenchor Motetten und Kantaten: stets ein Hochgenuss.

Heute mag man kaum glauben, wie schwer es Bach trotz seiner Schaffensfülle mit der »wunderlichen und der Musik wenig ergebenen Obrigkeit« hatte. Am Ende seines Lebens entsprach seine komplexe, geradezu mathematisch präzise Musik nicht mehr dem Zeitgeschmack, und er geriet fast in Vergessenheit, bis der junge Felix Mendelssohn Bartholdy als Leipziger Gewandhauskapellmeister eine bis heute andauernde Bach-Renaissance einleitete. Auch Robert Schumann, der in Leipzig lange um seine Clara kämpfen musste, hat das Andenken Bachs maßgebend gefördert.

Womit wir noch einmal zum »Coffe Baum« zurückkehren, in dem Mendelssohn, Liszt, Schumann, Wagner und viele andere Komponisten und Musiker Stammgäste waren. Das hatte Gründe: Mendelssohn hatte ab 1835 das seinerzeit im ehemaligen Zunfthaus der Tuchmacher untergebrachte Gewandhausorchester zum zweiten

Blick über die Dächer Leipzigs auf das Neue Rathaus mit dem Turm der alten Pleißenburg

Die Nikolaikirche war zentraler Ausgangspunkt der friedlichen Revolution in der DDR im Herbst 1989

musikalischen Fixstern Leipzigs gemacht. Zahllose musikalische Berühmtheiten traten am Gewandgässchen auf, Tschaikowski, Mahler und Grieg dirigierten hier, der Thomanerchor begleitete das Orchester.

Das 1884 vollendete Neue Concerthaus wurde im Zweiten Weltkrieg zerstört, 1981 weihte man das neue Gewandhaus an der Südseite des Augustusplatzes ein. Kurt Masur, von 1970 bis 1997 populärer Leiter des Gewandhausorchesters, war einer von sechs prominenten Leipzigern, die mit ihrem Aufruf »Keine Gewalt!« wesentlich zum friedlichen Verlauf der historischen Montagsdemonstration von 100 000 Leipzigern am 9. Oktober 1989 beitrugen. Keimzelle des gewaltlosen Widerstands war die Nikolaikirche. »Offen für alle« – unter diesem Motto hatte ihr Pfarrer Christian Führer jahrelang auch nicht religiösen Protestgruppen Zuflucht gewährt. Im schönen lichten klassizistischen Kirchenraum, dessen Säulen in zartgrünen Palmwedeln enden, wurde gebetet, musiziert und diskutiert. Als sich dann an jenem schicksalhaften Montag der große De-

monstrationszug von der Nikolaikirche aus in Bewegung setzte, wurde die Staatsmacht völlig überrascht: »Wir hatten alles geplant, wir waren auf alles vorbereitet, nur nicht auf Kerzen und Gebete.«

Leipzigs dritte große Stätte der Musik, die 1693 eingeweihte Oper, ist das drittälteste europäische Musiktheater. Drei bedeutende Komponisten haben ihren Ruf begründet: Johann Adam Hiller im 18. Jahrhundert sowie Albert Lortzing und Richard Wagner im 19. Jahrhundert. Nach einer Durststrecke in DDR-Zeiten hat sie sich seit 1990 im Nachkriegsbau am Augustusplatz erneut einen großen Namen gemacht.

»Ich komme nach Leipzig, an einen Ort, wo man die ganze Welt im kleinen sehen kann ...«, schrieb Gotthold Ephraim Lessing im Jahr 1749, und tatsächlich sind es von den drei musikalischen Fixpunkten immer nur wenige Schritte zu den anderen Sehenswürdigkeiten der Altstadt. Überblick aus 130 Meter Höhe verschafft die Aussichtsplattform (mit vier Teilrestaurants) im ehemaligen, heute Panorama Tower genannten

Universitätshochhaus von 1970. Vom Alten Rathaus mit seiner schönen Renaissancefassade spaziert man hinüber zur Alten Börse, Leipzigs erstem Barockbau, und zum Museum der Bildenden Künste, das seit 2004 einer der bedeutendsten europäischen Kunstsammlungen eine Heimat bietet. Denn in der Messe- und Verlagsstadt Leipzig wurde nicht nur die Musik, sondern auch die anderen Künste gefördert. Im 18. Jahrhundert schwamm das »Schaufenster der Welt« geradezu in Geld. »Wenn einer in der größeren Welt noch so sehr Neuling wie ich, um die Messzeit zum ersten Mal nach Leipzig kommt, so ist es, wo nicht verzeihlich, doch wenigstens sehr begreiflich, dass er in den ersten Tagen über den Mannigfaltigkeiten, die durch seinen Kopf gehen, seiner selbst vergisst …«, hatte Schiller 1785 beeindruckt geschrieben.

Das galt auch noch zu DDR-Zeiten, in denen die Messewochen immer wieder ein wenig große weite Welt nach Leipzig brachten. Seit 1995 residiert die Messe nicht mehr in der Innenstadt, sondern in einem vielgerühmten avantgardistischen Neubau im Norden der Stadt.

Trotz vieler Kriegsverluste prägen noch immer schöne Barock-, Gründerzeit- und Jugendstilfassaden das Stadtbild. Man kann leicht die Zeit vergessen in Leipzigs eleganten Einkaufspassagen und versteckten Durchgängen. Natürlich muss man durch die schicke Mädlerpassage hinter dem Alten Rathaus bummeln und im berühmten »Auerbachs Keller« auf »Drallewatsch« gehen, sprich einen draufmachen – so, wie es schon die fröhlichen Zecher aus Goethes »Faust« taten: »Uns ist ganz kannibalisch wohl, als wie fünfhundert Säuen!«

► Informationen

Anfahrt:
Autobahn- und Zugverbindung u. a. mit Nürnberg, Berlin, Dresden und Frankfurt/Main.

Info:
• **Leipzig Information**
  Katharinenstr. 8
  04109 Leipzig
  Tel. 03 41/710 42 60
  www.leipzig.de

Unterkunft:
• Besonders nobel wohnt man im klassizistischen Patrizierpalast **Hotel Fürstenhof.**
  Tröndlinring 8
  Tel. 03 41/14 00
  www.fuerstenhofleipzig.com
• Ein denkmalgeschütztes Gebäude von 1907 mit stilvoll eingerichteten Zimmern und sehr gutem Restaurant (mediterran inspirierte Küche) ist

das **Hotel Michaelis** im Szeneviertel Südvorstadt.
Paul-Gruner-Str. 44
Tel. 03 41/267 80
www.hotel-michaelis.de
• Im **Hotel am Bayrischen Platz,** in dem 1874 Karl Marx als Gast von Karl Liebknecht weilte, sind die Zimmer komfortabel und recht preiswert.
  Paul-List-Str. 5
  Tel. 03 41/14 08 60
  www.hotel-bayrischer-platz.de

Restaurants:
• Das zweitälteste noch bestehende Kaffeehaus Europas, **Zum Arabischen Coffe Baum,** bietet im 1. Stock auch ein Restaurant, das sächsische Küche serviert.
  Kleine Fleischergasse 4
  Tel. 03 41/961 00 60
  www.coffe-baum.de

• Bereits seit 1785 wird im Restaurant **Zill's Tunnel** gekocht. Hier ist sogar die Speisekarte auf »Säggssch« verfasst. Wie wär's mit »Ä scheenem Stügge Fleesch midd Schwarde« oder »In Briehe gegochdem Rindfleesch midd Mährädschdidsche«?
  Barfußgässchen 9
  Tel. 03 41/960 20 78
  www.zillstunnel.de
• Im seit 1525 bestehenden **Auerbachs Keller** ritt einst Faust auf einem Weinfass, heute ist die Institution mit ihrer guten Küche trotz des Rummels einen Besuch wert.
  Grimmaische Str. 2
  (Mädlerpassage)
  Tel. 03 41/21 61 00
  www.auerbachs-keller-leipzig.de

Erzgebirge

Winterliche Romantik

Auf jedem deutschen Weihnachtsmarkt sind sie zu finden: Nussknacker und Räuchermännchen, Lichter tragende Bergleute und Engel, Kurrendesänger mit ihrem Stern, Pfennigvieh, Spanbäume, Hängeleuchter und natürlich die zwei rührenden Striezelkinder, die frierend Spielzeug feilbieten.

Im Dezember verwandelt sich das Erzgebirge südlich von Chemnitz in eine festliche Weihnachtswunderwelt. Verschneit muss es freilich sein, damit die Romantik hält. Lichterketten und hell erleuchtete Schwibbögen, wohin man schaut. Fast jeder Haushalt baut seine eigene Krippe auf, deren Figurenreichtum oft über viele Jahrzehnte gewachsen ist. Schon 1809 berichtet Christian Gottlob Wild in seinen »Interessanten Wanderungen durch das sächsische Obererzgebirge« vom fleißig schnitzenden Bergmann: »So findet man hölzerne Steiger, in deren Bauche man ein ganzes, wohllöbliches Bergamt mit den Köpfen nickend Session halten sieht; überbaute vier bis fünf Stock hohe Pyramiden, wo man das ganze Bergwesen, auch die Eisenhammer, Wasserkünste in völligem Gange sieht.«

Im westlichen Erzgebirge hatten die Bergleute der Silberminen ein relativ gesichertes Auskommen und konnten ihre wenigen Mußestunden mit Schnitzarbeiten für den Heimbedarf zubringen. Dagegen waren die Holzdrechsler im Raum Seiffen, die zunächst Teller und Spindeln drehten, auf den kargen Lohn ihrer mühevollen Arbeit bitter angewiesen. Zwar war bereits um 1750 auf den

Gipfel der Winterromantik im Erzgebirge

Messen von Leipzig und Nürnberg »Spiel- und Tändelkram« aus Seiffen begehrt und wurde bis nach Frankreich und England exportiert, doch speiste man die Hersteller stets mit Hungerlöhnen ab. Um 1905 trat die Seiffener Zündholzschachtelware mit ihren Miniaturen ihren Siegeszug durch Europa an. Aber selbst heute verdienen die Schnitzer erbärmlich wenig und müssen sich überdies der Konkurrenz durch billige Plagiate aus Asien erwehren. Zu DDR-Zeiten waren die »Jahresendfiguren« aus dem Erzgebirge so wertvoll wie Devisen, denn fast alles ging in den Export. Wer eine kunstvolle Weihnachtspyramide zu vergeben hatte, konnte mit ihr sogar die Wartezeit auf einen Trabi verkürzen.

Einmalig auf der Welt ist die Arbeit des Reifendrehens, bei der man aus einem in Form gedrechselten Fichtenholzring zahlreiche identische Figuren sägt. Das Erzgebirgische Spielzeugmuseum in Seiffen präsentiert mit etwa 3000 meist gedrechselten Spielwaren, vorwiegend aus den Jahren 1800 bis 1930, einen umfassenden Überblick über die historische Spielzeugproduktion. Bei der Seiffener Arche Noah, die 192 Tierpaare zählt, bekommen nicht nur Kinder leuchtende Augen. Nicht minder faszinierend ist die über zwei Stockwerke des Museums reichende sechs Meter hohe Weihnachtspyramide.

Entlang der Hauptstraße von Seiffen reihen sich über 100 Schnitzereiwerkstätten aneinander. Unbedingt besuchen sollte man das Bergmannshaus von 1750 an der Hauptstraße 63, in dem ein mechanischer Heimatberg mit 88 Figuren die Lebensweise der Bergleute um 1830 in Szene setzt. Mancher Meister lässt sich bei seiner Arbeit über die Schulter gucken; auf jeden Fall bekommt man diese Gelegenheit in der Schauwerkstatt der Seiffener Volkskunst. Im Handwerksbetrieb Füchtner

Kitsch, Kommerz oder Kult?

ler Welt: Die größte ist fast sechs Meter hoch, die kleinste gerade mal 6,5 Millimeter. Die meisten stammen aus Werkstätten des Erzgebirges.

Mitten in Seiffen steht die kleine Dorfkirche, die, 1000-fach modelliert, in alle Welt gegangen ist. Sie wurde nach dem Vorbild der Dresdner Frauenkirche als barocker achteckiger Zentralbau mit steilem Zeltdach und Glockentürmchen errichtet. Einmal in dieser Weihnachtskirche die Christmette feiern: Welch ein Erlebnis!

Man kann natürlich auch in die Bergbaustadt Freiberg fahren. Hier bietet der mittelalterliche Obermarkt eine wunderbare Kulisse für den Weihnachtsmarkt. Dann betritt man durch die romanische Goldene Pforte den prunkvoll ausgestatteten Dom St. Marien. Von der Tulpenkanzel verkündet der Pastor die Weihnachtsbotschaft, und die große Silbermannorgel, die 2010 generalüberholt wurde, spielt jetzt noch brillanter »In dulci jubilo: Nun singet und seid froh!«

wurde 1870 der Nussknackerkönig geboren – 126 Handarbeitsschritte sind notwendig, um ihn herzustellen. In Neuhausen zeigt Europas einziges Nussknackermuseum an die 2000 Figuren aus al-

▶ Informationen

Anfahrt:
Von Chemnitz über Marienberg bzw. von Chemnitz oder Dresden mit dem Regionalzug nach Olbernhau, ab hier regelmäßige Busverbindung nach Seiffen. Zugverbindung von Chemnitz bzw. Dresden nach Freiberg.

Info:
• **Tourist-Information Seiffen**
Hauptstr. 79
09548 Kurort Seiffen
Tel. 03 73 62/84 38
www.seiffen.de
• **Spielzeugmuseum**
Hauptstr. 73, Seiffen
Tel. 03 73 62/82 39
www.spielzeugmuseum-seiffen.de
Tgl. 10–17 Uhr

• **Tourist-Information Freiberg**
Burgstr. 1
09599 Freiberg
Tel. 037 31/27 36 64
www.freiberg-service.de

Unterkunft:
• In unmittelbarer Nähe des Spielzeugmuseums liegt ein Traditionshaus mit 500 Jahren Geschichte, liebevoll restaurierten Räumen und Restaurant: das **Hotel Erbgericht Buntes Haus.**
Hauptstr. 94, Seiffen
Tel. 03 73 62/77 60
www.erzgebirgshotels.de
• Ein romantisches Jugendstilhotel mit eleganten Zimmern und Restaurant in Freiberg ist der **Silberhof.**

Silberhofstr. 1, Freiberg
Tel. 037 31/268 80
www.hotel-silberhof.com

Restaurants:
• Im Hotel **Seiffener Hof** kommen erzgebirgische Spezialitäten auf den Tisch.
Hauptstr. 31, Seiffen
Tel. 03 73 62/130
Fax 13 13
www.seiffener-hof.de
• Im Hotel Wettiner Höhe bietet das Restaurant **Tafel-SPIZZ** neben feineren deutschen und internationalen Gerichten auch rustikale Küche aus dem Erzgebirge.
Jahnstr. 23, Seiffen
Tel. 03 73 62/14 00
Fax 141 40
www.wettiner-hoehe.de

Meißen

Weißes Gold

»Tu mir zurecht, Böttger, sonst lass ich dich hängen.« So motivierte August der Starke den jungen Johann Friedrich Böttger, denn der ließ die versprochene Goldherstellung für Augusts Geschmack allzu gemächlich angehen.

Hohe Kunst der Porzellanmalerei in Meißen

Die Albrechtsburg, erste Porzellanmanufaktur Europas

Ausgerechnet in die Hände des verschwendungssüchtigen sächsischen Kurfürsten war der unglückliche Alchimist gefallen, und nun sollte das wertvolle Edelmetall her. Das Gold, dessen Rezeptur Böttger im Jahr 1709 dem Naturforscher Ehrenfried Walther von Tschirnhaus abschaute, war dann zwar weiß und nicht goldgelb, aber August war dennoch hochzufrieden: Bis dato hatte sich die Niederländisch-Ostindische Kompanie mit dem Import von Vasen, Tässchen und Tellern aus China die Taschen gefüllt, und alle Mächtigen Europas fieberten danach, das wertvolle Porzellan selbst herstellen zu können. Böttger machte schließlich die fabrikmäßige Produktion möglich. 1710 gründete August auf der Albrechtsburg die erste Porzellanmanufaktur Europas. Seit 1723 sind die dem Wappenschild der sächsischen Kurfürsten entnommenen kobaltblauen Schwerter unverkennbares Markenzeichen des Meißener Porzellans. Bald lösten Blumenmalerei und Zwiebelmuster die frühen Chinoiserien ab. Johann Joachim Kaendler modellierte im 18. Jahrhundert die heute teuer gehandelten fantasievollen Porzellanfigürchen, wobei er sich von der italienischen Commedia dell'Arte und der Schäferromantik des Rokoko inspirieren ließ. Als zeitloses Kunstwerk gilt

Kaendlers 1753 entstandene Affenkapelle, die heute in der Sammlung Ludwig in Bamberg zu sehen ist. Auch in späterer Zeit blieb die hohe künstlerische Qualität des Meißener Porzellans stets gewahrt.

Heute zieht es Touristen aus aller Welt in das 1000-jährige Meißen 26 Kilometer nordwestlich von Dresden, und sie bekommen viel mehr zu sehen als nur die Porzellanfabrik. Vom barocken Schloss Proschwitz, Sachsens ältestem noch existierendem Weingut, schweift der Blick über das Elbtal zum »Palladium des Sachsenlandes« (Gottfried Semper): dem harmonischen Ensemble aus gotischem Dom, Bischofsschloss mit Rundturm und Albrechtsburg, das auf einem steilen Plateaufelsen majestätisch thront. Hier hatte Heinrich I., König des Ostfrankenreichs, im Jahr 929 die Gründung der ersten Burg mit Namen Misni beschlossen, die als Bollwerk für die Eroberung slawischer Territorien dienen sollte – die Wiege des Sachsenlands.

Unter Markgraf Heinrich dem Erlauchten blühte auf der Meißener Burg der mittelalterliche Minnesang: Walther von der Vogelweide war 1210 zu Gast, Heinrich Frauenlob von Meißen besang ein Jahrhundert später auch Frauen aus dem einfachen Volk. Ihr heutiges Aussehen erhielt die Albrechtsburg zwischen 1471 und 1525: ein spätgotischer Profanbau mit ersten Schmuckelementen der Renaissance. Als Meisterwerk des Treppenbaus gilt wegen seiner spielerischen Leichtigkeit der Große Wendelstein. Da die Albrechtsburg fast nie bewohnt war, konnte sie ihr Erscheinungsbild bis heute weitgehend erhalten.

Stilreine Gotik zeichnet den um 1260 begonnenen Meißner Dom aus. Goethe rühmte ihn in höchsten Tönen als »das schlankeste, schönste aller Gebäude, die ich kenne, durch keine Monumente verdüstert, durch keine Emporkirchen verderbt«. Die Türme der 1413 weitgehend eingestürzten Doppelturmfassade wurden allerdings erst von 1904 bis 1909 neogotisch wieder aufgebaut. Aus der Naumburger Werkstatt stammen die Stifterfiguren im Chor.

Meißens romantische Altstadt hat nicht nur den Zweiten Weltkrieg unbeschädigt überstanden, sondern auch – mit knapper Not – die Gleichgültigkeit der DDR-Zeit überlebt. Heute präsentiert sie sich mustergültig restauriert, mit engen Kopfsteinpflastergassen, vielen Treppen und schönen Ausblicken. Viele Bürgerhäuser besitzen noch reich verzierte Renaissance- und Barockportale, und in den alten Werkstätten rund um die Albrechtsburg haben sich Porzellan- und Antiquitätenhändler eingerichtet.

Das Meißener Porzellan wird schon seit 1863 in der neuen Fabrik im Triebischtal hergestellt, wo man den Handwerkern über die Schulter schauen kann. Aber auch in den Museumsräumen der ersten Manufaktur auf der Albrechtsburg demonstriert eine Schauwerkstatt, wie man das weiße Gold mit Kaolin, Quarz, Feldspat, sehr viel Hitze und noch mehr künstlerischem Geschick herstellt. Jeweils 3000 erlesene Porzellanstücke werden im Wechsel gezeigt.

Hinterher kann man im Café Zieger Meißener Fummel kosten, ein sehr luftiges Gebäck, das August der Starke angeblich den Fuhrleuten mit dem Meißener Porzellan mitgeben ließ. Blieb das fragile Gebäck intakt, dann war auch das kostbare Porzellan heil geblieben.

▶ Informationen

Anfahrt:
Straßen- und Zugverbindung (S-Bahn) mit Dresden.

Info:
• **Tourist-Information**
  Markt 3, 01662 Meißen
  Tel. 035 21/419 40
  Fax 41 94 19
  www.stadt-meissen.de
• **Besucherzentrum auf der Albrechtsburg mit Museumsshop**
  Domplatz 1
  Tel. 035 21/470 70
  www.albrechtsburg-meissen.de
  März–Okt. tgl. 10–18, Nov. bis Febr. bis 17 Uhr

Unterkunft:
• Eine Jugendstilvilla (1870) mit Elbblick und komfortablen Zimmern ist das **Parkhotel Meißen.**
  Hafenstr. 27
  Tel. 035 21/722 50
  Fax 72 29 04
  www.parkhotel-meissen.de
• In der Altstadt bietet das bereits im Jahr 1657 urkundlich erwähnte **Hotel Goldener Löwe** stilvolle Unterkunft und ein Restaurant mit regionaler und internationaler Küche.
  Heinrichsplatz 6
  Tel. 035 21/411 10
  www.goldener-loewe-meissen.com

Restaurants:
• Mittelalterliche Atmosphäre, sächsische Küche und Meißner Vincenzwein bietet das historische **Romantikrestaurant Vincenz Richter.**
  An der Frauenkirche 12
  Tel. 035 21/45 32 85
  www.vincenz-richter.de
• Noch älter ist der seit 1470 existierende **Domkeller,** wo es so wohlklingende Gerichte wie »Dohmgellerschmaus glei fom Ohworr im Diechl serwierd midd verschiednen Schdeegs« mit Meißener Wein gibt.
  Domplatz 9
  Tel. 035 21/45 76 76
  www.domkeller-meissen.de

Schloss Moritzburg

Ein König geht jagen

»Hier, Mademoiselle, regieren nur Sie. Und aus dem Großsultan, den ich jetzt noch spiele, wird Ihr Sklave werden.« So warb August der Starke im Winter 1696/97 auf der Moritzburg bei Dresden um Maria Aurora von Königsmarck, die seine erste offizielle Mätresse werden sollte.

Der junge August musste sich einiges einfallen lassen, um die kluge Schwedin zu erobern, von der Voltaire sagte, sie sei die bemerkenswerteste Frau zweier Jahrhunderte gewesen. »Zähne wie Perlen, feurige dunkle Augen, volles schwarzes Haar hoben den Glanz ihrer weißen Haut«, pries ein Zeitgenosse die Schönheit der Gräfin. Also bereitete August auf Schloss Moritzburg ein rauschendes Fest vor. Eine Schar leicht geschürzter Nymphen, deren Anführerin als Diana verkleidet war, empfing die neue Favoritin. Dann trat August auf, verkleidet als Gott Pan und umgeben von einem Satyrgefolge. Nach einer spielerischen Hirschjagd brachte man Aurora mit einer Gondel auf eine Insel im Schlossteich, wo in einem türkischen Zelt der nun als Sultan verkleidete August wartete. Schließlich legte der Kurfürst ein kostbares Diadem um Auroras Hals, und da war's um die Morgenröte geschehen.

Auroras Stern sollte zwar bald wieder sinken, aber 25 Jahre später beauftragte August seine Baumeister Matthäus Daniel Pöppelmann und Zacharias Longuelune damit, das Jagdschloss im Barockstil umzubauen. Kurfürst Moritz von Sachsen (1541–1553) hatte einst hier im Friedewald, dem bevorzugten Jagdgebiet der Wettiner, ein kastellartiges Schloss im Stil der Renaissance errichten lassen. Pöppelmann machte daraus ein prächtiges Lustschloss in Ocker und Weiß, dessen vier rot bemützte Eckrundtürme sich effektvoll im damals ebenfalls neu angelegten Schlossteich spiegeln. Bei den zahlreichen Wasserfesten auf Schloss Moritzburg wurden auf dem Großteich sogar Seeräuberspiele veranstaltet. Dazu errichtete man künstliche Ruinen und mit Geschützen versehene Bastionen, die sogenannten Dardanellen. Die nach dem Vorbild echter Kriegsschiffe geschaffene Miniaturfregatte ist allerdings nicht erhalten.

Vor dem Schloss bläst ein steinerner Piqueur zum fröhlichen Jagen. Aber August war nicht nur an kapitalen Hirschen, sondern auch an hübschen

Damen interessiert. In vielen Räumen des Schlosses hängen Geweihtrophäen, so auch im Steinsaal, wo das etwa 10 000 Jahre alte Schaufelgeweih eines Riesenhirsches ausgestellt ist, ein kostbares Geschenk des Zaren Peter I. Im »Zimmer mit den Damenbildnissen« sind dagegen sieben sächsische und polnische Hofdamen verewigt: nur eine sehr kleine Auswahl der ganz speziellen Trophäen des unersättlichen Kurfürsten, der Hunderte von Kindern gezeugt haben soll.

Über 200 Räume zählt das Schloss, das seit 1947 als Sächsisches Barockmuseum dient. Als schönster Saal gilt der Audienz- oder Monströsensaal mit seiner Ausstellung von fehlgebildeten Geweihtrophäen, darunter der berühmte Moritz-

burger 66-Ender. Die kostbaren Ledertapeten, die mit Blattsilber belegt und danach mit Goldlack und Farben kunstvoll verziert wurden, zeigen – natürlich – Jagdszenen, in denen Diana, die antike Göttin der Jagd, nicht fehlen darf. Beim Spaziergang durch die Gemächer kann man sich kaum sattsehen an dem verspielten Barockmobiliar aus Frankreich und Sachsen, an ostasiatischen und europäischen Lackmöbeln, an feinstem Meißener Porzellan und an Gemälden europäischer Meister des 18. Jahrhunderts. In der frühbarocken Schlosskapelle fasziniert die Statue des gegeißelten Christus (um 1725) von Balthasar Permoser. Einen wunderbaren Kontrapunkt setzt hier das unter Kurfürst Friedrich August III. im Jahr 1770

Auf dem See, in dem sich die Moritzburg spiegelt, wurden einst Seeräuberspiele inszeniert

Der Monströsensaal ist einer von vier Prunksälen im Obergeschoss des Schlosses Moritzburg

entstandene Fasanenschlösschen, eine verspielte Chinoiserie des sächsischen Rokoko. Drunten am Teich wurde ein Miniaturhafen angelegt, mit dem am weitesten landeinwärts gelegenen Leuchtturm Europas, der als standesgemäße Kulisse für die auf dem See nachgestellten Seeschlachten diente.

Dass sich August der Starke gern die eine oder andere königliche Extravaganz leistete, erfährt man im Federzimmer, in dem nach 19-jähriger Restaurierungszeit nun wieder »ein von allerhand bunten natürlichen und gemahlten Federn kostbar gewürcktes« Paradebett mit Baldachin und Vorhängen zu sehen ist: Millionen in Leinwand gewebte Federn von Hühnern, Enten, Eichelhähern, Pfauen und Fasanen. 1723 kaufte August dem Federschmücker Nicolas Le Normand das außergewöhnliche Stück ab. Man kann nur hoffen, dass Augusts Mätressen im Bett nicht allzu oft niesen mussten …

▶ Informationen

Anfahrt:
Vom Bahnhof Dresden-Neustadt verkehrt ein Bus. Ein besonderes Erlebnis ist die Fahrt von Radebeul mit dem »Lößnitzdackel«, Sachsens dienstältester Schmalspurbahn, nach Moritzburg.

Info:
• **Moritzburg Tourismus**
  Schlossallee 3b
  01468 Moritzburg
  Tel. 03 52 07/85 40
  Fax 854 20
  www.schloss-moritzburg.de
• Das **Schloss** ist April–Okt. tgl. 10–18, Nov.–März Di–So 10–18 Uhr (Kassenschluss jeweils 17 Uhr) geöffnet.
• An den ersten drei Sonntagen im September finden die **Mo-**

ritzburger Hengstparaden des Sächsischen Landgestüts (www.smul.sachsen.de/sgv) statt.

Unterkunft:
• Nur wenige Meter vom Schloss entfernt bietet im historischen Ortskern das **Hotel Landhaus Moritzburg** komfortable Zimmer und regionale Küche.
  Schlossallee 37
  Tel. 03 52 07/896 90
  www.landhaus-moritzburg.de
• Angenehm schläft man auch im familiengeführten **Hotel Eisenberger Hof,** in dem vorzügliche sächsische Hausmannskost auf den Tisch kommt.
  Kötzschenbrodaer Str. 8

Tel. 03 52 07/99 17 70
www.eisenberger-hof.net

Restaurants:
• Im ehemaligen Torwärterhaus von 1770 serviert die **Churfürstliche Waldschänke** sächsische und internationale Gerichte.
  Große Fasanenstr. 1
  Tel. 03 52 07/86 00
  www.waldschaenke-moritzburg.de
• Deftigen Räuberschmaus mit Fisch- und Schlachtspezialitäten verspricht die **Räuberhütte.**
  An der Räuberhütte 1
  Tel. 03 52 07/811 95
  www.räuberhütte-moritzburg.de

Dresden

Barocke Pracht

Stahlblau glänzt die Elbe, in mattem Ocker schimmern die barocken Prachtbauten, und darüber wölbt sich ein silbriger Himmel: So kennt man Canalettos berühmteste Stadtansicht von 1748, die im Saal 102 der weltbekannten Dresdner Gemäldegalerie Alte Meister hängt.

»Nun ja, ein wenig geschummelt hat Canaletto schon bei der Perspektive«, erklärt ein Student der Kunstakademie, der am Neustädter Ufer im barocken Garten des Japanischen Palais den »Canaletto-Blick« gefunden hat und jetzt die gleiche und doch Stunde um Stunde wechselnde Stimmung auf Leinwand zu bannen sucht. Für die Vedute »Dresden vom rechten Elbufer unterhalb der Augustusbrücke« hatte Canaletto die Hofkirche und die unter August dem Starken errichtete Elbbrücke als Schwerpunkt der Komposition gewählt und zum Ausgleich die steinerne Kuppel der Frauenkirche in relative Ferne gerückt.

Trotz mancher Überhöhung und Idealisierung haben die Darstellungen des Venezianers beim Wiederaufbau Dresdens unschätzbare Dienste geleistet. Kurfürst Friedrich August II. hatte 1748 Bernardo Bellotto, genannt Canaletto, zum Hofmaler ernannt – mit der Auflage, alle drei Monate eine Vedute der sächsischen Residenzstadt zu fertigen, die zu dieser Zeit ein Mittelpunkt spätbarocker Kunst und Kultur war. Der Siebenjährige Krieg beendete 1756 diese glorreiche Zeit.

Herders »Elbflorenz« entfaltet seinen ganzen Zauber vom Fluss aus. Die 90-minütige Fahrt mit dem Schaufelraddampfer vom eleganten Schloss Pillnitz zurück nach Dresden ist ein unvergessliches Erlebnis. Durch eine malerische Weinberg-

So muss Canalettos Dresden ausgesehen haben

landschaft gleitet man vorbei an den drei Elb-schlössern und unter der Hängebrücke »Blaues Wunder« hindurch. Zurück in der Stadt, hat man auf der Brühlschen Terrasse, dem einstigen »Bal-kon Europas«, Blick auf die Dresdner Prachtbau-ten. Gottfried Sempers berühmte Oper fügt sich vortrefflich in die eindrucksvolle Szenerie ein. 1878 setzte Goethes »Iphigenie« den Auftakt zu zahlreichen umjubelten Aufführungen, 1911 ge-riet die Premiere des »Rosenkavalier« von Ri-chard Strauss zu einem rauschenden Fest. 1985 wurde die Oper nach langjährigem Wiederaufbau neu eröffnet, diesmal mit Webers »Freischütz«.

»Ich musste, was schön sei, nicht erst aus Bü-chern lesen«, beschrieb Erich Kästner das Glück, in Dresden aufgewachsen zu sein. Auf dem Thea-terplatz begreift man schnell, was Kästner meinte.

Zwinger, Sempergalerie, Hofkirche, Schloss, Ta-schenbergpalais, Semperoper, die klassizistische Altstädter Wache Schinkels und das von 1911 bis 1913 entstandene Italienische Dörfchen von Hans Erlwein bilden trotz der unterschiedlichen Bau-stile ein einzigartiges, harmonisches architektoni-sches Ensemble. »Soviel ich vermag«, lautete die Devise Augusts des Starken – und das war einiges. Unter seiner Herrschaft von 1694 bis 1733 ent-standen die Dresdner Meisterwerke des Barock; unter seinem nicht minder kunstsinnigen Erben August III. wurden sie vollendet.

Die Pläne für den Zwinger hatte August der Starke sogar eigenhändig entworfen. Auf einer Bastion der Stadtbefestigung schufen Matthäus Daniel Pöppelmann und der Balthasar Permoser ein eigentlich als Orangerie konzipiertes Meister-

Pause mit Aussicht: Blick von den Elbwiesen auf das Dresdner Panorama

Der barocke Zwinger gehört zu den bekanntesten Bauwerken Dresdens

werk des höfischen Barock. August wollte damit dem französischen Sonnenkönig nacheifern: ein großer Festplatz, umgeben von Galerien, Pavillons und dem Kronentor. »Die sämtlichen Gebäude sind durch eine rings herum geführte Galerie miteinander vereinigt, darauf findet man nicht nur die schönsten Spatzier Gänge, … sondern es pflegen auch in diesem mitten in der Stadt und ganz nahe am Schlosse liegenden Garten die vornehmsten Damen und Cavaliere vom Hofe und viele Einwohner der Stadt spatzieren zu gehen, welche sich an den lustigen Aussichten nach allen vier Himmels-Gegenden daselbst ergötzen.« So beschrieb Pöppelmann sein grandioses Werk.

Aus dem restlichen Schlossprojekt wurde dann nichts mehr. Erst Sempers fast 100 Jahre später entstandene Galerie schloss den Zwinger zur Elbseite hin endlich ab. Am 13. Februar 1945 sank die ganze Pracht in Trümmer, doch schon zu DDR-Zeiten konnte man wieder durch das Kronentor schreiten und August als »Hercules Saxonicus« auf der Zinne des Wallpavillons bewundern. Heute sind hier die Gemäldegalerie Alte Meister mit Raffaels »Sixtinischer Madonna«, die Porzellansammlung und der Mathematisch-Physikalische Salon untergebracht. Ein Erlebnis sind die Serenaden im Zwinger und die Ballettaufführungen vor den Giebelbauten des Wallpavillons.

Auch das Dresdner Schloss ist – zumindest äußerlich – in seiner Formenpracht von Renaissance und Neorenaissance wiedererstanden. So konnte 2004 das Kupferstichkabinett an seinen angestammten Platz zurückkehren, die Türkische Cammer folgte 2010, und die Rüstkammer zog

▶ **Seitenblick**

Erich Kästners Kindheit

In der Königsbrücker Str. 66 kam Erich Kästner 1899 zur Welt. In der Villa seines Onkels am Albertplatz war er oft zu Besuch. In seinen Erinnerungen schreibt er: »Am liebsten hockte ich dann auf der Gartenmauer und schaute dem Leben und Treiben auf dem Albertplatze zu. Die Straßenbahnen, die nach der Altstadt, nach dem Weißen Hirsch, nach dem Neustädter Bahnhof und nach Klotzsche und Hellerau fuhren, hielten dicht vor meinen Augen, als täten sie's mir zuliebe. Hunderte von Menschen stiegen ein und aus und ein und um, damit ich etwas zu sehen hätte.« Mutter Kästner tat alles, um ihren Sohn zu fördern: Ein Zimmer wurde an den Lehrer Schurig vermietet, der dem Sohn ein anregender Gesprächspartner werden sollte.

Prachtvolle Ergänzung der Dresdner Stadtsilhouette ist die bis 2005 wieder aufgebaute Frauenkirche

2013 in den Riesensaal ein. Ebenfalls 2004 wurde im ersten Obergeschoss des Westflügels das Neue Grüne Gewölbe wiedereröffnet, das Schätze wie die Elfenbeinfregatte und die Hutagraffe mit dem Grünen Diamanten präsentiert. Noch prunkvoller erstrahlt seit 2006 das Historische Grüne Gewölbe von 1723 im Erdgeschoss: ein barockes Gesamtkunstwerk. Wer das Glück hat, eine der streng limitierten Eintrittskarten zu ergattern, betritt eine der kostbarsten Schatzkammern Europas. Juwelenzimmer, Bernsteinkabinett, Elfenbeinzimmer, Weißsilbervergoldetes Zimmer… In all dem Spiegelglanz gehen die hier präsentierten Meisterwerke der Juwelier- und Goldschmiedekunst fast ein wenig unter.

Canalettos Stadtsilhouette beherrscht die katholische Hofkirche (Kathedrale), die den streng protestantischen Dresdnern lange ein Dorn im Auge war. Aber der sächsische Kurfürst wollte nun einmal gern König sein, und die Polen duldeten nur einen Katholiken auf ihrem Thron. August der Starke war für die Krone zwar konvertiert, hatte sich aber noch nicht an den Bau eines Gotteshauses getraut. Erst sein Sohn August III. beauftragte 1738 den römischen Architekten Gaetano Chiaveri mit dem Neubau der Kirche, die an prominenter Stelle mit ihrer versetzten Längsach-

se zum Denkmal der Gegenreformation wurde. 1755 wurde sie vollendet. Canaletto zeigt sie noch mit eingerüstetem Turm, der übrigens die Bombennacht von 1945 heil überstand. Erst 1807 durften ihre Glocken zum ersten Mal läuten.

In der Gruft sind 47 Angehörige des sächsischen Fürstengeschlechts aus der albertinischen Linie der Wettiner bestattet, darunter auch Sachsens letzter König, Friedrich August III., der 1918 mit den unvergesslichen Worten »Dann machd eiern Dregg alleene!« abgedankt haben soll. August der Starke ist allerdings im Krakauer Dom beigesetzt, lediglich sein Herz ruht hier in einer Bleikapsel. Der Legende nach beginnt das Herz des kurfürstlichen Weiberhelden kurz zu schlagen, wenn eine hübsche Dame vorbeigeht. Wenn August den Starken die Liebesglut packte, verlor er bekanntlich jedes Maß. So ließ er für seine Mätresse Anna Constantia von Cosel ein prächtiges Barockpalais erbauen; heute ist in dem aus Ruinen wieder aufgebauten Taschenbergpalais das Kempinski-Hotel untergebracht, das sich 2016 die berühmt-berüchtigte Bilderberg-Konferenz als Tagungsort auswählte.

Seit 2005 ist Canalettos Stadtsilhouette endlich wieder komplett. 60 Jahre hat es gedauert, bis die viel geliebte Frauenkirche wiedererstand, das

»Dräsdner Schmäckerschen«. Der Wiederaufbau kostete 180 Millionen Euro, rund zwei Drittel wurden durch Spenden finanziert. Der 95 Meter hohe turmartige Zentralbau George Bährs war eine der großartigsten Kirchenschöpfungen des Protestantismus, in der später Barock und früher Klassizismus verschmelzen. Canaletto bildete die Kirche mehrfach im Detail ab, u. a. in den Veduten »Neuer Markt in Dresden von der Moritzstraße« und »Der Neumarkt vom Jüdenhofe«. Die grandiose Kuppel widerstand dem dreitägigen Beschuss durch die Kanonen Friedrichs des Großen und zunächst sogar den Bomben des Zweiten Weltkriegs, doch am 15. Februar 1945, einen Tag nach der verheerenden Dresdner Bombennacht, stürzte sie ausgeglüht in sich zusammen. 3634 alte Sandsteinquader wurden geborgen und in den Neubau eingefügt: Man erkennt sie an der dunklen Färbung. Das vergoldete Kuppelkreuz schmiedete der Sohn eines britischen Bomberpiloten. Während die Ruine zu DDR-Zeiten als Mahnmal gegen den Krieg diente, ist die Frauenkirche nunmehr ein Symbol der Versöhnung wie auch das von Daniel Libeskind entworfene und im Oktober 2011 eröffnete Militärhistorische Museum der Bundeswehr. Hier wird das Kriegshandwerk aus der Perspektive der Opfer beleuchtet: eine ebenso ergreifende Mahnung zum Frieden wie das »Dresdner Requiem« des ehemaligen Kreuzkantors Rudolf Mauersberger.

► Informationen

Anfahrt:
Autobahn- und Zugverbindung u. a. mit Berlin, Leipzig und Nürnberg.

Info:
Tourist-Information
Neumarkt 2, 01067 Dresden, und im Hauptbahnhof
Tel. 03 51/50 15 01
www.dresden.de

Unterkunft:
• Nobel schläft man im wieder errichteten Barockpalast des **Kempinski Hotel Taschenbergpalais.**
Taschenberg 3
Tel. 03 51/491 20
www.kempinski-dresden.de
• In einem schönen barocken Herrenhaus untergebracht ist die **Bülow Residenz** in der Neustadt, die durch ihre intime Atmosphäre, Zimmer mit Kirschbaummobiliar und ein Gourmetrestaurant besticht.

Rähnitzgasse 19
Tel. 03 51/800 32 91
www.buelow-residenz.de
• Ein sanierter Gründerzeitbau ist das **Hotel Artushof,** in dessen Zimmern Kachelöfen aus Meißen stehen.
Fetscherstr. 30
Tel. 03 51/44 59 10
www.artushof.de

Restaurants:
• Wo Bellotto die Altstadt malte, da serviert heute im empfehlenswerten Hotel Westin Bellevue das **Restaurant Canaletto** vorzügliche neue deutsche Küche.
Große Meißner Str. 15
Tel. 03 51/805 16 58
www.westin-dresden.de/restaurant
• Die mediterrane Leichtigkeit des Seins verkörpert die **Villa Marie** am Blauen Wunder mit saisonal wechselnden italienischen Klassikern.

Fährgässchen 1
Tel. 03 51/31 54 40
www.villa-marie.com
• Rustikal wird im **Gewölberestaurant Pulverturm** getafelt, z. B. Dresdner Sauerbraten oder Schweine-Würzfleisch.
An der Frauenkirche 12
Tel. 03 51/26 26 00
www.pulverturm-dresden.de
• **Pfunds Molkerei,** den »schönsten Milchladen der Welt«, muss man wegen seines wunderbaren historischen Fliesendekors ohnehin besuchen. Das angeschlossene Restaurant im ersten Stock serviert Käse- und Quarkdelikatessen, darunter Käsesuppe oder Quarkkeulchen mit Apfelmus und Zimt.
Bautzner Str. 79
Tel. 03 51/810 59 48
www.pfunds.de

Sächsische Schweiz

Steinnadeln & Felsriffe

»Ich blickte von dem hohen Ufer herab über das herrliche Elbtal, es lag da wie ein Gemälde von Claude Lorrain unter meinen Füßen – es schien mir wie eine Landschaft auf einem Teppich gestickt, grüne Fluren, Dörfer, ein breiter Strom, der sich schnell wendet, Dresden zu küssen, und hat er geküsst, schnell wieder flieht – und der prächtige Kranz von Bergen, der den Teppich wie eine Arabeskenborde umschließt – und der reine blaue italische Himmel, der über die ganze Gegend schwebte …«

Wie in südlichen Gefilden muss sich Heinrich von Kleist gefühlt haben, als er seiner Schwester in einem Brief das Panorama des sächsischen Elbtals rund um Dresden schilderte. Schon August der Starke hatte in der ersten Hälfte des 18. Jahrhunderts die Landschaft um seine Residenzstadt mit Schlössern, Villen, Parks und Weinbergen zu einem sächsischen Italien umgestaltet.

Heute zählt das Elbtal zwischen Schloss Übigau im Westen von Dresden und dem östlich gelegenen Schloss Pillnitz zum Welterbe. Zu Augusts Zeiten fuhr man mit Gondeln nach Pillnitz und nach Pirna, das Canaletto in mehreren Veduten verewigte. Das nur 35 Kilometer von Dresden entfernte Elbsandsteingebirge aber diente lediglich als Zuflucht in unsicheren Zeiten.

Heute tuckert man mit historischen Schaufelraddampfern durch das Elbtal stromaufwärts bis nach Rathen, dem Tor zur Sächsischen Schweiz. Hier beginnt eine in Millionen von Jahren geformte Landschaft mit Tafelbergen, bizarren Felstürmen, Felsnadeln, Schluchten und Wäldern, in deren »Kellerklima« seltene Eiszeitblumen wie Gelbes Veilchen oder Sumpfporst gedeihen. Ab hier heißt es wandern, denn schon Ferdinand Thal riet 1846 von der Kutsche ab: »Wer zu Wagen reist und denselben nicht verlassen will, für den bleibt vieles ungesehen.«

Seit 2006 ist der historische Malerweg ausgewiesen, der über Lohmen durch den Uttewalder Grund zur Bastei, zum Hockstein, zur mittelalterlichen Burg Hohnstein, ins malerische Bad Schandau, durch das idyllische Kirnitzschtal, über

Aussicht auf die Basteibrücke

den Kuhstall und über den Großen Winterberg zum eindrucksvollen Felsgebilde des Prebischtors führt. Mit Eröffnung der Eisenbahnlinie Dresden–Tetschen–Bodenbach im Jahr 1851 geriet der Weg lange in Vergessenheit. Vor 250 Jahren hatten die Schweizer Maler und Kupferstecher Anton Graff und Adrian Zingg als Erste immer wieder die Landschaft im Elbsandsteingebirge gezeichnet und oft »Grüße aus der Sächsischen Schweiz« nach Hause geschickt. Die romantische Begeisterung für diese »ideale Landschaft« lösten aber erst die Bilder von Caspar David Friedrich (»Wanderer über dem Nebelmeer«, »Felsenschlucht«) und Ludwig Richters Radierungen (»Überfahrt am Schreckenstein«) aus. Carl Maria von Weber fand hier die Wolfsschlucht und damit vielleicht die Szenerie für seinen »Freischütz«, und den dänischen Märchendichter Hans Christian Andersen überwältigte das Panorama von der

Bastei 1831 vollends: »Hier ist es hoch, sehr hoch! Du musst ein paar Kirchtürme aufeinandersetzen und dann nicht schwindlig dabei werden, wenn du auf der obersten Spitze stehst. Ein Gitter ist angebracht, damit du nicht fällst!«

Den ersten Wanderführer hatte bereits 1801 der Lohmener Stadtpfarrer Heinrich Nicolai veröffentlicht: Sein »Wegweiser durch die Sächsische Schweiz« hat nichts von seinem Nutzen verloren. Aber schon 1848 beschwerte sich Karl Baedeker in seinem »Handbuch für Reisende in Deutschland und dem österreichischen Kaiserstaate« über den Andrang bei den Ausflugszielen und Gaststätten des »wild-romantischen Gebirgslands« in der Pfingstwoche. Im Oktober 1853 schoss der Lichtbildner Hermann Krone auf der Bastei die ersten deutschen Landschaftsfotos.

Geklettert wurde hier schon in der Mitte des 19. Jahrhunderts, nur nannte man das noch nicht

Eines der herausragendsten Naturdenkmäler des Elbsandsteingebirges ist das Prebischtor

Tiefblick zur Elbe hinunter mit Wartturm

»Freeclimbing«. Auch das »Boofen«, das Übernachten in freier Natur unter Felsvorsprüngen oder in einer der zahlreichen Höhlen, hat eine lange Tradition, der die Nationalparkverwaltung jetzt, ebenso wie dem Klettern, klare Regeln auferlegt. Nur ausgewiesene frei stehende Felstürme dürfen erobert werden. Die besten »Boofplätze« werden per Mundpropaganda weitergegeben, inzwischen sogar mit GPS-Koordinaten: Teufelsturm, Bussardboofe, Rauschengrund, Falknertürme, Sachsenhöhle im Dom … Die Profis wissen Bescheid.

Trotz Millionen Besuchern pro Jahr – schließlich braucht die S-Bahn von Dresden nach Rathen gerade mal 20 Minuten – findet man in der Sächsischen Schweiz nach wie vor einsame Wanderwege, besonders im Ostteil des 1990 eingerichteten Nationalparks mit dem Kletterparadies der Schrammsteine, dem Felsentor namens Kuhstall und dem Großen Winterberg, über dessen Südseite die Grenze zu Tschechien verläuft. 1200 Kilometer sind markiert. Uhus, Wanderfalken, Schwarzstörche und Kolkraben nisten hier, und von Böhmen wandern sogar immer wieder Luchse ein.

Die kurze Wanderung von Rathen hinauf zur 200 Meter über der Elbe aufragenden Bastei ist dagegen alles andere als einsam. Man unternimmt sie am besten am frühen Morgen, da teilt man sich den Ausblick nur mit Hunderten statt Tausenden Besuchern. Links am Horizont sieht man die böhmischen Berge, rechts das Erzgebirge, vorn der Königstein mit der Festung und der Lilienstein. Und drunten mäandert die Elbe durch das Tal.

▶ Seitenblick

Nationalpark Sächsische Schweiz

1990 wurde der Nationalpark eingerichtet, um die charakteristische Natur des Elbsandsteingebirges zu schützen. Die imposanten, stark zergliederten Sandsteinnadeln und Felsriffe entstanden durch Erosion: Die Elbe und ihre Nebenflüsse formten aus der über 600 m dicken Sandsteinschicht der Kreidezeit diese in Europa einmalige Felslandschaft. Von einsamen Kiefern bestandene Gipfel wechseln mit tief eingeschnittenen Tälern und urwüchsigen Buchenwäldern.

Im Wehlgrund zwischen Bastei und Gansfelsen suchten 1938 Winnetou und Old Shatterhand während der ersten Karl-May-Festspiele der Welt auf der Felsenbühne Rathen nach dem Schatz im Silbersee. Und dann hinüber zum Lilienstein, der den großartigsten Blick auf die Bastei bietet. Im Herbst, wenn über der Elbe noch Nebelschwaden hängen und die Sonne die Felsen erleuchtet, ist das fast nicht auszuhalten vor Schönheit. »Glotz nicht so romantisch«, würde Brecht dazu sagen.

Es gab ja durchaus Menschen, die dem Idyll herzlich wenig abgewinnen konnten. Auf der über dem Elbtal thronenden Festung Königstein wurden zwischen 1591 und 1922 mehr als 1000 Häftlinge festgehalten, darunter Johann Friedrich Böttger, Gründer der Porzellanmanufaktur (1706/ 1707), der Anarchist Michail Alexandrowitsch Bakunin (1849/1850), August Bebel (1874) und Frank Wedekind (1899).

Im 18. Jahrhundert ging es aber auch fidel zu: Der trinkfeste August der Starke feierte hier rauschende Feste und ließ seinen Hofarchitekten Matthäus Daniel Pöppelmann ein Weinfass konstruieren, das eine Viertelmillion Liter fasste. Und als Friedrich der Große im Siebenjährigen Krieg in Sachsen einfiel, konnte ihm der sächsische Hof von der uneinnehmbaren Festung aus eine lange Nase drehen.

▶ Informationen

Anfahrt:

Von Dresden nach Rathen und Bad Schandau die Elbe entlang mit Auto, S-Bahn oder Elbdampfer. Für Sportliche empfiehlt sich der Elberadweg.

Info:

- **Tourismusverband Sächsische Schweiz e.V.**
  Bahnhofstr. 21, 01796 Pirna
  Tel. 035 01/47 01 47
  www.saechsische-schweiz.de
- **Staatsbetrieb Sachsenforst – Nationalparkamt Sächsische Schweiz**
  An der Elbe 4
  01814 Bad Schandau
  Tel. 03 50 22/90 06 00
  www.nationalpark-saechsische-schweiz.de

Unterkunft:

- Das **Wellnesshotel Amselgrundschlösschen** lockt mit Sauna, Aroma- und Heilbädern, Massagen und feiner regionaler Küche.

Amselgrund 3, Rathen
Tel. 03 50 24/743 33
Fax 744 44
www.amselgrund.de
- Mit dem herrlichen Ausblick vom 343 m hohen Wolfsberg wirbt seit 1890 das inzwischen modernisierte Fachwerkhaus **Panoramahotel Wolfsberg** am Waldrand in unberührter Natur. Es bietet komfortable Zimmer und sächsische und böhmische Küche.
  Zum Wolfsberg 102
  Reinhardtsdorf-Schöna
  Tel. 03 50 28/85 99 00
  Fax 85 99 13
  www.panoramahotel-wolfsberg.de

Restaurants:

- Authentisch-sächsische »Tafeleyen« wie zu Zeiten der Wettinerfürsten serviert das Restaurant **In den Kasematten** auf der Festung Königstein.

Tel. 035 02/644 44
www.kasematten.de
- Schon Hans Christian Andersen gefiel das Wirtshaus auf der Bastei über alle Maßen: Heute ist das **Berghotel Bastei** eine luxuriöse Wellnessoase mit noblen Zimmern und zweistöckigem Panoramarestaurant, in dem man feine internationale Küche genießt.
  Lohmen/Bastei
  Tel. 03 50 24/77 90
  Fax 77 94 81
  www.bastei-berghotel.de
- Das **Landgasthaus zum Schwarzbachtal** bietet nicht nur gemütliche Zimmer, sondern auch eine sehr empfehlenswerte regionale Küche mit frischesten Zutaten.
  Niederdorfstr. 3, Hohnstein
  Ortsteil Lohsdorf
  Tel. 03 59 75/803 45
  Fax 844 92
  www.schwarzbachtal.de

Bad Muskau

Ruinöser Traum

»Wer mich ganz kennenlernen will, muss meinen Garten kennen, denn mein Garten ist mein Herz.« So lautete das Credo von Hermann Fürst Pückler-Muskau (1785–1871), Mitglied des preußischen Hochadels, Frauenheld, Verfasser von Reisejournalen, Weltenbummler und Visionär – aber wohl nicht Erfinder der nach ihm benannten Eiskreation.

In Bad Muskau realisierte Fürst Pückler seinen Lebenstraum und ruinierte sich mit seiner Vision

Der Hof des Neuen Schlosses öffnet sich nach Osten hin zum Fürst-Pückler-Park

Vielleicht war ja Goethe an allem schuld. Auf dessen Anregung hin studierte der exzentrische Pückler um 1812/13 die Parks von Weimar und Dessau-Wörlitz, die ihm viel besser gefielen als die strenge Gartenarchitektur der Lenné'schen Parkanlagen von Potsdam. Danach streifte Pückler durch Gärten in England und Frankreich und fasste einen kühnen Plan: Auch er wollte mit den Mitteln der »Naturmalerei« ein solches Kunstwerk schaffen, und zwar in den idyllischen Oberlausitzer Neiße-Auen nördlich von Görlitz, wo er 1811 die Standesherrschaft geerbt hatte. Bald darauf begann er mit der Umgestaltung des Neißetals und der angrenzenden Höhen zu idealisierten Landschaftsbildern. Dabei schwebte ihm, wie er in seinem berühmten, 1834 erschienenen Werk »Andeutungen über Landschaftgärtnerey« darlegte, eine Parkschöpfung vor, »die nur den Charakter der freien Natur und der Landschaft haben [soll], die Hand des Menschen also wenig darin sichtbar seyn und sich nur durch wohlunterhaltene Wege und zweckmäßig vertheilte Gebäude bemerklich machen«.

Pückler ließ sich von den theoretischen Abhandlungen des englischen Gartengestalters Humphry Repton inspirieren, der sich mit seiner Arbeit in englischen Gärten und Parks einen internationalen Ruf erworben hatte. Kern der Muskauer Anlage ist der Schlosspark. Neu angelegte Seen, Wasserläufe, kulissenartige Baumgruppen, mit eisernen Ziergittern eingefasste Blumengärten: Zusammen mit einer Burgruine jenseits der Neiße, der Stadt Muskau, einem Weinberg, einem Bergwerk mit Wohnkolonie, dem Moorbad und zwei Dörfern fügt sich all das zu einem harmonischen Mosaik. Der Schriftsteller Friedrich Förster meinte 1832 auf Spaziergängen durch den Park, »durch eine Bildergalerie der schönsten Claude Lorrains, Poussins und Ruisdaels« zu gehen. Der Blumengarten beim Schloss als »ausgedehnte Wohnung« war durch den Pleasureground mit dem Park verbunden. Den Park verwandelte Pückler in eine idealisierende Industrielandschaft, die durch strahlenförmig vom Parkzentrum ausgehende Fahrwege erschlossen wurde. Die hier wohnenden Menschen durften als romantische Staffage bleiben, sogar unentgeltlich, und wurden, solange es ging, von Pückler mit Arbeit versorgt.

Um seine hochfliegenden Pläne zu verwirklichen, musste Pückler viel Land zukaufen, was ihn schließlich ruinierte. Schon 1826 hatte er sowohl sein Erbe als auch das Vermögen seiner verständnisvollen Frau Lucie durchgebracht. Daraufhin reichte Lucie pro forma die Scheidung ein, damit Pückler sich in England eine neue reiche Braut suchen konnte, was allerdings nicht von Erfolg gekrönt war. Lucie schaffte es jedoch, mit der Veröffentlichung von Pücklers Briefen an sie erneut etwas Geld in die Gartenkasse zu spülen. 1845 hatte Pückler einen Schuldenberg von 1,7 Millionen Talern aufgehäuft und musste verkaufen. Glücklicherweise vollendeten und pflegten die nachfolgenden Besitzer das Werk des Fürsten. Wie sehr sein Gartenreich die Landschaftsarchitektur in Europa und Amerika beeinflussen sollte,

erlebte der Fürst nicht mehr. Entmutigen ließ er sich allerdings nicht: Bereits 60-jährig, legte er auf völlig ebener sandiger Kiefernheide in seinem Erbbesitz Branitz bei Cottbus einen weiteren Landschaftspark mit zwei Pyramiden an. Heute zählt der Branitzer Park zu den schönsten Naturschöpfungen in der Lausitz.

Das Muskauer Gartenkunstwerk erklärte die UNESCO 2004 zum Weltkulturerbe. Das Alte Schloss im Renaissancestil und das Neue Schloss wurden 1945 zerstört, sind aber wieder aufgebaut. Auch das barocke, 1772 errichtete Kavaliershaus ist in alter Schönheit wiedererstanden, es dient nun als Kurhaus. Seit 2003 kann man über die Gitterbrücke in den polnischen Teil des Pücklerparks (Park Mużakowski) hinüberwandern, der ebenfalls in das Welterbe aufgenommen wurde. 2010 gründete die Stiftung Fürst-Pückler-Park Bad Muskau daher den grenzübergreifenden »Europäischen Parkverbund Lausitz«.

▶ Informationen

Anfahrt:
Von Berlin, Görlitz, Bautzen, Cottbus nach Bad Muskau. Zugverbindung zwischen Görlitz/Cottbus und Weißwasser, ab dort Bus oder an Wochenenden mit der Waldeisenbahn nach Bad Muskau (www.waldeisenbahn.de).

Info:
• **Fürst-Pückler-Park Bad Muskau – Tourismuszentrum** Muskauer Park Neues Schloss 02953 Bad Muskau Tel. 03 57 71/631 00 www.muskauer-park.de Ende März–Okt. tgl. 10 bis 18 Uhr, sonst kürzer und nur Sa/So.

Unterkunft:
• Mit viel Idealismus wird das **Parkstadthotel** betrieben, das in unberührter Wald- und Teichlandschaft unweit der Neiße und den Ausläufern des polnischen Parkteils liegt. Man kann hier Räder mieten. Schulstr. 45 Tel. 03 57 71/68 60 www.parkstadthotel.de
• Direkt am Parkrand findet man im Hotel & Gasthof **Am Schlossbrunnen** komfortable Zimmer und Lausitzer Küche. In der hauseigenen Glasschleiferei wird die Herstellung von Bleikristall gezeigt. Köbelner Str. 68 Tel. 03 57 71/52 30 www.schlossbrunnen.de

Restaurants:
• Lausitzer Küche kommt in der Gaststätte **Zum Bockkeller** auf den Tisch. Hier kann man auch übernachten. Bockkellergasse 2 Tel. 03 57 71/6 95 09
• Bodenständig ist die Küche auch in der Gaststätte **Am Wasserturm**, ebenfalls mit Gästezimmern. Schützenstr. 1 Tel. 03 57 71/689 40 www.wasserturm-badmuskau.de

Görlitz

Europastadt

Wo liegt das Zentrum Mitteleuropas? In Görlitz, der östlichsten Stadt der Bundesrepublik im Dreiländereck von Deutschland, Polen und Tschechien. Durch den Stadtpark verläuft der 15. Längengrad, hier herrscht exakt Mitteleuropäische Zeit. Die seit 1945 getrennten Ortsteile der niederschlesischen Stadt, das deutsche Görlitz und das polnische Zgorzelec, sind seit 2004 durch eine Fußgängerbrücke über die Neiße miteinander verbunden.

Es hat sich mittlerweile herumgesprochen, dass Görlitz, das 1945 kampflos durch die Rote Armee eingenommen wurde und aus diesem Grund fast unzerstört geblieben ist, eine der schönsten Städte Deutschlands ist. Kaum irgendwo sonst findet man ein so geschlossenes Bauensemble aus allen Stilepochen: Gotik, Renaissance, Barock, Gründerzeit und Jugendstil. Von Braunkohlestaub zerfressene Fassaden gibt es kaum noch, heute erstrahlen die historischen Gebäude in Gelb und Rosa.

Der um 1220 entstandene Untermarkt kündet noch heute vom Reichtum der alten Stadt, der dem Stapelrecht für Färberwaid zu verdanken war. Ein Juwel der Görlitzer Renaissancearchitektur ist das Rathaus, das mit einer elegant geschwungenen Freitreppe und einem prachtvollen Portal die gesamte Westfront des Platzes beherrscht. Die gotischen Kaufherrnhäuser der Tuchhändler brannten zwar 1525 ab, doch blieben die für Görlitz typischen Laubengänge erhalten, die vortrefflich mit den Renaissance- und Barockfassaden harmonieren. Auch die Grundstruktur der schmalen, aber tiefen spätmittelalterlichen

Hallenhäuser mit ihren großzügigen Eingangsbereichen kann man noch in einigen Fällen bewundern.

Schöne Gebäude sind auf der Ostseite des Markts der ehemalige Gasthof Brauner Hirsch und auf der Nordseite die Ratsapotheke aus dem Jahr 1550 mit doppelter Sonnenuhr sowie das Haus Nr. 22, dessen spätgotisches Portal seiner Akustik wegen Flüsterbogen genannt wird. Vom Untermarkt erreicht man durch die von Renaissancehäusern gesäumte Peterstraße die oberhalb der Neiße thronende spätgotische Pfarrkirche St. Peter und Paul mit dem weithin sichtbaren Turmpaar. Sie ist eine der größten Hallenkirchen Sachsens und besitzt ein großartiges Rippengewölbe, eine ausgemalte Krypta und ein kupfergedecktes Hochdach.

Renaissance- und Barockhäuser stehen auch in der Brüderstraße, die vom Untermarkt zum barock geprägten Obermarkt führt. Wendel Roßkopf d. Ä. errichtete 1526 den Schönhof, Deutschlands ältestes datiertes bürgerliches Renaissancehaus. Über der Erdgeschosslaube entfaltet sich eine Fassade mit Pilastergliederung, ionische Säu-

Die Brüderstraße verbindet den Görlitzer Ober- mit dem Untermarkt und ist Teil der Via Regia

len stützen den Renaissancesaal. Zu den prächtigsten Bürgerresidenzen zählt das Barockhaus in der östlich vom Untermarkt abzweigenden Neißestraße (Nr. 30). Hier ist die prunkvolle Oberlausitzische Bibliothek untergebracht. Gleich nebenan lässt sich an der Fassade eines im Jahr 1570 errichteten Renaissancebaus aus der Bibel lesen: Die figurenreichen Reliefs in den Brüstungsfeldern schildern das Leben Jesu, den Sündenfall, Abrahams Opfer und Moses beim Empfang der Gebote.

Aber Görlitz ist nicht nur für seine Renaissancebauten bekannt, sondern auch eine Perle des Jugendstils. Am Demianiplatz, gleich gegenüber der filigranen spätgotischen Frauenkirche, findet man Deutschlands einziges großes Warenhaus aus der Zeit vor dem Ersten Weltkrieg, das mit Arkadengang und Glaskuppel noch im Originalzustand erhalten ist. Bis heute gibt es im Kaufhaus Zum Strauß, dessen Wiedereröffnung mit hoch-

wertigem Sortiment frühestens 2018 geplant ist, keine Rolltreppen, dafür aber schönsten Jugendstil mit doppelläufigen Treppenaufgängen. Großstadtflair verbreitet auch die Straßburg-Passage von 1908 zwischen Berliner Straße und Jakobstraße.

Schon auf der ältesten Görlitzer Stadtansicht aus dem Jahr 1565 beherrschen Türme das Stadtbild. Eine barocke Haube krönt den Reichenbacher Turm am Obermarkt, von dem sich ein großartiger Blick auf die Altstadt bietet. Mächtig geben sich der Rundbau des Kaisertrutz sowie der Dicke Turm des ehemaligen Frauentors.

In der Nikolaivorstadt ist das einzigartige Heilige Grab zu bewundern, ein zwischen 1480 und 1504 entstandenes spätmittelalterliches Landschafts- und Architekturensemble. Eingebettet in die gestaltete Szenerie des Ölberggartens findet man die Doppelkapelle zum Heiligen Kreuz, die originalgetreue Nachbildung des maurisch-ro-

Oberlausitzische Bibliothek der Wissenschaften in der Neißestraße

manischen Heiligen Grabes sowie die Salbungs-
kapelle mit der Skulptur »Die Beweinung Jesu«
von Hans Olmützer. Wer also wissen möchte, wie
sich die heiligen Stätten Jerusalems um das Jahr
1460 dargeboten haben, der muss hierfür nach
Görlitz pilgern.

▶ Informationen

Anfahrt:
Autobahn von Berlin über
Dresden (Flughafen), Zugver-
bindung über Dresden und
Cottbus.

Info:
• **Görlitz-Information**
Obermarkt 32, 02826 Görlitz
Tel. 035 81/475 70
www.europastadt-goerlitz.de
• Im Mai feiert man das **Mu-
schelminnafest**, im Juni
spielen internationale Künstler bei den **Jazztagen Görlitz** auf, im Juli findet der
Schlesische Tippelmarkt
statt und im August das große **Görlitzer Altstadtfest**-
zusammen mit dem **Jakuby-
Fest Zgorzelec**.

Unterkunft:
• Barockes Ambiente prägt das
1706 errichtete **Hotel Börse,** dessen Zimmer mit Kron-
leuchtern und Himmelbetten
ausgestattet sind.
Untermarkt 16
Tel. 035 81/764 20
www.boerse-goerlitz.de
• In einem der ältesten Hallenhäuser bietet das **Hotel
Frenzelhof** stilvolle Zimmer.
Untermarkt 5
Tel. 035 81/42 08 72
www.frenzelhof.de

Restaurants:
• In den **Görlitzer Höfen** am
restaurierten Untermarkt
liegt das Restaurant Lucie
Schulte. Hier kommt leichte,

mediterran inspirierte Küche
mit frischen regionalen Zutaten auf den Tisch.
Untermarkt 22
Tel. 035 81/41 02 60
www.lucieschulte.de
• Sorbische Gerichte nach beinahe vergessenen Rezepten
erweckt der **Gasthof Drei-
beiniger Hund** in seinen
Gasträumen, die Renaissance-
gewölbe, barocke Holzbalken-
decken und Wandmalereien
des 19. Jhs. zeigen, zu neuem
Leben. Schon einmal Biber-
braten probiert?
Büttnerstr. 12/13
Tel. 035 81/42 39 80
www.dreibeinigerhund.de

Die Pfarrkirche St. Peter und Paul

Im Süden

Bei Föhn scheinen die Berge zum Greifen nah, und ein weiß-blauer Himmel rückt die Zwiebeltürme der Barockkirchen in heiteres Licht. In der Donau spiegeln sich die gotischen Münster von Ulm und Regensburg, im Bodensee und im Schwarzwald liegt die Wiege der mitteleuropäischen Klosterkultur. Besonders malerische Stadterlebnisse bieten Bamberg, Rothenburg und Heidelberg, weitere Glanzpunkte sind das mittelalterliche Nürnberg, die Renaissancemetropole Augsburg und die Barockstädte Würzburg und Passau. München schließlich bietet Kunstgenuss pur und dazu bayerische Lebenslust in schattigen Biergärten.

Wallfahrtskirche Birnau bei Unteruhldingen
am Bodensee

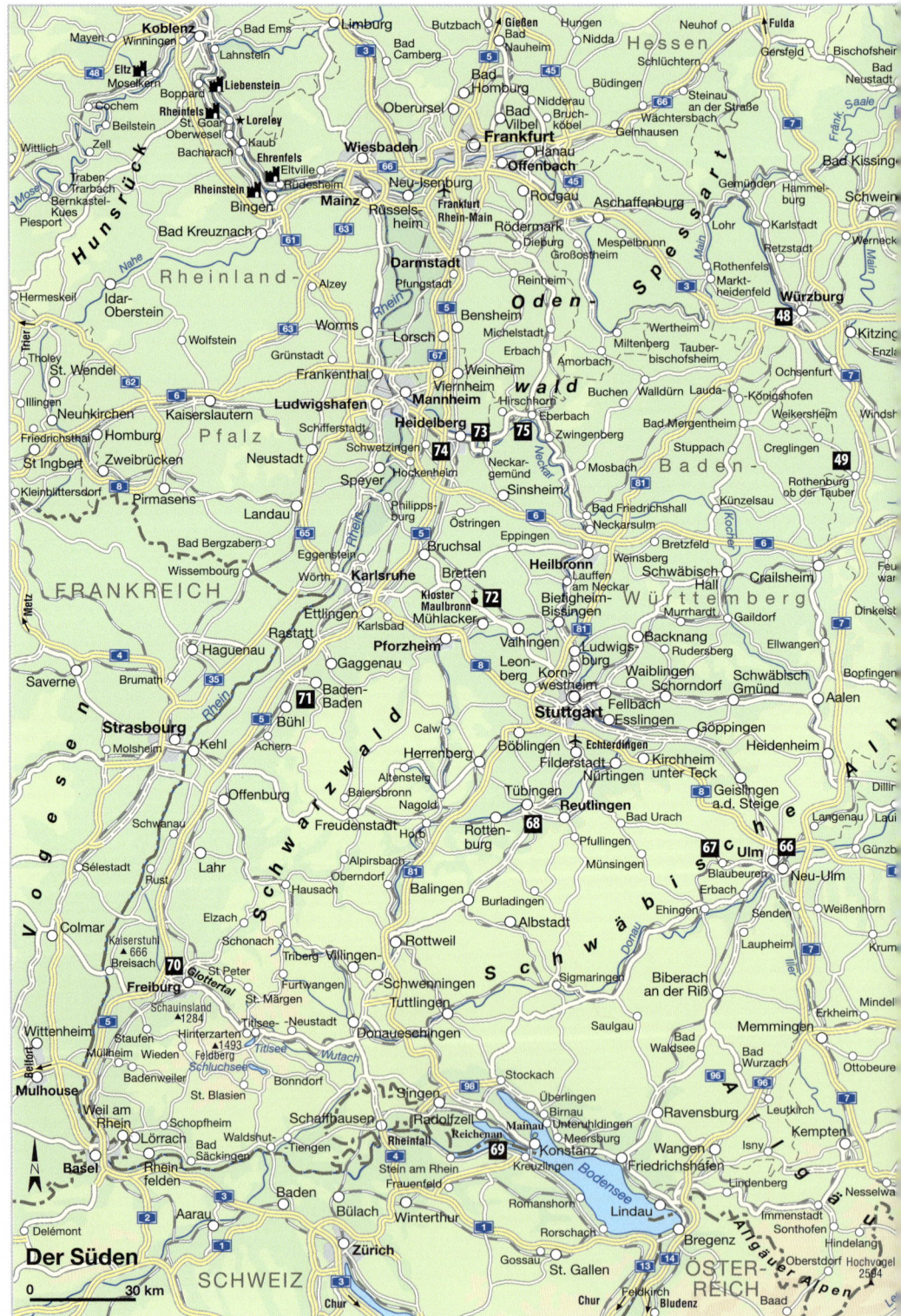

Der Süden

SCHWEIZ

0   30 km

48	Würzburg	63	Wieskirche
49	Rothenburg	64	Neuschwanstein
50	Bamberg	65	Zugspitze
51	Nürnberg	66	Ulm
52	Regensburg	67	Blaubeuren
53	Bayerischer Wald	68	Tübingen
54	Passau	69	Reichenau
55	Fraueninsel im Chiemsee	70	Freiburg
56	Königssee	71	Baden-Baden
57	Museen in München	72	Kloster Maulbronn
58	Biergärten in München	73	Heidelberg
59	Augsburg	74	Schwetzingen
60	Ammersee	75	Neckartal
61	Bernried		
62	Murnau		

Tour 10:

Durch die Fränkische Schweiz

Route:
Wiesenttal ▶ Hollfeld
▶ Thurnau ▶ Bayreuth

Dauer:
8 Tage; ca. 135 km

Praktische Hinweise:
• Die E-Card Fränkische
  Schweiz bietet vielerorts
  Ermäßigungen.

Tour-Start:
Forchheim ist bekannt für seine Kaiserpfalz, seine Bierkeller
und die Nähe zum »Fudschijama
der Fränkischen Schweiz«, dem
Walberla. Je nach Ausgangspunkt kann man den Tafelberg in
einer halben bis ganzen Stunde
besteigen und den Weitblick
genießen. Idyllisch ist dann die
Fahrt durchs **Untere Wiesent-**

tal: Von Streitberg über Mug-
gendorf bis Tüchersfeld treten
Kalksteinfelsen nah ans Tal,
Wald säumt die Hänge, im Tal
leuchten Wiesen, darüber Burgruinen. In **Gößweinstein** zieht
es Wallfahrer zur Heiligen Drei-
faltigkeit, bei **Pottenstein** be-
geistern Felsenbad und **Teufels-
höhle.** Dafür sollte man sich
zwei Tage Zeit lassen. Weiter
geht es an Tag 4 durchs **Ails-
bachtal** zur **Burg Rabenstein**
und **Sophienhöhle.** Als
Schlossherr kann sich fühlen,
wer auf der Burg übernachtet.
Schloss Greifenstein und die
Burgschlösser in Aufseß bieten mehr dieser Atmosphäre
und herrliche Wandermöglich-
keiten im **Leinleitertal.** Loh-
nend ist der Weg nach **Hollfeld 1** und **Thurnau 2**, wo

sich eine weitere Übernachtung
anbietet. Beide Orte bieten eine
schöne Atmosphäre und eine
Reihe von Künstlerateliers.
Thurnaus zahlreiche Keramiker
stellen in Ateliers und im Kera-
mikmuseum aus. **Bayreuth 3**
und seinen Kunstschätzen ist
der letzte Tag gewidmet.

Unteres Wiesenttal
Diese Landschaft könnte für ein
Werbemagazin erfunden worden sein – so romantisch, aben-
teuerlich und idyllisch präsentiert sie sich. Bizarr geformt
ragen hinter **Ebermannstadt**
Kalksteinfelsen auf, ein großes
Wasserrad von 1603 steht in
dem Ort an der Wiesent. Im
Sommer fahren auf der Strecke
von Ebermannstadt bis Beh-
ringersmühle die historischen
Dampfzüge (So, Fei, 10, 14,
16 Uhr; im Advent mit Nikolaus! www.dfs.ebermann
stadt.de).

Nahe **Streitberg** kündet die
Burgruine Neideck von der
Geschichte der Region. Im ge-
schichteten Kalk verbirgt sich
eine Tropfsteinhöhle mit Ker-
zensaal, Nixengrotte und Mu-
schelfelsen: Zur **Binghöhle**
führt ein Weg (Führungen
April–Okt. tgl. 9–17 Uhr, Tel.
091 96/340, www.binghoehle.de).

Hotel/Restaurant:
Hotel-Restaurant Feiler
Komfortzimmer in Fachwerkbau
und fränkische Spitzenküche;
Nov.–März Mo, Mi Ruhetag.

Einst regierte in der prächtigen Schlossanlage Thurnau aus dem 13. Jh. ein Rittergeschlecht

• Oberer Markt 4
91346 Muggendorf/Wiesenttal
Tel. 091 96/929 50

Hollfeld 1

Das Städtchen 25 km westlich von Bayreuth lohnt wegen seines schönen historischen Ortskerns einen Besuch. Zahlreiche Künstler haben sich hier niedergelassen, ein Besuch ihrer Werkstätten gleicht einer Entdeckungsreise – so im Atelier der Malerin und Kinderbuch-Illustratorin Hilde Zielinski im »Lorenzhäusla« aus dem Jahr 1727 (Steinweg 3, Tel. 092 74/80 75 90, Mo–Fr).

In Hollfeld hat auch der **Fränkische Theatersommer (Landesbühne Oberfranken)** seine Heimat, der mit verschiedenen Bühnenstücken, Komödien und Kabarett durchs Land zieht (www.theatersommer.de).

Ein Geheimtipp ist das Programmkino Kintopp Hollfeld (Theresienstr. 8, Tel. 092 74/96 76, www.kintopp-online.de).

Restaurant:
Zur alten Eisenbahn Wadendorf
Fränkische Küche, z.B. Pfefferhaxen mit Kloß. Der Biergarten ist schon.
• Wadendorf 47, Plankenfels
Tel. 092 04/91 88 99
www.zur-alten-eisenbahn.de

Thurnau 2

In 20 Minuten über die B 85 und die A 70 schnell erreicht, ist die Marktgemeinde mit historischem Ortskern. **Schloss** und **Pfarrkirche** sind durch einen hölzernen Kirchgang verbunden; das eindrucksvolle Ensemble teilt den Marktplatz. In der ehemaligen Lateinschule ist das **Töpfermuseum** zu Hause (Kirchplatz 12, Tel. 092 28/53 51, www.toepfermuseum-thurnau.de; April–Sept. Di–Fr 14–17, Sa, So, Fei 11–17, März, Okt.–Dez. Sa 13–16, So/Fei 11–16 Uhr). Die Tradition der Keramikmacher reicht ins 14. Jh. zurück, noch heute sind viele

Kunsthandwerker vor Ort. Viermal im Jahr ist **Töpfermarkt.**

Unterkunft:
Antik-Haus Hagen
Mit nostalgischem Charme im englischen Landhausstil eingerichtete Zimmer.
• Kirchplatz 8
95349 Thurnau
Tel. 092 28/15 80
www.antikhaus-hagen.de

Schlosshotel Thurnau
In historischem Ambiente finden sich moderne Zimmer und ein Spezialitätenrestaurant
• Marktplatz 1, 95349 Thurnau
Tel. 092 28/95 42 20
www.schloss-thurnau.de

Shopping:
Julia und Claus Tittmann
Tierplastiken, archaisch wirkende Gefäße und Bronzearbeiten.
Mo–Fr 9–18, Sa 9–14 Uhr.
• Berndorf 43
Tel. 092 28/252
www.tittmann-keramik.de

Ausstellung im Atelier von Tittmann-Keramik

Bayreuth 3

Bayreuth – als Festspielstadt Treffpunkt der Wagner-Fangemeinde – ist Sitz der Regierung von Oberfranken und einer 1975 gegründeten Universität; rund 13 % der Einwohner sind Studenten. Bayreuth wurde maßgeblich durch Markgraf Georg Wilhelm (1678–1726) und Markgräfin Wilhelmine (1709 bis 1758), Lieblingsschwester Friedrichs des Großen, ausgebaut.

Opernhaus, Neues und Altes Schloss

Von 1745 bis 1748 entstand das **Markgräfliche Opernhaus,** das als besterhaltenes Barocktheater Europas 2012 zum UNESCO-Weltkulturerbe erklärt wurde (Opernstr. 14, alle 45 Min. Licht- und Toninszenierungen, außer bei Proben. Derzeit wegen Renovierungsarbeiten bis auf Weiteres geschl.).

Tief taucht man ein in die Welt der kunstsinnigen Wilhelmine beim Rundgang durchs **Neue Schloss** im Stil des Bay-

reuther Rokoko (Ludwigstr. 21, www.bayreuth-wilhelmine.de; beide Häuser: April–Sept. tgl. 9–18, Okt.–März Di–So 10 bis 16 Uhr). Vor dem Schloss steht der Markgrafenbrunnen, dahinter erstreckt sich der **Hofgarten.** Wahrzeichen der Stadt ist der achteckige Turm des **Alten Schlosses,** neben dem die **Hofkirche** mit ihrer hellen Rokoko-Ausstattung steht.

Museen im Stadtzentrum

Im Alten Rathaus präsentiert das **Kunstmuseum** moderne Werke (www.kunstmuseum-bay reuth.de; Di–So 10–17 Uhr, Juli/ Aug. auch Mo). Gegenüber liegt das **Urwelt-Museum Oberfranken,** wo modernste Medien die Erdgeschichte erklären (Kanzleistr. 4, www.urwelt-mu seum.de; Di–So 10–17 Uhr, Juli/ Aug. auch Mo). Einen Blick nach Afrika ermöglicht das **Iwalewa-Haus** (Wölfelstr. 2, Tel. 09 21/ 55 45 00, www.iwalewa.uni-bayreuth.de; Mi–So 13 bis 17 Uhr).

Sehenswert sind daneben auch das **Jean-Paul-Museum,** das **Franz-Liszt-Museum** (Wahnfriedstr. 1 bzw. 9, tgl. 10–12, 14–17 Uhr, Juli/Aug. durchg.) und das **Deutsche Freimaurer-Museum** (Im Hofgarten 1, www.freimaurermuseum.de; Di–Fr 10–12, 14–16, Sa 10 bis 12 Uhr).

Beim Hofgarten steht die **Villa Wahnfried,** in der Richard Wagner 1874 bis 1882 lebte (Richard-Wagner-Str. 8, www. wagnermuseum.de; Sept.–Juni tgl. 10 –17, Juli/Aug. tgl. 10–18 Uhr). Wagnerianer zieht es zum **Festspielhaus** auf dem Grünen Hügel (Tel. 09 21/78 78-0, www.bayreuther-festspiele. de); Führungen Mai, Sept., Okt. 10, 11, 14, 15, Nov. 14, Dez. bis April 11, 14 Uhr).

Im **Schloss Fantaisie,** 9 km westlich von Bayreuth in Donndorf/Eckersdorf, zeichnet das **Gartenkunst-Museum** mit zahlreichen Exponaten ein abwechslungsreiches Bild deutscher Gartengestaltung.

(www.gartenkunst-museum.de;
April–Sept. Di–So 9–18, 1.–15.
Okt. Di–So 10–16 Uhr, Park
ganzjährig geöffnet).

Eremitage

Östlich der Stadt im Grünen
breitet sich die **Eremitage** mit
Altem Schloss und schönem
Park oberhalb des Roten Mains
aus – ein Märchen aus Wasser-
fontänen, barocker Gartenarchitektur, künstlichen Ruinen und
römischem Freilichttheater. At-
traktivster Bauteil ist der Sonnentempel mit dem Sonnen-
wagen auf dem Kuppeldach
(April–Sept. tgl. 9–18, 1.–15.
Okt. 10–16 Uhr, 16. Okt. bis
Ende März geschl.; Wasserspiele
Mai–Okt. stündlich 10 bis
17.15 Uhr).

Infos:

• Die **Bayreuth Card** für
  12,90 € ist 3 Tage gültig und
  berechtigt zu Busfahrten,
  Stadtrundgang und Eintritt in
  alle wichtigen Museen.

Unterkunft und Restaurants:

Schlossgaststätte Eremitage

Die Lage garantiert Ruhe, die
Ausstattung Komfort. Dazu
verwöhnt die Küche.
• Eremitage 6
  Tel. 09 21/79 99 70
  www.eremitage-bayreuth.de

Hotel Goldener Anker

Zentral gelegenes, romanti-
sches Hotel. Hervorragendes
Restaurant.
• Opernstr. 6
  Tel. 09 21/787 77 40
  www.anker-bayreuth.de

Lohmühle

Raffinierte fränkische Gerichte,
Fischküche von Rang. »Einziges
Fachwerk-Hotel« von Bayreuth
(Preise saisonal unterschiedlich).
• Badstr. 37
  Tel. 09 21/530 60
  www.hotel-lohmuehle.de

Hotel Goldener Hirsch

Das traditionelle Gasthaus bietet moderne Zimmerausstat-
tung. Zentrale Lage, eigenes
Restaurant.
• Bahnhofstr. 13
  Tel. 09 21/15 04 40 00
  www.bayreuth-goldener-
  hirsch.de

Aktivitäten:

Maisel's Brauerei- und Büttnereimuseum

Bis 1974 wurde in dem Grün-
derzeitgebäude noch Bier gebraut. Tgl. um 14 Uhr Führungen
durch das Maschinen-, Sudhaus
und die Büttnerei.
• Kulmbacher Str. 40
  Tel. 09 21/40 12 34

Alljährlich findet im **Opernhaus** das **Osterfestival** statt,
im Mai die Fränkische Festwoche, im Sept. der Bayreuther
Barock.

Lohengrin-Therme

Große Thermalbecken und
großzügige Saunalandschaft in
lichtdurchfluteter Glas-Holz-
Architektur. Tgl. 9–22 Uhr.
• Kurpromenade 5
  Tel. 09 21/79 24 00
  www.lohengrin-therme.de

Nightlife:

Suite Barklub

Angesagte Cocktailbar und Par-
tylocation in zentraler Lage.
• Kirchplatz 3
  Tel. 01 57/75 75 75 91
  www.suite.bar

Jazz-Bayreuth: Die meisten Kon-
zerte finden in der **Brauerei
Becher** statt.
• St.-Nikolaus-Str. 25
  Tel. 09 21/689 93
  www.jazz-bayreuth.de

Der Sonnentempel ist der Höhepunkt des Neuen Schlosses

Würzburg

Bischöfliche Residenz

»Die Landschaft war nicht zerstört. Über dem ganzen Tal schien ein Seidenteppich zu liegen – grün in grün geknüpfte Rebhügel, Wald und Obstbaumfelder und das bogenreiche blaue Band, an dessen Ufer Würzburg gewesen war, ein Denkmal der Naziherrschaft.« So beklagte der Würzburger Schriftsteller Leonhard Frank in seinem Roman »Die Jünger Jesu« von 1947 den Untergang seiner Heimatstadt in dem nur 17 Minuten währenden britischen Bombenhagel des 16. März 1945. 90 Prozent der von der Festung Marienberg überragten Innenstadt sanken in Schutt und Asche.

Das ist die traurigste Geschichte, die der Nachtwächter zu erzählen hat, der in historischer Uniform mit Laterne und Hellebarde durch die erleuchteten Würzburger Gassen zieht. Man kann ihn begleiten und dabei erfahren, wo der Bildhauer Tilman Riemenschneider wohnte und wo Stadtbaumeister Balthasar Neumann auf seinem Balkon den Ausblick auf Würzburg genoss. Der Nachtwächter wird von der Alten Mainbrücke mit ihren zwölf Heiligen berichten und über das Alte Mainviertel mit der romanischen Basilika St. Burkard und dem gotischen Gotteshaus des Deutschherrenordens plaudern. All das, auch den romanischen Dom St. Kilian, gab es im Jahr 1945 nicht mehr.

Doch der Nachwächter hat auch eine tröstliche Anekdote auf Lager: die des Johann Lucas von Hildebrandt, des Architekten, der maßgeblich an den Entwürfen für die Würzburger Residenz beteiligt war. Er hatte geschworen, sich »auf eigene Kosten« in der Mitte der Treppenhausdecke der Residenz aufhängen zu lassen, falls die gewagte Gewölbekonstruktion seines Konkurrenten Balthasar Neumann Bestand haben sollte. Hildebrandt hielt nicht Wort – was aber hielt, war die Decke: Das freitragende Muldengewölbe Neumanns überstand sogar die Brandbomben des Zweiten Weltkriegs. Während die spätbarocke Hofkirche wieder aufgebaut und das prunkvolle Spiegelkabinett nach seiner völligen Zerstörung

Der heilige Kilian, Schutzpatron von Würzburg, wacht über Stadt und Festung Marienberg

anhand von Farbfotos rekonstruiert werden musste, blieb die Welt heil.

Die Welt? Ja, die ganze Welt huldigt dem Würzburger Fürstbischof Carl Philipp von Greiffenclau (1690–1754), jedenfalls auf dem gewaltigen, 1753 vollendeten Fresko Tiepolos, das mit 677 Quadratmeter Fläche als größte allegorische Darstellung von Himmel und Erde gilt und das Gewölbe Neumanns schmückt. Seit 2006 erstrahlt es frisch renoviert und gibt dem fünfschiffigen Treppenhaus mit gedoppeltem Treppenumlauf und Balustradenumgang seine alte Pracht zurück.

Was der Venezianer Giovanni Battista Tiepolo (1696–1770) mit allerhand Humor und unter genialer Ausnutzung der Lichtverhältnisse schuf, ist in der Tat einzigartig. Architektur, Stuckdekor und Malerei scheinen förmlich zu verschmelzen. Die vier damals bekannten Erdteile rahmen den Götterhimmel mit Apollo im Strahlenkranz ein. Asia, auf einem Elefanten reitend, lässt die Weisen aus dem Morgenland – die Mathematik, die Al-

chemie, die Astronomie und die Medizin – Schrift und Feuer bringen. America erscheint als wilde barbusige Indianerin auf einem furchterregenden Alligator, während sich ein Europäer vor grillenden Kannibalen versteckt. Africa reitet auf einem Dromedar zum Markt, und Europa sonnt sich im Glanz seiner Kunst und Architektur, residiert als Königin mit Zepter und Weltkugel, während Fama ihren Ruhm in die Welt hinausposaunt. Und daneben, in einem Medaillon, der stolze Fürstbischof – der übrigens gerade mal einen Teil Mainfrankens regierte. Doch mit seiner von Neumann errichteten Barockresidenz, die heute Weltkulturerbe ist, machte er sich unsterblich.

Für 22 000 Gulden malte Tiepolo auch noch den Kaisersaal aus. Würzburger Motive aus der Reichsgeschichte – Kaiser Friedrich Barbarossas Hochzeit mit Beatrix von Burgund in Würzburg – verschmelzen mit Mythologie, und natürlich dürfen Bacchus als Schirmherr Weinfrankens und der Flussgott Moenus nicht fehlen.

Die ganze Welt, gebannt in das riesige Deckenfresko Tiepolos

Eine Weinprobe im Hofkeller ist ein besonderes Erlebnis, auch wenn man von der Trockenbeerenauslese Jahrgang 1540, die das letzte Mal 1961 verkostet wurde, nichts eingeschenkt bekommt. Aber die süffigen Schoppen im Weinhaus Stachel schmecken vermutlich ohnehin besser.

► Informationen

Anfahrt:
Autobahn- und ICE-Verbindung u. a. mit München, Frankfurt/Main, Hamburg und Berlin.

Info:
• **Tourist Information**
Falkenhaus, Marktplatz 9
97070 Würzburg
Tel. 09 31/37 23 98
www.wuerzburg.de
• Die **Residenz** ist tgl. April bis Okt. 9–18, Nov.–März 10 bis 16.30 Uhr geöffnet, www.residenz-wuerzburg.de, die **Vinothek** des Hofkellers Mo bis Fr 9–18, Sa 9 bis 14 Uhr, www.hofkeller.de
• Treffpunkt für die **Nachtwächterführung** ist der Vierröhrenbrunnen vor dem Rathaus in der Domstraße.
Tel. 09 31/97 09 77 80
www.wuerzburger-nachtwaechter.de

• Ein schöner Ausflug ist eine Schifffahrt auf dem Main nach **Veitshöchheim**, dessen Schloss den besterhaltenen Rokokogarten Deutschlands besitzt.

Unterkunft:
• Ein historisches Haus in Bahnhofnähe mit individuell romantisch eingerichteten Zimmern ist der **Würzburger Hof.**
Barbarossaplatz 2
Tel. 09 31/538 14
Fax 583 24
www.hotel-wuerzburgerhof.de
• Schon seit 1430 gibt es den **Hotelgasthof Zur Stadt Mainz,** der 15 freundliche Gästezimmer sowie bodenständige Küche in gemütlichen Gaststuben anbietet.

Semmelstr. 39
Tel. 09 31/531 55
Fax 585 10
www.hotel-stadtmainz.de

Restaurants:
• Feine regionale Küche, zum Beispiel Tafelspitz oder fangfrischen Fisch aus dem Lohrertal, dazu eine große Auswahl guter Frankenweine, gibt es im 600 Jahre alten **Wein- und Speisehaus Zum Stachel.**
Gressengasse 1
Tel. 09 31/527 70
www.weinhaus-stachel.de
• Im **Bürgerspital** schmecken Würzburger Bratwürste, Schweinszüngerl und ein vorzüglicher Steinwein aus dem Weingut der alten Stiftung.
Theaterstr. 19
Tel. 09 31/350 30
www.buergerspital.de

Rothenburg ob der Tauber

Gotik und Romantik

»Die Häuser mit den hohen, spitzen Giebeln, die Stockwerke immer das darunter liegende überragend, altertümliche Schilder und Innungszeichen, gotische Kapellen und Kirchen, aber selten ein paar Menschen in den Gassen, alles so still in dieser Dämmerstunde«, schwärmte der Maler Ludwig Richter, als er 1826 in das Tauberstädtchen südlich von Würzburg kam. Zu dieser Zeit strömten aber auch noch nicht anderthalb Millionen Besucher im Jahr durch die mittelalterlichen Pflastergassen Rothenburgs.

Denn das mit der Romantik hat sich herumgesprochen seit der Zeit, da Richter hier nostalgische Ansichten malte und Carl Spitzweg mit kleinstädtischen Interieurbildern Rothenburg 1858 zum kleinbürgerlichen Biedermeieridyll verklärte. Heute ist Rothenburg ein Höhepunkt auf der 1950 ausgerufenen Romantischen Straße. Dinkelsbühl und Nördlingen sind zwar nicht minder schön, doch dafür haben die Busse des »See Europe in 14 days«-Tourismus keine Zeit mehr.

Warum gotische Kirchen, turmbewehrte Mauern, krumme Gassen und Fachwerkhäuser mit Butzenscheiben eine so heftige Sehnsucht nach der guten alten Zeit auslösen, sollen Psychologen klären. Zur Ehrenrettung Rothenburgs sei gesagt, dass die Stadt diesem Nostalgie-Überschwang

Alte Schmiede und Rödertor

Das Plönlein mit Sieberstor (links) und Kobolzellertor (rechts) sind beliebte Fotomotive

durchaus entgegensteuert. Hinter der um 1400 errichteten St.-Johannis-Kirche führt das mittelalterliche Kriminalmuseum, Deutschlands bedeutendstes Rechtskundemuseum, mit spektakulären Folterwerkzeugen, darunter Halsgeigen und Schandmasken, einen Aspekt des Mittelalters vor, den Tieck, Novalis, Eichendorff und Brentano lieber aussparten. Aber letztlich bleibt es beim kurzen Schauer, der den Besuchern beim Anblick dieser Ausgeburten menschlicher Perversion über den Rücken läuft. Spätestens dann, wenn die zahlreichen Touristenbusse wieder fortgefahren sind und die Abendsonne die Stadtsilhouette Rothenburgs in magisches Licht taucht, sind Spanischer Stiefel, Eiserne Jungfrau und Judaswiege vergessen.

Was macht es da schon, dass die florierende Andenkenindustrie inzwischen oft in Fernost fertigen lässt und der chinesische Tourist Rothen-

burger Kitsch mit nach Hause nimmt, der in seinem Heimatland für einen kargen Lohn hergestellt wurde? Man erzählt den Touristen so manches nicht – oft nicht einmal, dass ein Drittel Rothenburgs, das Viertel zwischen dem Weißen Turm und dem so oft fotografierten Rödertor mit seinem schief aufgesetzten Dachreiter, originalgetreu wieder aufgebaut wurde, nachdem es während des Zweiten Weltkriegs einem amerikanischen Bombenangriff zum Opfer gefallen war.

Da ist die Legende vom Altbürgermeister Nusch doch viel attraktiver: Nach der Eroberung Rothenburgs im Dreißigjährigen Krieg 1631 leerte er vor dem grimmigen Feldherrn Johann T'Serclaes von Tilly in einem Zug einen über drei Liter Frankenwein fassenden Pokal und erreichte mit dieser Heldentat die Schonung seiner Stadt. Seit über 100 Jahren wiederholt die Kunstuhr im

Giebel der Ratstrinkstube mehrmals täglich das selbst von Rilke bedichtete Spektakel.

Aber man sollte nicht zu zynisch sein. Das Rathaus mit Gebäudeteilen der Gotik und der Renaissance, mit Eckerker, Treppenturm und barockem Arkadenvorbau, ist tatsächlich eines der schönsten Süddeutschlands, und der Blick von seinem 60 Meter hohen Turm auf das Dächermeer der stets giebelseitig zur Straße stehenden Bürgerhäuser lässt wirklich nur ganz Abgebrühte kalt. Auch der 1466 entstandene monumentale Zwölfbotenaltar im Ostchor der Kirche St. Jakob aus der Ulmer Werkstatt und der Heiligblutaltar Tilman Riemenschneiders im Westchor (um 1500) sind unbedingt sehenswert. Ebenso lohnt sich der Abstecher ins Reichsstadtmuseum, in dem u. a. der wertvolle Bilderzyklus der Rothenburger Passion ausgestellt ist.

Am häufigsten wird die malerische Straßengabelung am Plönlein fotografiert, am Ende der Unteren Schmiedgasse vor dem Sieberstrum. Weitere schöne Ausblicke bieten sich vom Burggarten auf das Spitalviertel sowie vom Wehrgang der Stadtmauer.

Im Sommer und in der Adventszeit herrscht in Rothenburg oft ein heilloses Gedränge. Die Weihnachtsromantik kann man aber inzwischen zu allen Jahreszeiten erleben. Der riesige Nussknacker im Haus in der Herrengasse 1 weist den Weg in Käthe Wohlfahrts »Weihnachtsdorf«, das besonders Touristen aus Asien und Amerika begeistert, auch wenn draußen 30 Grad Hitze herrschen. Bevor man nun zu lästern beginnt: Hier ist das Kunsthandwerk wirklich von hoher Qualität, und die Holzfiguren, Glaskugeln und Rauschgoldengel stammen aus heimischen Ateliers.

► Informationen

Anfahrt:
Rothenburg liegt an der Romantischen Straße südlich von Würzburg. Regionalzüge der Bahnlinie Würzburg – Augsburg halten in Steinach, ab dort Busverkehr.

Info:
• **Tourismus-Service**
Marktplatz 2
91541 Rothenburg o. d. T.
Tel. 098 61/40 48 00
Fax 40 45 29
www.tourismus.rothenburg.de
• **Reichsstadt-Festtage** im September mit Aufführungen zur Stadtgeschichte, wie »Meistertrunk« (www.meistertrunk.de) und »Schäfertanz« (www.schaefertanzrothenburg.de).

Unterkunft:
• Eine der besten historischen Unterkünfte mit regionaler Küche ist das **Hotel Restaurant Eisenhut.**
Herrngasse 3–5/7
Tel. 098 61/70 50
Fax 705 45
www.eisenhut.com
• Beim **Romantik-Hotel Markusturm,** einem 1264 erbauten Zollhaus mit stilecht eingerichteten Biedermeierzimmern, ist der Name Programm.
Rödergasse 1
Tel. 098 61/942 80
www.markusturm.de

Restaurants:
• Verlässliche Gourmetküche mit regionalen Zutaten und französischem Einschlag, zum Beispiel Geschmorte Entenkeule mit Rotkohl, Mohn-Schupfnudeln und Sanddornsauce, serviert das **Restaurant und Hotel Mittermeier.**
Vorm Würzburger Tor 9
Tel. 098 61/945 40
www.villamittermeier.de
• Eine besonders reich verzierte Fassade besitzt das im Jahr 1596 im Renaissancestil errichtete **Baumeisterhaus,** dessen Restaurant gute bayrische und fränkische Küche serviert. In der angeschlossenen Konditorei kann man Leckereien wie Original Rothenburger Schneeballen oder knusprige Mandelhippen probieren.
Obere Schmiedegasse 3
Tel. 098 61/947 00
www.baumeisterhaus-rothenburg.de

Bamberg

Fränkisches Rom

»Du fremdester brichst doch als echter spross Zur guten kehr aus deines volkes flanke. Zeigt dieser dom dich nicht: herab vom ross Streitbar und stolz als königlicher franke! Dann bist du leibhaft in der kemenat Gemeisselt – nicht mehr Waibling oder Welfe – Nur stiller künstler der sein bestes tat. Versonnen wartend bis der himmel helfe«

Das NS-Sinnbild eines Herrenmenschen hat sich als ungarischer König entpuppt

So dichtete Stefan George über den Bamberger Reiter. Warum fasziniert gerade er uns so in diesem auf sieben Hügeln errichteten »fränkischen Rom«, das reich mit Kunstschätzen aus dem Mittelalter gesegnet ist? So viel wurde über die Erscheinung des Bamberger Reiters geschrieben, dass darüber der mächtige romanische Dom fast in den Hintergrund rückt. Zeigt der Reiter nun Kaiser Heinrich II., Kaiser Konstantin den Großen im Augenblick seiner Kreuzesvision, Philipp von Schwaben oder Kaiser Friedrich II. von Hohenstaufen? Die Nationalsozialisten wollten ihn neben Uta von Naumburg stellen, als Inbegriff des deutschen Herrenmenschen. Aber inzwischen hat sich die Forschung darauf verständigt, dass es sich bei der steinernen Skulptur um den ungarischen König Stephan handelt, der 995 die Schwester Heinrichs II. ehelichte und zum Christentum übertrat.

Die manipulativen Fotos aus der Zeit des Dritten Reichs vor Augen, die ausgerechnet einen Un-

Das alte Rathaus thront über der Regnitz

garn übermächtig erscheinen lassen, muss man fast ein wenig suchen, bis man die 2,33 Meter hohe Skulptur oben auf einem Seitenpfeiler entdeckt, längst nicht so groß wie erwartet und im Dämmerlicht des Doms nicht auffällig in Szene gesetzt. Doch egal, was man schon über ihn gehört, gelesen und gesehen hat – er zieht den Betrachter sofort in seinen Bann.

Unerhört naturalistisch ist er gestaltet, selbst sein Pferd, mit dem er fast zu einer hoheitsvollen Einheit verschmilzt. Zwischen 1225 und 1257 wurde die Skulptur aus heimischem grau-grünlichem Schilfsandstein gemeißelt und war ursprünglich vollständig farbig bemalt: der Sockel grün, das Pferd ein rötlicher Fuchs (also kein kai-

serlicher Schimmel), Sattel, Zaumzeug und Hufeisen golden, das Gewand rot, der Mantel nachtblau, die Krone golden und mit bunten Edelsteinen besetzt.

In bunter Bemalung müsste man sich den gesamten Bamberger Dom St. Peter und St. Georg vorstellen, das fein skulptierte Fürstenportal und natürlich auch die beiden gotischen Statuen Ecclesia (lateinisch: Kirche) und Synagoge im südlichen Seitenschiff des romanischen Kaiserdoms. Sie symbolisieren den einstigen Hochmut der Kirche: Die Synagoge wird mit verbundenen Augen, entgleitenden Gesetzestafeln und gebrochenem Stab dargestellt, die Ecclesia hingegen erhaben und anmutig.

Ein harmonisches Ensemble mit dem Dom bildet die Renaissancefassade der Alten Hofhaltung, in der das Historische Museum der Stadt Bamberg untergebracht ist. Der wunderschöne, von Fachwerkbauten gesäumte Innenhof bildet den festlichen Rahmen für die Calderón-Festspiele des ETA Hoffmann Theaters.

1806 hatte Ernst Theodor Amadeus Hoffmann eine Anstellung als Musikdirektor an der Königlich Privilegierten Schaubühne bekommen und wohnte in einem schmalen Spitzgiebelhaus am Schillerplatz 26 (heute Museum). Vor dem Theater hat man Hoffmann, der seine Bamberger Zeit später als »Lehr- und Marterjahre« begriff, ein Denkmal gesetzt. Auf seiner Schulter hockt der Kater Murr aus den Fantasiestücken des Autors, die man viel besser versteht, wenn man durch die verwinkelten Gassen der Altstadt wandert, am reich mit Fresken bemalten barocken Rathaus vorbei.

Die gesamte Bamberger Altstadt wurde 1993 zum UNESCO-Weltkulturerbe erklärt. Vom Turm des Renaissanceschlosses Geyerswörth bietet sich das schönste Panorama auf den historischen Kern. Zahllose Studenten bringen die Fachwerkidylle abends beim Bamberger Rauchbier richtig in Schwung.

Wer durch den Stadtpark Hain mit seinen uralten Eichen und Tempelchen wandelt, könnte fast Hoffmanns sprechendem Hund Berganza begegnen, und im Gassengewirr des Bamberger Klein-Venedig mit seinen putzigen Fachwerkhäuschen direkt an der Regnitz verirrt sich der Spaziergänger beinahe ebenso schnell wie in der Lagunenstadt. Am Ende lässt man sich, nachdem man die Gemäldegalerie altdeutscher Meister in der prunkvollen Neuen Residenz bewundert hat, im herrlichen Rosengarten nieder und genießt die traumhafte Aussicht auf die Altstadt und das Kloster Michelberg.

▶ Informationen

Anfahrt:
Autobahn- und Zugverbindung mit Nürnberg und Würzburg.

Info:
• **Tourismus & Kongress Service**
Geyerswörthstr. 5
96047 Bamberg
Tel. 09 51/297 62 00
Fax 297 62 22
www.bamberg.info
• Ende August findet in der Altstadt fünf Tage lang die **Sandkerwa** statt, eines der größten Straßenfeste Frankens (www.sandkerwa.de).

Unterkunft:
• In einem 1520 erbauten und um 1740 barock umgestalteten Haus ist das **Barock-**

hotel am Dom untergebracht.
Vorderer Bach 4
Tel. 09 51/540 31
Fax 540 21
www.barockhotel.de
• Am Ufer der Regnitz hat man zwei Villen im toskanischen Stil zu einem mediterran anmutenden modernen Hotel zusammengefasst: die **Villa Geyerswörth.**
Geyerswörthstr. 15–21a
Tel. 09 51/917 40
Fax 917 45 00
www.villageyerswoerth.de

Restaurants:
• Im Geburtshaus des Flugzeugkonstrukteurs Willy Messerschmitt bietet das **Romantik-Hotel Weinhaus**

Messerschmitt neben stilvoll eingerichteten Zimmern im Alt- oder Neubau auch erstklassige fränkische Küche mit besonders leckeren Flussfischen und köstlicher ausgelöster Landente.
Lange Str. 41
Tel. 09 51/29 78 00
Fax 297 80 29
www.hotel-messerschmitt.de
• Im gemütlichen **Brauereigasthof Greifenklau** mit sehr schönem Biergarten schmecken Knöchla (Haxe) und Blaue Zipfel (leckere Bratwürste, die sich im Essigsud blau färben). Im Angebot sind auch Brauereiführungen.
Laurenziplatz 20
Tel. 09 51/532 19
www.greifenklau.de

Nürnberg

Engel am Hauptmarkt

Rauschgoldengel, Christbaumschmuck und Krippenfiguren, zur Stärkung Nürnberger Elisenlebkuchen, »Brodwörschdla« und Glühwein – und das alles vor der romantischen Kulisse des Nürnberger Hauptmarkts mit der Frauenkirche und dem filigranen Schönen Brunnen. »Städtlein aus Holz und Tuch« nennt man die 180 Buden, und die schönsten bekommen einen Preis verliehen: den »Zwetschgermoh«.

Blick über den berühmten Nürnberger Christkindlesmarkt

Die Kaiserburg, Wahrzeichen der Stadt Nürnberg, gehört zu den bedeutendsten Wehranlagen Europas

Schon seit 1628 ist der »Kindles-Marck« schriftlich belegt, aber vermutlich ist er noch um einiges älter. »Nürnberger Tand geht durch alle Land«, lautet ein altes Sprichwort, und wie gut sich Spielwaren und Weihnachten vertragen, ist ja kein Geheimnis.

Man spricht nicht so gern darüber, dass ausgerechnet die Nationalsozialisten 1933 den Brauch des Christkindlesmarkts wiederbelebten, doch haben die braunen Männer in Nürnberg, »des Deutschen Reiches Schatzkästlein«, weiß Gott Schlimmeres verbrochen. Die mächtige Reichsstadt des 15. und 16. Jahrhunderts, in der Albrecht Dürer, der Erzgießer Peter Vischer und die Bildhauer Veit Stoß und Adam Kraft wirkten, in der Meistersänger Hans Sachs das »bittersüße eheliche Leben« bejammerte, Martin Behaim seinen berühmten Globus schuf und Peter Henlein an seiner Taschenuhr, dem Nürnberger Ei, tüftelte, erlebte unter den Nazis ihre finsterste Epoche. Sie wurde während der Reichsparteitage das »Aufmarschgelände der Dummheit und Gewalt«

(Lion Feuchtwanger), war Erscheinungsort von Julius Streichers Hetzblatt »Der Stürmer« und Namengeber der infamen Nürnberger Gesetze.

Das romantische Nürnberg mit seinen gotischen Kirchen und runden Wachttürmen, seinen engen Pflastersteingassen und Fachwerkhäusern, ist im Bombenhagel des Zweiten Weltkriegs weitgehend untergegangen. Nur auf den Lebkuchen- und Christstollen-Dosen lebt es unverdrossen weiter. Eigentlich haben lediglich die Kaiserburg und die Stadtmauer den Krieg einigermaßen heil überstanden. Der wunderbare gotische Chor der Sebalduskirche, das mittelalterliche Heiliggeistspital, alles wurde nach Ende des Zweiten Weltkriegs mühsam rekonstruiert, und bei aller guten Absicht sieht man das dem oft zu neu wirkenden rötlichen Sandstein auch an. Der Blick über die einheitlichen roten Dächer der Altstadt hinüber zur Burg täuscht: Nur wenige der alten Fachwerkhäuser sind noch Originale, auch der Schöne Brunnen von 1385 ist eine Kopie, die allerdings schon 1912 entstand. Trotzdem soll es immer noch Glück bringen, im Gitterwerk am Rätsel des kunstvoll eingefügten nahtlosen Rings zu drehen.

Wie wenig idyllisch das Mittelalter tatsächlich war, zeigen die Lochgefängnisse in den Kellergewölben des Rathauses, wenige Schritte vom Hauptmarkt entfernt. Sie haben den Krieg überlebt; der prunkvolle Rathaussaal im Stil der Renaissance wurde dagegen wieder aufgebaut, ebenso wie das Albrecht-Dürer-Haus am Tiergärtner Tor unterhalb der Burg. Hier wirkt Nürnberg noch sehr mittelalterlich, und dementsprechend oft wird der Platz fotografiert. Mindestens ebenso häufig klicken die Kameras um zwölf Uhr mittags, wenn sich am Giebel der wieder aufgebauten Frauenkirche die Figuren der Kunstuhr aus den Jahren 1506 bis 1509 in Bewegung setzen. Bei diesem Männleinlaufen umschreiten sieben rot gekleidete Kurfürsten Kaiser Karl IV. und erinnern damit an den Erlass der Goldenen Bulle.

Wer originale Kunstschätze sehen will, muss in die Kirchen und Museen hineingehen. Im Ostchor von St. Sebaldus fesseln das Schreyer-Landauer'sche Grabmal von 1492, ein Hauptwerk von Adam Kraft, die »Madonna im Strahlenkranz« (1420–1925) an einem Pfeiler im nördlichen Seitenschiff und das berühmte, von Peter Vischer zwischen den Jahren 1508 und 1519 gegossene Sebaldusgrab.

All die Meisterwerke der Nürnberger Kunst kann man im Germanischen Nationalmuseum bewundern, dem größten kunst- und kulturgeschichtlichen Museum im deutschsprachigen Raum, das überdies jedes Jahr mit hochkarätigen Wechselausstellungen lockt. Die einzigartige Sammlung historischer Puppenhäuser bringt Mädchenaugen zum Glänzen, und spätestens im Nürnberger Spielzeugmuseum werden sich Dramen mit dem Nachwuchs abspielen. Denn es gibt natürlich einen Museumsshop …

► Informationen

Anfahrt:
Autobahn- und ICE-Verbindungen u. a. mit München, Frankfurt/Main, Hamburg und Berlin.

Info:
• **Tourist Information in der Nürnberg Info**
gegenüber Hauptbahnhof
Königstr. 93
90402 Nürnberg
Tel. 09 11/233 60
Fax 233 61 66
www.tourismus.nuernberg.de
• **Germanisches Nationalmuseum**
Kartäusergasse 1
Tel. 09 11/133 10
www.gnm.de
Di, Do–So 10 bis 18, Mi bis 21 Uhr

• **Spielzeugmuseum (Museum Lydia Bayer)**
Karlstr. 13–15
Tel. 09 11/231 31 64
www.museen.nuernberg.de
Di–Fr 10–17, Sa/So 10 bis 18 Uhr

Unterkunft:
• Ein schön restauriertes Stadthaus von 1675 mit eleganten Zimmern ist das **Hotel am Josephsplatz.**
Josephsplatz 30–32
Tel. 09 11/21 44 70
www.hotel-am-josephsplatz.de
• Viel Flair verströmt das **Hotel Drei Raben,** dessen Zimmer alte Nürnberger Legenden erzählen. Eine Suite widmet sich dem 1. FCN.

Königstr. 63
Tel. 09 11/27 43 80
www.hoteldreiraben.de

Restaurants:
• Das **Essigbrätlein,** Nürnbergs ältestes Gasthaus aus dem Jahr 1550, bietet kreative Gourmetküche.
Weinmarkt 3
Tel. 09 11/22 51 31
www.essigbraetlein.de
• Neben fränkischen Gerichten wie feines Knöchla (Eisbein) gibt es die berühmten kleinen Nürnberger Rostbratwürste im preiswerten, urigen **Bratwursthäusle.**
Rathausplatz 1
Tel. 09 11/22 76 95
www.die-nuernberger-bratwurst.de

Regensburg

Glanz und Gloria

Schon Goethe blickte begeistert vom nördlichen Donauufer auf eine mittelalterliche Stadtsilhouette, die in Deutschland ihresgleichen sucht. Auf 16 mächtigen Pfeilern schwingt sich die zwischen 1135 und 1146 entstandene Steinerne Brücke über die Donau. Das stadtseitige Brückentor samt Salzstadel bildet ein harmonisches Ensemble mit dem hoch aufragenden gotischen Dom. Hier beginnt die Entdeckungs- reise durch 2000 Jahre Geschichte, vom keltischen Radasbona bis zur quirligen oberpfälzischen Universitätsstadt von heute.

In Regensburg steht »Kirche gegen Kirche, Stift gegen Stift«, notierte Goethe 1786 in sein Tage- buch. Im September 2006 kehrte ein bayerischer Papst an seine langjährige Wirkungsstätte zurück, von der einst die Missionierung Bayerns aus- gegangen war und wo im 13. Jahrhundert der Regensburger Gelehrte Albertus Magnus als »Doctor universalis« die Geistesgeschichte des Mittelalters maßgeblich mitbestimmte. Ebenfalls 2006 erklärte die UNESCO die Altstadt von Re- gensburg zum Weltkulturerbe. Wer einmal die engen Gassen, die schiefen Mauern, die schmalen Durchgänge, die weiten Plätze und schattigen In- nenhöfe bewundert hat, der fragt sich, warum das eigentlich so lange dauern musste.

Am schönsten ist Regensburg am Alten Korn- markt. Hier blickt man über den Herzogshof und den Römerturm auf den Dom. Das romanische Figurenprogramm am Schottenportal der Schot- tenkirche birgt noch immer Geheimnisse. Früh- gotisch mit barocken Ochsenaugenfenstern zeigt sich die Ulrichskirche, als Juwel des Rokoko die Alte Kapelle: Baustilkunde auf engstem Raum.

»Weit ausgedehnt, mit Mauern bewehrt, un- einnehmbar aus Quadern erbaut, mit hochragen- den Türmen und vielen Brunnen«, so beschrieb schon 765 ein Bischof die alte Castra Regina, die sich bis zum 12. Jahrhundert zur bedeutendsten Metropole des süddeutschen Raums aufschwang. Im 13. Jahrhundert gewährte Kaiser Friedrich II. Regensburg den Status einer freien Reichsstadt. Stolz bauten sich die Patrizier ihr San Gimignano an der Donau: Bald ragten über 60 schlanke, wehrhafte Geschlechtertürme bis zu zwölf Stock-

Regensburg liegt malerisch an den drei Flüssen Donau, Regen und Naab

werke hoch in den Himmel. Einige stehen noch heute, darunter der schöne Baumburger Turm am Watmarkt und der markante, neun Stockwerke hohe Goldene Turm in der Wahlenstraße. Ein viel fotografierter frühgotischer Kaufmannspalast ist das Goliathhaus, dessen Straßenseite ein Monumentalfresko von 1570 ziert. Mit der Kaufmannsherrlichkeit ging es in Regensburg aber bald bergab. Zu erdrückend wurde die Konkurrenz der freien Reichsstädte Nürnberg, Augsburg und Ulm. Türme baute dann lange keiner mehr.

Zwei mächtige Türme sollten aber doch noch kommen, allerdings erst um 1860, als man dem ab 1233 errichteten Dom endlich die beiden Turmspitzen aufsetzte. Besonders an heißen Sommertagen wirkt die Kühle des Doms anziehend. Durch das spätgotische Hauptportal mit reichem Figurenschmuck betritt man einen harmonisch gegliederten Innenraum, dessen meisterhafte Glasgemälde aus dem 14. und 15. Jahrhun-

dert die gotischen Baldachinaltäre in mystisches Licht tauchen. Am Ende spaziert man durch den Domgarten, um den filigranen, majestätischen Chor mit reich geschmückten Maßwerkfenstern von außen zu bewundern.

Gotisch sind noch der Turm und der Erker des Alten Rathauses. In seinem prächtigen Reichssaal fanden zwischen 1663 und 1806 die »Immerwährenden Reichstage« statt. Da traf das Fürstenkollegium Entscheidungen an einem mit grünem Tuch bedeckten Tisch, aber oft wurde sich die auf langen Bänken sitzende Versammlung nicht einig: Die Redewendungen, die hier ihren Ursprung fanden, sind leicht zu erraten.

Die Reichstage begründeten den Aufstieg des fürstlichen Hauses Thurn und Taxis. 1812 baute die Familie das ihr überlassene säkularisierte Benediktinerkloster St. Emmeram, das schon zu diesem Zeitpunkt fast alle Stilperioden vereinte, im Sinne des Historismus zur Residenz um. Die

St. Emmeran ist Teil des gleichnamigen Residenzschlosses des Fürstenhauses Thurn und Taxis

fürstliche Hofbibliothek im Westflügel ist ein prachtvolles Werk des Rokoko, das Cosmas Damian Asam 1767 schuf. Auch die Gemälde und Stuckaturen der Klosterkirche sind größtenteils ein Werk der Asam-Brüder. Regensburger Glanz und Gloria eben …

► Informationen

Anfahrt:
Autobahn- und Zugverbindung mit München, Nürnberg, Passau und Berlin.

Info:
• **Tourist-Information**
Altes Rathaus
Rathausplatz 4
93047 Regensburg
Tel. 09 41/50 74 41
www.regensburg.de
• Die **Regensburger Domspatzen** singen am So um 10 Uhr (www.domspatzen.de).

Unterkunft:
• Ein weitläufiges Barockhaus beherbergt das **Hotel Orphée – Großes Haus.** Die großzügigen Zimmer be-sitzen antike Dielenböden und barocke Türstöcke und bieten herrliche Ausblicke über Regensburg. Nicht weniger charmant sind die Zimmer in den »Filialen« Kleines Haus (Wahlenstr. 1) und Künstlerhaus Andreasstadl (Andreasstr. 26). Das Lokal serviert französische Küche.
Untere Bachgasse 8
Tel. 09 41/59 60 20
Fax 59 60 21 99
www.hotel-orphee.de
• Ein familiengeführtes Hotel mit viel Flair und individuell eingerichteten Themenzimmern ist das **Bohemian Hotel** (vormals Altstadt-Engel).
Gesandtenstr. 12
Tel. 09 41/280 74 60
www.bohemian-hotel.de

Restaurants:
• Preiswerten ofenfrischen Schweinsbraten vom Hals mit Kartoffelknödel und Dunkelbiersauce, und als Nachspeise Apfel- oder Topfenstrudel mit Vanillesauce, und dazu natürlich die süffigen Weltenburger Klosterbiere serviert die Gaststätte **Weltenburger am Dom.**
Domplatz 3
Tel. 09 41/586 14 60
www.weltenburger-am-dom.de
• Beliebt ist der altbayrische **Biergarten der Brauerei Kneitinger,** in dem es zünftige Oberpfälzer Küche gibt.
Kreuzgasse 7
Tel. 09 41/59 30 20
www.kneitinger.de

Bayerischer Wald

Luchse und Wölfe

»Waldwoge steht hinter Waldwoge, bis eine die letzte ist, die den Himmel schneidet«, beschrieb Adalbert Stifter seinen geliebten Hochwald in Niederbayern an der Grenze zur Tschechischen Republik: die Heimat der Glasbläser und Schnapsbrenner. Im 1970 gegründeten Nationalpark Bayerischer Wald zwischen Rachel, Lusen und Falkenstein darf die Natur noch tun und lassen, was sie will. Nirgendwo sonst in Deutschland kann man besser beobachten, wie auch aus tot geglaubtem »altem Wald« wildes neues Leben wächst.

Moose und Farne überwuchern die Wurzelteller umgestürzter Baumriesen, kein Jäger oder Förster greift hier regulierend in Flora und Fauna ein. Selbst den gefürchteten Borkenkäfer muss der Urwald aushalten. Spaziergänger dürfen in dem inzwischen auf 24 250 Hektar erweiterten Schutzgebiet die markierten 300 Kilometer Wanderwege nicht verlassen. Aber das ist auch nicht nötig, um grüne Berggipfel, reißende Bäche und auf über 1100 Meter Höhe Sattelhochmoore wie den Latschenfilz zu entdecken. Außerdem erschließen über 200 Kilometer Radwege den Nationalpark in Europas größter E-Bike-Region, und über die drei Grenzübergänge bei Ferdinandsthal, Gsenget und Buchwald kann man in den tschechischen Nationalpark Šumava (Böhmerwald) überwechseln.

Erste Anlaufstelle für einen Ausflug in den Nationalpark ist das Informationszentrum im Neuschönauer Hans-Eisenmann-Haus, das in wirklich vorbildlicher Weise Einsichten in den Lebensraum Wald vermittelt. Besonders spannend ist natürlich der sieben Kilometer lange Rundweg durch das 200 Hektar große Tierfreigelände. In seinen großzügigen Gehegen sind Luchse, Wölfe, Braunbären, Wisente und Steinkäuze zu beobachten – sie alle waren früher im Bayerischen Wald und im angrenzenden Böhmerwald heimisch. Luchs, Wanderfalke und Schwarzstorch sind mittlerweile von allein in den Nationalpark zurückgekehrt. Über 50 Waldvogelarten leben im Freigelände, darunter sehr seltene wie Auerhuhn, Schwarzspecht, Dreizehenspecht, Rauhfußkauz, Sperlingskauz und Hohltaube.

Der Luchs ist freiwillig zurückgekehrt

Besonders malerisch sind die Steige des Felswandergebiets rund um die Kleine Kanzel (1010 m), dessen Bergmischwälder (Fichte, Tanne, Buche, Bergahorn) schon lange vor Gründung des Nationalparks nicht mehr angerührt wurden. Hier klopft ein seltener Weißrückenspecht, da flattert vor den Augen des Wanderers ein Haselhuhn senkrecht in die Höhe. Von einem Aussichtsfelsen kann man manchmal sogar die Alpenkette sehen.

Sehr zu empfehlen ist auch der 1,3 Kilometer lange hölzerne Erlebniswanderweg Seelensteig, der an der Straße von Spiegelau zum Gfällparkplatz beginnt. Holztafeln mit Literaturzitaten demonstrieren hier in eindringlicher Weise die Selbstheilungskräfte der Natur in einem schwer zugänglichen Bergmischwald. Die schönsten Worte dazu stammen vielleicht von Erich Kästner: »Die Seele wird vom Pflastertreten krumm. Mit Bäumen kann man wie mit Brüdern reden, und tauscht bei ihnen seine Seele um. Die Wälder schweigen, doch sie sind nicht stumm. Und wer auch kommen mag, sie trösten jeden.«

Allerdings kommt man besser am frühen Morgen oder bei Sonnenuntergang, wenn keine lärmenden Gruppen die scheuen Tiere vergrämen.

► Informationen

Anfahrt:
Straßen- und Bahnverbindung von München und Regensburg mit Zwiesel und Spiegelau. Vom 15.5. bis 3.11. erschließen die »Igelbusse« das Rachel-Lusen-Gebiet, die »Falkensteinbusse« das Falkenstein-Rachel-Gebiet.

Info:
• **Nationalparkverwaltung Bayerischer Wald**
Freyunger Str. 2
94481 Grafenau
Tel. 085 52/960 00
www.nationalpark-bayerischer-wald.de
Tgl. 9–17, im Winter bis 16 Uhr

Unterkunft:
• Außen alpin, innen modern und stilvoll eingerichtet präsentiert sich das **Ferienhotel Das Reiners.** Ein gutes Restaurant, eine Biergartenterrasse und ein umfangreiches Wellnessprogramm gehören ebenfalls zum Angebot.
Grüb 20, Grafenau
Tel. 085 52/964 90
Fax 96 49 44
www.dasreiners.de
• Gepflegt schläft es sich auch im familiengeführten **Hotel St. Florian,** dessen Restaurant gute Regionalküche serviert.

Althüttenstr. 22
Frauenau
Tel. 099 26/95 20
Fax 82 66
www.st-florian.de

Restaurant:
• Besonders gut schmeckt die leichte Regionalküche im **Säumerhof.** Hier kommt alles frisch vom Bauern, aus dem Wald oder dem Fluss. Bietet auch komfortable Gästezimmer.
Steinberg 32, Grafenau
Tel. 085 52/40 89 90
Fax 408 99 50
www.saeumerhof.de

Passau

Stadt der drei Flüsse

An sonnigen Tagen wähnt man sich am Gardasee oder an der ligurischen Küste: Nicht umsonst heißt die Innpromenade mit ihrer schönen Kastanienallee Passauer Riviera. Auf der Flussterrasse treffen sich die Studenten der erst 1978 gegründeten Universität Passau zum Sonnen und Flirten. Vom gegenüberliegenden Innufer wirkt die niederbayrische Bischofsstadt mit ihren in heiteren Pastellfarben leuchtenden barocken Bauten und ihrer Kirchturmsilhouette besonders italienisch.

500 Jahre lang prägten römische Kaufleute, Handwerker, Legionäre und Winzer das Geschick der Grenzfestung Castra Batava, bis sie im Jahr 476 die Region verließen. Sie führten auch das Christentum ein. Schon 453 gründete der heilige Severin hier ein kleines Kloster, und ab 739 bestimmten die Fürstbischöfe von Passau über 1000 Jahre lang das Leben in der Dreiflüssestadt. Reich wurde Passau durch sein Stapelrecht am Handelsweg des Goldenen Steigs: ein Vorkaufsrecht für alle Waren, die auf den Flüssen transportiert wurden, besonders Salz, Öl, Gewürze und Südfrüchte.

Nach den großen Stadtbränden von 1662 und 1680 engagierten die Fürstbischöfe italienische Baumeister. Napoleon erklärte Passau zur schönsten Stadt Deutschlands. Heutige Besucher spazieren entzückt durch die wunderbar geschlossene Altstadt, deren enge Gassen oft Schwibbögen zur

Mit dem Schiff rund um Passau

Sonnige Riviera am Inn, ganz in italienischen Pastellfarben

Abstützung der Häuser überspannen. Besonders schön ist der Christophorusbogen in der Pfaffengasse. Verspielte Erker und Türmchen, eiserne Fensterläden, stuckverzierte Fassaden, geschnitzte Haustore und Fresken: An jeder Ecke entdeckt man reizvolle Motive.

Die erste Aussicht über alle drei Flüsse bietet sich bei der Wallfahrtskirche Mariahilf. Danach geht es durch den Buchen- und Eschenwald des Ludwigssteigs hinauf zur Batterie Linde. Von dieser Bastion der Veste Oberhaus eröffnet sich ein Panorama bis zu den Alpen. Das schwärzliche Wasser der kleinen moorigen Ilz löst sich schnell in der graugrünen Donau auf. Dagegen drückt der milchig grüne Inn die Donau fast an die Kaimauer, denn er ist breiter und führt mehr Wasser.

Aber es gibt eine noch spektakulärere Aussicht. Dafür muss man das Donau-Südufer entlang nach Österreich fahren. Blickt man dann vom Café-Restaurant Blaas auf der Hinding-Anhöhe hinab, fährt Passau wie ein vieltürmiges steinernes Schiff auf Österreich zu. In der Abenddämmerung, wenn die Lichter der Stadt zu funkeln beginnen, ist das Panorama geradezu magisch.

Ein Wahrzeichen Passaus sind die beiden 68 Meter hohen Kuppeltürme des Doms St. Stephan (der dritte, besonders elegante Turm gehört zur barockisierten Kirche St. Paul), den der Italiener Carlo Lurago zwischen 1668–1678 zur größten Barockkirche Deutschlands umgestaltete, wobei er den reich verzierten Ostchor des gotischen Doms harmonisch in das barocke Ensemble einfügte. Im Inneren bewundert man Stuckarbeiten von Giovanni Battista Carlone, Gewölbefresken von Carpoforo Tencalla, eine vergoldete Kanzel und die größte Kirchenorgel der Welt. Sie besitzt fünf Manuale, 233 klingende Register und 17 974 Orgelpfeifen. Ein Orgelkonzert im Dom ist stets ein Genuss, und die Orgelnacht anlässlich der Europäischen Wochen bleibt unvergesslich.

Im Mittelalter verschanzten sich die bei den freiheitsliebenden Bürgern verhassten Bischöfe auf der Veste Oberhaus und feuerten Steinkugeln auf das teilweise noch aus gotischer Zeit stammende Alte Rathaus. Später repräsentierten sie lieber unten in der Altstadt. Besonders prunkvoll ist das Rokokotreppenhaus in der 1730 vollendeten Neuen Residenz des Fürstbischofs Leopold von Firmian, in der heute das Domschatzmuseum mit über 200 romanischen bis barocken Kunstwerken und einer verschwenderischen Bibliothek von Reichtum und Macht der Passauer Kirche erzählt.

Aber eine stockkonservative Pfaffenstadt ist Passau nicht mehr. In den 1980er-Jahren holte das »schreckliche Mädchen« Anna Rosmus die dunklen Seiten der Passauer Geschichte während des Dritten Reichs ans Tageslicht. Und wenn sich heute die Großkopferten zu viel herausnehmen, müssen sie den Spott im Scharfrichterhaus in der Milchgasse fürchten. Sein bekanntester Kabarettist Bruno Jonas entschuldigte sich für die ausgegossenen Kübel des Hohns mit der Drohung: »Ich verspreche, das kommt wieder vor.«

▶ Informationen

Anfahrt:
Autobahn- und Zugverbindungen mit München, Landshut und Regensburg.

Info:
- **Passau Tourismus**
  Rathausplatz 2 und
  Bahnhofstr. 28, 94032 Passau
  Tel. 08 51/95 59 80
  www.passau.de
- Die Ausflugsschiffe der
  Reederei Wurm + Köck
  legen halbstündlich am
  Donaukai ab.
  Tel. 08 51/92 92 92
  www.donauschiffahrt-wurm.
  de
- Die **Maidult** ist Niederbayerns größtes Frühlingsfest
  (www.passauer-dult.de).
- Die **Europäischen Wochen Passau** mit Tanz, Konzerten, Theater und Lesungen finden Mitte Juni bis Ende Juli statt
  (www.ew-passau.de).

Unterkunft:
- Ein Traditionshaus, das sogar Übernachtungen im Schlafzimmer der Kaiserin Elisabeth II. anbietet, ist das
  Hotel Wilder Mann.
  Schrottgasse 2
  Tel. 08 51/350 71
  Fax 317 12
  www.wilder-mann.com
- Direkt am Dreiflüsseeck gelegen, bietet das **Altstadt-Hotel** Zimmer mit gediegenem Komfort.
  Bräugasse 23–29
  Tel. 08 51/33 70
  Fax 33 71 00
  www.altstadt-hotel.de
- Die großartigste Aussicht auf Passau bietet die bereits in Österreich liegende **Pension Blaas.**
  Hinding 38, Freinberg
  Österreich
  Tel. 077 13/81 07
  www.restaurant-blaas.at

Restaurants:
- Vorzügliche Tropfen (die Karte zählt an die 200 Positionen) begleiten die feine internationale Küche im **Weingut.** Das Filet vom Rottaler Jungbullen ist butterweich.
  Theresienstr. 28
  Tel. 08 51/37 93 05 00
  www.weingut-passau.de
- Regionale Küche, z. B. knusprige Ente, kommt in der **Heilig-Geist-Stift-Schenke** auf den Tisch, einer historischen Weinstube.
  Heiliggeistgasse 4
  Tel. 08 51/26 07
  www.stiftskeller-passau.de

Fraueninsel im Chiemsee

Insel der Nonnen

Als an Pfingsten 1845 das erste Dampfschiff zur Fraueninsel fuhr, sollen sich die Nonnen der Abtei Frauenwörth vor Schreck bekreuzigt haben. Noch heute durchpflügt der 1926 erbaute und vor einigen Jahren schön renovierte Schaufelraddampfer *Ludwig Fessler* in den Sommermonaten die Wogen des Chiemsees: Nostalgie pur.

Wenn man unter einem strahlend weiß-blauen Maihimmel übersetzt zu Bayerns ältestem fast durchgehend bewohntem Kloster, dann versteht man, warum die Fraueninsel im 19. Jahrhundert Maler wie Max Haushofer begeisterte, der gleich die Tochter des Lindenwirts ehelichte. Auch Schriftsteller wie Ludwig Thoma und Ludwig Ganghofer waren verzückt.

Von Weitem sieht man nur die Zwiebelhaube des frei stehenden achteckigen Kirchturms, dessen untere Partien wohl noch aus dem 10. Jahrhundert stammen. Am Dampfersteg begrüßen üppige Gärten der autofreien Insel den Besucher, und wenn man Glück hat, führt Schwester Katharina persönlich durch ihren Zaubergarten. Im April blühen die Apfel-, Birnen- und Pflaumenbäume des Obstangers, im Sommer leuchten die Rosenbüsche in vielen Farben. »Sorge für diesen Weinstock und für den Garten, den deine Rechte gepflanzt hat«, lautet Katharinas Wahlspruch aus dem 80. Psalm. Wenn sie Zeit hat, öffnet sie auch ihren Kräutergarten, den sie nach den Erkenntnissen der berühmten Äbtissin Hildegard von Bingen angelegt hat.

In nur 20 Minuten könnte man um die kleine Fraueninsel laufen, doch allein ihre 1000-jährigen Linden fesseln den Spaziergänger länger. Um tief in die klösterliche Wunderwelt einzutauchen, braucht es Zeit.

Schon der Agilolfinger Herzog Tassilo soll hier 782 ein Kloster gegründet haben. Belegt ist die Existenz der Benediktinerinnenabtei seit dem 9. Jahrhundert, als hier die um 833 geborene Irmengard, eine Urenkelin Karls des Großen und seliggesprochene Schutzpatronin des Chiemgaus, als Äbtissin wirkte. Aus dieser Zeit stammt die karolingische Torhalle des Klosters, der älteste vollständig erhaltene Hochbau Süddeutschlands. In der Michaelskapelle im Obergeschoss hat man vor wenigen Jahrzehnten zarte Engelsfresken aus der Zeit um 860 entdeckt: Leider sind sie neugierigen Blicken entzogen.

Familien von der Insel, Künstler und namenlose Ertrunkene liegen auf dem anrührenden Friedhof. Von hier betritt man durch das noch romanische nördliche Rundbogenportal die spätgotisch geprägte Münsterkirche Mariä Opferung. Im 17. Jahrhundert erhielt sie ihre barocke Ausstattung, auch den mächtigen Hochaltar.

Bis zu 5000 Tagesgäste zählt die kleine Insel an schönen Hochsommertagen. Dann blüht das Geschäft im Klosterladen, der Likör, Magenbitter und Marzipan der Benediktinerinnen verkauft. Auch in der Inseltöpferei der Familie Klampfleuthner lässt sich manch schönes handgefertigtes Souvenir erstehen.

Und im Winter? Da bedeckt Reif die Rosenstöcke von Schwester Katharina, doch wer zwischen Weihnachten und Lichtmess (2. Februar) auf die dann oft in geheimnisvollen Nebel gehüllte Fraueninsel kommt, lernt die zweite große Passion der Ordensschwester kennen: die liebevoll betreute kostbare barocke Weihnachtskrippe mit der Anbetung der Hirten und der Heiligen Drei Könige. Allerdings nur alle drei Jahre stellen die Nonnen von Frauenwörth in der Irmengardkapelle ihre größte Kostbarkeit aus: eine Krippe, deren prunkvoll gewandete Figuren die Hochzeit zu Kana nachstellen. Nächster Termin ist im Januar 2019.

Fraueninsel: malerische Lage mitten im Chiemsee vor der Kulisse von Hochgern und Hochfelln

Üppige Blumenpracht im Klostergarten

Und dann sitzt man beim Inselwirt, lässt sich ein butterweiches Chiemseezanderfilet schmecken und verpasst doch glatt das letzte Linienschiff zum Festland. Welch ein Glücksfall! Das Inselhotel Zur Linde hat bestimmt noch ein Zimmerchen frei. Sanft gluckst der See, silbern schimmern die Chiemgauer und Salzburger Berge im Mondlicht. Dort drüben liegt die Herreninsel, auf der König Ludwig II. sein ganz privates Versailles errichten ließ. Doch durch die goldstrotzende, 98 Meter lange Spiegelgalerie ist der König nur wenige Male gewandelt, das versenkbare Tischleindeckdich im Speisezimmer blieb unbenutzt, und im über alle Maßen prunkvollen Paradeschlafzimmer hat der König keine einzige Nacht verbracht. »Ein ewig Rätsel will ich bleiben«: Wenigstens dieser Wunsch des »Kini« hat sich erfüllt.

► Informationen

Anfahrt:
Über Autobahn München–Salzburg bis Abfahrt Bernau, dann weiter zu den Schiffsanlegern in Prien oder Gstadt am Chiemsee. Zugverbindung zwischen München und Prien.

Info:
• **Abtei Frauenwörth**
83256 Frauenchiemsee
Tel. 080 54/90 70
www.frauenwoerth.de
(mit Kontaktformular für Nachrichten an Sr. Katharina Heisterkamp OSB)
• **Schloss Herrenchiemsee**
Herrenchiemsee
Tel. 080 51/688 70
Fax 68 87 99
www.herrenchiemsee.de
Tgl. April–Mitte Okt. 9 bis 18 Uhr, letzte Führung ca. 17 Uhr, sonst 9.40–16.15 Uhr, letzte Führung ca. 15.40 Uhr.

• **Chiemsee-Schifffahrt Ludwig Fessler**
Seestr. 108
Prien am Chiemsee
Tel. 080 51/60 90
Fax 629 43
www.chiemsee-schifffahrt.de
• Unbedingt sehenswert ist der romanisch-gotische Freskenzyklus in der Kirche **St. Jakob** von Urschalling, 3 km südl. von Prien.

Unterkunft:
• Der schon im Jahr 1396 erwähnte **Hotel-Gasthof Zur Linde** ist wegen seiner gemütlichen Zimmer mit herrlicher Aussicht und seiner vorzüglichen Fischgerichte beliebt.
Fraueninsel
Tel. 080 54/903 66
Fax 72 99
www.linde-frauenchiemsee.de

• Ein Restaurant mit schattigem Biergarten bietet das **Schlosshotel Herrenchiemsee,** dessen Zimmer derzeit restauriert werden.
Tel. 080 51/962 76 70
www.herrenchiemsee-schlosshotel.de

Restaurants:
• Renken, Brachsen und Zander aus dem Chiemsee munden beim **Inselwirt.** Schattiger Biergarten, Gästezimmer.
Haus 43, Fraueninsel
Tel. 080 54/630
www.inselwirt.de
• Beim **Klosterwirt** schmecken gepflegte bayerische Gerichte auch.
Haus 50, Fraueninsel
Tel. 080 54/77 65
www.klosterwirt-chiemsee.de

Königssee

Ramsau und Königssee

»Wen Gott liebt … den lässt fallen er in dies Land«, rühmte Ludwig Ganghofer das Berchtesgadener Land. Die Chance, dass man auch in diesem Jahr wieder eine Weihnachtskarte bekommt, die den Blick auf die Ramsauer Pfarrkirche zeigt, ist groß. Schließlich verbrachte Joseph Mohr Weihnachten 1815 in Ramsau und verfasste kurz darauf den Text zu »Stille Nacht«. Ob tief verschneit oder als farbenfrohe Herbstansicht: Der hinter der Kirche aufragende Guglhupf, das Wagendrischlhorn (2251 m), ist meist im Bild, die Reisebusse dagegen nie …

Weniger fotografiert, obwohl kunsthistorisch viel bedeutender ist die in einsamer Höhe über einem bewaldeten Tal und vor eindrucksvoller Gebirgskulisse gelegene Wallfahrtskirche der Sennerinnen, St. Mariä Himmelfahrt am Kunterweg bei Ramsau. Man erreicht sie auf einem von Kreuzwegstationen gesäumten Fußweg. Die von 1731 bis 1733 errichtete Kirche gilt als eine der originellsten Schöpfungen des bayerischen Rokoko. Leider ist sie oft geschlossen. Ob man protestantischen Gelegenheitsbesuchern das prachtvolle Deckenfresko vorenthalten will? Es zeigt eine triumphierende Gottesmutter, die Blitze auf die 1733 aus dem Berchtesgadener Stiftsgebiet vertriebenen Lutheraner schleudert. Dabei waren die Anhänger des »verderbenden Irrglaubens« begnadete Holzschnitzer, die in Nürnberg maßgeblich

Winterlicher Blick auf die Ramsauer Pfarrkirche

Kletterer ruft die Watzmann-Ostwand, Tagesausflügler schaffen es meist nur bis St. Bartholomä

zum Aufschwung der Spielzeugmanufakturen beigetragen hatten.

Zu Erntedank steht die Kirche garantiert offen und wird prachtvoll mit Wald- und Feldfrüchten geschmückt. Auch die kunstvollen Fuikln, der Kopfschmuck des Viehs beim Almabtrieb, zieren dann das Gotteshaus. Die Votivbilder der Kirche erzählen vom manchem »daschossenen« Wilderer, und es ist sicher kein Zufall, dass in dem mit Bergsturztrümmern übersäten »Zauberwald« von Ramsau schon 1929 die Geschichte vom »Wildschütz Jennerwein« verfilmt wurde. Zwei Jahrzehnte später durfte der schlitzohrige Brandner Kaspar vor der malerischen Kulisse des Ramsauer

Hintersees im Film mit dem »Boandlkramer« (dem bayrischen Tod, gespielt von Paul Hörbiger) um das ewig Leben karteln.

Nicht minder malerisch ist die Ansicht der Wallfahrtskirche Maria Gern, eines Juwels des alpenländischen Bauernbarock im Gerner Hochtal, das 45 Gehminuten nördlich von Berchtesgaden liegt. Ihre Bergkulisse löste bei Ludwig Ganghofer heftigste Heimatgefühle aus: »Der beschneite Untersberg stieg wie ein silberweißes Märchenbild in die Lüfte, schön und keusch, gewaltig und dennoch zart, umgaukelt von allem Erdenreiz und umflüstert von den Sagen vergangener Zeiten.« In 90 Minuten steigt man von Maria Gern zum Gipfel der Kneifelspitze (1189 m) auf und genießt den fabelhaften Blick auf die Silhouette der Berchtesgadener Kirchtürme hinüber zum mächtigen Watzmann (2713 m).

Auf dem Weg zur »heiligleuchtenden Schönheit« (Ganghofer) des Königssees fährt man durch Berchtesgaden. Viele Häuser zeigen hier noch die typische alpenländische Lüftlmalerei. Ein besonders originelles Beispiel sieht man am Hirschenhaus am Marktplatz, dessen im Jahr 1610 entstandene Fresken Affen zeigen, die menschliche Laster parodieren.

Heute halten manche den Trubel in Schönau-Königssee für einen Affenzirkus. Eine Million Besucher pro Jahr zwängt sich durch die Ladenzeile zwischen Großparkplätzen und Anlegestelle, wo unglaublichster Souvenirkitsch feilgeboten wird. Aber nur 15 Gehminuten entfernt liegt der Malerwinkel mit wunderbarer Aussicht über den tiefgrünen, glasklaren Königssee, der sich wie ein Fjord zwischen die steilen Felswände von Watzmann, Steinernem Meer und Hagengebirge zwängt.

Dem Zauber einer Fahrt mit einem geräuschlosen Elektroboot hinüber zur kleeblattförmigen Wallfahrtskirche St. Bartholomä, die Ende des 17. Jahrhunderts gebaut wurde, inklusive routiniert inszeniertem siebenfachem Trompetenecho, können sich auch Zyniker nicht entziehen. Und man kann ja weiterfahren bis zur Endhaltestelle Salet und von dort zum stillen Obersee hinüberwandern.

Abseits des Massentourismus entdeckt man im Nationalpark Wilde Alpenveilchen und Schneerosen, vielleicht lugt sogar ein Murmeltier hinter einem Fels hervor, und in den Lüften kreisen Steinadler und Greife. Nur dem Ruf des Watzmanns sollten ungeübte Bergsteiger lieber widerstehen, denn »der Berg, der kennt kei Einsehn net« …

▶ Informationen

Anfahrt:
Autobahn München – Salzburg bis Bad Reichenhall, ab dort Bundesstraße. Bahnverbindung von München nach Berchtesgaden, ab dort Bus nach Ramsau bzw. Parkplatz Königssee.

Info:
• **Tourist-Information Ramsau**
Im Tal 2, 83486 Ramsau
Tel. 086 57/98 89 20
Fax 772
www.ramsau.de
• **Tourist-Information Berchtesgaden**
Maximilianstr. 9
83471 Berchtesgaden
Tel. 086 52/944 53 00
Fax 96 73 81
www.berchtesgaden.de

• **Tourist-Information am Königssee**
Seestr. 3
83471 Schönau a. Königssee
Tel. 086 52/65 59 80
www.koenigssee.com
• **Bayerische Seenschifffahrt**
Seestr. 55
Schönau am Königssee
Tel. 086 52/963 60
www.seenschifffahrt.de

Unterkunft:
• Nahe der berühmten Pfarrkirche bietet der **Gasthof Oberwirt** komfortable Unterkunft.
Im Tal 86–94, Ramsau
Tel. 086 57/225
Fax 13 81
www.oberwirt-ramsau.de

• Im traditionsreichen **Hotel Schiffmeister** an der Schiffsanlegestelle im Ortsteil Königssee hat Ludwig Ganghofer länger gewohnt. Von vielen Zimmern hat man einen schönen Blick auf den See.
Seestr. 34, Schönau
Tel. 086 52/963 50
www.hotel-schiffmeister.de

Restaurant:
• Eine besonders schöne Einkehr ist das **Gasthaus Zur Kugelmühle** am Eingang der Almbachklamm in Marktschellenberg bei Berchtesgaden. Spezialität sind köstliche frische Forellen.
Tel. 086 50/461
www.gasthaus-kugelmuehle.de

Museen in München

Kunst und Kultur

Kann man über Kunst in München schreiben, ohne Thomas Mann zu erwähnen? Kunstgläubig, heiter gesinnt und schönheitstrunken, so beschrieb Mann die Münchner Bevölkerung in der Novelle »Gladius Dei« von 1902, und da waren die beiden jüngeren Pinakotheken noch nicht einmal gebaut, im toskanisch anmutenden Lenbachhaus hingen noch nicht die berühmten Bilder des »Blauen Reiters«, und es gab auch noch nicht das Deutsche Museum, in dem historische und moderne Technik gelegentlich geradezu künstlerisch inszeniert wird.

Kaum zu glauben, dass sich Goethe auf seiner Reise gen Italien im September 1786 für die Kunstschätze Münchens nur einen Tag Zeit ließ. Man muss ihm jedoch zugute halten, dass die Gemäldesammlungen der Wittelsbacher erst ab 1836 der Öffentlichkeit in den Pinakotheken zugänglich gemacht wurden. Die erste im Bunde war die Alte Pinakothek, die von 1826 bis 1836 nach Plänen Leo von Klenzes in Stilformen venezianischer Renaissancepaläste errichtet wurde.

800 Meisterwerke, in Jahrhunderten von den Wittelsbacher Herzögen und Kurfürsten zusammengetragen, hängen in der Alten Pinakothek. Schon am Morgen bilden sich Touristenschlangen vor dem Eingang – alle wollen sie sehen, die Bilder altdeutscher Meister wie Albrecht Dürer, Stefan Lochner und Hans Baldung Grien, italieni-

scher Maler wie Giotto, Raffael, da Vinci, Tiepolo und Tizian, spanischer Genies wie El Greco und Velázquez, niederländischer Künstler wie Hals, van Dyck und Brueghel. Man bewundert die schwellenden weiblichen Formen der Rubens-Damen, um am Ende fast erleichtert beim süßesten Hintern Münchens zu verweilen, den François Bouchers »Ruhendes Mädchen« in naiver Unschuld präsentiert.

Gleich gegenüber wird in der 1853 eröffneten, zwischen 1975 und 1981 komplett neu erbauten Neuen Pinakothek die europäische Kunst vom Klassizismus bis zum Jugendstil präsentiert: englische Porträt- und Landschaftsmalerei von Thomas Gainsborough, Caspar David Friedrichs frühromantische »Riesengebirgslandschaft«, die griechische Landschaftsmalerei Carl Rottmanns (um 1840), Meisterwerke des Symbolismus wie Arnold Böcklins »Pan im Schilf«, Schöpfungen des Biedermeier von Moritz von Schwind und Spitzweg, Spätromantik von Adolph Menzel, gründerzeitlicher Historismus von Karl Theodor von Piloty, Wilhelm von Kaulbach und Anselm Feuerbach, sozialer Realismus von Max Liebermann, Jugendstil von Gustav Klimt und viele Meisterwerke der Impressionisten wie Édouard Manet, Claude Monet, Edgar Degas, Paul Cézanne, Vincent van Gogh und Paul Gauguin.

Seit 2002 führt die Münchner Kunstreise von den antiken Skulpturen in der Glyptothek am Königsplatz bis in die unmittelbare Gegenwart: Mit der Pinakothek der Moderne ist Deutschlands größtes und sicher auch schönstes Museum für moderne Kunst entstanden. Eine »Kathedrale des Lichts« nannte der Architekt Stephan Braunfels seinen kühlen, puristischen Bau, dem hohe schlanke Säulen und eine Rotunde mit Lichtkup-

pel fast schwerelosen Charakter verleihen. Er vereint unter einem Dach vier bedeutende Museen. Sie präsentieren die bildende und angewandte Kunst des 20. und 21. Jahrhunderts: Malerei, Skulpturen, Grafik, Design, Architektur und hochmoderne Installationen.

Die hohe Kunst hängt im Obergeschoss. Freitreppen führen hinauf zu den Bayerischen Staatsgemäldesammlungen, die in Wechselausstellungen immer etwa 350 von 3000 Objekten zur Kunst des 20. und 21. Jahrhunderts präsentieren. Darunter sind Klassiker des Expressionismus wie Max Beckmann und Ernst Ludwig Kirchner. Kubismus, Futurismus und Konstruktivismus sind mit Arbeiten von Umberto Boccioni, Georges Braque, Marc Chagall, Robert Delaunay, Juan Gris und Fernand Léger illustriert. Als Beispiele für den Surrealismus können Bilder von Giorgio de Chirico, Max Ernst, Salvador Dalí, René Magritte, Pablo Picasso und Joan Miró gelten. Aber

Landschaftsmalerei in der Neuen Pinakothek, hier der Griechenland-Zyklus von Carl Rottmann

Lässt die Herzen vieler Besucher höher schlagen: die Abteilung Luftfahrt im Deutschen Museum

auch Werke der italienischen Moderne, der amerikanischen Minimal Art sowie von Andy Warhol, Georg Baselitz, Francis Bacon und Joseph Beuys sind repräsentativ vertreten.

Im Erdgeschoss veranstaltet die Staatliche Grafische Sammlung wechselnde Ausstellungen von Stichen, Fotografien, Zeichnungen und moderner Druckgrafik. Das Architekturmuseum der Technischen Universität München präsentiert u. a. Bauzeichnungen aus vielen Jahrhunderten. Im Untergeschoss sind die formschönen Industrieprodukte des Staatlichen Museums für angewandte Kunst und Design zu sehen.

Dabei hätte man den Riesensaal des Car-Designs, in dem man wegweisende Automobile wie den DS 19 von Citroën und den Tatra aus dem Jahr 1937 bewundert, auch im Deutschen Muse-

um einrichten können, das schon Henry Ford begeisterte. Europas größtes technisch-naturwissenschaftliches Museum, das derzeit von Grund auf neu gestaltet wird, wartet mit einer überwältigenden Fülle an Exponaten auf. Am besten wählt man vorher aus, was man sehen will, sonst drehen am Ende nicht mehr die Räder durch, sondern die Köpfe!

Ein »Museum zum Anfassen« wollte der Physiker Oskar von Miller auf der Isarinsel schaffen, und 1,5 Millionen Besucher im Jahr danken es ihm. Hier drückt man selbst die Knöpfe, legt Hebel um, steht auf der Brücke eines Hochseedampfers oder lässt sich im Faradayschen Käfig 200 000 Volt verpassen. Das Foucaultsche Pendel beweist, dass sich auch Bayern mit der Erde dreht. Dann hinaus aufs weite Meer mit einem Seenotkreuzer und einem riesigen Lastensegler oder ab in die Lüfte, Pardon, in die Halle für Luft- und Raumfahrt mit ihren Doppeldeckern, Messerschmitts, Hansa-Jets, dem Prototypen der Raumsonde Helios aus dem Jahr 1974 und einem Funktionsmodell der Weltraumstation Spacelab.

Noch mehr zum Thema Luftfahrt bietet die Flugwerft Oberschleißheim im Norden der Stadt als Außenstelle des Museums. Oder doch lieber unter die Erde? Im Untergeschoss wartet ein komplett nachgebautes Kohlebergwerk. Dann ist es Zeit für einen Blick in die Sterne: Das Deutsche Museum besitzt das weltweit modernste Planetarium.

Umgezogen ist das Verkehrszentrum des Deutschen Museums. Im Stammgebäude brauchte man Platz für das »Zentrum Neue Technologien«, das über Klimaforschung, Nanotechnik, Gentechnik, Medizintechnik und Software-Entwicklung informiert. Kutschen, Eisenbahnen, Automobile, Motorräder und weitere Objekte zur Verkehrstechnik sind jetzt in den historischen Messehallen auf der Theresienhöhe zu sehen.

Autofans pilgern darüber hinaus natürlich auch zur ultramodernen BMW-Welt am Olympiapark, deren Boliden sich als Leihgaben in der Pinakothek der Moderne auch nicht schlecht machen würden.

► **Informationen**

Anfahrt:
Pinakotheken: U2 Theresienstraße oder Tram 27 Pinakotheken; Deutsches Museum: S-Bahn Isartor, U1/U2 Fraunhoferstraße oder Tram 16 Deutsches Museum; Flugwerft Oberschleißheim: S1 Oberschleißheim; Deutsches Museum Verkehrszentrum: U4/U5, Bus 134 Schwanthalerhöhe.

Info:
• **Alte Pinakothek**
Barer Str. 27
(Eingang: Theresienstraße)
Tel. 089/23 80 52 16
www.alte-pinakothek.de
Mi–So 10–18, Di bis 20 Uhr; Führungen Di 18.30, Fr 15 Uhr
• **Neue Pinakothek**
Barer Str. 29
Tel. 089/23 80 51 95
www.neue-pinakothek.de
Do–Mo 10–18, Mi bis 20 Uhr; Führungen Mo 15, Mi 18.30 Uhr

• **Pinakothek der Moderne**
Barer Str. 40
Tel. 089/23 80 53 60
www.pinakothek-der-moderne.de
Di–So 10–18, Do bis 20 Uhr; Führungen Di 12, Mi 15 und Do 18.30 Uhr
• **Deutsches Museum**
Museumsinsel 1
Tel. 089/217 91
Fax 217 93 24
www.deutsches-museum.de
Tgl. 9–17 Uhr.
• **Flugwerft Oberschleißheim**
Effnerstr. 18
Oberschleißheim
Tgl. 9–17 Uhr
• **Deutsches Museum Verkehrszentrum**
Am Bavariapark 5
Tel. 089/500 80 67 62
Tgl. 9–17 Uhr

Unterkunft:
► S. 244

Restaurants:
• Gemütlicher als das puristische Café 48/8 in der Pinakothek der Moderne ist das **Café Schneller** an der Uni. Amalienstr. 59
Tel. 089/28 11 24
• Ein Geheimtipp in der Nähe der Pinakotheken ist die kleine **Al Torchio Trattoria Vinoteca.** Koch und Inhaber Pasquale stammt aus der Basilicata und serviert authentische italienische Cucina, und das zu moderaten Preisen. Amalienstr. 42
Tel. 089/28 50 49
www.al-torchio.de
• Lümmelsofas und sinnliche Küche machen das **Nektar** in Haidhausen zu einer fast einzigartigen Erfahrung. Es ist nur einen Spaziergang vom Deutschen Museum entfernt. Stubenvollstr. 1
Tel. 089/99 73 66 50
www.nektar.de
ab 19 Uhr geöffnet

Biergärten in München

Tradition im Freien

Bier gilt in Bayern als Grundnahrungsmittel: Mit dem Gerstensaft versüßten sich bereits ab 1040 die Benediktinermönche von Weihenstephan das karge Leben, und in der Fastenzeit braute man das »flüssige Brot« gern etwas kräftiger. Starkbierzeit, Biergartensaison und Oktoberfest sind die wahren Münchner Jahreszeiten, wobei die Biergartensaison gern schon an lauen Februartagen beginnt und bis in föhnige Spätnovembertage hinein verlängert wird.

Eigentlich heißen die Biergärten der Landeshauptstadt erst seit etwa 50 Jahren so. Früher ging der Münchner »auf den Bierkeller«, und das trifft es genau. Die Biergärten gehen nämlich auf die bayerische Brauordnung von 1539 zurück, die festlegte, dass nur zwischen dem hl. Michael (29. September) und dem hl. Georg (23. April) Bier gebraut werden durfte: Im Sommer herrschte Brauverbot wegen erhöhter Brandgefahr beim Biersieden. So erfand man das länger haltbare Märzenbier. Um es im Sommer schön kühl zu halten, streuten die Brauereien Kies über ihre Keller und pflanzten schattige Rosskastanien an.

König Ludwig I. erlaubte den Brauern, den Gerstensaft an Ort und Stelle auszuschenken. Zum Schutz der Gastwirte durften jedoch keine Speisen verkauft werden. So brachten die Münchner ihre Brotzeit selbst mit. Das königliche Verbot gibt es längst nicht mehr, die Selbstverpflegung aber schon: Ein Biergarten, der den Verzehr von mitgebrachten Speisen prinzipiell untersagt, ist eigentlich ein Wirtsgarten.

Streng genommen ist der Biergarten am Viktualienmarkt ein »Reingschmeckter«, denn ein Bierkeller existierte hier nie, und die Kastanien pflanzte man erst in den 1980er-Jahren an. Aber es gibt keinen besseren Ort, um mit der Entdeckung Münchens zu beginnen. Auswärtige und Einheimische, »Preißn« und Menschen, sitzen friedlich vereint bei einer Maß oder mehreren, und die Brotzeit holt man sich gleich nebenan bei den vielen Standln und Metzgerläden. Das kann ein eingesalzener Radi (Rettich) sein, eine knusprige Brezn mit frischem Obatzda (Käsecreme aus Camembert, Butter, Zwiebeln und Paprikagewürz) oder eine Leberkässemmel.

Sommer in München bedeutet auch buntes Treiben im Englischen Garten

So gestärkt, kann man aufbrechen, um die südliche Altstadt Münchens zu erkunden. Vielleicht steigt man – möglichst noch vor der ersten Maß – sogar die 305 Stufen des Alten Peter hinauf: Einen besseren Rundblick über München als vom ältesten Kirchturm der Stadt gibt es nicht.

Vom Viktualienmarkt ist es nur ein Katzensprung zum St.-Jakobs-Platz. Im gotischen Zeughaus präsentiert das Münchner Stadtmuseum die Geschichte der bayerischen Hauptstadt. Auch die berühmten spätgotischen Moriskentänzer von Erasmus Grasser und das alte Wappen mit dem Münchner Kindl sind hier zu sehen. Gleich gegenüber wurde am 9. November 2006 die neue Münchner Hauptsynagoge eröffnet: ein Kubus, dessen Sockel an den ersten Tempel Jerusalems erinnern soll, und darüber ein filigraner gläserner Aufbau, durch den abends das Licht hinausstrahlt. Wieder einmal leuchtet München.

Von hier gelangt man im Handumdrehen in die Sendlinger Straße, in der Münchens schönstes Juwel des Rokoko zu sehen ist: die Asamkirche, deren prunkvolle Fassade sich in die Häuserfront einfügt. Drinnen empfängt mystisches Dämmerlicht den Besucher, das alle Blicke auf den überschwänglich-barocken Hochaltar mit vier gewundenen Säulen und Asamfresken lenkt.

Über die Sendlinger Straße erreicht man in wenigen Minuten den Marienplatz, vielleicht gerade rechtzeitig, um festzustellen, dass das Glockenspiel am monumentalen Neuen Rathaus aus dem 19. Jahrhundert trotz Restaurierung noch verstimmter klingt als beim letzten Mal.

Zwischen Marienplatz und Hofbräuhaus trifft der Einheimische häufig hilflose Touristen, auf deren Stadtplan der direkte Weg vom Tal durch die Böhmler-Passage zum weltberühmten Hofbräuhaus von 1589 nicht eingezeichnet ist. In des-

Die Brotzeit für den Biergarten am Viktualienmarkt gibt es erntefrisch gleich nebenan

sen »Schwemme« vergaß einst Ludwig Thomas »Münchner im Himmel«, der bayerischen Staatsregierung die göttlichen Ratschläge zu übermitteln, und ein grapschender Lenin fing sich 1901 die Watsch'n einer Bedienung ein. Zuflucht vor dem »Oans, zwoa, gsuffa« aus japanischen Kehlen bietet der Biergarten des Hofbräuhauses, der erstaunlich ruhig, fast schon idyllisch ist.

Vom Platzl spaziert man in zwei Minuten zur Nobelmeile Maximilianstraße und dann hinüber

▶ Seitenblick

Kastaniendächer

Die ersten Biergärten entstanden über unterirdischen Kellern, in denen die Brauereien ihre Fässer ganzjährig auf Stangeneis kühl halten konnten. Um die Temperatur im Lager noch weiter zu senken, streute man Kies auf den Boden darüber und pflanzte Rosskastanien, die drei große Vorzüge hatten: Sie wuchsen schnell, ihre großen Blätter spendeten im Sommer Schatten, und ihre flachen Wurzeln ließen die Gewölbe unbeschadet. Auch die Kundschaft verweilte unter ihrem grünen Blätterdach gern etwas länger ...

zum Nationaltheater und zur Residenz, der »Herzkammer Bayerns«. Zwar wurde das Ensemble aus Renaissance, Barock, Rokoko und Klassizismus im Krieg schwer zerstört, doch die wichtigsten Kunstschätze waren glücklicherweise ausgelagert. Auch wer wenig Zeit hat, sollte doch wenigstens die Schatzkammer mit ihren einzigartigen Kleinodien der Goldschmiedekunst und das prunkvolle Antiquarium mit seinen großartigen Wandmalereien besichtigen – es ist der größte profane Renaissanceraum nördlich der Alpen. Aber auch Spiegelkabinett, Silberkammern und Steinzimmer sind auf das Kostbarste ausgestattet. Der schönste der fünf Höfe der Residenz ist der Brunnenhof.

Eine willkommene Verschnaufpause bietet gleich nebenan der von 1613 bis 1615 im geometrischen italienischen Renaissancestil angelegte Hofgarten mit Dianatempel. Gegenüber erhebt sich die strahlend gelbe barocke Theatinerkirche, im Süden schließt die Feldherrnhalle die Ludwigstraße ab.

Über die Theatinerstraße mit den noblen Einkaufspassagen der Fünf Höfe erreicht man Münchens Wahrzeichen, die im Jahr 1494 geweihte Frauenkirche: ein gotischer Backsteinbau, dessen 99 Meter hohe Türme die charakteristischen welschen Hauben tragen. Gegenüber serviert der Andechser am Dom das berühmte Klosterbier. So gestärkt ist man wieder fit für einen Bummel durch die Fußgängerzone zum Stachus, vorbei an der Michaelskirche, die zwischen 1579 und 1597 als größtes Gotteshaus der Renaissancezeit nördlich der Alpen errichtet wurde. In ihrer Fürstengruft ruht der »Kini« Ludwig II. in einem Zinksarg.

Schon lockt der Augustinerkeller in der Arnulfstraße beim Hauptbahnhof, der geradezu als Inbegriff des Münchner Biergartens angesehen wird. Schattige Kastanien, Holzfassausschank, Steckerlfisch, Hendlbraterei und resolute Bedienungen: Hier ist alles so, wie es sein muss. Profis holen die nächste Maß immer dann, wenn eine Glocke den Fasswechsel ankündigt. Der Biergarten ist idealer Ausgangspunkt für Streifzüge durch die Maxvorstadt mit den Museen am Königsplatz, dem Museum Brandhorst und den Pinakotheken.

Durch die Arnulfstraße fährt die Tram zum Hirschgarten: Münchens größter und auch einer der beliebtesten Biergärten. 7000 Durstige finden hier Platz, aus den Fässern fließt Augustiner Hel-

les, das Kenner dem sonst oft ausgeschenkten Augustiner Edelstoff vorziehen. Über die Hirschgartenallee spaziert man in den Schlosspark Nymphenburg mit der barocken Sommerresidenz der bayerischen Kurfürsten und dem zauberhaften Rokokoschlösschen Amalienburg.

Wem der Hirschgarten zu groß ist, der lässt sich im intimeren Taxisgarten in Neuhausen nieder, einer der schönsten Kastanienanlagen Münchens. Mit der U-Bahn ist man schnell da, es gibt eine hauseigene Metzgerei und ofenfrische Brezn, und die noble Auffahrtsallee nebenan führt am Schlosskanal entlang auf Schloss Nymphenburg und den dazugehörigen Park zu.

Es versteht sich von selbst, dass es im Englischen Garten, Deutschlands größtem Stadtpark, gleich mehrere Biergärten gibt: natürlich den am hölzernen Chinesischen Turm, wo meist eine Blaskapelle aufspielt, das ziemlich schicke Seehaus am Kleinhesseloher See, wo man der angesoffenen Wamp'n gleich bei einer Tretbootfahrt wieder zu Leibe rücken kann, die ruhigere Hirschau unmittelbar nördlich des Mittleren

Der Biergarten am Chinesischen Turm im Englischen Garten ist der Klassiker unter den Biergärten

Rings und noch weiter nördlich deN Aumeister, Tummelplatz der Unterföhringer Medienwelt.

Wer immer an der Isar entlang nach Süden radelt, könnte unterwegs im schattigen Biergarten des Hofbräukellers in Haidhausen einkehren oder etwas weiter südlich im Paulanerkeller, besser bekannt als Nockherberg, wo sich im März die politische Prominenz einfindet, um sich beim Starkbieranstich »derbleckn« (verspotten) zu lassen. Wer dabei unerwähnt bleibt, zählt nichts mehr. Technikfans aufgepasst: Das Deutsche Museum ist nicht weit.

Weiter südlich, in Thalkirchen, sonnt man sich tagsüber nackert auf dem Isarkies oder badet im Fluss, anschließend setzt man sich zu einer Maß Löwenbräu in den Biergarten des Flaucher. Der Tierpark Hellabrunn liegt fast um die Ecke.

Wer am westlichen, schöneren Isarufer die Hochleite entlanggeradelt ist, kehrt in der Harlachinger Menterschwaige ein, wo schon König Ludwig I. seine Maß trank und sein Gschpusi Lola Montez einquartierte. Noch weiter südlich trifft man auf das »bayerische Hollywood«, die Bavaria Filmstadt. Und gegenüber, auf der anderen Isarseite, liegt die schöne Waldwirtschaft Großhesselohe mit Jazzbiergarten, von wo aus die Münchner »Biergartenrevolution« ihren Ausgang nahm. Prost, Herr Nachbar!

► Informationen

Anfahrt:

Viktualienmarkt, Hofbräuhaus und Andechser am Dom: S/U Marienplatz; Augustinerkeller: S/U Hauptbahnhof; Hirschgarten: S1–6/S8 Hirschgarten oder Tram 12, 16 und 17 Romanplatz; Taxisgarten: U1 Gern. Chinesischer Turm: U3/U6 Giselastraße oder Tram 18 Tivolistraße; Hirschau: U6 Dietlindenstraße; Aumeister: U6 Freimann; Hofbräukeller: U4/U5 Max-Weber-Platz; Paulanerkeller: U1/U2 Kolumbusplatz; Menterschwaige: Tram 15/25 Menterschwaige; Waldwirtschaft: S7 Großhesselohe.

Info:

- **Tourismusamt München**
  Sendlinger Str. 1
  80331 München
  Tel. 089/23 39 65 00
  Fax 23 33 02 33
  www.muenchen.de/tam
- Infobüros am Hauptbahnhof und im Rathaus.

Unterkunft:

- Münchens luxuriöseste Unterkunft ist das **Mandarin Oriental** beim Hofbräuhaus.
  Neuturmstr. 1
  Tel. 089/29 09 80
  www.mandarinoriental.com/munich
- Direkt am Viktualienmarkt liegt das **Derag Livinghotel** mit topmodernen Designzimmern.
  Frauenstr. 4
  Tel. 089/885 65 60
  www.deraghotels.de
- Im Stadtteil Lehel, nahe der Maximilianstraße, findet man das **Hotel Opéra.**
  St.-Anna-Str. 10
  Tel. 089/210 49 40
  www.hotel-opera.de
- Idyllisch liegt das charmante **Gästehaus Englischer Garten** mitten in Schwabing.
  Liebergesellstr. 8
  Tel. 089/383 94 10
  www.hotelenglischergarten.de

Restaurants:

- Unschlagbar preiswert, aber gut, wird in der Traditionswirtschaft **Gasthaus Isarthor** gekocht. Bis 12 Uhr gibt's ein Weißwurstfrühstück mit Bier für 6 Euro.
  Kanalstr. 2
  Tel. 089/22 77 53
  www.gasthaus-isarthor.de
- Beim **Sedlmayr** am Viktualienmarkt schmecken urbayerische Gerichte wie Spanferkel mit Kartoffelknödeln oder frische Weißwürste.
  Westenriederstr. 14
  Tel. 089/22 62 19
  www.beim-sedlmayr.de
- Einen wunderbaren Krustenbraten, einen gschmackigen Schweinsbraten und die wohl besten Schnitzel Münchens gibt's beim **»Haferlgucker« Putzi Holenia.**
  Paulaner im Tal
  Tal 12
  Tel. 089/219 94 00
  www.paulaner-im-tal.de

Die katholische Stiftskirche St. Kajetan, genannt Theatinerkirche, ist die erste im Stil des italienischen Spätbarock erbaute Kirche nördlich der Alpen

Augsburg

Gewissen der Krämer

Mietangebot: 60 Quadratmeter große Dreizimmerwohnung mit Bad oder Dusche, Miete ein Rheinischer Gulden (88 Cent) im Monat auf unbefristete Zeit, plus täglich dreimal für den Vermieter beten. Nun gut, man müsste auch noch Augsburger sein, bedürftig und mit einwandfreiem Leumund, um in den Genuss einer »Gnadenwohnung« in der Fuggerei zu kommen. Die Nachteile: Nebenkosten gehen natürlich extra, und wer nach Mitternacht nach Hause kommt, schuldet dem Nachtwächter am Ochsentor einen Euro. Außerdem glotzen einem ständig Touristen ins Fenster.

Gestiftet haben die älteste Sozialsiedlung der Welt Jakob Fugger der Reiche (1459–1525) und seine beiden Brüder Ulrich und Georg. Ob die Fugger ein wenig das schlechte Gewissen plagte, weil sie nicht nur mit Tuchen und Gewürzen, Silber und Kupfer handelten, sondern auch mit Sklaven? Im 16. Jahrhundert finanzierten die Augsburger Kaufleute die Schweizer Garde im Vatikan, die Feldzüge der Kaiser, die Medici in Florenz. Es war jedenfalls genug Geld da, als Baumeister Thomas Krebs 1516 seine Arbeit aufnahm. 1523 gab es bereits 52 Häuser. Nach dem Zweiten Weltkrieg wurde die weitgehend zerstörte Fuggerei wieder aufgebaut und um ein Drittel vergrößert. Ihre 150 Bewohner leben heute deutlich komfortabler

als zu den Zeiten, von denen das Fuggereimuseum in der Mittleren Gasse 13 erzählt.

Die Kaufherren selbst residierten natürlich standesgemäß. 88 Meter lang ist die Fassade der von 1512 bis 1515 errichteten Fuggerhäuser an der Maximilianstraße – und das, obwohl in Augsburg die Steuer nach der Länge der Hausfront berechnet wurde! Besonders schön zeigt sich der Damenhof im Stil der italienischen Renaissance. In dieser fürstlichen Kaufmannsresidenz waren Kaiser Karl V. und der Maler Tizian zu Gast, Kardinal Cajetan unterzog hier im Jahr 1518 Martin Luther einer »Befragung«. Zur gleichen Zeit malte Albrecht Dürer ein Porträt Jakob Fuggers, das in der Staatsgalerie Altdeutscher Meister nebenan

Beste Wohnlage im Zentrum von Augsburg zu Spottpreisen bietet die Fuggerei

hängt. Zusammen mit der Deutschen Barockgalerie ist sie im von 1765 bis 1770 erbauten Schaezler-Palais untergebracht, einem Rokokobau mit großem Festsaal.

Die Maximilianstraße war das erste Stück der römischen Kaiserstraße, die von »Augusta Vindelicum«, 15 v. Chr. als römisches Militärlager gegründet, nach Italien führte. Heute ist sie mit ihren Prachtbauten und den drei Renaissancebrunnen das Aushängeschild Augsburgs. Im Süden schließt sie der Ulrichsplatz ab. Hier bilden die Zwiebeltürme der weißen spätgotischen Hallenkirche St. Ulrich und Afra und der kleinen gelben evangelischen Ulrichskirche ein harmonisches Ensemble.

Maßgeblich geprägt hat das Stadtbild der geniale Baumeister Elias Holl (1573–1646). Sein Rathaus (1615–1620) mit dem glanzvollen, bis 1990 rekonstruierten Goldenen Saal gilt als bedeutendster profaner Renaissancebau nördlich der Alpen. Vom benachbarten Perlachturm, ebenfalls ein Werk Holls, schweift der Blick bei Föhn bis zu den Alpen. Auch das Zeughaus mit manieristischer Fassade und das Reichsstädtische Kaufhaus hat Elias Holl gebaut. Im Heilig-Geist-Spital, einem Spätwerk Holls, spielt die Augsburger Puppenkiste die beliebten Geschichten von Jim Knopf und Urmel aus dem Eis nach: Dafür ist man nie zu alt!

Es gibt noch so viel mehr zu sehen in Augsburg. Man kann zum Beispiel auf den Spuren von Bert Brecht, der in der Gasse Auf dem Rain 7 geboren wurde, durch das von Lechkanälen durchzogene Handwerkerviertel mit seinen schmalen Häusern und romantischen Stegen bummeln: Augsburgs Klein-Venedig. Keineswegs auslassen darf man

Sommerliche Leichtigkeit in der Fußgängerzone der Altstadt

auch das Domviertel. In der Frauentorstraße 30 wurde Leopold Mozart geboren. Der Dom – seine ältesten Bauteile stammen aus dem 10. Jahrhundert – besitzt ein prächtiges Südportal mit einer um 1056 entstandenen Bronzetür, deren Original im benachbarten Diözesanmuseum zu besichtigen ist. Im Innern kann man Fresken aus romanischer und gotischer Zeit, die Altargemälde von Hans Holbein d. Ä. und die fünf Fenster an der Südseite mit Prophetendarstellungen aus der Mitte des 12. Jahrhunderts – Deutschlands älteste figürliche Glasmalereien – bewundern.

Kurioserweise befindet sich die Grabkapelle der katholischen Fugger ausgerechnet in der evangelischen Annakirche. Immerhin wurde in Augsburg im Jahr 1555 der berühmte Religionsfrieden geschlossen, den die Stadt bis heute jedes Jahr am 8. August mit einem offiziellen Feiertag, dem Friedensfest, würdigt. Aber in der Fuggerei durften stets nur Katholiken wohnen, ganz nach dem Motto: »Cuius regio, eius religio …«

► Informationen

Anfahrt:
Autobahn- und ICE-Verbindung u. a. mit München, Nürnberg, Würzburg und Stuttgart.

Info:
• **Regio Augsburg Tourismus**
Schießgrabenstr. 14
86150 Augsburg
Tel. 08 21/50 20 70
www.regio-augsburg.de
• Die Fuggerei und ihr Museum sind tgl. April–Okt. 8–20, Nov. bis März 9–18 Uhr geöffnet, www.fugger.de

Unterkunft:
• Ein denkmalgeschütztes Patrizierpalais aus dem 16. Jh. mit

modern-komfortablen Zimmern ist das **Altstadthotel Augsburg.**
Kapuzinergasse 6
Tel. 08 21/59 74 73 70
Fax 597 47 37 51
www.altstadthotelaugsburg.de
• Sympathische, preiswerte Unterkunft im Augsburger Domviertel bietet das adrette **Hotel Fischertor.**
Pfärrle 16/18
Tel. 08 21/34 58 30
Fax 345 83 95
www.hotel-fischertor.de

Restaurants:
• Regionale Küche, im Sommer auch im Biergarten, serviert das Restaurant **Bayerisches**

Haus am Dom, zum Beispiel eine ofenfrische Haxe mit Dunkelbiersoße und Kartoffelknödel.
Johannisgasse 4
Tel. 08 21/349 79 90
www.bayerischeshaus.de
• Schwäbisch-bayerische Küche mit mediterranen Einflüssen gibt's im **Restaurant Die Ecke** am Rathaus.
Elias Holl-Platz 2
Tel. 08 21/51 06 00
www.restaurantdieecke.de
• Sehr beliebt sind Biergarten und schwäbische Küche des **Bräustüberl 3 Königinnen** in der Nähe der Fuggerei.
Meister-Veits-Gässchen 32
Tel. 08 21/15 84 05

Ammersee

Andechs und Dießen

»Genuss für Leib und Seele« verheißt das moderne Andechser Logo. »Heilig Perg Andex in Oberbair« verkündet ein Pilgerzeichen aus dem 15. Jahrhundert, und jeder kann diesen 180 Meter hohen Moränenhügel ohne Mühe besteigen. Immer wieder rückt im oberbayerischen Fünfseenland die Andechser Klostersilhouette oberhalb des Ammersees ins Bild und lockt zur Wallfahrt und zum guten Klosterbier.

Beim gehaltvollen Doppelbock Dunkel oder Bergbock Hell stellt sich schnell das berühmte »Andechser Gefühl« ein, und dabei muss es gar nicht so bierdimpflig zugehen wie im bitterbösen filmischen Moritatenstück von Herbert Achternbusch. Den Kirchturm des Klosters besucht man aber besser vor der Einkehr: Ein herrliches Ammersee- und Alpenpanorama entschädigt für die Anstrengung des Aufstiegs.

Bezeugt ist die Pilgerfahrt nach Andechs zu den Reliquien, deren früheste Exemplare Graf Rasso im 10. Jahrhundert von einer Pilgerfahrt ins Heilige Land mitgebracht haben soll, schon seit 1128. Nachdem, wie die Legende behauptet, 1388 eine kleine Maus den verloren gegangenen Heiltumsschatz mit den drei Hostien wiedergefunden hatte, lebte die Andechser Wallfahrt neu auf. 1455 stiftete der bayerische Herzog Albrecht III. ein Benediktinerkloster, in das sechs Mönche des altbayerischen Klosters Tegernsee

Bayerisches Bilderbuchidyll: Kloster Andechs

Elegantes Rokoko im Marienmünster in Dießen

einzogen. Heute kommen jedes Jahr an die 250 000 Wallfahrer, und noch deutlich mehr Gäste lassen sich gleich im Bräustüberl, im Biergarten oder im feinen Klostergasthof zu einer kühlen Maß nieder. An sonnigen Wochenenden geht es im schattig-grünen Kiental, durch das man von Herrsching am Ammersee in einer knappen Stunde zum Kloster hinaufspaziert, fast so geschäftig zu wie in der Münchner Fußgängerzone.

Die echten Wallfahrer kommen besonders im Mai, zwischen Aussaat und Heuernte, an Christi Himmelfahrt und zum Dreihostenfest am vierten Sonntag nach Pfingsten. Prozessionskreuze im Umgang und unzählige Votivkerzen sind sichtbare Beweise der altbayerischen Volksfrömmigkeit, der die zeitweise durchgesetzte Säkularisierung von 1803 nichts anhaben konnte.

Die Benediktinerpatres wussten das Erlebnis wohl zu inszenieren. Durch einen recht niedrigen, mit Blumen bemalten Vorraum, das »Paradies«, tritt man ein in den weiten »Andechser Himmel«. Im Kern ist die ab 1712 barockisierte Hallenkirche noch spätgotisch, was aber bei all der um 1755 entstandenen Rokokopracht nur noch Eingeweihten auffällt. Seit der Renovierung erstrahlen die zart flammenden Stuckaturen und die frühlingsheiteren Fresken von Johann Baptist Zimmermann aus Wessobrunn sowie die Altäre des Münchner Hofbildhauers Johann Baptist Straub in neuem Glanz. Die Staffelung der Seitenaltäre als Kulisse fokussiert den Blick des Betrachters auf den Gnadenaltar und orchestriert hier den Lobpreis Jungfrau Mariens.

Für noch mehr Rokokoseligkeit fährt man von Herrsching mit dem Schaufelraddampfer in wenigen Minuten hinüber zum idyllischen Handwerksort Dießen. Sein Töpfermarkt, der rund um Christi Himmelfahrt in den Seeanlagen abgehalten wird, ist weithin berühmt. Weiß-golden erstrahlt der lichte Innenraum des schlanken Marienmünsters, und über dem majestätischen Hochaltar von Cuvilliés mit dem Altargemälde der Himmelfahrt Mariens wölbt sich der berühmte »Dießener Himmel«, ein 1736 entstandenes Fresko von Johann Georg Bergmüller mit 28 Heiligen und Seligen aus dem Dießen-Andechser Grafengeschlecht.

Aber auch der große bayerische Komponist und Musikpädagoge Carl Orff (1895–1982), dessen Musikdramen aus mittelalterlichen Mysterienspielen und den Volksstoffen seiner Fünfseenheimat schöpfen, verbindet Dießen und Andechs. In Dießen, wo er lange lebte, erinnert das Carl-Orff-Museum an den Schöpfer des musikpädagogischen Schulwerks; in der Schmerzhaften Kapelle im Andechser Kloster ist er begraben. Bis 2015 brachte der Andechser Florianstadl im Rahmen der Carl-Orff-Festspiele Werke aus dem Zyklus des Orff'schen »Bairischen Welttheaters« auf die Bühne, und natürlich wurde auch das rauschhafte »O fortuna, velut luna« aus den 1937 uraufgeführten »Carmina Burana« angestimmt. Doch die Glücksgöttin ist launisch. »Aus is' und gar is' und schad is', dass wahr is'«, heißt es in Orffs Oper »Astutuli«. Im Jahr 2017 gab es jedenfalls wieder eine Absage.

▶ Informationen

Anfahrt:
Von München mit der S5 nach Herrsching, von dort durch das Kiental zu Fuß in etwa 1 Std. zum Kloster. Rückfahrmöglichkeit nach Herrsching mit Regionalbus.

Info:
• **Kloster Andechs**
Bergstr. 2, 82346 Andechs
Tel. 081 52/37 60
Fax 37 61 43
www.andechs.de
• **Tourist-Info-Dießen**
Bahnhofstr. 15
86911 Dießen
Tel. 088 07/10 48 oder 92 84 58, Fax 44 59
www.tourist-info-diessen.de

Unterkunft:
• Im Gästetrakt des Klosters stehen 15 schlichte Zimmer zur Verfügung. Komfortabler schläft man im alten Landgasthof **Der Obere Wirt zum Queri,** der neben gemütlichen Zimmern auch vorzügliche bayerische Küche bietet.
Georg-Queri-Ring 9
Andechs-Frieding
Tel. 081 52/918 30
Fax 91 83 29
www.queri.de
• Der **Maurerhansl,** Dießens ältester Gasthof (1721), überrascht mit avantgardistischen Zimmern und guter Küche.
Johannistr. 7, Dießen

Tel. 088 07/922 90
Fax 92 29 33
www.maurerhansl.de

Restaurants:
• Im Andechser **Klostergasthof** gibt es feine Küche, aber auch einen reschen Krustenbraten mit Andechser Bockbiersoße, Kartoffelknödeln und Krautsalat.
Bergstr. 9, Andechs
Tel. 081 52/930 90
www.klostergasthof.de
• Einen saftigen Schweinsbraten serviert auch der **Landgasthof Mühlfeldbräu.**
Mühlfeld 13, Herrsching
Tel. 081 52/91495 48
www.muehlfelder-brauhaus.de

Bernried

Exquisite Kunst

Ein wenig die Fantasie beflügelt hat er schon immer, der Starnberger See, auch als er noch Würmsee hieß und noch nicht die »Badewanne« Münchens war. Vor 300 Jahren inszenierte die Flotte der bayerischen Kurfürsten im Gefolge der Prunkgaleere *Bucentaur* beleuchtete Wasserspiele. Ab 1850 schufen sich die bayerischen Könige auf der Roseninsel ein mediterranes Refugium mit Rosarium.

Auf Schloss Possenhofen verbrachte Elisabeth, die spätere Kaiserin von Österreich, ihre Jugend, später kam »Sisi« mitsamt ihrem Hofstaat zur Sommerfrische nach Feldafing. Drüben, am anderen Ufer, fand König Ludwig II. am 13. Juni 1886 bei Schloss Berg einen noch immer geheimnisumwitterten Tod im See, und im »Wagnerhaus« von Kempfenhausen turtelte Richard Wagner mit der verheirateten Cosima von Bülow.

In jüngerer Zeit nahm in der Evangelischen Akademie Tutzing die Ostpolitik Willi Brandts Gestalt an. Ein paar Kilometer südlich, in Bernried mit seiner romantischen Klosteranlage, erfüllte sich 2001 der Maler, Fotograf und Autor Lothar-Günther Buchheim (1918–2007) seinen Traum von einem Museum der Phantasie. Heute erscheint es als Glücksfall, dass Buchheims Heimatgemeinde Feldafing »ihr Ruah« haben wollte und das Projekt ablehnte. So konnte Günter Behnisch, der Architekt des Münchner Olympia-

stadions, in Bernried an einer der schönsten Stellen am Starnberger See ein lang gestrecktes avantgardistisches Museum zaubern, das teilweise in den Hang hineingebaut ist und in einem zwölf Meter über dem See schwebenden Steg endet.

Die weitläufigen Hallen dieses Museumsschiffs, das hier am Ufer vertäut zu liegen scheint, präsentieren eine der bedeutendsten Sammlungen des deutschen Expressionismus: Aquarelle, Zeichnungen, Skizzen und besonders Druckgrafiken. Dabei spannt sich der Bogen von Lovis Corinth über die Mitglieder der Künstlergruppe Die Brücke (1905–1913) mit Werken von Erich Heckel, Ernst Ludwig Kirchner, Otto Mueller, Emil Nolde, Max Pechstein und Karl Schmidt-Rottluff bis hin zu den Expressionisten der zweiten Generation, darunter Otto Dix. Dazu kommt ein in seinem Facettenreichtum faszinierendes Kaleidoskop der Buchheim'schen Sammelwut, von indonesischen Schattenspielfiguren über bayerische

Trophäen der Sammelwut Lothar-Günther Buchheims

Volkskunst bis hin zu 3000 gläsernen Briefbeschwerern. Natürlich sind auch farbenfrohe Aquarelle des exzentrischen Künstlers selbst zu sehen.

Schon beim wunderbaren Spaziergang durch den südlichen Teil des Höhenrieder Parks mit seinen Baumgruppen, kleinen Teichen, schönen Pagoden und Skulpturen verschmelzen Natur- und Kunstgenuss. Am Ende des Wegs schaut man auf ein vom Föhn freigewehtes Alpenpanorama und mag sich keinen schöneren Ort auf der Welt vorstellen.

► Informationen

Anfahrt:

Mit der Bayerischen Seenschifffahrt (Ostern–Okt., Kombiticket) von Starnberg nach Bernried. Von München fährt die S6 nach Tutzing, dann weiter mit RVO-Bus 9614 (Richtung Penzberg, nur Mo–Fr) bis Haltestelle LVA Höhenried. Die Regionalbahn München–Kochel hält am Bahnhof Bernried, von dort 20 Minuten zu Fuß durch den hübschen Ortskern.

Info:

• **Buchheim Museum**
Am Hirschgarten 1
82347 Bernried
Tel. 081 58/99 70 20
www.buchheimmuseum.de

April bis Okt. Di–So 10 bis 18 Uhr, Nov. bis März bis 17 Uhr. Ausstellungen finden auch in der Dependance des Museums, in der Villa Maffei, statt: Seestr. 4 (beim Rathaus), Feldafing.

• **Fremdenverkehrsbüro Bernried**
Bahnhofstr. 4, 82347 Bernried
Tel. 081 58/80 40
www.bernried.de

Unterkunft:

• Seit 1891 gibt es den schönen **Gasthof Altwirt,** heute Hotel Seeblick, mit geschmackvoll eingerichteten Zimmern, Wellnessangebot und vorzüglichen bayerischen Speisen.

Tutzinger Str. 9, Bernried
Tel. 081 58/25 40
Fax 30 56
www.seeblick-bernried.de

Restaurants:

• Feine Speisen in wunderschöner Seelage serviert das **Museumscafé Phoenix.**
Tel. 081 58/25 93 93
www.phoenix-buchheimmuseum.de

• Ein gutes und preiswertes altes Lokal direkt im Dorfzentrum mit schattigem Biergarten ist der **Gasthof Drei Rosen.**
Dorfstr. 11, Bernried
Tel. 081 58/90 40 53
www.dreirosenbernried.de

Murnau

Blauer Reiter

Blaugrau schimmern die nahen Berge des Werdenfelser Lands, grünblau leuchten Staffelsee und Riegsee, weiß-blau wölbt sich darüber der föhnige Himmel: Im Murnauer Moos, dem »Blauen Land«, herrscht eine ganz eigene Farb- und Lichtstimmung.

Im Jahr 1908 lernten Gabriele Münter (1877 bis 1962) und Wassily Kandinsky (1866–1944) das Murnauer Moos kennen und lieben. Ohne Trauschein bewohnte das Künstlerpaar in den Sommermonaten eine kleine Villa, die wegen Kandinskys Herkunft »Russenhaus« genannt wurde. In den Murnauer Wirtshäusern zerriss man sich die Mäuler über das »gschlamperte Verhältnis«. Dabei entwickelte sich in dieser heiter-melancholischen Moorlandschaft Bedeutendes: die expressive Malerei der Künstlergruppe Blauer Reiter. Kandinsky war mit Franz Marc und August Ma-

cke Gründer der Vereinigung, deren 1912 erschienener Almanach in Murnau Gestalt annahm. Er verfolgte hier seinen konsequenten Weg zur gegenstandsfreien Kunst. Für Münter bedeutete Murnau einen Sprung »vom Naturabmalen zum Fühlen eines Inhalts«. Leuchtende, unvermischt nebeneinander gesetzte Farben und Formen, von dunklen Umrisslinien begrenzt, inspiriert von der örtlichen Hinterglasmalerei, prägten ihre Bilder. »Besonders bei Föhn standen die Berge als kräftiger Abschluss im Bilde, schwarzblau. Dies war die Farbe, die ich am meisten liebte.«

Herbstlicher Traum in Blau am Staffelsee

Stolz präsentiert das Schlossmuseum neben Hinterglasmalerei auch manche Werke des Blauen Reiters: viele Münter-Bilder, aber auch einiges von Kandinsky, Marianne von Werefkin, Alexej von Jawlensky, Heinrich Campendonk und Franz Marc, dem im nahen Kochel ein eigenes Museum gewidmet ist. Eine andere Abteilung erzählt von dem österreichisch-ungarischen Schriftsteller und Dramatiker Ödön von Horváth (1901–1938), der 1924 nach Murnau zog. Sein Volksstück »Italienische Nacht« (1930) ist vom Murnauer Kleinbürgertum inspiriert.

Vom Museum ist es nur ein Spaziergang zum Russenhaus am Ortsrand. Alles sieht noch so aus, als käme Gabriele Münter gleich von ihrem Spaziergang durchs Moos zurück. Tische und Schränke verzierte Kandinsky mit Pferden und Ornamenten, sogar eine Staffelei mit eingetrockneten Farben ist noch da. Von der Gartenbank genießt man die Maleraussicht auf Murnau.

Im Ort werden Radtouren und Wanderungen auf den Spuren des Blauen Reiters organisiert. Da führt der Weg natürlich auch ins nahe Hochmoor, das im Frühsommer eine herrliche Farbsymphonie aus Sibirischen Schwertlilien, Knabenkraut, Trollblumen und Wollgras aufführt, mit den Gipfeln des Wettersteinmassivs als majestätischem Hintergrund. Ein Bad im sommerlich warmen Staffelsee ist stets ein Hochgenuss und die Seehausener Bootsprozession zu Fronleichnam unbedingt sehenswert. Und Murnau selbst, mit seinen pastellfarbenen Giebelhäusern am Ober- und Untermarkt, lohnt ohnehin das ganze Jahr über einen Besuch – auch im Winter, wenn der romantische Christkindlmarkt die Weihnachtszeit einläutet.

▶ Informationen

Anfahrt:
Autobahn- und Zugverbindung von München und Garmisch.

Info:
- **Tourist Information Murnau**
  Kohlgruber Str. 1
  82418 Murnau a. Staffelsee
  Tel. 088 41/614 10
  www.murnau.de
- **Schlossmuseum Murnau**
  Schlosshof 4–5
  Tel. 088 41/47 62 01
  www.schlossmuseum-murnau.de
  Di–So 10–17 Uhr, Juli–Sept.
  Sa/So bis 18 Uhr
- **Münter-Haus**
  Kottmüllerallee 6, Murnau
  Tel. 088 41/62 88 80
  www.murnau.de/de/muenter-haus.html
  Di–So 14–17 Uhr

- Das **Franz-Marc-Museum** in Kochel mit modernem Erweiterungsbau zeigt auch hochkarätige Wechselausstellungen.
  Franz-Marc-Park 8–10
  Kochel am See
  Tel. 088 51/92 48 80
  www.franz-marc-museum.de
  Di–So 10–18, Nov.–März bis 17 Uhr

Unterkunft:
- Einen herrlichen Blick übers Moos auf die Berge bietet der luxuriöse **Alpenhof Murnau** mit charmanten Zimmern im alpenländischen Stil und Wellnessbereich. Auf einer Panoramaterrasse genießt man die Gourmetküche.
  Ramsachstr. 8
  Tel. 088 41/49 10
  www.alpenhof-murnau.com

- Preiswerter nächtigt man in der historischen Posthalterei im **Hotel Post,** in der schon König Ludwig II. Station machte. Sehenswert ist die Hinterglasbilder-Sammlung.
  Obermarkt 1
  Tel. 088 41/48 78 00
  www.hotel-post-murnau.de

Restaurants:
- Im **Gasthof Griesbräu** mit bodenständiger Küche und Biergarten übernachteten schon Münter und Kandinsky.
  Obermarkt 37
  Tel. 088 41/14 22
  www.griesbraeu.de
- Riesige Haxn und Weißbiere der Murnauer Brauerei gibt es in **Kargs Bräustüberl.**
  Untermarkt 27
  Tel. 088 41/82 72
  www.karg-murnau.de

Wieskirche

Fröhliches Rokoko

Von außen eine sanftmütige, etwas zu groß geratene Landkirche auf blühender Wiese vor der ruhigen Silhouette des Trauchbergs, von innen ein rauschhafter Rokokotraum: Das ist Bayerns Wallfahrtskirche zum Gegeißelten Heiland im Pfaffenwinkel südwestlich von Schongau bei Steingaden. Sie ist keineswegs das einzige bedeutende Gotteshaus der mit Klöstern reich gesegneten Region, aber schon wegen ihrer abgeschiedenen schönen Lage am Fuß der ersten Vorberge zwischen Lech und Ammer einzigartig. Von Einsamkeit kann jedoch bei über einer Million Besucher pro Jahr heute keine Rede mehr sein.

Begonnen hat die Wallfahrt mit der Wiesbäurin Maria Lori. Sie erzählte im Jahr 1738 nicht nur ihrem Beichtvater, dass sie in ihrer Schlafkammer beim Beten vor dem »Gegeißelten Heiland« – einer ausrangierten geschnitzten Prozessionsfigur eines Christus an der Geißelsäule – bemerkt habe, wie dieser Tränen vergoss.

Schon 1739 führten Gebetserhörungen und kleinere Wallfahrten zum Bildnis des Heilands zum Bau einer kleinen Feldkapelle – die Wallfahrt zum »Wiesherrle« war nicht mehr aufzuhalten, und am Ende beschloss man im Welfenmünster Steingaden, das eigentlich gerade mit der eigenen Renovierung beschäftigt war, den göttlichen Gnadenerweis anzuerkennen.

Zwar wurde die Erscheinung kirchenrechtlich nie als »miraculum« akzeptiert, doch als die Wieskirche 1759 fertiggestellt war, hatte einer auf jeden Fall für ein Wunder gesorgt: der Wessobrunner Architekt Dominikus Zimmermann, der in Süddeutschland schon manches Kloster gebaut oder verschönert hatte. Die Dekorateure aus dem Wessobrunner Gebiet waren zu dieser Zeit in ganz Europa heiß begehrt und arbeiteten in Versailles, Potsdam und St. Petersburg – aber natürlich besonders in Süddeutschland und stets in eingespielten Teams.

Das UNESCO-Weltkulturerbe Wies ist eine Hallenkirche, bei der ein ovaler Rundbau und ein Querrechteckraum verschmelzen. Genial gelöst sind die fast immateriell im Licht stehenden Zwillingspfeiler, die niemals ein gemauertes Gewölbe hätten tragen können, die geschwungenen Balustraden, flirrender vergoldeter Stuck, neckische Putti und die hölzerne Spiegeldecke, deren Eindruck einer Wölbung fast allein den luftigen Fresken zu verdanken ist. Alles soll den Blick gen Himmel ziehen, zum Fresko im Hauptraum von Johann Baptist Zimmermann, das den auferstandenen, auf einem Regenbogen thronenden Heiland zeigt.

Auf dem verschlossenen Tor zur Ewigkeit an der Decke über dem Eingang steht zu lesen: »Tempus non erit amplius« (Es wird keine Zeit mehr sein). Alles ist in der Schwebe, in Erwartung. Alle Flüchtigkeit des Seins drückt sich aus in dieser theatralischen, provisorisch wirkenden Architektur, die Übergang vom Irdischen ins Himmlische sein will. Die Welt ist eine Bühne, selbst der Kirchenraum ist vergänglich. Nur die Botschaft des Erlösers ist ewig.

Rokoko-Weltkulturerbe im Alpenvorland

► Informationen

Anfahrt:
Zugverbindung von München nach Weilheim, ab dort Bus über Rottenbuch, außerdem Busverbindung zwischen Füssen und Wieskirche.

Info:
- Die **Wieskirche** ist tgl. 8–20, im Winter bis 17 Uhr geöffnet, während der Gottesdienste keine Besichtigung. Tel. 088 62/93 29 30 Führungen: Pfarramt Tel. 088 62/91 01 13 www.wieskirche.de
- **Verkehrsamt Steingaden** Krankenhausstr. 1 86989 Steingaden Tel. 088 62/91 01 13 www.steingaden.de

- Sehr beliebt sind die **Konzerte** im Welfenmünster von Steingaden und in der Wieskirche. Musik im Pfaffenwinkel Werkstr. 2, Peiting Tel. 088 61/219 41 38 www.musik-im-pfaffenwinkel. de
- In der Umgebung von Schongau sehenswert sind die romanische Kirche **St. Michael** in Altenstadt und die prunkvolle Rokokokirche **Mariä Geburt** in Rottenbuch.
- Ein besonders reizvoller Rundweg für Wanderer zwischen Steingaden und der Wieskirche ist der **Brettleweg,** der durch das idyllische Hochmoor Wiesfilz führt.

Unterkunft:
- In Steingaden kann man in den liebevoll eingerichteten Zimmern des **Gasthof Graf** übernachten und auch gut essen – im Sommer im sehr schöner Biergarten. Schongauer Str. 15 Steingaden Tel. 088 62/246 Fax 64 54 www.gasthof-graf.de

Restaurant:
- Einen herrlichen Ausblick und gute Küche mit Kalbfleisch aus eigener Aufzucht genießt man im **Gasthof Moser.** Wies 1, Steingaden Tel. 088 62/503 www.gasthof-moser.de

Neuschwanstein

Königliche Träume

Wenn man einmal in der glücklichen Lage war, jeden Morgen vom Schlafzimmerfenster aus zusehen zu dürfen, wie die morgendlichen Nebelschleier langsam Schloss Neuschwanstein freigaben, wenn man als Student amerikanische Reisegruppen in einer halben Stunde treppauf, treppab durch das Schloss gehetzt hat, um ihnen dann nur wenige Minuten im Thron- und Sängersaal zu vergönnen – dann möchte man den oft stundenlang im Schlosshof wartenden endlosen Besucherschlangen am liebsten zurufen: »Geht nicht hinein! Von außen ist das Schloss viel schöner!«

Da die Busgesellschaft aber abends schon im Münchner Hofbräuhaus oder in Salzburg erwartet wird, bleibt nur wenig Zeit, die Faszination von Schloss Neuschwanstein zu erleben, es aus ungewöhnlichen Perspektiven zu betrachten – nicht nur von der Marienbrücke über die Pöllatschlucht, für die vermutlich bald Eintritt kassiert wird. König Ludwig soll hier nächtens gestanden haben, um sein von Fackeln und Kerzen hell erleuchtetes Schloss zu bewundern. Auch auf dem per Seilbahn erreichbaren Tegelberg (1707 m), einem beliebten Startplatz für Gleitschirm- und Drachenflieger, herrscht noch Trubel, aber beim Abstieg über den Westgrat teilt man den Schlossblick nur mit wenigen eingeweihten Wanderern.

»Im echten Styl der alten deutschen Ritterburgen, auf steiler Höh', umweht von Himmelsluft«, so stellte sich Ludwig II. sein Neuschwanstein vor, wo sich Gralsritter, Tannhäuser und Lohengrin versammeln, Richard Wagners Bühnenfestspiele stattfinden sollten. Ja, das Schloss sollte »heilig und unnahbar, ein würdiger Tempel für den göttlichen Freund« werden. Ironie des Schicksals: Wagner hat Neuschwanstein, für das Ludwig die mittelalterlichen Ruinen von Schloss Schwangau abtrug, nie besucht. Ludwigs fantastische Burg ist Bühnenbildern aus Wagner-Opern nachempfunden, und mit ihren romanischen Rundbogenfenstern, gotischen Spitztürmen und byzantinischer Marmor- und Goldausstattung evoziert sie ein

Für die einen ist Schloss Neuschwanstein märchenhafter Zauber, für andere dagegen purer Kitsch

surreales Mittelalter, das es so nie gegeben hat – schon gar nicht mit elektrischen Klingeln, Zentralheizung und Spülklosetts. Wie im Ammergauer Schloss Linderhof hielt Ludwig hier stille Zwiesprache mit imaginären Gestalten der Geschichte, während die Handwerker peinlich darauf achteten, dem menschenscheuen König nicht über den Weg zu laufen.

Fertig ist das Schloss nicht mehr geworden, was den Touristen viel Lauferei erspart. So führt man die Besucher hauptsächlich durch sechs königliche Gemächer und zwei Prunksäle. Der Thronsaal ist wie eine spätrömische Basilika gestaltet, mit vergoldeten Mosaiken und Säulen aus Por-

phyr und Lapislazuli. Im Sängersaal erzählen Motive aus dem »Parzival« von Ludwigs Sehnsüchten und Erlösungsträumen, die er hier einsam auslebte, bis ihm am 11. Juni 1886 eine Delegation der bayerischen Regierung die Entmündigung überbrachte. Zwei Tage später vollendete sich Ludwigs Schicksal bei Schloss Berg im Starnberger See, und schon sieben Wochen danach entweihte die Regierung das Schloss, indem sie es gegen Entgelt zur Besichtigung freigab.

Seit 2011 informiert in Sichtweite der Schlösser im Ort am Alpsee ein neues Museum über die bayrischen Könige, natürlich auch über die hochfliegenden Pläne des »Kini«. Der hatte 1883 be-

Thronsaal im Stil eines byzantinischen Kirchenraums

schlossen, nur 15 Kilometer von Neuschwanstein entfernt die wahre Gralsburg auf dem Falkenstein oberhalb von Pfronten zu bauen. Auf 1268 Meter Höhe stehen hier die Ruinen von Deutschlands höchstgelegener Burg. Der Theatermaler Christian Jank hatte eine vieltürmige gotische Illusion der Burg Falkenstein geliefert, der Grund war bereits gekauft, und 1885 waren schon die ersten Bautrupps angerückt. Heute lohnt es sich, zu der Burgruine hinaufzusteigen. Im Norden liegt Schwaben, im Süden Tirol. Und im Osten schimmert weiß, wie eine wundersam kitschige Vision, Schloss Neuschwanstein.

► Informationen

Anfahrt:
Von München und Augsburg mit Auto oder Zug nach Füssen, ab dort auch Busverbindung nach Hohenschwangau. Wer den steilen Fußweg scheut, kann mit einer Pferdekutsche zum Schloss fahren.

Info:
- **Schlossverwaltung Neuschwanstein**
  Neuschwansteinstr. 20
  87645 Schwangau
  Tel. 083 62/93 98 80
  www.neuschwanstein.de
  Tgl. April–15. Okt. 9–18 Uhr, Kassenöffnung 8–17 Uhr, 16. Okt.–März 10–16 Uhr, Kassenöffnung 9–15 Uhr.
- Eintrittskarten verkauft nur das Ticketcenter im Ort Hohenschwangau (Alpseestr. 12, Tel. 083 62/93 08 30, www.ticket-center-hohenschwangau.de. Eine Online-Reservierung ist bis 16 Uhr des Vortages des gewünschten Besuchstags gegen eine Gebühr möglich.

- Die gebuchte Besuchszeit ist strikt einzuhalten, sogar ausländische Reisegruppen, die zu spät kommen, werden abgewiesen. Museum im Ort: April–Sept. 9–19, sonst 10 bis 18 Uhr
- Sehenswert sind die **Fronleichnamsprozession** St. Coloman im Juni sowie das **Colomansfest** mit Colomansritt Mitte bis Ende September in Schwangau. Die prächtigen Pferde, die schöne Kirche und Neuschwanstein im Hintergrund sind wunderbare Fotomotive.

Unterkunft und Restaurants:
- Elegant-modernen Komfort bieten die nach Wagner-Opern benannten »Romantik-Suiten« der **Villa Ludwig** mit Spa-Bereich, reichhaltigem Frühstücksbuffet, Kaffee und Kuchen am Nachmittag, freundlichem Service und herrlichem Schlossblick.

Auch der kurzfristige Ticketservice funktioniert bestens.
Colomanstr. 12
Hohenschwangau
Tel. 083 62/92 99 20
www.suitehotel-neuschwanstein.de
- Nicht minder schön ist der Schlossblick vom **Hotel Rübezahl** mit komfortablen Zimmern, Gourmetküche und der Wellnesstherme Romana.
Am Ehberg 31
Schwangau
Tel. 083 62/88 88
Fax 817 01
www.hotelruebezahl.de
- Vergleichsweise preiswert schläft man im **Hotel Schlossblick.**
Schwangauer Str. 7
Hohenschwangau
Tel. 083 62/816 49
Fax 812 59
www.schlossblick-neuschwanstein.de

Zugspitze

Höchster Berg

»… wenn es regnet, ist meistens während der Fahrt die Aussicht auf das bayerische Gebirge wegen schlechter Aussicht nicht zu sehen«, notierte Karl Valentin. Dafür ist die Alpenkette bei Föhn umso schöner, ob man nun vom Augsburger Perlachturm übers Lechfeld oder vom Dachauer Schloss über die Münchner Schotterebene schaut oder oder oder … Es gibt viele Aussichtspunkte, und jeder Bewohner des Alpenvorlands hat seinen Lieblingsort, von dem er die Zugspitze bewundert.

Zwischen Zugspitze (rechts) und Alpspitze (links) liegt der ausgesetzte Jubiläumsgrat

Fantastischer Panoramablick auf die Gipfel von vier Ländern

Da gibt es Geheimtipps wie den Spazierweg zwischen Grafrath und Türkenfeld im Münchner Westen, wo man übers Ampermoos ins Alpenvorland hineinschaut, oder Aussichtsplätze wie die Ilkahöhe bei Tutzing, wo sich das Alpenpanorama hinter dem Starnberger See auftürmt. Den besten Blick auf die Alpenkette zwischen Karwendel und Allgäuer Berge bietet mit 988 Metern der Hohe Peißenberg im Pfaffenwinkel.

Deutschlands höchstem Berg sollte man sich langsam nähern. Bei Murnau zeichnet sich das Wettersteinmassiv mit Zugspitze, Dreitorspitze, Alpspitze und den zwei Waxensteinen schon deutlich ab. Auf der Weiterfahrt verdecken Vorberge die Aussicht. In Oberau ist die steinerne Phalanx wieder da, und wer von hier aus die recht anspruchsvolle Wanderung hinauf zum Hohen Fricken (1940 m) bewältigt, wird mit einem Traumblick auf die Zugspitze belohnt. Noch besser: Man nimmt sich zwei Tage Zeit und übernachtet in der Weilheimer Hütte auf dem benachbarten Krottenkopf (2086 m), um zu erleben, wie das erste Sonnenlicht Wetterstein- und Karwendelmassiv zartrosa färbt. Wohl jeder Münchner hat seinen Lieblingshausberg, den er immer wieder erklimmt, um im Sommer den Touristen, im Herbst dem Nebel und im Winter dem Matsch zu entfliehen. Ob Ettaler Mandl, Pürschling oder Heimgarten: Hauptsache, man kann an einem Tag hinauf und hinunter und schlechtes Wetter notfalls in einer Hütte mit Jagertee aussitzen.

»Wann I mit meiner Wamp'n kannt, gangad I auf d'Kampenwand«, heißt ein beliebter oberbayerischer Schüttelreim für Wanderfaule. Aber den schönen Garmischer Kramerplateauweg mit noch schönerer Aussicht schafft jeder Knödelfriedhof, und wer gar nicht laufen mag, fährt mit Gondel- und Seilbahnen auf die Garmischer Aussichtsberge. Sehr beliebt ist der Rundblick vom Wank (1780 m), besonders bei herbstlichen Inversionswetterlagen, wenn das im Sonnenlicht erstrahlende Zugspitzmassiv über dem nebligen Tal zu schweben scheint. Noch näher heran? In nur sieben Minuten schwebt man mit der Kreuzeckbahn auf 1650 Meter Höhe: Zum Greifen nah ist die Alpspitze (2626 m), und durchs Höllental schaut man hinüber zur Zugspitze.

Aber wie kommt man auf Deutschlands höchsten Berg? Auch weniger Geübte schaffen den Aufstieg durch Partnachklamm, Reintal (Übernachtung in der Reintalangerhütte), übers Zugspitzplatt und den Schneeferner-Gletscher auf den Gipfel. Anspruchsvoller und schneller ist der fast hochalpine Höllental-Anstieg.

Die meisten Gipfelstürmer entscheiden sich für die Rundreise mit Zahnradbahn und Seilbahnen. Erst geht es gemütlich vom Garmischer Bahnhof mit der Zugspitzbahn nach Grainau und zum Eibsee. Dann klettert die Zahnradbahn hinauf zum Rifflriss, und bevor sie dort im Bergtunnel verschwindet, bieten sich wunderbare Aussichten ins Tal. Auf dem Schneeferner-Gletscher angekommen, steigt man um in die Gipfelbahn.

Und wie ist das nun da oben, auf 2962 Meter Höhe? Der Westgipfel ist heute eine breite Terrasse. Bei klarem Wetter reicht der Blick im Westen bis zum Schweizer Piz Bernina, im Osten bis zum Großglockner. Echte Bergsteigergefühle vermittelt der Ostgipfel mit seinem goldenen Kreuz: eine gar nicht so leichte kurze Kletterpartie, und das oft mit Anstehen. Dann kann man sich noch auf einer geführten Tour Deutschlands höchste Baustelle anschauen und Wissenswertes zum Neubau der Seilbahn erfahren, die demnächst eröffnen soll. Mit ihr schwebt man dann wieder hinunter zum Eibsee. Die Ohren knacken, aber unten umfängt wohlige Wärme den Ausflügler. Denn kalt war's schon da oben.

► Informationen

Anfahrt:
Ilkahöhe: Von München S6 bis Tutzing, ab dort Fußweg. Hoher Peißenberg: Zug von München/Augsburg plus Fußweg. Bahnverbindung von München nach Oberau (Aufstieg zum Hohen Fricken etwa 4 Std.) und Garmisch-Partenkirchen. Die Wank- und Kreuzeckbahn sind zu Fuß zu erreichen.

Info:
• **Garmisch-Partenkirchen Tourismus**
Richard-Strauss-Platz 2
82467 Garmisch-Partenk.
Tel. 088 21/18 07 00
www.gapa.de
• **Bayerische Zugspitzbahn**
Betreibt u. a. Hausbergbahn, Kreuzeckbahn, Alpspitzbahn und Hochalmbahn.

Olympiastr. 27
Garmisch-Partenkirchen
Tel. 088 21/79 70
Fax 79 79 00
www.zugspitze.de

Übernachtung:
• Ein exklusives Hotel im Landhausstil mit Wellnessbereich und Vitalküche ist der **Staudacher Hof.**
Höllentalstr. 48
Garmisch-Partenkirchen
Tel. 088 21/92 90
www.staudacherhof.de
• Besonders schön ist die Aussicht im Zugspitzflügel des **Wellnesshotels Alpenhof Grainau.**
Alpspitzstr. 34, Grainau
Tel. 088 21/98 70
Fax 987 77
www.alpenhof-grainau.de

Restaurants:
• Gehobene Hausmannskost bietet das Restaurant im Hotel **Reindl's Partenkirchener Hof.**
Bahnhofstr. 15
Garmisch-Partenkirchen
Tel. 088 21/94 38 70
www.reindls.de
• Hervorragende bayerische Gerichte serviert der **Gasthof zum Rassen,** ein schönes altes Haus mit Lüftlmalerei, preiswerten Gästezimmern und dem ältesten bayerischen Bauerntheater.
Ludwigstr. 45
Garmisch-Partenkirchen
Tel. 088 21/20 89
Fax 711 43
www.gasthof-rassen.de

Tour 11:

Durch den Hotzenwald

Route:

Todtmoos ▶ St. Blasien ▶
Schluchsee ▶ Rothaus
▶ Höchenschwand
▶ Herrischried

Dauer:

2 Tage; 66 km

Praktische Hinweise:

• Der relativ dünn besiedelte
Hotzenwald ist wenig durch
öffentliche Verkehrsmittel erschlossen, sodass sich für die
Rundfahrt eigentlich nur das
eigene Fahrzeug anbietet.

Tour-Start:

Der Hotzenwald ist eine der
stilleren Regionen im Schwarzwald. Eine Ausnahme ist der

Kurort **Todtmoos 1**, und auch
St. Blasien 2 mit seinem mo-
numentalen Dom zieht viele
Tagesausflügler an.

Im kleinen Luftkurort Häusern
trifft man auf die Schwarzwald-
höhenstraße (B 500), auf der
bald **Höchenschwand 5**
erreicht wird. Der auf einem
Hochplateau gelegene Kurort ist
für seine Panoramaaussicht bis
zu den Alpen berühmt und bietet viele Übernachtungsmöglichkeiten.

Wieder zurück in Häusern,
folgt man dort weiter dem
Albtal nach Süden. Den Mittelpunkt der reizvollen Talschaft
bildet **Görwihl.** Hier kann man
sich einer ÖkoRegio-Tour vom
Naturschutzbund anschließen.

Tiefster Hotzenwald erwartet
Besucher in **Herrischried 6**,
wo ein über 400 Jahre alter
Schwarzwaldhof zur Besichtigung offen steht, bevor die Tour
nach Todtmoos zurückführt.

Todtmoos 1

Am Fuß des Hausbergs Hoch-
kopf (1263 m) erstrecken sich
zwischen Tälern und sanften
Bergrücken die 13 Ortsteile des
romantischen Schwarzwalddorfs
und heilklimatischen Kurorts
(2000 Einwohner; 820 m).
Durch die so gut wie nebelfreie
Lage und dank gesunder Höhen-
luft kann Todtmoos auf eine lange Kurtradition zurückblicken.

Einst kamen Großherzöge und
sogar der russische Zar in das
»Tote Moos«. Romantisch sind
Pferdeschlittenfahrten und Fa-
ckelwanderungen durch den
winterlichen Ort. Viel besucht
wird die an ihrer Fassade reich
bemalte barocke **Wallfahrtskirche Mariä Himmelfahrt,**
die Fürstabt Gerbert aus St. Blasien 1770–1778 umgestalten
ließ. Aus dem 14. Jh. stammt das
Gnadenbild der Muttergottes im
Hochaltar.

Die 700-jährige Ortsgeschichte präsentiert mit viel Liebe zum
Detail das **Heimatmuseum** in
einem historischen Schwarzwaldhaus (Murgtalstr. 15, Mi,
Fr und So 14.30–17 Uhr).

Nervenkitzel bietet der
Hochseilgarten (Tel. 076 74/
92 10 55, www.hochseilgarten.
com).

Infos:
Tourist-Info
- Wehratalstr. 19
  79682 Todtmoos
  Tel. 076 74/906 00
  www.todtmoos.de

Unterkunft:
Hotel Rößle
Vier-Sterne-Haus mit feiner
Küche, schönem Saunabereich
und Wellnessangebot.
- Kapellenweg 2
  Tel. 076 74/906 60
  www.hotel-roessle.de

Romantisches Schwarzwald-Hotel
Behutsam modernisierter, fast
300 Jahre alter Bauernhof, badische Küche mit französischen
Anleihen.
- Alte Dorfstr. 29
  Tel. 076 74/905 30
  www.romantisches-
  schwarzwaldhotel.de

Restaurants:
Maien
Gemütliches Schwarzwaldhaus
mit Zithermusik am Samstag.
- Hauptstr. 2
  Tel. 076 74/222
  www.maien.de

Mattenhof
Rustikaler Gasthof mit deftiger
Landküche. Beim Speckseminar
des singenden Wirts Joachim
Kaiser wird man in die Herstel-
lung des Schwarzwälder Schin-
kenspecks eingeweiht (1,5 Std.,
8,50 € inkl. Vesperbrett und
Schnaps).
- Mattenweg 10
  Tel. 076 74/367
  www.mattenhof-todtmoos.de

Wandern im Hotzenwald bei Todtmoos

Nightlife:
Tanzlokal Schwarzwaldspitze
Lokal mit Alpen-Tipi, in dem
Do–Sa die Post abgeht. Viel Dis-
co und Rock.
- Jägermatt 2
  Tel. 076 74/92 10 60
  www.schwarzwaldspitze.de

St. Blasien 2
Im Albtal erhebt sich über den
heilklimatischen Kurort die
mächtige Kuppel der ehemaligen
Benediktinerabtei. Das 858
gegründete Kloster übte einst
viel Macht aus, ab 1746 wurden
die Äbte zu Fürstäbten ernannt.

Ein Brand gab dem ehrgeizigen
Fürstabt Martin Gerbert Gelegenheit, die Bedeutung des
Klosters durch einen Neubau zu
dokumentieren. 1783 weihte er
den frühklassizistischen, mit
62 m Höhe und 36 m Durch-
messer drittgrößten Kuppelbau
Europas ein. Im kühl wirkenden
Dom ragen 20 weiße korinthische Säulen hoch hinauf in die
Kuppel. Seit 1933 ist das ehemalige Kloster ein Jesuitenkolleg
mit Internat. Neben der Attraktion des Doms bietet St. Blasien
einen hübschen Kurpark mit barocker Sonnenuhr und etliche
schmucke Bauten.

Die dominierende Kuppel über der Rotunde im Dom St. Blasien

Infos:
Tourist-Information
• Kurgarten 1–3
  79837 St. Blasien
  Tel. 076 52/120 60
  www.st.blasien.de

Unterkunft:
Domhotel
Familiäres Haus in verkehrs-
beruhigter Lage, nur 15 Betten,
Café-Restaurant mit saisonalen
Spezialitäten.
• Hauptstr. 4
  Tel. 076 72/92 46 90
  www.dom-hotel-
  st-blasien.de

Schluchsee 3
Rund 4000 Gästebetten machen
Schluchsee (2500 Einw.; 952 m)
zu einem der bedeutendsten
Ferienorte im Schwarzwald.
Eine 64 m hohe Staumauer ließ
hier im Jahr 1932 einen stattli-
chen See von 7,3 km Länge und
1,5 km Breite entstehen. Das
schöne Gewässer mit vielen
Badestellen ist ein wahres Paradies für Wassersportler, darunter auch Taucher, und mit dem
Ausflugsschiff *St. Nikolaus*
lässt sich der Schluchsee sehr
bequem erkunden (www.
seerundfahrten.de).
   Wasserratten können sich im
Sommer im **Spaßbad Aqua
Fun** austoben (Fischbacher
Str. 7, Mai–Sept. 9–19 Uhr).
   Ein lohnender Spaziergang
führt von Blasiwald zum
Schluchseeufer und weiter zur
Vesperstube **Unterkrummen-
hof** (Unterkrummenweg 3, Tel.
076 56/15 00, www.unterkrum
menhof.info; Mo geschl.) in
schöner Lage am Ufer.

Infos:
Tourist-Information
• Fischbachstr. 7
  79859 Schluchsee
  Tel. 076 52/120 60
  www.schluchsee.de

Unterkunft:
Vier Jahreszeiten am
Schluchsee
Das Vier Jahreszeiten ist mit
209 Zimmern das größte Hotel
der Region in aussichtsreicher
Hanglage. Tennis, Squash und
großes Wellnessangebot mit
Ayurveda-Bereich.
• Am Riesenbühl
  Tel. 076 56/700
  www.vjz.de

Pension am See
Einfaches Hotel garni (14 Zimmer) nahe der B 500, Liegewie-
se mit direktem Seezugang.
• Im Wolfsgrund 1
  Tel. 076 56/513
  www.pension-am-schluchsee.
  de

Restaurant:
Sternen
Grundsolide Regionalküche
(Mitglied bei den Naturparkwir-
ten) im Zentrum. Do geschl.

• Dresselbachstr. 1
  Tel. 076 56/988 70
  www.sternen-schluchsee.de

Rothaus 4

Biertrinkern könnte der nahe gelegene Ort Rothaus bei Grafenhausen ein Begriff sein. Die 1791 gegründete Badische Staatsbrauerei Rothaus betreibt dort einen **Brauereigasthof,** in dem eine zünftige Vesper und gemütliche Zimmer zum Übernachten angeboten werden. Die fast 1000 m hoch gelegene Brauerei kann auf dem **Zäpfleweg** oder im Rahmen einer Führung (nach Anmeldung) besichtigt werden (www.rothaus.de, Tel. 077 48/522 96 00).

Unweit von der Brauerei liegt das idyllische Heimatmuseum Hüsli. Das Schwarzwaldhaus wurde 1911 erbaut und mit originalen Teilen alter Höfe ausgestattet (Tel. 077 48/212, Di –Sa 10–12, 13.30–17 Uhr, So/Fei 13.30–17 Uhr).

Höchenschwand 5

Der auf einem Hochplateau auf 1015 m gelegene heilklimatische Ort (2200 Einw.) gehört zu den bevorzugten Zielen im Naturpark Südschwarzwald. Sein Beiname »Dorf am Himmel« rührt nicht nur von der Höhenlage her, sondern auch von dem Panorama, das sich bei Inversionswetterlagen bietet. Von hier aus gesehen scheint an solchen Tagen die Kette der Schweizer Alpen zum Greifen nah.

Infos:

Tourist-Information
• Dr.-Rudolf-Eberle-Str. 3
  79862 Höchenschwand
  Tel. 076 72/481 80
  www.hoechenschwand.de

Unterkunft:

Hotel Nagele
Gut geführtes Drei-Sterne-Haus in ruhiger Ortsrandlage. Einfache Ferienwohnungen im angeschlossenen Gästehaus.

• Bürgermeister-Huber-Str. 11
  Tel. 076 72/930 30
  www.hotel-naegele.de

Herrischried 6

Im Ferienort (2700 Einwohner; 884 m) steht im **Freilichtmuseum Klausenhof** einer der ältesten Schwarzwaldhöfe aus dem Jahr 1424 samt funktionstüchtiger Säge, die 1595 zum ersten Mal erwähnt wurde (Mai bis Okt. Mi, Sa, So 14.30 bis 17.30 Uhr, sonst nur So). Beliebte Ausflugsziele sind der **Gugelturm** auf 997 m Höhe im Ortsteil Wehrhalden-Giersbach, das **Hornbergbecken** (1048 m) mitsamt der **Ödlandkapelle** von 1897.

Infos:
Tourist-Information
• Hauptstr. 28
  79737 Herrischried
  Tel. 077 64/92 00 40
  www.hotzenwald-schwarzwald.de

Fast unwirklich schöne Landschaft am Schluchsee

Ulm

Alt und modern

»Wohlauf, lasst uns eine Stadt und Turm bauen, des Spitze bis an den Himmel reiche, dass wir uns einen Namen machen ...« So steht es in der Bibel, die Rede ist natürlich vom Turmbau in Babel. Doch der höchste Kirchturm der Welt ist der 161,60 Meter hohe »Finger Gottes« in Ulm, und wer die 768 Stufen zur Aussichtsplattform auf 143 Meter Höhe erklommen hat, wird bei klarem Wetter mit einem Panorama »in Ulm, um Ulm und um Ulm herum« belohnt, das im Süden bis zum Schweizer Säntis und zur Zugspitze reicht.

1377 hatten die stolzen Ulmer Bürger, durch den Handel mit Barchent- und Leintuch zu Geld gekommen, mit dem Bau begonnen. 1533, nach Annahme der Reformation in der Stadt, wurden die Arbeiten eingestellt. Erst zwischen 1885 und 1890 setzte man dem Turmstumpf die Spitze auf.

Doch die Ulmer hatten stets noch andere Pläne, den Himmel zu erobern. Als Albrecht Ludwig Berblinger, der unglückliche Schneider von Ulm, 1811 jedoch mit seinem Hängegleiter vor den Augen hoher Gäste von der Adlerbastei kläglich ins kalte Donauwasser platschte, regnete es nur Spott. Dabei hatte sich der Tüftler nur eine wegen mangelnder Aufwinde ungeeignete Stelle ausgesucht. Selbst modernste Gleitschirmflieger schaffen es hier nur mit Müh und Not über den Fluss. Im Treppenhaus des aufwendig restaurierten gotischen Rathauses hat man eine Rekonstruktion des alten Flugapparats aufgestellt, die beweist: Das Ding war tatsächlich flugtauglich.

Nicht nur vom Fliegen, auch vom Schwimmen verstanden die Ulmer eine Menge. Am Südgiebel ist das Fresko der »Ulmer Schachtel« zu sehen, ein ausschließlich in Ulm gezimmertes Flussschiff, auf dem donauschwäbische Händler im Mittelalter bis hinunter zum Schwarzen Meer fuhren. Weniger ernst zu nehmen sind die abenteuerlichen schwimmenden Untersätze, mit denen die Ulmer Ende Juli am »Schwörmontag« den fröhlichen Wasserfestzug »Nabada« begehen: Überdimensionale Pappmachéfiguren ziehen die Ulmer Lokalpolitik heftigst durch den Kakao. Der Volksbelustigung voraus geht jedoch eine höchst ernste Angelegenheit. 1345 hatten die Stände und Zünfte

Große Architektur: das Ulmer Münster und das Stadthaus von Richard Meier

mit dem »Großen Schwörbrief« dem regierenden Patrizier eine Stadtverfassung abgetrotzt. Noch heute erneuert der Oberbürgermeister jedes Jahr am vorletzten Julimontag den Eid, »den Reichen und den Armen ein gemeiner Mann zu sein, in allen gleichen, gemeinnützigen und redlichen Dingen«. Und dann geht alles den Bach, Pardon, die Donau hinunter, aber nur für einen Tag.

► Informationen

Anfahrt:
Autobahn- und Zugverbindung mit Stuttgart und München.

Info:
- **Tourist-Information Ulm/Neu-Ulm**
  Stadthaus, Münsterplatz 50
  89073 Ulm
  Tel. 07 31/161 28 30
  www.tourismus.ulm.de
- Der **Schwörmontag** findet am vorletzten Julimontag statt, alle vier Jahre an den beiden Sonntagen davor das **Ulmer Fischerstechen** (nächstes Mal 2021, www. schwoermontag.com).

- Das **Museum Ulm** zeigt den berühmten Löwenmensch, eine mindestens 35 000 Jahre alte Skulptur aus Mammut-elfenbein aus der Stadel-Höhle, die seit 2017 zum Weltkulturerbe gehört.
  Marktplatz 9
  www.museum.ulm.de
  Di–So 11–17 Uhr

Unterkunft:
- Ein viel fotografiertes Fachwerkhaus aus dem 13./15. Jh. im romantischen Fischer- und Gerberviertel ist das **Hotel Schiefes Haus.**
  Schwörhausgasse 6

Tel. 07 31/96 79 30
www.hotelschiefeshausulm.de

Restaurants:
- Im **Zunfthaus der Schiffleute,** einem Fachwerklokal, gibt es leichte saisonale Küche und schwäbische Spezialitäten wie Buabaspitzla.
  Fischergasse 31
  Tel. 07 31/644 11
  www.zunfthaus-ulm.de
- Ein Dorfrestaurant mit deftiger schwäbischer Küche ist der **Gasthof Zum Hirsch.**
  Schultheißenstr. 9
  Tel. 07 31/93 79 30
  www.hirsch-ulm.de

Blaubeuren

Mörikes Wasserfrau

»Im Schwabenlande, auf der Alb, bei dem Städtlein Blaubeuren, dicht hinter dem alten Mönchskloster, sieht man nächst einer jähen Felsenwand den großen runden Kessel einer wundersamen Quelle, der Blautopf genannt. Gen Morgen sendet er ein Flüsschen aus, die Blau, welche der Donau zufällt. Dieser Teich ist einwärts wie ein tiefer Trichter, sein Wasser von Farbe ganz blau, sehr herrlich, mit Worten nicht wohl zu beschreiben; wenn man es aber schöpft, sieht es ganz hell in dem Gefäß.«

So beginnt Eduard Mörikes »Historie von der Schönen Lau«, eine Binnenerzählung seines »Stuttgarter Hutzelmännlein«. Die Tochter einer Menschenfrau und eines Wassernix aus dem Schwarzen Meer war von ihrem Gemahl, dem Donaunix, in den Blautopf verbannt worden, weil sie nicht lachen konnte und nur tote Kinder gebar. Unter der fidelen Bevölkerung von Blaubeuren gewann die Nixe ihr Lachen zurück.

Schon früh hat die Lage des geheimnisvoll leuchtenden Blautopfes in dem engen Talwinkel die Fantasie der Maler und Dichter angeregt. In neuerer Zeit, im Jahr 1998, inspirierte die mythische Quelle sogar einen »Tatort«-Krimi: »Bienzle und die schöne Lau«. Die Handlung dreht sich um das nicht ungefährliche Höhlentauchen unter dem Blautopf. Der Höhlentaucher Jochen Hasen-

mayer hat 1985 weite Strecken dieser unwirklichen Unterwasser-Wunderwelt erforscht und in dem weitverzweigten Karsthöhlensystem einen riesigen, teilweise mit Wasser gefüllten Hohlraum entdeckt, den er Mörikedom nannte. In den letzten Jahren wurden der riesige Äonendom und eine faszinierende Tropfsteinhalle mit dem Namen Apokalypse erforscht.

Die Erklärung für das tiefe Blau der Quelle ist allerdings recht prosaisch. Wenn Sonnenlicht sehr tief in glasklares Wasser eindringen kann, dominiert die Farbe Blau bei der Lichtbrechung. Der Trichter des Blautopfs ist immerhin rund 21 Meter tief.

Im Wasser der Quelle spiegelt sich nicht nur die alte Hammerschmiede von 1804, wo man einen Film über die Tauchfahrt in das Reich der schönen Lau zeigt, sondern auch der 67 Meter hohe Turm sowie die Seitenfront der Klosterkirche Blaubeuren. Kunstvoll geschnitzt ist das spätgotische Chorgestühl aus dem Jahr 1493. Größter Schatz ist jedoch der 1493/94 entstandene Hochaltar, ein Wandelaltar, der fast bis zum gotischen Sternengewölbe hinaufreicht. In der Advents- und Passionszeit ist er geschlossen und zeigt dann in vier Bildern die Passion Christi. Bei geöffneten Flügeln sieht man 16 Szenen aus dem Leben Johannes des Täufers. Nur an hohen kirchlichen Festtagen zeigt sich der Altar in seiner vollen Pracht: Maria mit Jesuskind, ihr zur Seite Johannes der Evangelist und Johannes der Täufer, der heilige Benedikt und dessen Schwester, die heilige Scholastika.

In der fantastischen Sage von der schönen Lau kommt nicht nur das Kloster an der Schwäbischen Barockstraße vor, sondern auch das bei Kletterern beliebte mächtigste Felsgebilde der Stadt, das »Klötzle Blei«, das zu einem schwäbischen Zungenbrecher inspirierte: »'s leit a Klötzle Blei glei bei Blaubeura, glei bei Blaubeura leit a Klötzle Blei …« Da musste sogar die schöne Lau lachen.

Schimmerndes Blau an der Oberfläche, geheimnisvolle Wunderwelt unter dem Wasserspiegel

▶ Informationen

Anfahrt:
Straßen- und Zugverbindung mit Ulm (17 km westlich).

Info:
• **Tourist Information**
  Kirchplatz 10
  89143 Blaubeuren
  Tel. 073 44/96 69 90
  www.blaubeuren.de
• Die **Hammerschmiede** ist Palmsonntag–Okt. 9–18 Uhr geöffnet.
• Infos zu **Panoramafahrten** mit dem Blautopfbähnle unter www.auto-mann.com/baehnle.htm

Unterkunft:
• Ein historisches Fachwerkhaus mit gemütlichen Zimmern ist das **Hotel Restaurant Ochsen.** In seiner behaglichen Gaststube werden hausgemachte Maultaschen, Sauerbraten vom Älbler Rind und Ochsenschwanzragout mit Spätzle vom Brett aufgetischt.
  Marktstr. 4
  Tel. 073 44/96 98 90
  Fax 96 98 969
  www.ochsen-blaubeuren.de
• Weitere Unterkünfte gibt es im nahen Ulm.

Restaurant:
• Das gemütliche **Restaurant Forellenfischer** serviert natürlich frische Forellen in vielen Zubereitungsvarianten, aber auch einen leckeren schwäbischen Zwiebelrostbraten mit handgeschabten Spätzle – eigentlich muss es Spätzla heißen, wie man vor Ort gern erläutert. Nette Gästezimmer mit schönem Blick gibt es auch.
  Aachtalstr. 7
  Tel. 073 44/65 45
  Fax 92 26 31
  www.forellenfischer.de

Tübingen

Genie und Wahnsinn

»Weh mir, wo nehm ich, wenn / Es Winter ist, die Blumen, und wo / Den Sonnenschein, / Und Schatten der Erde? / Die Mauern stehn / Sprachlos und kalt, im Winde / Klirren die Fahnen.« Wie eine dunkle Vorahnung klingt Friedrich Hölderlins berühmtes Gedicht »Hälfte des Lebens«.

Nachdem er 1807 aus einem 231-tägigen Zwangsaufenthalt in der Tübinger Psychiatrie als nicht therapierbar entlassen worden war, lebte er anschließend 36 Jahre lang im Hölderlinturm am Neckar. Selbst vor berühmten Besuchern wie Jus

► Seitenblick

Stocherkahnrennen

Am zweiten oder dritten Donnerstag im Juni findet das berühmt-berüchtigte Stocherkahnrennen rund um die Neckarinsel mit über 40 Kähnen statt – eines der lustigsten und wildesten Spektakel in Tübingen. Etliche Schikanen und ein »Nadelöhr« sind auf der 2 km langen Strecke zu überwinden. Die kostümierten Mannschaften sind nicht zimperlich im Hauen und Stechen, Abdrängen und Versenken der Kähne.
www.stocherkahnrennen.com

tinus Kerner, Ludwig Uhland, Eduard Mörike und Christoph Theodor Schwab, der eine erste Ausgabe »Sämmtlicher Werke« Hölderlins versuchte, bestritt er seinen bürgerlichen Namen und stellte sich stattdessen als »Killalusimeno«, »Buonarotti« oder »Scardanelli« vor.

Leider mussten die oberen Stockwerke mit Hölderlins »Rundel« nach einem Brand 1875 komplett neu aufgebaut werden. Heute erinnert im Turm eine Ausstellung der Hölderlin-Gesellschaft an die Studienjahre des Dichters im Tübinger Stift, an seine Freundschaft mit Schelling und Hegel sowie an die Zeit der Schizophrenie von 1807 bis zu seinem Tod im Jahr 1843.

Schon zu Hölderlins Zeiten wurden weitere Wohnungen im Turm an Studenten vermietet. Denn Tübingen hat eine lange Tradition als renommierte Universitätsstadt. In der 1477 gegründeten Universität und ab 1535 auch im Evangelischen Stift wurde europäische Geistesgeschichte geschrieben. Hier studierten der Astronom Kepler, die Philosophen Hegel und Schelling sowie die Dichter Mörike, Hauff und eben Hölderlin selbst. In Tübingen wirkte der Humanist Melanchthon, hier erfand Wilhelm Schickard 1623 die erste Rechenmaschine, und 1869 entdeckte der erst 25 Jahre alte Friedrich Miescher die menschliche DNS.

Der schon ab 1515 benutzte Alte Karzer in der Münzgasse 20 erinnert daran, dass sich die Tübinger Studiosi nicht immer tadellos betrugen. Hier büßten sie »schwere Schlag-, Rauf- und Ehrhändel nach reichlichem Weingenuss« ab. 1736 malte man das Verlies mit biblischen Sprüchen und Figuren aus, da die studentischen Wandkrakeleien alles andere als jugendfrei waren.

Heute sorgen 27 000 Studenten für ein blühendes kulturelles Leben und eine nicht minder flo-rierende Kneipenszene, wobei sich Avantgarde recht gut mit malerischen Treppengassen verträgt. Auf einem Spaziergang über die Platanen-allee zwischen dem Fluss und einem seiner Seitenarme bis zur Eberhardsbrücke genießt man das altdeutsche Idyll der Neckarfront mit spitzgiebeligen Häusern und dem Renaissanceschloss Hochtübingen darüber. Vor dem dicken gelben Hölderlinturm liegen meist vertäute Stocherkähne, die man im Sommer für Ausflüge mieten kann. Mit der Behäbigkeit ist es vorbei, wenn sich jeweils am zweiten oder dritten Donnerstag im Juni an die 40 Kähne ein wildes Rennen liefern.

Von den Bomben des Zweiten Weltkriegs blieb Tübingen weitgehend verschont. So kann man auch heute noch das prächtige bemalte Renais-

Im gelben Hölderlinturm (links) am Neckarufer lebte der Dichter 36 Jahre lang

Kloster Bebenhausen am Bromberg

sancerathaus mit Erker und reich verziertem Gie-
belaufbau bewundern. Eine kunstvolle astrono-
mische Uhr von 1511 mit Glockenspiel illustriert
den Lauf der Gestirne, und im Vordergrund plät-
schert der Neptunbrunnen. Solche Idyllen finden

sich an vielen Ecken der Altstadt, in der »Gogei«
mit dem schönen herzoglichen Fruchtkasten aus
dem 15. Jahrhundert, rund um das Nonnenhaus
aus dem 14. Jahrhundert, und am Holzmarkt mit
der spätgotischen Stiftskirche St. Georg, von deren Turm sich ein wirklich berauschender Blick
auf Tübingen bietet.

Noch mehr Romantik gefällig? Im stillen Tal
des Goldenbachs liegt das um 1184 gegründete
Zisterzienserkloster Bebenhausen, ein Juwel der
Hochgotik. Wahre Träumer pilgern bei Sonnenuntergang in Richtung Herrenberg zur Wurmlin-
ger Kapelle. Sie liegt auf einem Hügel mit wunder-
barem Ausblick und inspirierte schon den jungen
Ludwig Uhland: »Droben stehet die Kapelle,
schauet still ins Tal hinab …« Und wenn hinter
der Kapelle ein Gewitter aufzieht, klingen die berühmtesten Hölderlin-Verse im Ohr: »Nah ist /
Und schwer zu fassen der Gott. / Wo aber Gefahr
ist, wächst / Das Rettende auch.«

► Informationen

Anfahrt:
Autobahn- und Zugverbindung
mit Stuttgart.

Info:
• **Bürger- und Verkehrs-
  verein, Tourist- &
  Ticket-Center**
  An der Neckarbrücke 1
  72072 Tübingen
  Tel. 070 71/913 60
  www.tuebingen-info.de
• **Hölderlinturm**
  Bursagasse 6
  Tel. 070 71/220 40
  www.hoelderlin-gesellschaft.
  de
  Di–Fr 10–12, 15–17, Sa,
  So 14–17 Uhr
• Sehr besuchenswert sind u. a.
  die Ausstellungen der **Kunst-
  halle Tübingen** (www.kunst

halle-tuebingen.de) und das
**Auto- und Spielzeugmu-
seum Boxenstop** (www.
boxenstop-tuebingen.de).

Unterkunft:
• Elegante Zimmer und gute
  regionale Küche in einem
  1721 erbauten Haus bietet
  das **Hotel Krone.**
  Uhlandstr. 1
  Tel. 070 71/133 10
  www.krone-tuebingen.de
• In einer der ältesten Gassen
  Tübingens liegt das **Hotel
  am Schloss,** dessen Restaurant Mauganeschtle schwä-
  bisch-alemannische Spezialitäten serviert.
  Burgsteige 18
  Tel. 070 71/929 40
  www.hotelamschloss.de

Restaurants:
• Schon Goethe becherte in
  den holzgetäfelten Räumen
  der **Weinstube Forelle,** die
  mit vorzüglicher regionaler
  Küche glänzt. Der Speisesaal
  im 1. Stock beherbergte im
  18. Jh. eine Druckerei, in der
  die Erstausgabe von Schillers
  »Wallenstein« entstand.
  Kronenstr. 8
  Tel. 070 71/240 94
  www.weinstube-forelle.de
• Feine, saisonal wechselnde
  Küche im Naturpark Schön-
  buch serviert das **Restaurant Waldhorn.**
  Schönbuchstr. 49
  Bebenhausen
  Tel. 070 71/612 70
  www.waldhorn-bebenhausen.
  de

Reichenau

Heilige Insel

»Der Rheinstrom, von den östlichen Alpen in großem Bogen west-
wärts flutend, umspült diese Stätte mit dem Wellenschlag des Meeres.
Er trägt in der Mitte eine Insel, die im Schmuck ihrer neuen Bauten
prangt«, schrieb Abt Walahfrid Strabo (842–849) in einem Brief an
Papst Gregor. Schon 724 n. Chr. soll der Wandermönch Pirmin in der
»Reichen Au« mit 40 Mitbrüdern auf der damals noch unwirtlichen Insel im Untersee ein Benediktinerkloster gegründet haben.

Während die heute bekanntere Insel Mainau mit ihren subtropischen Garten- und Parkanlagen Blumenfreunde aus ganz Deutschland anzieht, gedeihen im milden Bodenseeklima auf dem fruchtbaren Inselboden der Reichenau vor allem Obst und Gemüse vortrefflich. Das war schon zu Zeiten vom Reichenauer Abt Strabo so, der im Gedichtzyklus »De cultura hortorum« die Heil-

Milde Sommerabende auf der Insel Reichenau mitten im Bodensee

Üppig gedeihen Obst und Gemüse vor der Kirche St. Peter und Paul

wirkung einzelner Kräuter erläuterte und damit auf der Reichenau die erste europäische Abhandlung über den Gartenbau verfasste. Strabos »Visio Wettini«, die in lateinischen Hexametern die Visionen des Mönches Wetti im Angesicht des Todes schildert, gilt als Vorläufer von Dantes »Göttlicher Komödie«.

Auch die Reichenauer Buchmalkunst des 10. und 11. Jahrhunderts zählt zu den Sternstunden des frühen Mittelalters. Besonders kostbar ist das um 998 entstandene Evangeliar Ottos III. Ihre meisterliche Beherrschung der Buchillumination übertrugen die Reichenauer Mönche auf die Wandgemälde der Inselkirchen. So präsentiert die um 799 geweihte Kirche St. Peter und Paul in Niederzell in der noch karolingischen Ostapsis eine Darstellung des in der Mandorla thronenden Christus als Pantokrator (Allherrscher), die als eine der frühesten nördlich der Alpen gilt.

Nicht minder faszinierend ist die großflächige ottonische Ausmalung des Langhauses der um

890 geweihten Kirche St. Georg in Oberzell, die sorgsam restauriert wurde. Das Gotteshaus sollte die Kopfreliquie des heiligen Georg bewahren, die Abt Hatto III. von Papst Formosus im Jahr 896 bei der feierlichen Krönung Arnulfs zum Kaiser in Rom erhalten hatte. Auf der Nord- und Südwand erscheinen je vier Evangelienszenen aus dem 10. Jahrhundert mit den Wundertaten Christi, darunter die Heilung des Besessenen von Gerasa, die Auferweckung des Lazarus und die Heilung eines Wassersüchtigen. Auffällig daran ist, dass der Messias dabei stets von links in das Bild tritt. Vertikale Ornamentleisten rahmen die rechteckigen Bilder, die unten perspektivisch wirkende durchgehende Mäanderfriese abschließen. In den Bogenzwickeln über den Säulen erscheinen Äbte mit Büchern in ihren Händen. Aus späterer Zeit stammen die Apostelbilder zwischen den Kirchenfenstern. Das Weltgericht in der Westapsis fügte der Konstanzer Maler Mohr im Jahr 1708 hinzu.

Die im Jahr 816 geweihte Mittelzeller Abtei-kirche St. Maria und Markus kann zwar nicht mit romanischen Fresken, dafür aber mit einem spät-gotischen Hochaltar und mit schönen, um 1558 entstandenen Wandgemälden im Renaissancestil aufwarten. Außerdem besitzt sie einen offenen »normannischen Dachstuhl« aus Eichenholz, der 1237 wie ein umgestülptes Boot gezimmert wurde und fast vollständig erhalten ist. Vierung und Querhaus im Osten stammen noch von der ka-rolingischen Kreuzbasilika Abt Heitos I., der als Berater Karls des Großen kurz zuvor von einer diplomatischen Reise aus Konstantinopel zurück-gekehrt war und von der byzantinischen Bauwei-se so begeistert war, dass er sie auch auf der Rei-chenau einführte. Auf einem barocken Gemälde im nördlichen Seitenschiff kann man noch sehen, wie die Abtei vor dem Abriss der Klosterbauten aussah.

Dreimal im Jahr lebt die große religiöse Tradi-tion der Reichenau wieder auf. Beim Markusfest (25. April) trägt die Bürgerwehr Gebeine des Evangelisten Markus in einem Schrein über die Insel, an Mariä Himmelfahrt (15. August) feiert man das Patrozinium des Münsters, und das Hei-lig-Blut-Fest (Woche nach Pfingstmontag) geht auf das Jahr 925 zurück, als ein byzantinisches Abtskreuz in den Besitz der Abtei kam, das nach der Überlieferung Blut Christi enthalten soll. An diesem Tag legen die Reichenauer Frauen die al-ten Trachten mit ihren schwarzen Radhauben an. Was Frauen betrifft, hatten die Mönche ja durch-aus Humor. In einer 1308 entstandenen Darstel-lung auf der linken Wand vor dem Chor von St. Georg ziehen Teufel eine Kuhhaut auseinan-der, und ein gotisches Spruchband lästert über die Schwatzhaftigkeit der Frauen, die bekanntlich auf keine Kuhhaut geht.

▶ Informationen

Anfahrt:

Bodensee-Schifffahrt (www.bodenseeschifffahrt.de) sowie vom Hauptbahnhof Konstanz mit den Bussen 2, 6, 4/13 und 13/4 (Wollmatingen), dort wei-ter mit Bus 7372.

Info:

• **Tourist-Information Reichenau**
Pirminstr. 145
78479 Reichenau
Tel. 075 34/920 70
Fax 92 07 77
www.reichenau.de
• Unter den vielen Veranstal-tungen empfehlenswert ist das traditionelle **Wein- und Fischerfest** am ersten Wo-chenende im August.

Unterkunft:

• Eine ruhige Traditionsunter-kunft am See mit komfortab-len Zimmern ist das **Strand-hotel Löchnerhaus.** Das Restaurant glänzt mit fri-schem Bodenseefisch.
Nov.–Febr. geschl.
An der Schiffslände 12
Mittelzell
Tel. 075 34/80 30
Fax 582
www.loechnerhaus.de
• Das **Ganter Hotel & Res-taurant Mohren** bietet mo-derne Zimmer in zentraler Lage und ein Restaurant mit regionalen Fisch- und Fleisch-spezialitäten.
Pirminstr. 141, Mittelzell
Tel. 075 34/994 40
Fax 994 46 10
www.mohren-bodensee.de

Restaurants:

• Köstliche frische Forelle und Saibling aus eigener Räuche-rung sowie eine pikante Fischsuppe serviert der viel gerühmte Imbiss **Riebels.**
Seestr. 13
Tel. 075 34/76 63
www.reichenauer-fischhandlung.de
• Vor den Toren von Konstanz isst man im **Restaurant Kreuz** mit 180-jähriger Fami-lientradition, das zum Land-hotel Traube gehört, beson-ders gut, z. B. Seehasensalat und Kretzerfilet. Es stehen auch empfehlenswerte Zim-mer zur Verfügung.
Kapitän-Romer-Str. 1
Konstanz-Dettingen
Tel. 075 33/51 82
www.landgasthofkreuz.com

Freiburg

Ein Stück Europa

Was gibt es Schöneres, als in einem Freiburger Straßencafé zu sitzen und sich von einer netten Studentin erklären zu lassen, was Rütscherle und Sonnenwirbele bedeutet? Das Gespräch über kulinarische Spezialitäten könnte man dann im Kastanienbiergarten der Hausbrauerei Feierling in der Gerberau vertiefen. Auf dem malerischen Augustinerplatz nebenan unterhalten Straßenkünstler ein buntes Publikum. Zu Hochform läuft die Freiburger Multikultiszene auf, wenn über 150 000 Menschen zum sommerlichen Zeltfestival strömen: ein Spektakel mit hochkarätigen Musikstars, heimischen Künstlern, Gauklern und Clowns.

Immer weniger Abgase stören in der Radfahrerstadt mit ihrem vorbildlichen Nahverkehrskonzept das Idyll. Die Altstadt ist sogar ganz autofrei. Die Stöckelschuhe lässt man wegen des Kopfsteinpflasters aber besser zu Haus. Dafür kann man an schwülen Sommertagen die Füße in einem »Bächle« kühlen. So heißen die schmalen Kanälchen, die noch heute an den Straßenrändern entlang die Innenstadt durchziehen.

Mit 1800 Sonnenstunden im Jahr ist es im südwestlichen Zipfel Deutschlands fast immer etwas wärmer als anderswo. Kein Wunder, dass Freiburg schon 1986 den Ausstieg aus der Atomenergie beschloss und zum Zentrum der deutschen Solarenergieforschung aufstieg. Innovation hat hier Geschichte: Bereits im 14. Jahrhundert erfand der Franziskanermönch Berthold Schwarz in Freiburg ein sehr explosives Pulver. Heute warnen die ersten Schwarzseher schon vor einer Verspiegelung der Landschaft und würden die glitzernden Solarkollektoren aus den Urlaubsgebieten im Schwarzwald am liebsten verbannen.

Keine Solarzellen, sondern Buntglasfenster erleuchten das Innere des Freiburger Münsters, eine Stilreise von der Spätromanik über die Hochgotik zur Frührenaissance. Besonders schön ist der zwischen 1512 und 1516 von Hans Baldung Grien geschaffene Hochaltar, der die Marienkrönung in leuchtenden Farben zeigt. Weitere Meisterwerke Griens sind im Augustinermuseum zu sehen.

Fast immer etwas wärmer als anderswo: Aussichtsterrasse über dem Freiburger Münster

Am reich skulptierten Hauptportal des Münsters lernt sogar der Teufel das Beten. Nach der Besichtigung steigt man auf den »schönsten Turm der Christenheit«, wie der Kunsthistoriker Jacob Burckhardt begeistert schrieb. Während man den gotischen Kathedralen in Köln und Ulm erst im 19. Jahrhundert die Turmspitzen aufsetzte, wurde der Freiburger Turm schon 1340 vollendet. Das Münster selbst, dessen Grundstein um 1200 die Baumeister der Zähringer Herzöge legten, wurde allerdings erst 1513 fertig – gerade noch rechtzeitig. Kurz darauf überschwemmte billiges Edelmetall aus der Neuen Welt Europa, und die Silbervorkommen im nahen Waldgebirge, mit denen sich Freiburg im 14. Jahrhundert sogar die Reichsfreiheit unter dem Habsburger Doppeladler erkauft hatte, verloren bedeutend an Wert.

Wer die 333 Stufen erklimmt, kann eine Verschnaufpause in der Turmwächterstube und bei der Angelusglocke »Hosanna« einlegen, die 1258 gegossen wurde. Die »Knöpfleglocke« schlägt pünktlich um elf Uhr: Sie soll die Hausfrauen daran erinnern, dass der Knöpfleteig fürs Mittagessen gerührt werden muss. Immer wieder bleibt man stehen, um das filigrane rötliche Maßwerk des Turms zu bewundern. Der Ausblick von der Plattform auf die nach dem Krieg größtenteils wieder aufgebaute Altstadt ist sagenhaft. Eng schmiegen sich die Häuser in den Gassen aneinander, bunt leuchten die Stände des Bauernmarkts auf dem Münsterplatz, rostrot erstrahlt das spätgotische Kaufhaus mit Arkadengang und wappengeschmückten Erkern. Leider werden die obersten Turmmeter des Münsters wohl noch bis Frühjahr 2018 eingerüstet bleiben.

Wenn im Spätherbst und Winter zäher Nebel über der Rheinebene hängt, muss man nicht auf Sonne und Aussicht verzichten. »Schweben und Erleben« verspricht die Schauinslandbahn, deren Gondeln in 15 Minuten auf Freiburgs beliebten Aussichtsberg (1285 m) führen, den man auch über eine kurvenreiche Straße erreicht. Der Blick

Fantasievoll-bunte Fassaden in Freiburg, wie hier am Haus zum Walfisch aus dem 16. Jahrhundert

schweift zum Feldberg, der höchsten Erhebung des Schwarzwalds, und hinüber zu den elsässischen Vogesen. Im Süden entfaltet sich das Schweizer Alpenpanorama. Und der als Einkehr beliebte Rappenecker Hof aus dem 17. Jahrhundert hat seit 1987 eine Solaranlage.

► Informationen

Anfahrt:
Autobahn- und ICE-Verbindung mit vielen deutschen Großstädten.

Info:
* **Tourist-Information**
  Rathausplatz 2–4
  79098 Freiburg
  Tel. 07 61/388 18 80
  Fax 38 81 14 98
  www.freiburg.de
* Alle städtischen Museen sind Di–So 10–17 Uhr geöffnet.
* Großer **Narrenumzug** am Fastnachtsdienstag.
* **Weinfest** am ersten Juni-Wochenende.
* **Zelt-Musik-Festival:** Info unter www.zmf.de.

Unterkunft:
* Das luxuriöse **Colombi** bietet mit Stilmöbeln eingerichtete Zimmer, badisch-französische Gourmetküche in der Zirbelstube und ein Hallenbad. Rotteckring 16
  Tel. 07 61/210 60
  Fax 314 10
  www.colombi.de
* Der in der ehemaligen Münze untergebrachte **Schwarzwälder Hof** empfiehlt sich mit gemütlichen Zimmern und stimmungsvollem badischem Restaurant. Herrenstr. 43
  Tel. 07 61/380 30
  Fax 380 31 35
  www.shof.de

Restaurants:
* Am Schwabentor serviert Deutschlands angeblich ältester Gasthof **Zum Roten Bären** in seiner alemannischen Stube regionale Spezialitäten und Weine. Behagliche Zimmer.
  Oberlinden 12
  Tel. 07 61/38 78 70
  www.roter-baeren.de
* Regionale Leckereien wie Schwarzwälder Schäufele und vorzügliche badische Weine genießt man im **Hotel Weinstube Oberkirch,** auch eine traditionsreiche Unterkunft.
  Münsterplatz 22
  Tel. 07 61/202 68 68
  www.hotel-oberkirch.de

Baden-Baden

Kasino und Kurtisanen

»Roulette bis sechs Uhr abends. Alles verloren.« So lapidar liest sich der Eintrag in Leo Tolstois Tagebuch vom 14. Juli 1885. Die Spielbank von Baden-Baden an den Hängen des nördlichen Schwarzwalds inspirierte auch andere russische Dichter, darunter Iwan Turgenjew, der sieben Jahre in der Kurstadt lebte: Er schrieb hier den Roman »Rauch«. Fjodor M. Dostojewskij verspielte in Baden-Baden sogar die Eheringe und setzte seinen Erfahrungen am Roulettetisch im Roman »Der Spieler« ein literarisches Denkmal.

In den sprudelnden Kochsalzthermen von Baden-Baden kurte schon der römische Kaiser Caracalla im Jahr 213 n. Chr. 1863 trafen sich im Hotel d'Angleterre gleich drei Kaiser: Franz-Joseph von Österreich, Zar Alexander von Russland und Napoleon III. Europas Elite, aber auch ihre teuersten Kurtisanen stiegen in den besten Herbergen der Stadt ab. Marie Duplessis, die »Kameliendame« von Alexandre Dumas und Verdis Vorbild für »La Traviata«, weilte 1842 in der Kurstadt. Eine andere glanzvolle Erscheinung der »Demimonde«, Cora Pearl, reiste 1864 wie eine mondäne Fürstin an.

Von außen macht das Kasino im rechten Kurhausflügel gar nicht so viel her, doch drinnen schufen die französischen Pächter vier Säle im schönsten Stil der Belle Époque. Die Wände des 1855 eröffneten Roten Saals sind mit rotem Seidendamast bespannt, der mit klassizistischen Frauenplastiken und Wandspiegeln besonders prachtvoll ausgestattete Florentiner Saal ist mit Fantasielandschaften ausgemalt.

Ihren ersten Höhenflug verdankt die Spielbank dem Franzosen Antoine Chabert. Es heißt, der Pächter habe 1827 das Piano aus dem Conversationssaal schaffen lassen, weil Felix Mendelssohn-Bartholdy mit einem improvisierten Klavierspiel die Gäste vom Geldverlieren abhielt. Auch Niccolò Paganini, Johannes Brahms, Clara Schumann und Franz Liszt fesselten die illustren Besucher Baden-Badens.

Nachdem 1838 die französischen Spielsäle geschlossen worden waren, übernahm der Pariser Spielbankpächter Oscar Jacques Bénazet das Kasi-

Belle Époque im Kasino Baden-Baden

no Baden-Baden. Der »Roi de Bade« und später sein Sohn Edouard machten die kleine Kurstadt endgültig zur Sommerhauptstadt Europas und finanzierten mit Spielbankeinnahmen u. a. die von exotischen Bäumen gesäumte Lichtentaler Allee, den ersten Bahnhof Baden-Badens und das Theater im neobarocken Stil der Pariser Oper, für dessen Eröffnung Hector Berlioz eigens die Oper »Béatrice et Bénédict« komponierte.

1872 verfügte die Reichsregierung in Berlin die Schließung aller deutschen Spielbanken, und Baden-Baden kümmerte sich wieder um seine Thermen. Schon 1823 war das klassizistische Kurhaus errichtet worden, 1842 kam der Wandelgang der Trinkhalle hinzu. Ab 1877 war das Friedrichsbad einer der prächtigsten Badetempel Europas. Mit seiner feierlichen Wiedereröffnung im Jahre 1950 reisten auch wieder illustre Gäste an die Oos. »Die schönste Spielbank der Welt«, soll Marlene Dietrich begeistert ausgerufen haben, als sie in Baden-Baden zu Besuch war. Faites vos jeux!

► Informationen

Anfahrt:
Autobahn- und Zugverbindung mit Freiburg und Karlsruhe.

Info:
- **Baden-Baden Tourist-Information**
  In der Trinkhalle
  Kaiserallee 3
  76530 Baden-Baden
  Tel. 072 21/27 52 00
  Fax 27 52 02
  www.baden-baden.de
- **Spielbank Baden-Baden**
  Kaiserallee 1 (im Kurhaus)
  Tel. 072 21/302 40
  www.casino-baden-baden.de
- Sehr sehenswert ist das **Museum Frieder Burda.** Es zeigt Werke der Klassischen Moderne.

Lichtentaler Allee 8 b
Tel. 072 21/39 89 80
www.museum-frieder-burda.de
Di–So 10–18 Uhr

Unterkunft:
- Luxus pur und ein erstklassiges Restaurant bietet das weltberühmte **Grandhotel Brenner's Park Hotel & Spa.**
  Schillerstr. 4–6
  Tel. 072 21/90 00
  Fax 387 72
  www.brenners.com
- Intimer ist die Atmosphäre im **Hotel Belle Epoque,** einer Neorenaissance-Villa, deren Zimmer mit Antiquitäten eingerichtet sind.

Maria-Viktoria-Str. 2
Tel. 072 21/30 06 60
www.hotel-belle-epoque.de

Restaurants:
- Ein renommiertes Landhaus-Gourmetrestaurant im Ortsteil Neuweiher ist **Zum Alde Gott.**
  Weinstr. 10
  Tel. 072 23/55 13
  www.zum-alde-gott.de
- Badische Küche mit mediterranem Einschlag serviert Armin Röttele im **Schloss Neuweier.**
  Mauerbergstr. 21
  Tel. 072 23/800 87
  www.armin-roettele.de

Kloster Maulbronn

Klösterliches Paradies

»Das Gewölbe spielte in ewig holdem Spiel mit den lebendigen Tönen, heut wie gestern, heut wie damals, und stand herrlich in sich begnügt und vollkommen als ein Bild von der Zeitlosigkeit des Schönen.« So idyllisch wie das hier beschriebene Brunnenhaus hat Hermann Hesse das Kloster Maulbronn, in dem schon der Astronom Johannes Kepler (1571–1630) und später der Lyriker Friedrich Hölderlin Griechisch und Mathematik büffelten, nicht immer gesehen. In seiner Erzählung »Unterm Rad« von 1906 zerbricht ein Schüler an ehrgeizigen Erwartungen. Wie der spätere Literaturnobelpreisträger selbst bekannte, steckte darin »ein Stück wirklich erlebten und erlittenen Lebens« aus der Zeit, in der die strenge, 1557 gegründete evangelische Lehranstalt Maulbronn für den Seminaristen Hesse die Hölle war, mit einem »Paradies« mittendrin.

Paradies, das ist die spätromanische, schon frühgotische Elemente aufweisende Vorhalle der Klosteranlage, die seit 1993 zum UNESCO-Weltkulturerbe zählt, weil sie das in Europa fast einmalige Bild eines mittelalterlichen Klosters bietet, obwohl es seit der Reformation hier keine Mönche mehr gibt. Fast unverändert blieb der mit staufischer Wehrmauer und Befestigungstürmen eingefasste romanische bis spätgotische Kloster-bezirk mit Jagdschloss, Mühle, Speisemeisterei, Fruchtkasten, Marstall, Vogtei, Herrenhaus, Küferei, Klosterspital, Schmiede, Gesindehaus, Scheune und weiteren Nebengebäuden. Aber auch die mit Seen, Kanälen, Gräben, Weinbergen, Wiesen, Feldern, Wäldern und landwirtschaftlichen Gütern, den »Gragnien«, vom Zisterzienserorden geprägte Kulturlandschaft ist erhalten. »Unsere Weinfässer sind größer als die Wohnungen der

Die besterhaltene mittelalterliche Klosteranlage nördlich der Alpen in Maulbronn

ägyptischen Mönche, und unsere Fruchtspeicher geräumiger als ihre Klöster«, rühmte ein Abt schon im 12. Jahrhundert die Vorratskammern seines Klosters. Die zwölf Zisterziensermönche aus dem elsässischen Neuenburg, die 1147 Maulbronn gründeten, suchten in diesem wald- und wasserreichen Salzachtal am äußersten Rand des Schwarzwalds 20 Kilometer nordöstlich von Pforzheim Abgeschiedenheit und Verinnerlichung.

Mittelpunkt und architektonisches Juwel der Anlage ist der Kreuzgang mit seinen hochgotischen, ursprünglich verglasten Maßwerkfenstern, dem sechsteiligen Rippengewölbe und kunstvoll gearbeiteten Blattwerk-Kapitellen. An der Nordseite steht das von Hesse gerühmte hochgotische Brunnenhaus mit dem typisch zisterziensischen Drei-Schalen-Brunnen. Dahinter liegen der Schlafsaal, der Kapitelsaal und die hohe Refektoriumshalle der Chorherrenmönche, in deren Übergangsarchitektur die schwere romanische

Tonne durch die rhythmisch gegliederten Kreuzrippen der burgundischen Frühgotik abgelöst wird. Der Kapitelsaal im Ostflügel zeigt ein Sterngewölbe, das auf schlichten Mittelpfeilern ruht.

Noch ganz dem Stil einer romanischen Pfeilerbasilika verhaftet ist dagegen die 1178 geweihte Klosterkirche im Süden des Kreuzgangs. Ihre Askese im Sinn der Forderung des Bernhard von Clairvaux (1090–1153) war ein bewusster Gegenentwurf zur spätromanischen Prachtentfaltung in der französischen Abteikirche Cluny III. Die Schönheit der zisterziensischen Architektur sollte allein in der Ausgewogenheit der Maße und der Klarheit der Linien wirken. Die ursprünglich flache Balkendecke des Langhauses wurde um 1424 durch ein gotisches Netzgewölbe ersetzt. Im Chor und im Bereich der Langhausarkaden sind zarte geometrische und pflanzlich-ornamentale Ausmalungen erhalten. Noch aus der ersten Bauzeit stammt die steinerne, oben mit einem Schach-

brettfries abschließende Chorschranke, die den Mönchschor vom Bereich der im Wirtschaftshof tätigen, nur mit niederen Weihen ausgestatteten Laienbrüder trennte.

Vor der Schranke (ursprünglich auf ihr) steht das im Jahr 1473 gefertigte mächtige Maulbronner Steinkruzifix neben dem Altar. Kunstvoll geschnitzt ist die von einem Hochaltar erhaltene kleine Madonnenstatue von 1394 in einer Nische des Langhauses, aber auch die »Maulbronner Madonna«, die um 1300 geschaffen wurde, der spätgotische Abtsstuhl sowie das um 1450 entstandene 92-sitzige Gestühl aus der Ulmer Schule im Mönchschor.

Am Ende zieht es den Besucher genau wie Hesse noch einmal in das Brunnenhaus: »Verzaubert in der Jugend grünem Tale, Steh ich am moosigen Säulenschaft gelehnt, Und horche, wie in seiner grünen Schale, Der Brunnen klingend die Gewölbe dehnt.«

Hochgotisches Brunnenhaus von Maulbronn

▶ Informationen

Anfahrt:
Über Stuttgart, Karlsruhe oder Pforzheim, auch Bahnverbindung nach Mühlacker, ab dort Bus nach Maulbronn.

Info:
- **Stadtverwaltung Maulbronn**
  Klosterhof 31
  75433 Maulbronn
  Tel. 070 42/10 30
  Fax 103 45
  www.maulbronn.de
- **Kloster Maulbronn**
  Klosterhof 5
  Tel. 070 43/92 66 10
  www.kloster-maulbronn.de
  März–Okt. tgl. 9–17.30,
  Nov.–Febr. Di–So 9.30 bis
  17 Uhr; Führungen tgl. 11.15
  und 15 Uhr

- Im Rahmen der **Klosterkonzerte Maulbronn** finden von Mai bis Oktober Auftritte namhafter Künstler bzw. Ensembles statt. Info unter
  Tel. 070 43/955 09 50
  Fax 955 09 54
  www.klosterkonzerte.de

Unterkunft:
- Ein traditionsreiches Haus mit modernen Zimmern in der Nähe des Klosters ist das **Hotel Klosterpost.** Die Gaststuben servieren regionale Spezialitäten, und im historischen Gewölbekeller wird des Öfteren Wein verkostet.
  Klosterstr.
  Tel. 070 43/10 80
  Fax 10 89
  www.hotel-klosterpost.de

Restaurant:
- Im **Hotel-Restaurant Klosterschmiede** kommt u. a. eine Reihe schmackhafter Maultaschengerichte auf den Tisch, die der Schwabe liebevoll »Herrgottsbscheißerle« nennt, weil ausgerechnet die strengen Maulbronner Zisterziensermönche während der Fastenzeit das eigentlich verbotene Hackfleisch kunstvoll in Teigtaschen versteckten. Hier serviert man sie als Einlage in einer Brühe, abgeschmälzt oder in Streifen geschnitten und herausgebraten.
  Klosterhof
  Tel. 070 43/10 80
  Fax 10 89
  www.klosterschmiede.de

Heidelberg

Philosophen am Neckar

»Um gut zu wirken, muss eine Ruine den richtigen Standort haben. Diese hier hätte nicht günstiger gelegen sein können«, befand Mark Twain über das Heidelberger Renaissanceschloss. Wie schon Lessing, Goethe und Eichendorff, Sir Walter Scott und Victor Hugo vor ihm bewunderte Twain gleich einen ganzen Sommer lang die Aussicht vom Naturbalkon des Philosophenwegs auf die Ruine der Schlossanlage, den Neckarfluss mit der Alten Brücke und das Häusergewirr der Altstadt.

Unzählige Gelehrte und Studenten sind während ihres Studiums den Philosophenweg entlanggewandelt und haben vielleicht dabei Latein- und Griechischvokabeln memoriert. Auf dem berühmten Weg herrscht ein geradezu toskanisches Klima: Am Sonnenhang des Heiligenbergs gedeihen exotische Pflanzen. Trotz der fantastischen Aussicht finden bei Weitem nicht alle Touristen hierher, weil keine bequeme Bergbahn hinauffährt wie zum Heidelberger Schloss.

Wer vom Merianblick auf den östlichen Teil der Altstadt schaut und dieses Panorama mit einer Stadtansicht Matthäus Merians von 1620 vergleicht, stellt verblüfft fest, wie wenig sich dieses »Haidelberga« verändert hat, vom Schloss einmal abgesehen, das während des Pfälzer Erbfolgekriegs 1689 und 1693 von französischen Truppen zerstört wurde. Dass Hölderlins »Ländlichschöns-

te« im Zweiten Weltkrieg verschont blieb, ist möglicherweise dem in den 1920er-Jahren in den USA sehr erfolgreichen Musical »The Student Prince« zu verdanken, in dem ein Prinz sein Herz in Heidelberg verliert. Statt diesen Inbegriff der deutschen Romantik zu bombardieren, richteten die Amerikaner hier lieber nach 1945 ihr europäisches Hauptquartier ein. Über mangelndes Publikum können sich die Sommeraufführungen des Musicals im Schlosshof bis heute nicht beklagen.

Zum Hort deutscher Studentenseligkeit wandelte sich Heidelberg nach der Wiedereröffnung der Universität durch Kurfürst Karl von Baden im Jahre 1803. Es begann mit Clemens von Brentano, der mit Achim von Arnim »Des Knaben Wunderhorn« veröffentlichte. 1817 zog der Dichter Jean Paul geradezu triumphal in Heidelberg ein. Victor von Scheffel setzte mit seinen berühmten Liedern

Die Stadtansicht von Heidelberg bildet ein malerisches Ensemble

wie »Alt Heidelberg, Du feine« der studentischen Trinkfestigkeit ein unsterbliches Denkmal. Die seltsamen Trink- und Fechtrituale der Burschenschaften sind manchen deutschen Besuchern suspekt. Amerikaner und Asiaten sind da toleranter.

Im Keller des Schlosses knipsen sie begeistert das viel besungene Heidelberger Fass, das 221 726 Liter fasst. Künstlerisch wertvoller ist sicher der berühmte Zwölfbotenaltar von Tilman Riemenschneider im Kurpfälzischen Museum.

▶ Informationen

Anfahrt:
Autobahn- und Zugverbindung u. a. mit Stuttgart, Mannheim, Karlsruhe und Frankfurt/Main.

Info:
- **Tourist Information am Hauptbahnhof**
  Willy-Brandt-Platz 1
  69115 Heidelberg
  Tel. 062 21/584 44 44
  www.heidelberg-marketing.de
- Die **Schlossfestspiele** finden im August statt (www.theaterheidelberg.de), das große Altstadtfest **Heidelberger Herbst** am letzten Septemberwochenende.

Unterkunft:
- Im schönsten erhaltenen Renaissancehaus der Stadt (1592) bietet das **Hotel Zum Ritter St. Georg** großzügige Unterkunft.
  Hauptstr. 178
  Tel. 062 21/70 50 50
  www.hotel-ritter-heidelberg.com
- Ein seit 1703 existierendes Gasthaus ist das **Schnookeloch** in der Altstadt mit komfortablen Zimmern.
  Haspelgasse 8
  Tel. 062 21/13 80 80
  www.schnookeloch-heidelberg.de

Restaurants:
- Mit einem Michelinstern ausgezeichnete Feinschmeckerküche bietet **Scharff's Schlossweinstube im Heidelberger Schloss.**
  Schlosshof 1
  Tel. 062 21/872 70 03
  www.heidelberger-schloss-gastronomie.de
- Eines der ältesten und traditionsreichsten Studentenlokale ist das 1703 erbaute Haus **Zum Roten Ochsen** mit Terrasse.
  Hauptstr. 217
  Tel. 062 21/209 77
  www.roterochsen.de

Schwetzingen

Freimaurer im Schloss

»Man glaubt durch Zauberei in eine Insel versetzt zu sein, wo alles Ton ist, wo Nixen, Sylphen, Gnomen und Salamander, Wasser-, Luft-, Erd- und Feuermelodien durcheinanderjagen und dadurch die wundervollste Symphonie bilden«, so schwärmte der aufklärerische Dichter C. F. D. Schubart vom Schlossgarten der kurpfälzischen Sommerresidenz und Spargelstadt Schwetzingen südlich von Mannheim.

Im Schlossgarten ist auch heute noch die freimaurerische Erwartung einer Wiederkehr des »Goldenen Zeitalters« erkennbar, in dem Toleranz, Vernunft und Weisheit regieren. Da führt eine chinesische Brücke über einen Teich, in dessen Wasser sich eine Moschee spiegelt, Symbol für die orientalische Weisheit. Ihr gegenüber erhebt sich ein Merkurtempel. Dieses als Ruine erbaute Kuppelgrab wird als Symbol der Vergänglichkeit und als zerstörter Tempel Salomos gedeutet.

»Ich will, bevor ich sterbe, noch einer Pflicht genügen und einen Trost genießen: Ich will Schwetzingen wiedersehen. Dieser Gedanke beherrscht meine ganze Seele.« Das schrieb 1768 Voltaire, dessen Tragödie »Olimpie« 1762 im wunderbar erhaltenen Schwetzinger Rokoko-Schlosstheater uraufgeführt worden war. Ein Jahr später gab hier Mozart als Siebenjähriger ein Konzert, und 1767 schaute Casanova vorbei. Auch Hölderlin und Eichendorff erinnerten sich be-

glückt an ihre Aufenthalte in Schwetzingen. Zur Aufnahme in die Welterbeliste hat es 2012 leider nicht gereicht, obwohl Schwetzingen weltweit die einzige erhaltene Gartenmoschee besitzt.

»Il faut cultiver son jardin«, so endet Voltaires berühmter Kurzroman »Candide«, den er 1758 zu großen Teilen in Schwetzingen schrieb. Genau das wollte der kunstfreudige und sinnenfrohe Kurfürst Carl Theodor (1724–1799). Seine neuesten Ideen von einem allegorischen Gartenprogramm übermittelte er seinen Baumeistern und Gartenarchitekten Nicolas de Pigage und Friedrich Ludwig Sckell stets mit einem: »Will Er mir das machen?« Entstanden ist ein einzigartiges Ensemble aus Gartenkunst, Architektur, Skulptur und Kunsthandwerk, das Geistesgeschichte und Moden von Barock und Rokoko über die Aufklärung bis hin zur Romantik zeigt.

Ein englischer Landschaftsgarten mit modellierten Flächen, stillen Wassern und verschlunge-

In den Zirkelbau mit geometrisch angelegtem Garten wurden Hofgesellschaften geladen

nen Wegen schmiegt sich an den symmetrischen Barockgarten, der auf die Mittelachse des Schlosses bezogen ist. Zirkelbauten und filigrane Laubengänge bilden das kreisförmige Parterre des Gartens, das in seiner Geometrie die vernunftgemäße, rationalistische Auffassung der Aufklärung demonstriert. Im Zentrum steht der kreisrunde Arionbrunnen mit dem gleichnamigen Sänger in der Mitte, den nach der griechischen Mythologie

Delfine vor dem Ertrinken retteten: eine Allegorie auf die Förderung der Musen durch den Kurfürsten. »Man sollte nicht meinen, dass in einem so kleinen Kopf so was großes stecke.« Was Carl Theodor über den jungen Mozart dachte, der Schwetzingen 1777 und 1790 erneut beglückte, gilt sicher auch für ihn selbst: Nachdem er 1777 Kurfürst von Bayern geworden war, schenkte er München den Englischen Garten.

► Informationen

Anfahrt:
Straßen- und Bahnverbindung mit den etwa 10 km entfernten Städten Mannheim und Heidelberg.

Info:
- **Stadtinformation Schwetzingen**
  Dreikönigstr. 3
  68723 Schwetzingen
  Tel. 062 02/94 58 75
  Fax 94 58 77
  www.schwetzingen.de
- Schloss: nur Führungen. www.schloss-schwetzingen.de
- Schlossgarten: Ende März bis Ende Okt 9–20 Uhr, sonst

9–17 Uhr (letzter Einlass 30 Min. vor Schließung).
- Die renommierten **Schwetzinger Festspiele** (Programm und Kartenvorverkauf unter www.swr.de/swr2/festivals/schwetzinger-festspiele) finden von Ende April bis Mitte Juni statt – die schönste Jahreszeit für einen Besuch.

Unterkunft:
- Direkt an der Südseite des Schwetzinger Schlossparks bietet die gepflegte kleine **Villa Benz** behagliche Zimmer.

Zähringer Str. 51
Schwetzingen
Tel. 062 02/93 60 90
Fax 93 60 90 20
www.villa-benz.de

Restaurant:
- Gutbürgerliche Küche, im Frühjahr jede Menge Spargelgerichte und dazu drei Sorten selbst gebrautes Bier bietet das Schwetzinger **Brauhaus zum Ritter** in seinen gemütlichen Gaststuben.
  Schlossplatz 1
  Schwetzingen
  Tel. 062 02/92 49 50
  www.brauhaus-zum-ritter.de

Neckartal

Romantische Burgen

Es gab ihn wirklich, den Haudegen Götz von Berlichingen (1480–1562). Allerdings starb der echte fränkische Reichsritter nicht als junger Mann im Gefängnisgärtchen zu Heilbronn, wie es Goethe in seinem berühmten Drama von 1773 behauptet. Heute pilgern Touristen vom Ort Neckarzimmern durch die Weinberge hinauf zur Ruine der Burg Hornberg, auf der Götz lebte, gelegentlich in Hausarrest und Reichsacht. Wie das Burgmuseum illustriert, kämpfte der »Ritter mit der eisernen Hand« als Landsknecht für Kaiser, Markgrafen, Herzöge und Bischöfe, aber auch für aufständische Bauern und auf eigene Rechnung.

An der Burgenstraße zwischen Heidelberg und Heilbronn liegt manch malerisches Fachwerkstädtchen, darunter das besonders reizvolle Mosbach, und oft thront darüber eine Burg oder Ruine. Viel gerühmt wird der Blick von der Terrasse der Burganlage Hirschhorn mit monumentalem Renaissanceschloss (heute Hotel) über das trutzige Städtchen Hirschhorn und die Neckarschleife. Nostalgisch wirkt auch die weithin sichtbare Zwingenburg, deren wildromantische Wolfsschlucht natürlich mit Carl Maria von Weber in Verbindung gebracht wird: Genau hier soll er sich Inspiration für seine Oper »Der Freischütz« geholt haben, die alljährlich bei den Festspielen auf der Zwingenburg aufgeführt wird.

Wieder ein herrliches Panorama, diesmal gegenüber von Neckargerach, genießt man von der in Ruinen liegenden Minneburg, der Sage nach Schauplatz der unglücklichen Liebe des Burgfräuleins Minna von Horneck, die in eine Höhle flüchtete, um viele Jahre auf ihren ins Heilige Land gezogenen Liebhaber zu warten.

Besonders imposant ist die vieltürmige Stadtsilhouette von Bad Wimpfen hoch über dem Neckartal nördlich von Heilbronn. Sie wird bestimmt von vielen Bürgerhäusern mit alemannisch-fränkischem Fachwerk und der hervorragend erhaltenen, von Friedrich Barbarossa im Jahr 1182 gegründeten Kaiserpfalz. Von diesem staufischen Palas ist nur noch die Nordwand er-

halten, deren Arkaden mit ihren unterschiedlich geformten Säulen und Kapitellen zu den schönsten Beispielen romanischer Baukunst zählen.

Geradeaus weiter gelangt man zum Steinhaus: Deutschlands größter romanischer Wohnbau war vermutlich die Kemenate der staufischen Pfalz. Höchstes Gebäude und Wahrzeichen der Stadt ist der um 1200 entstandene Blaue Turm, der ehemalige westliche Bergfried. Seit über 650 Jahren residiert hier ununterbrochen ein Türmer, und von April bis September findet jeden Sonntag um zwölf Uhr das Turmblasen statt.

Noch älter als die staufische Pfalz ist das vermutlich im 7. Jahrhundert gegründete Benediktinerkloster Wimpfen im Tal, eine frühgotische Gewölbebasilika mit frühromanischem Westwerk und einem wunderbaren Kreuzgang. Von hier unten ist der Blick auf Bad Wimpfen besonders schön.

Zwingenburg über der Wolfsschlucht

► Informationen

Anfahrt:

Am Neckar zwischen Heilbronn, Bad Wimpfen und Heidelberg führen eine Bundesstraße und eine Bahnlinie entlang, außerdem Schiffsverkehr.

Info:

- **Burgenstraße e.V.**
  Allee 28, 74072 Heilbronn
  Tel. 071 31/973 50 10
  www.burgenstrasse.de
- **Tourist-Information**
  Hauptstr. 45
  74206 Bad Wimpfen
  Tel. 070 63/972 00
  www.badwimpfen.de
- Das mittelalterliche Erbe pflegen der **Zunftmarkt** mit Handwerk und Musik (letztes Augustwochenende, www.zunftmarkt.de) und der **Talmarkt** (Ende Juni/Anf. Juli).

- Sehr schön ist auch der altdeutsche **Weihnachtsmarkt** vor historischer Kulisse.

Unterkunft:

- Mit großartiger Lage und stilvollen Zimmern glänzt das **Schlosshotel.**
  Auf der Burg, Hirschhorn
  Tel. 062 72/920 90
  Fax 92 09 20
  www.castle-hotel.de
- Das freundliche, familiengeführte **Hotel Neckarblick** ist im Landhausstil eingerichtet (einige Zimmer mit Panoramablick) und lockt mit einer schönen Sonnenterrasse.
  Erich-Sailer-Str. 48
  Bad Wimpfen
  Tel. 070 63/96 16 20
  www.neckarblick.de

Restaurants:

- Gepflegte Gastronomie sowie Kuchen, Torten und Gebäck aus eigener Herstellung bietet in der Altstadt das **Restaurant Friedrich.**
  Hauptstr. 74
  Tel. 070 63/245
  www.friedrich-feyerabend.de
- Feine Cream Teas mit selbst gebackenen Scones, Clotted Cream und Erdbeermarmelade sowie Afternoon Teas mit Finger Sandwiches (unbedingt vorbestellen!) in charmant-englischem Tearoom-Ambiente serviert Peggy Fehily im **Cornwall – The Tea Room.**
  Hauptstr. 50
  Bad Wimpfen
  Tel. 070 63/344 98 67
  www.cornwall-tearoom.de

Im Westen

Von den unergründlichen Vulkanseen der Eifel und stillen Wasser-
schlössern des Münsterlands bis hin zu den Fachwerkstädtchen des
Odenwalds lockt links und rechts des Rheins eine der schönsten
Kulturlandschaften Europas, mit romanischen Kaiserdomen und
Burgruinen, aber auch mit Denkmälern des Industriezeitalters, die
zum Weltkulturerbe wurden. Das heitere Moseltal wussten schon
die Römer zu schätzen, und die Fahrt durch das Mittelrheintal gilt
als Inbegriff weinseliger Landschaftsromantik. Der Dom zu Köln
schließlich ist die beliebteste Sehenswürdigkeit der Deutschen.

Idyll mit Schafen in der Westuper Heide

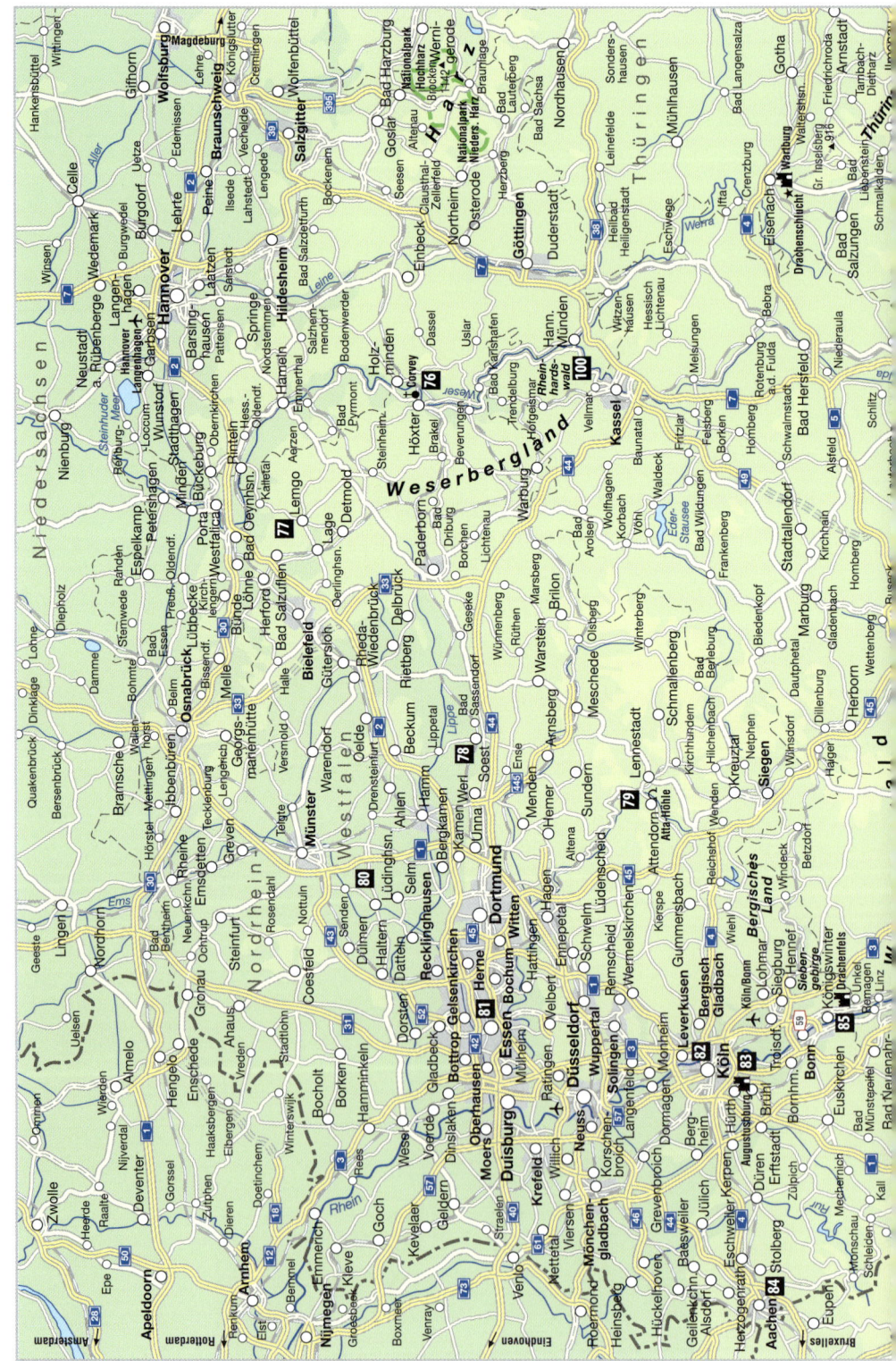

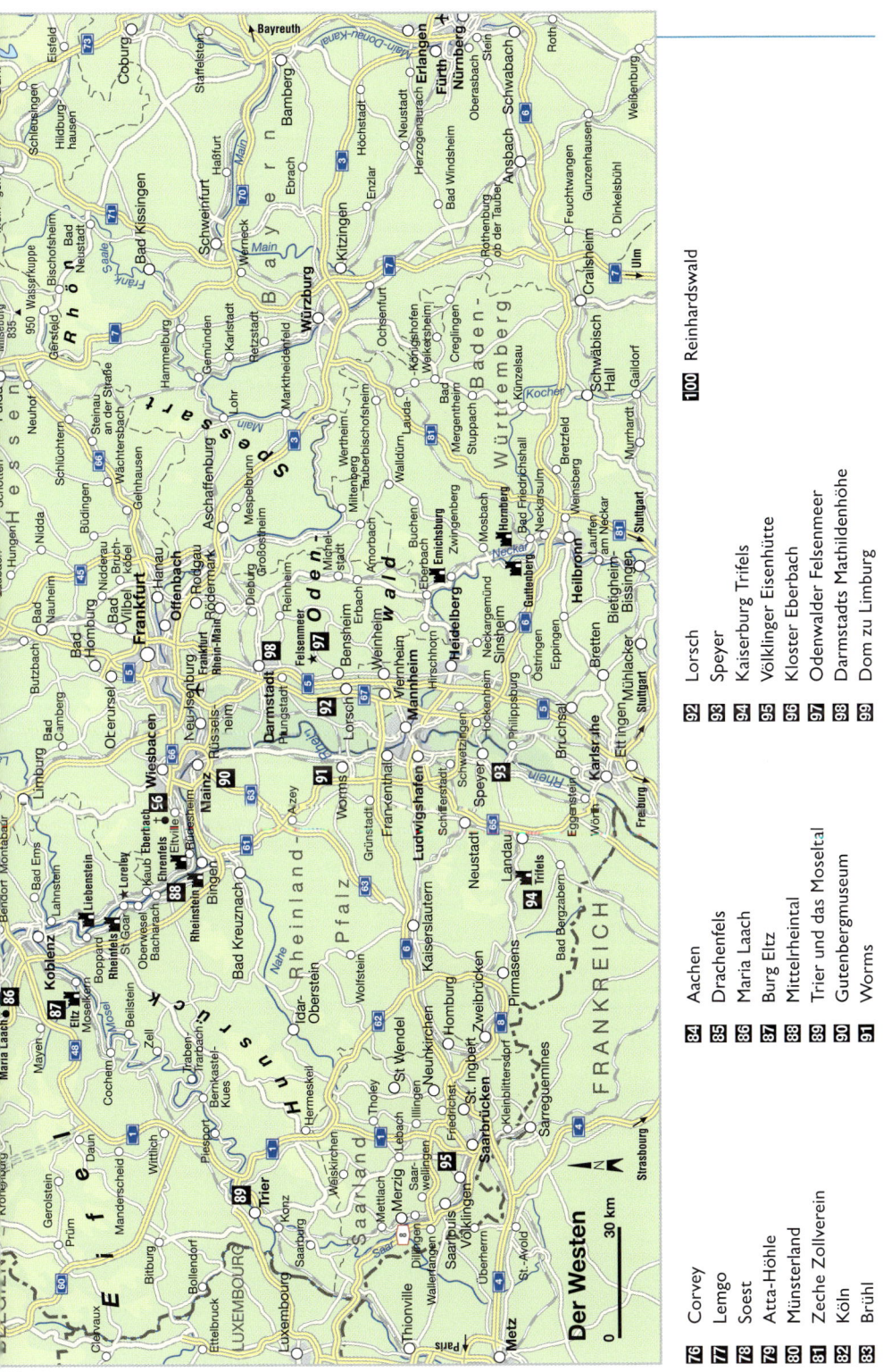

Der Westen

N

0   30 km

76 Corvey
77 Lemgo
78 Soest
79 Atta-Höhle
80 Münsterland
81 Zeche Zollverein
82 Köln
83 Brühl

84 Aachen
85 Drachenfels
86 Maria Laach
87 Burg Eltz
88 Mittelrheintal
89 Trier und das Moseltal
90 Gutenbergmuseum
91 Worms

92 Lorsch
93 Speyer
94 Kaiserburg Trifels
95 Völklinger Eisenhütte
96 Kloster Eberbach
97 Odenwalder Felsenmeer
98 Darmstadts Mathildenhöhe
99 Dom zu Limburg

100 Reinhardswald

Tour 12:

Durch die nördliche Altstadt Düsseldorfs

Route:

Kunstsammlung NRW/K20
▶ St. Andreas ▶ Kunsthalle ▶
Bermudadreieck ▶ Kreuzherren-
Klosterkirche ▶ St. Lambertus
▶ Stadterhebungsdenkmal
▶ Burgplatz ▶ Marktplatz ▶
Zollstraße ▶ Rheinpromenade

Kunstsammlung NRW/K20 **1**

Der Schwerpunkt der Kunstsammlung NRW/K20 liegt auf
der europäischen und amerikanischen Moderne des 20. Jhs.,
u. a. mit Werken von Malern des

Expressionismus und Surrealismus wie Paul Klee oder Pablo
Picasso (Grabbeplatz 5, Tel. 02
11/ 838 11 30, www.kunst-
sammlung.de, Di–Fr 10–18, Sa
11–22, So 11–18 Uhr, 1. Mi im
Monat 10–22 Uhr). Die Kunstsammlung NRW/K21 präsen-
tiert zeitgenössische Kunst ab
den 1980er-Jahren (Stände-
hausstr. 1, Tel. 02 11/838 16 00,
Website und geöffnet wie K20).

St. Andreas **2**

Gegenüber liegt die ehemalige
Jesuitenkirche St. Andreas, er-

baut 1622–1629. Die dreischiffige Emporenhalle gehört noch
zur Spätgotik, unübersehbar
sind aber bereits barocke Elemente. An die nördliche Seite
grenzt das Mausoleum des Kurfürsten Jan Wellem (1658–
1716). Er baute Düsseldorf zur
prächtigen Residenzstadt aus.

Restaurant:

Weinhaus Tante Anna
Eines der ältesten Gasthäuser
der Stadt; kredenzt werden Spezialitäten.

• Andreasstr. 2
  Tel. 02 11/13 11 63
  www.tanteanna.de

Kunsthalle Düsseldorf **3**

Die Ausstellungen moderner
Kunst sind exzellent. An der
Westseite ragt ein kleines Ofen-
rohr aus dem Beton: eine frühe
Arbeit von Joseph Beuys (Grab-
beplatz 4, Tel. 02 11/899 62 43,
www.kunsthalle-duesseldorf.de,
Di bis Sa 12–19, So 11–18 Uhr).
  Im Untergeschoss ist das
Kom(m)ödchen, eines der ange-
sehensten politischen Kabaretts
in Deutschland, untergebracht.
Seit seiner Gründung 1947
durch Kay und Lore Lorentz
wird dort Tacheles geredet
(Kay-und-Lore-Lorentz-Platz,
Tel. 02 11/32 54 28, www.
kommoedchen.de).

Bermudadreieck **4**

Zwischen Kunstsammlung und
Amtsgericht führt die Neu-
brückstraße nordwärts auf die

In der Brauerei »Im Füchschen« wird seit 1848 Alt gebraut

Ratinger Straße, wo an der Kreuzung das sogenannte Bermudadreieck der Altstadt liegt. Den Namen gaben ihm die Besucher der drei Gastwirtschaften an dieser Kreuzung.

In der Ratinger Straße (Nr. 10) liegt der Ratinger Hof, Düsseldorfs bekannteste Musikkneipe. Hier begann die Band Die Toten Hosen um Sänger Campino ihre Karriere.

Die besten Kneipen im Bermudadreieck:

Füchschenbrauerei

Traditionsreichste Kleinbrauerei in der Altstadt.

- Ratinger Str. 28
  Tel. 02 11/13 74 70
  www.fuechschen.de

Ohme Jupp

Eine Düsseldorfer Institution! Tagsüber ein herrlicher Platz zum Zeitunglesen, abends Szenetreff mit Altstadt-Party.

- Ratinger Str. 19
  Tel. 02 11/32 64 06

Zum Goldenen Einhorn

Leckeres Essen und urgemütliche Atmosphäre in einem Kneipen-Restaurant. Hier trifft man sich – morgens zum Frühstück oder abends für einen Cocktail.

- Ratinger Str. 18
  Tel. 02 11/836 82 77
  www.einhorn-duesseldorf.de

Zur Uel

Bodenständige Kneipe in einer ehemaligen Brauerei mit gemütlichem Ambiente

- Ratinger Str. 16
  Tel. 02 11/32 53 69
  www.zuruel.de

Kreuzherren-Klosterkirche 5

Vorbei am ehemaligen Rathaus aus dem 16. Jh., dem Haus zum Schwarzen Horn, erreicht man die ehemalige Kreuzherren-Klosterkirche. Die von außen unscheinbare zweischiffige Hallenkirche, in den Jahren 1443 bis 1480 errichtet, wurde 1969 restauriert und ist heute mit der St.-Ursula-Schule verbunden.

Eckhaus Ritterstraße Nr. 2/4 6

Das Eckhaus Ritterstraße Nr. 2/4, ein Palais aus dem 18. Jh., hat die Zeit fast unverändert überdauert. Entlang rekonstruierter Häuser erreicht man nach rund 150 m links die Lambertuskirche und die ehemalige Klosterkirche der Karmeliterinnen.

Stiftskirche St. Lambertus 7

Fast am Rheinufer steht die ehemalige Stiftskirche St. Lambertus, 1988 vom Papst als Basilica Minor ausgezeichnet. Sehenswert sind der Kirchenschatz und das prachtvolle Grab des Renaissancefürsten Herzog Wilhelm des Reichen (1599) an der Ostseite des Chorumgangs. Der Sage nach soll der Teufel die Turmspitze gedreht haben, der schiefe Turmhelm wurde zu einem Wahrzeichen der Stadt. Tatsächlich vernichtete 1815 ein Blitzschlag den oberen Teil des Turms, und beim Wiederaufbau benutzten die Zimmerer vermutlich zu frische Balken, die sich beim Trocknen verzogen und den Turm leicht nach Westen kippen ließen. Er wurde während des Zweiten Weltkriegs arg beschädigt. Beim Wiederaufbau drängten die Düsseldorfer den Architekten, die Turmspitze bitte wieder schräg zu bauen. Man sei es halt so gewöhnt, dass der Turm von »Lambäädes« schief sei. Im Inneren fällt der bis zur Decke ummauerte Chorraum auf, der die Außenmauern der alten romanischen Kirche wiedergibt. Das Gotteshaus wurde faktisch um das Dreifache vergrößert, indem man neue Außenmauern um die alte Kirche hochzog, diese dann mit dem Deckengewölbe verband und so quasi einen Mantel um das alte Gebäude hochzog.

Stadterhebungs-denkmal 8

Aus dem Hauptportal der Stifts-kirche St. Lambertus tritt man auf den ehemaligen Stiftsplatz hinaus. Durch eine Gasse ge-langt man in südlicher Richtung an die Düssel zum Stadterhe-bungsdenkmal. Der Künstler Bert Gerresheim schuf 1988 an-lässlich des 700-jährigen Stadt-jubiläums das Denkmal, das an die Verleihung der Stadtrechte 1288 erinnert.

Burgplatz

Dem Denkmal direkt gegenüber liegt der Burgplatz. Hier stand bis 1872 das herzogliche Schloss, bevor es durch einen Brand vernichtet wurde, den nur der alte Schlossturm über-stand. Im Inneren ist heute das Schifffahrtsmuseum unterge-bracht (Burgplatz 30, Tel. 02 11/899 41 95, Di–So 11–18 Uhr). Vom Café Laterne in der oberen

Innenraum von St. Lambertus

Etage bietet sich wohl der schönste Blick über Rhein und Altstadt (Tel. 02 11/49 49 94, www.restaurant-rossini.de).

Marktplatz 9

Am Marktplatz steht das be-rühmte Denkmal für Kurfürst Johann Wilhelm von der Pfalz, den die Düsseldorfer volkstüm-lich nur als »ihren Jan Wellem« kennen. Das Bronzestandbild wurde 1703 von Gabriel de Grupello gegossen und 1711 aufgestellt. Die Statue zeugt vom Machtanspruch des absolu-tistischen Fürsten. Sie wurde keineswegs von den »dankbaren Bürgern der Stadt« – wie es auf dem Sockel steht – gestiftet; vielmehr war Jan Wellem selbst der Finanzier. Das Geld für den Bau erhielt er teilweise von sei-ner Frau Anna Maria Luisa von Medici, zudem verkaufte er Hunderte seiner Landeskinder als Soldaten an andere europäi-sche Fürstenhäuser.

Auf dem Marktplatz wird am 11.11. um 11.11 Uhr eines der wichtigsten Ereignisse des gan-zen Jahres eröffnet: der Karne-val (www.comitee-duesseldorfer-carneval.de).

An der Nordseite ist das schö-ne Rathaus, der Tußmannbau (1570–1573), sehenswert. Die Justitiafigur (1749) über dem Eingang soll Bürger wie Ratsher-ren an ihre Pflichten erinnern.

Vom Marktplatz führt die Bol-kerstraße nach Osten. Hier liegt die Brauerei Zum Schlüssel. Auf Nachfrage sind Brauereiführun-gen möglich (Bolkerstr. 41–47, Tel. 02 11/828 95 50, www.zumschluessel.de).

Zollstraße 10

Gut 20 m hinter dem Rathaus, am Beginn der Zollstraße, steht eine kleine Bronzefigur von Wil-helm Hoselmann, die an die Le-gende vom Gießerjungen erin-nert, der in seiner Schürze Metall einsammelte, damit das Jan-Wellem-Denkmal vollendet werden konnte.

Restaurant:
Uerige
Traditionelle Brauereigaststätte, deren Hausbier hochgelobt wird. Frikadellen und Mettbröt-chen schmecken vorzüglich.
• Berger Str. 1
  Tel. 02 11/86 69 90
  www.uerige.de

Rheinpromenade

Die Zollstraße führt auf die neue Rheinpromenade, die sich fast 2 km vom Landtag bis zur Oberkasseler Brücke zieht. Bis zur Untertunnelung der Rhein-uferstraße verkehrten hier fast 50 000 Autos täglich. Ende der 1980er-Jahre wurden die ersten Pläne für einen Tunnel entwi-ckelt, 1994 war er fertig. Die Düsseldorfer nahmen die schön gestaltete Rheinuferpromenade an: Vor allem an den Wochen-enden flanieren Einheimische wie Touristen an der mit Plata-nen bepflanzten Rheinfront. Das Muster des Pflasters erinnert an die Wellen des Rheins. Direkt am Wasser gibt es mehrere gas-tronomische Betriebe. Hier le-gen auch die Schiffe der Weißen Flotte und der Köln-Düsseldor-fer zu Rundfahrten ab (Tel. 02 11/32 61 24, www.w-flotte.de, Tel. 02 11/208 83 18, www.k-d.de).

Sommertag an der Düsseldorfer Rheinpromenade

Corvey

Basilika als Bollwerk

»Umgib, Du Herr, diese Stadt, und Deine Engel mögen ihre Mauern beschützen.« So bittet eine 1200 Jahre alte Sandsteintafel. Sie ist am mächtigen, weltweit einmaligen Westwerk der Reichsabtei von Corvey angebracht. Der untere Teil dieses turmartigen Vorbaus wurde bereits 873–875 der Abteikirche angegliedert. Er ist damit neben dem Aachener Dom und der Torhalle von Lorsch einer von nur drei verbliebenen Großbauten aus karolingischer Zeit in Deutschland.

822 wurde die einstige Benediktinerabtei im erst wenige Jahrzehnte zuvor eroberten Sachsenland gegründet, in unmittelbarer Nachbarschaft der heutigen Stadt Höxter am Weserbogen. Ludwig der Fromme, Sohn und Nachfolger von Karl dem Großen, holte dazu Mönche aus dem westfränkischen Kloster Corbie im Somme-Tal. Aber ohne Reliquien keine Pilger: Ludwig stiftete die Reliquien des Erzmärtyrers St. Stephanus aus seiner Privatkapelle in Paris. Ebenfalls mit kaiserlicher Hilfe überführten die Mönche von Corvey 836 die Gebeine des heiligen Vitus aus St-Denis. Sein Kult verbreitete sich bis nach Prag, wo sein Haupt 500 Jahre später im Veitsdom ausgestellt wurde.

Die äußere romanische Strenge des Westwerks täuscht: Die Arkaden des Johanneschors zieren farbenreiche Odysseefresken aus dem 9. Jahrhundert. Sie sind ein Symbol der karolingischen Erneuerung: Die heidnisch-antike Literatur wird christlich uminterpretiert, und die Irrfahrten des Odysseus stehen nun für die christliche Gottessuche. Außerdem hat man 1992 Wandvorzeichnungen für sechs lebensgroße, in Form von Stuckreliefs über den Chorpfeilern angebrachte Figuren entdeckt. Vom Kaisersitz des Obergeschosses mit Sternenhimmel und Blick hinüber zum Hochaltar der heute barocken Kirche hielten 20 Herrscher des Reichs Hof und Gericht. Seit 2014 ist Corvey Weltkulturerbe, mit dem offiziellen Titel »Das Karolingische Westwerk und die Civitas Corvey«.

Tatsächlich war Corvey eine einzigartige Stätte mittelalterlichen Geisteslebens. »Das Wunder Sachsens« nannten es zeitgenössische Chronisten. Hier studierte der adlige Nachwuchs antike Autoren, hier wurde die einzige noch erhaltene Handschrift der Annalen des Tacitus aufgefunden. Bald

Basilika von Corvey

sandte Corvey Missionare nach Ost- und Nordeuropa. Der heilige Ansgar, Apostel des Nordens und Erzbischof von Bremen-Hamburg, gelangte als Corveyer Mönch bis nach Skandinavien. Im 9. Jahrhundert wirkte Hrabanus Maurus, »Erster Lehrer Germaniens«, in Corvey, als Sammler und Vermittler des Wissens seiner Zeit. Ein Jahrhundert später schrieb Widukind von Corvey hier die berühmte Sachsengeschichte bis in die Epoche Kaiser Ottos des Großen. Kaiser und Könige hielten ihre Hoftage in Corvey ab. Unter Abt Wibald von Stablo (1146–1160), Berater Konrads III., wurde das Westwerk zur Doppelturmanlage umgebaut, und Corvey erlebte seine letzte Blüte.

Im Dreißigjährigen Krieg wurden die Abteigebäude zerstört, doch bis 1699 prunkvoll im Barockstil mit Kreuzgang nach mittelalterlichem Grundriss wieder aufgebaut. Leider riss man die dem hl. Stephanus geweihte Klosterkirche von 848 mit ab. An ihre Stelle setzte der Fürstbischof von Münster und Fürstabt von Corvey, Christoph Bernhard von Galen, eine barocke Saalkirche mit Kreuzrippengewölben. Auch die Schätze der Klosterbibliothek gingen bei Bränden und während der Säkularisierung 1803 verloren. Heute ist in Corvey die fürstliche Bibliothek aus Hessen-Rotenburg mit rund 70 000 Bänden beheimatet. Ihr berühmtester Hüter und Mehrer war von 1860 bis zu seinem Tod 1874 Heinrich Hoffmann von Fallersleben, der Verfasser des Deutschlandliedes. Er ruht auf dem Klosterfriedhof.

1716 wurde der Neue Weg angelegt, eine Allee, die den 113 Meter langen Klosterkomplex mit Höxter verbindet. Schon von Weitem sieht man die Doppeltürme der mittelalterlichen Kilianikirche, deren Kanzel von 1597 äußerst kunstvoll geschnitzt ist. Zahlreiche Gebäude Höxters sind mit Palmetten und Schnitzereien im Stil der Weserrenaissance verziert. Besonders schön sind die zweigiebelige Dechanei und das Adam- und Eva-Haus, an dessen Fassade der Sündenfall sowie die Jungfrau Maria und der Erzengel Gabriel dargestellt sind. Und der hat ja immerhin das Westwerk von Corvey beschützt.

▶ Informationen

Anfahrt:
Über Kassel bzw. Hannover und Hameln. Zugverbindung mit Paderborn und Göttingen.

Info:
- **Schloss Corvey**
  25. März–31. Okt. 10–18 Uhr.
  Tel. 052 71/69 40 10
  www.schloss-corvey.de
- Die **Corveyer Musikwochen** finden im Kaisersaal und in der Kirche statt (Mai/Juni, Kartenvorverkauf Tel. 052 71/194 33).
- **Tourist- und Kulturinformation Höxter**
  Weserstr. 11, 37671 Höxter
  Tel. 052 71/194 33
  www.hoexter-tourismus.de

Unterkunft:
- Ein komfortables Wellnesshotel mit Zimmern im Landhausstil ist das **Ringhotel Niedersachsen.**
  Grubestr. 3–7, Höxter
  Tel. 052 71/68 80
  Fax 68 84 44
  www.hotelniedersachsen.de
- Neben dem Tilly-Haus offeriert das **Hotel Corveyer Hof** komfortable Zimmer.
  Westerbachstr. 29, Höxter
  Tel. 052 71/977 10
  Fax 97 71 13
  www.hotelcorveyerhof.de
- Unterkunft und ein Restaurant »im Märchenstil« mit regionaler Küche bietet das **Flair Hotel Stadt Höxter.**

Uferstr. 4, Höxter
Tel. 052 71/697 90
Fax 69 79 79
www.hotel-stadt-hoexter.de

Restaurants:
- Das **Restaurant** im Schloss Corvey serviert westfälische Traditionsgerichte.
  Tel. 052 71/83 23
  www.schlossgastronomie-corvey.de
- Das Wirtshaus **Strullenkrug** ist in einem Fachwerkhaus in Höxter untergebracht.
  Hennekenstr. 10
  Tel. 052 71/77 75
  www.wirtshaus-strullenkrug.de

Lemgo

Hexen à la Grimm

Hexenbürgermeisterhaus? Das klingt nach Knusperknäuschenidyll aus dem Märchen der Brüder Grimm. Ein wenig wirkt es ja sogar wie ein Lebkuchenhaus, mit seinem manieristischen Steingiebel, den Schnörkeln und Skulpturen von Adam und Eva über dem Portal. Doch dieses Meisterwerk bürgerlicher Renaissancearchitektur aus dem späten 16. Jahrhundert birgt ein düsteres Geheimnis. Hier wohnte keine Hexe, hier residierte einer der erbittertsten Hexenverfolger seiner Zeit.

War Lemgo, die alte Stadt der Grafen von Lippe, wirklich so ein Hexennest? Im Teutoburger Wald weiter südlich ragen die Externsteine in den Himmel, eine markante Sandsteinformation. Im Volksmund wurde sie Elsternfelsen genannt: ein mythischer Ort, der im 16. Jahrhundert als heidnisches germanisches Heiligtum galt, um das die Raben flogen. Vielleicht malte sich der Bürgermeister von Lemgo aus, dass hier die Hexen über Borstgras und Besenheide tanzten. Heute feiern an dieser Stelle moderne Esoteriker die Walpurgisnacht.

Hermann Cothmann wütete jedenfalls als »Directore des Peinlichen Processes contra die Unholden und Hexen« und ab 1667 als Bürgermeister so sehr, dass um 1682 sogar das Reichskammergericht vom »blutdürstigen Gemüth des unbarmhertzigen Richters und Bürgermeisters

Das Hexenbürgermeisterhaus in Lemgo

Cothmann« sprach. An die 100 Hinrichtungen hat er befohlen und auch männliche Kritiker nicht verschont. Maria Rampendahl (1645 bis 1705) gilt heute als Heldin von Lemgo. Sie beugte sich der Folter im Hexenprozess nicht und verklagte sogar den Rat der Stadt, wenngleich ohne Erfolg. Mit ihrer Verbannung aus der Stadt endeten die Prozesse. An ihren mutigen Widerstand erinnert die Stadt heute mit dem »Stein des Anstoßes« und einer Sonderausstellung im Hexenbürgermeisterhaus, das jetzt das Stadtmuseum ist. Bein- und Daumenschrauben, hölzerne Knebel, Streckleiter und Folterstuhl: Die in Lemgo bis in die 1980er-Jahre gepflegte Folklorisierung der Hexen ist passé.

Die Hexenprozesse fanden im mittleren Laubengang des außergewöhnlich schönen, aus acht Gebäudeteilen bestehenden Rathauses statt. Am Apothekenerker der reich gegliederten Renaissancefassade sind seit 1612 berühmte Ärzte von Aristoteles bis Paracelsus abgebildet, auch Rhazes und Geber Arabs, der »Vater der Chemie«. Ob die seinerzeit dem Verfolgungswahn des Bürgermeisters entgangen wären?

Auch andere Häuser sind reich verziert: Das Planetenhaus in der Mittelstraße 36 stellt im Giebel die sieben damals bekannten Planeten (inklusive Sonne) als römische Gottheiten dar, allerdings noch mit der Erde als Zentrum. Kopernikus war noch nicht bis Lemgo gekommen. Konservativ zeigte sich auch Kaufmann Karsten Wippermann, der sich 1576 – fünf Jahre nach dem Hexenbürgermeisterhaus – ein stattliches Steingiebelhaus bauen ließ, mit rein spätgotischer Maßwerk- und Filialenverzierung.

Spätgotisch geprägt ist die Marienkirche, die mit ihrer wie ein Schwalbennest geformten Renaissanceorgel (1595–1612) eine der ältesten Orgeln Deutschlands besitzt. »Wie Engel Gottes«, berichtet die Chronik, habe die Stadt vor 700 Jahren die ersten Dominikanerinnen des Marienstifts aufgenommen. Na, wenigstens die.

► Informationen

Anfahrt:
Über Paderborn (Flughafen), Bielefeld, Minden oder Hameln. Zugverbindung über Herford bzw. Bielefeld.

Info:
- **Lemgo-Information**
  Kramerstr. 1
  32657 Lemgo
  Tel. 052 61/988 70
  www.lemgo-marketing.de
- **Städtisches Museum Hexenbürgermeisterhaus**
  Di–So 10–17 Uhr
  Breite Str. 19
  Tel. 052 61/21 32 76
  www.hexenbuergermeister
  haus.de
- Besichtigung lohnt das **Weserrenaissance-Museum**

im Schloss Brake.
Schlossstr. 18
Tel. 052 61/945 00
www.wrm.lemgo.de
Di–So 10–18 Uhr

Unterkunft:
- In einem auf die Hansezeit zurückgehenden Fachwerkbau ist das **Schlosshotel Stadtpalais** untergebracht, das komfortable Zimmer bietet.
  Papenstr. 24
  Tel. 052 61/25 89 00
  www.schlosshotel-stadtpalais.
  de
- Idyllisch im grünen Matorf liegt das **Hotel an der Ilse.**
  Vlothoer Str. 77
  Tel. 052 66/80 90
  www.hotel-an-der-ilse.de

Restaurants:
- Das pfannkuchenartige Gericht Lippischer Pickert mit Rübenkraut und Marmelade serviert der **Leeser Krug.**
  Wittighöferstr. 9
  Tel. 052 61/63 10
  www.leeser-krug.de
- Gutbürgerlich isst man im **Gasthof Hartmann.**
  Vlothoer Str. 77
  Tel. 052 66/990 85
  www.gasthof-hartmann-
  lemgo.de
- Eine Lippische Schlachterplatte bekommt man im **Liemer Krug.**
  Bielefelder Str. 185
  Tel. 052 61/966 20
  www.liemerkrug.de

Soest

Kirmes und Kirchen

Eine Empfehlung vorweg: Nie den Namen der westfälischen Hanse-stadt wie »Söst« aussprechen, sonst landet man möglicherweise im Großen Teich! Im Mittelalter setzte man in Soest Spitzbuben kahl geschoren auf die sogenannte Wippe und beförderte sie ins Wasser des nicht gerade sauberen Ententeichs. Heute macht man das nur noch einmal im Jahr aus Traditionsgründen mit Honoratioren der Stadt, die man bei einer Lumperei erwischt hat. Aber sicherer ist es doch, sich die korrekte Aussprache einzuprägen: »Soost« heißt es!

Die Soester amüsieren sich gern: Ihre fünf Tage lange, 1417 erstmals erwähnte Allerheiligen-kirmes ist die größte Innenstadtkirmes Europas. Modernste Fahrgeschäfte und Riesenräder stehen dann mitten auf dem von alten Fachwerkhäusern gesäumten Marktplatz, eine Million Besucher kommt jedes Jahr. Als Repräsentant der Kirmes wird das Jägerken von Soest gewählt, der Schelm aus Grimmelshausens »Simplicius Simplicissi-mus«, der im Dreißigjährigen Krieg an der Bela-gerung und Unterwerfung Soests teilnahm und schließlich die übel riechende Tochter des Wirts aus dem heute noch bestehenden Soester Wirts-haus Pesel heiraten musste.

Im Mai, wenn Soests viele Gärten blühen, feiert man den Bördetag und wählt eine Bördekönigin, die dann mit dem Jägerken Spässeken treibt. Die

Fachwerk in der Soester Altstadt

Börde, das ist die fruchtbare Soester Landschaft, deren Quellwasser so salzhaltig ist, dass man im Mittelalter mit Salzhandel das große Geschäft machte und Hansestadt wurde. Denn nur mit Salz konnten die Fischköppe an der Küste ihren Hering konservieren.

»Das geht auf keine Kuhhaut«, sagt ein altes Sprichwort, doch das alte Soester Stadtrecht ging noch drauf. Es gilt als das erste in Deutschland und wurde 1120 tatsächlich auf eine Kuhhaut geschrieben, später allerdings so erweitert, dass es dann eben nicht mehr auf eine Kuhhaut passte. Ein Jahrhundert später kupferte Lübeck das Soester Recht ab, das mit einigen Änderungen als lübisches Recht im gesamten Ostseeraum Anwendung fand.

Der Handel mit Tuch, Wein, Korn und vor allem Salz machte Soest reich und zur damals bedeutendsten Stadt Westfalens. Das Geld wurde nicht nur in prächtige Bürgerhäuser investiert, sondern in gleich zwölf Kirchen aus Grünsandstein. Besonders beeindruckt die stämmige romanische Propsteikirche St. Patrokli mit ihrem schönen Turm.

Aus der Zeit um 1150 stammen die Petrikirche, auf deren Turm am Heiligen Abend ein Turmsingen stattfindet, sowie die Nikolaikapelle mit einem Altarbild des Renaissancemalers Konrad von Soest und mittelalterlichen Fresken. Die Hohnekirche bezaubert mit ihren Wand- und Deckenmalereien und dem gotländisch anmutenden Scheibenkreuz (um 1230). Eine Kuriosität ist in der 1376 geweihten gotischen Hallenkirche Maria zur Wiese zu sehen. Da zeigt ein kleines, um 1500 entstandenes Fenster über einem Seitenausgang das »Westfälische Abendmahl«: Jesus mit seinen Jüngern bei Schweinskopf, Schwarzbrot, Bier und Schnaps! Na, wenn das kein Grund war, Soest die Erfindung des Pumpernickels zuzuschreiben!

► Informationen

Anfahrt:
Autobahn- und Zugverbindung mit Dortmund und Paderborn.

Info:
- **Tourist-Information Soest**
  Teichsmühlengasse 3
  59494 Soest
  Tel. 029 21/66 35 00 50
  Fax 66 35 00 99
  www.soest.de
- **Allerheiligenkirmes:**
  Mittwoch bis Sonntag
  nach Allerheiligen, www.
  allerheiligenkirmes.de
- **Soester Bördetag:** Zweites
  Wochenende im Mai.

Unterkunft:
- Etwas außerhalb liegt das komfortable, familiengeführte **Hanse Hotel** mit kleinem Restaurant.
  Siegmund-Schultze-Weg 100
  Tel. 029 21/709 00
  Fax 70 90 75
  www.hansehotelsoest.de
- Ein über 400 Jahre altes Fachwerkhaus am historischen Marktplatz ist das **Hotel-Restaurant Im wilden Mann,** das gemütliche Zimmer und internationale, aber auch urtypische westfälische Küche in rustikalen Räumlichkeiten bietet.
  Am Markt 11
  Tel. 029 21/150 71
  Fax 172 80
  www.im-wilden-mann.com

Restaurants:
- Der älteste Gasthof Westfalens ist das seit 1304 existierende **Pilgrimhaus,** das dem durch Grimmelshausens »Simplicius Simplicissimus« berühmten Kloster Paradies vor den Toren Soests unterstellt war. Spezialitäten sind Lamm und Ente aus der Börde. Übernachten kann man in komfortablen Zimmern.
  Jakobistr. 75
  Tel. 029 21/18 28
  www.pilgrimhaus.de
- Herzhafte Küche und dazu vorzügliche, nicht filtrierte Soester Biere serviert das **Brauhaus Zwiebel.**
  Ulricherstr. 24
  Tel. 029 21/44 24
  www.brauhaus-zwiebel.de

Atta-Höhle

Reise in die Unterwelt

Wie unterscheidet man Stalaktiten von Stalagmiten? Da hilft eine Eselsbrücke: Man stelle sich das »t« in StalakTiten als Großbuchstaben vor, und schon weiß man, dass diese Tropfsteine von der Decke herabhängen, während die StalagMiten vom Boden in die Höhe ragen.

Das alles und noch viel mehr erzählt der Führer, der seine Gäste durch die unterirdische Wunderwelt der sauerländischen Atta-Höhle unweit der alten Hansestadt Attendorn geleitet. Er bittet auch darum, die Tropfsteine keinesfalls zu berühren:

Das Fett der Haut verhindert die Ablagerung von Kalk und somit das Wachstum.

Bald redet keiner mehr, nur noch die Schritte hallen, und stetig gluckst und tropft das Wasser, seit etwa 400 Millionen Jahren schon, als sich

In Jahrmillionen gewachsen und in ihren Tiefen noch kaum erforscht: die Atta-Höhle

Kalkgebirge in den Korallenriffzonen des devonischen Meers bildeten. Jahraus, jahrein ist es hier neun Grad kühl, und die Luft ist sauberer als im Hochgebirge oder an der See, mit einer Feuchtigkeit von 95 Prozent. Also hat man in der Atta-Höhle eine »Gesundheitsgrotte« eingerichtet: Speläotherapie, eine Sonderform der Klimatherapie, ist bei Asthmatikern und Allergikern im Kommen, aber auch bei gestressten Managern.

Es waren Steinbrucharbeiter der Biggetaler Kalkwerke, die 1907 durch eine Sprengung die Tropfsteinhöhle freilegten. Jährlich bestaunen an die 350 000 Besucher das ausgedehnteste zusammenhängende Höhlensystem Deutschlands, dessen größter, erst 1986 entdeckter Teil noch kaum erforscht ist. Über 5000 Meter soll er lang sein.

Was man auf dem 560 Meter langen Führungsweg hinein in das Höhlenlabyrinth entdeckt, ist atemberaubend: bis zu vier Meter lange, kunstvoll gewachsene Stalagmiten und Stalaktiten, steinerne Faltenwürfe, die Sinterfahnen genannt werden, milchweiß wie Alabaster leuchtendes Gestein, das Farbenspiel der Minerale und dazwischen kleine Seen. Die bizarren Felsformationen beflügeln die Fantasie: Die Alhambra-Halle erinnert tatsächlich an die Maurenburg in Andalusien, und die Tropfsteine in der Orgelgrotte sehen aus wie Pfeifen.

Doch auch oberirdisch hat die Region einiges zu bieten. Die Höhle liegt mitten im Freizeit- und Erholungsgebiet Südsauerland. Wenige Kilometer südlich von Attendorn tummeln sich Wassersportler auf der Biggetalsperre. In Attendorn selbst sind der »Sauerländer Dom« St. Johannes Baptist mit Barockausstattung, das gotische Alte Rathaus und die über der Stadt thronende Burg Schnellenberg sehenswert. Sie wurde im 13. Jahrhundert errichtet und im 16. Jahrhundert im Renaissancestil ausgebaut, heute ist sie ein Hotel. Von hier schweift der Blick über die Hügellandschaft mit der Biggetalsperre. Kaum vorstellbar, dass hier vor Millionen von Jahren ein warmes Meer die Zauberwelt der Atta-Höhle schuf.

▶ Informationen

Anfahrt:

Von Köln, Dortmund oder Frankfurt/Main über Olpe nach Attendorn, ab dort ist die Atta-Höhle ausgeschildert. Von Siegen und Gießen fahren Züge.

Info:

- **Attendorner Tropfsteinhöhle**
  Finnentroper Str. 39
  Attendorn
  Tel. 027 22/937 50
  www.atta-hoehle.de
  Mai–Sept. tgl. 10–16.30 Uhr, sonst verkürzte Öffnungszeiten. Fotografierverbot!
- **Tourist Information**
  Rathauspassage
  57439 Attendorn
  Tel. 027 22/641 40

Unterkunft:

- In der schönsten Burganlage des Sauerlands, 2 km östlich von Attendorn, ist heute das **Burghotel Schnellenberg** untergebracht, das seine Gäste mit stilvoll eingerichteten Zimmern, Wellness und kulinarischen Delikatessen verwöhnt.
  Schnellenberg 1, Attendorn
  Tel. 027 22/69 40
  Fax 69 41 69
  www.burg-schnellenberg.de
- Attendorns ältestes Gasthaus, das **Hotel Rauch,** residiert in einem Bau von 1644 im historischen Stadtkern und bietet seinen Gästen individuelle und äußerst komfortable Zimmer.

Wasserstr. 6, Attendorn
Tel. 027 22/924 20
www.hotel-rauch.de

Restaurants:

- Direkt am Eingang der Atta-Höhle liegt das 1990 neu erbaute **Höhlenrestaurant Café Himmelreich,** dessen Gewölbedecken etwas Höhlenflair vermitteln.
  Tel. 027 22/937 50
- Eine Institution in Attendorn ist das **Café Harnischmacher,** dessen Spezialität die süßen Attendorner Iserköppe (Pralinen) sind.
  Niederste Str. 5
  Attendorn
  Tel. 027 22/23 70
  www.harnischmacher.com

Münsterland

Schlösser im Wasser

>»Seltsames schlummerndes Land! so sachte Elemente! so leise seufzender Strichwind, so träumende Gewässer, so kleine friedliche Donnerwetterchen ohne Widerhall!«

So zärtlich beschrieb Annette von Droste-Hüls-hoff (1797–1848), zu ihrer Lebzeit unverstan-den und ungelesen, heute als eine der größten deutschen Dichterinnen verehrt, ihr Münster-land.

Zwei Herrensitze haben das Leben der oft kranken Einzelgängerin bestimmt. Geboren wur-de sie auf der immer wieder umgebauten Wasser-burg Hülshoff bei Münster-Roxel, die seit dem 15. Jahrhundert im Besitz ihrer Familie war. Hier verbrachte sie ihre Jugend und schrieb ihre ersten Gedichte. Ab ihrem 29. Lebensjahr wohnte sie dann im geliebten Rüschhaus acht Kilometer nordwestlich von Münster, das Johann Conrad Schlaun, Westfalens großer Barockarchitekt, von 1745 bis 1749 als Sommersitz für die Familie er-richtet hatte. Von vorn wirkt es wie ein Bauern-haus, doch die rückwärtige Partie ist ein fran-zösischer Herrensitz mit Barockgarten. Auch Droste-Hülshoffs Wohn- und Arbeitszimmer, von ihr »Schneckenhäuschen« genannt, ist erhal-ten geblieben. Rundwege verbinden die beiden wenige Kilometer voneinander entfernten An-wesen, in denen zu Ehren der Dichterin Museen eingerichtet wurden.

Über 150 oft versteckte Adelssitze sind im Münsterland noch zu finden. Es ist noch gar nicht so lange her, dass diese elegische grüne Land-schaft aus ihrem Dornröschenschlaf erwacht ist. Erst in den 1980er-Jahren wies man ein 1400 Ki-lometer langes Radwegenetz aus, das mehr als

Schönste Burg im Münsterland: Burg Vischering

Eine der vielen Wasserburgen: Burg Anholt in Isselburg-Anholt

100 Wasserschlösser, Herrensitze, Burgen und Gräftenhöfe verbindet. Gemütlich radelt man auf Nebenstraßen und »Pättkes«, wie die querfeldein führenden schmalen Rad- und Wanderwege hier heißen. In humanen Abständen gibt es kleine Hotels, Pensionen und Bauerncafés, und in manchen Schlössern wird sogar noble Cuisine aufgetragen. Aber noch immer sind die meisten dieser Herrensitze in – zunehmend auch bürgerlichem – Privatbesitz und nur aus der Ferne zu bewundern; manchmal darf man wenigstens einen Blick in den Park werfen. Einige der schönsten stehen jedoch zur Besichtigung offen. Kein Anwesen gleicht dem anderen, doch allesamt sind sie aus Tieflandsburgen entstanden, die meist auf einem künstlichen Hügel errichtet wurden und von einem Wassergraben geschützt waren. Später baute man sie in ländliche Schlösser oder Amtshäuser um.

Die schönste Burg des Münsterlandes ist die Burg Vischering in Lüdinghausen. Im Jahr 1271 als Bollwerk des Bischofs von Münster errichtet, ist sie zwar nicht einmal die älteste der Region, aber mit Vorburg, Ringmantelburg, Zugbrücke, Graben und festen Mauern entspricht sie geradezu dem Ideal einer mittelalterlichen Wehranlage. Hier ist das Münsterlandmuseum untergebracht, und die Burg lockt mit einem opulenten »Ritteressen«. Man kann es aber auch bei einer kurzen Stippvisite mit Kaffee und Kuchen belassen. Das Erstaunlichste an dieser hinter Erlen- und Eichenwäldchen versteckten Burg ist, dass man die Anlage erst sieht, wenn man schon fast direkt vor ihr steht.

Nicht minder sehenswert ist Schloss Nordkirchen, das der Fürstbischof Friedrich Christian von Plettenberg 1703 in Auftrag gab und das Johann Conrad Schlaun 1734 in wunderbar proportioniertem, barock-klassizistischem Baustil aus hellem Sandstein und dunklen Ziegeln mit Gartenanlage, Orangerie und Skulpturen vollendete. Die UNESCO stufte das Ensemble als »Gesamtkunstwerk von internationalem Rang« ein. Das Schloss als »westfälisches Versailles« zu bezeichnen, mag angesichts von Schlauns angenehm zurückhaltender Eleganz dann aber doch etwas übertrieben sein. Heute nutzt eine Fachhochschule das größte Schloss Westfalens.

Fleißig gelernt wird auch im Haus Buldern bei Dülmen: In dem spätklassizistischen Bau aus dem 19. Jahrhundert ist heute ein exklusives Privatinternat untergebracht.

Besonders romantisch ist aber die barocke Anlage von Schloss Lembeck bei Dorsten aus dem 17. Jahrhundert. Im Anwesen der Grafen von Merveldt können sich Paare trauen lassen und die Hochzeitsnacht in einem Himmelbett verbringen.

► Informationen

Anfahrt:
Autobahn- und Zugverbindungen u. a. von Essen, Dortmund und Osnabrück nach Münster, ab hier Landstraßen und Radwege.

Info
- **Münsterland e.V. Tourismus**
  Airportallee 1
  48268 Geven
  Tel. 025 71/94 93 92
  Fax 94 93 99
  www.muensterland-tourismus.de
- **Burg Hülshoff**
  Tel. 025 34/10 52
  www.burg-huelshoff.de
  Mitte März–Nov. tgl. 11 bis 18.30 Uhr
- **Rüschhaus**
  Tel. 025 33/31 09
  www.droste-gesellschaft.de
  Führungen März–April, Nov. 11, 12, 14, 15, Mai–Okt. 10–12, 14–17 Uhr zur vollen Stunde

- **Burg Vischering**
  Tel. 025 91/799 00
  www.burg-vischering.de
  April–Okt. Di–So 10–13, 13.30–17.30 Uhr, sonst bis 16.30 Uhr (Hauptburg derzeit wegen Umbauten geschl.)
- **Schloss Nordkirchen**
  Tel. 025 96/91 71 37
  www.schloss-nordkirchen.de
  Mai–Sept. So 11–17, Okt.–April So 14–16 Uhr.
- **Wasserschloss Steinfurt**
  Tel. 025 51/13 83
  www.steinfurt-touristik.de
  Mo–Do 8–15, Fr 8–11 Uhr, nur Gruppen nach Anmeldung

Unterkunft:
- Luxuriös nächtigt man im **Parkhotel Wasserburg Anholt,** das auch Nicht-Übernachtungsgästen zur Besichtigung des Schlossmuseums und der Bibliothek offen steht. Restaurant mit verfeinerter internationaler Küche.
  Klever Str., Isselburg-Anholt
  Tel. 028 74/45 90
  Fax 40 35
  www.schloss-anholt.de

- Im **Schlaun Café** gibt es nicht nur Münsterländer Spezialitäten und leckeren Kuchen, man kann hier auch in mehreren günstigen, recht einfachen Zimmern übernachten.
  Mauritiusplatz, Nordkirchen
  Tel. 025 96/971 20
  www.schlaun-cafe.de

Restaurants:
- In der Vorburg der Burg Vischering ist das privat geführte **Café Reitstall** untergebracht, das während der Museumsöffnungszeiten Gäste bewirtet.
  Berenbrock 1
  Lüdinghausen
  Tel. 025 91/947 57
  www.cafe-reitstall.de
- Besonders gut isst man im **Schlossrestaurant Nordkirchen:** raffiniert international im Gourmetrestaurant, preiswerter in Bistro und in der Bierstube.
  Schloss 1
  Nordkirchen
  Tel. 025 96/97 24 72
  www.lauter-nordkirchen.de

Essen

Zeche Zollverein

»Kunst ist schön, macht aber viel Arbeit«, kommentierte der Komiker Karl Valentin. Im Ruhrgebiet macht man mit großem Engagement aus Industriestätten Kunst – Essen schuf mit der stillgelegten Zeche Zollverein sogar ein Weltkulturerbe.

Schönste Zeche der Welt? Die größte, modernste und leistungsfähigste Steinkohleförderanlage war sie zweifellos, die 1986 geschlossene Schachtanlage XII. Ihr markantes Doppelbockfördergerüst mit der Aufschrift »Zollverein«, nachts effektvoll angestrahlt, ist ein Wahrzeichen des Ruhrgebiets. Die Kumpel, die hier einst unter Tage malochten, hatten kaum Sinn für die Ästhetik der ab 1927 entstandenen, auf Symmetrien bedachten Architektur. Sie haben die Hallen und Maschinenhäuser gar nicht betreten – und erst recht nicht den Ehrenhof vor dem Förderturm, wo man Staatsgäste und Industriebosse empfing.

Die gleichmäßig gerasterten Stahlfachwerkkonstruktionen mit nur zwölf Zentimeter dünnen Backsteinaufachungen und horizontalen Drahtglasbändern beeinflussten die Industriearchitektur bis in die 1960er-Jahre hinein. Diese Bauten konnten die über Tage arbeitenden Bergleute, die aus den Waschkauen der älteren, östlich angrenzenden Zeche Zollverein 1/2/8 von hinten über eine schmale Verbindungsbrücke auf die Anlage kamen, allesamt erst nach der Zechenstilllegung betrachten. Beschäftigung in den Tempeln der einstigen Schwerstarbeit finden heute ganz andere: Designer, Künstler, Mediengestalter, Architekten, PR-Agenturen und Galerien.

Schön, dass bei den vielseitigen Themenführungen des Denkmalpfads Zollverein (Treffpunkt Kohlenwäsche) durch die original erhaltenen Übertageanlagen von Zeche und Kokerei auch so mancher Kumpel von damals erzählt, wie der Arbeitsalltag der Bergleute und Koker hier ausgesehen hat. Auch das Schicksal der sowjetischen Zwangsarbeiter im Zweiten Weltkrieg wird nicht ausgespart.

Mithilfe des Stararchitekten Norman Foster wurde aus dem ehemaligen Kesselhaus das Red Dot Design Museum. Es präsentiert Gegenstände des täglichen Gebrauchs wie Besteck, Küchenarmaturen, Möbel und Büroeinrichtungen. Außerdem besucht man den »Kunstschacht Zollverein« auf Schacht 1/2/8, das »Phänomania/Erfahrungsfeld« auf Schacht 3/7/10 und die Dauerausstellung »Palast der Projekte« von Ilya und Emilia Kabakov in der Kokerei.

Früher Arbeitsstätte der Kumpel – heute Industriedenkmal und Freizeitstätte

Design ist das große Zauberwort. Immerhin arbeiten auf allen ehemaligen Schachtanlagen bereits mehr als 1000 Kreative. Im Wintersemester 2017/18 startet der Lehrbetrieb im Neubau für den Fachbereich Gestaltung der Folkwang Universität der Künste, der viel kreativen Nachwuchs anlocken wird. In der Kohlenwäsche (Schacht XII, mit 58 Meter langer, frei stehender Rolltreppe) sind das Besucherzentrum und das neue Ruhr Museum untergebracht. Ende des Jahres 2016 wurde in der ehemaligen Kompressorenhalle auf der Kokerei die Grand Hall Zollverein eröffnet: eine multifunktionale Event-Location für bis zu 2500 Gäste.

► Informationen

Anfahrt:
Autobahn- und Zugverbindungen u.a. mit Köln, Dortmund.

Info:
- **RUHR.VISITORCENTER**
  UNESCO-Welterbe Zollverein, Areal A (Schacht XII)
  Kohlenwäsche (A14)
  Gelsenkirchener Str. 181
  45309 Essen
  Tel. 02 01/24 68 10
  www.zollverein.de
  tgl. 10–18 Uhr
- **Ruhr Museum**
  Tel. 02 01/24 68 14 44
  www.ruhrmuseum.de
  tgl. 10–18 Uhr

- In Essen u. a. sehenswert sind der **Dom,** die 1256 vollendete Abteikirche **St. Ludgerus** und das **Museum Folkwang**, www.museum folk wang.de, Di–So 10–18, Do, Fr bis 20 Uhr

Unterkunft:
- Der **BVV Zollverein** arrangiert Unterkünfte mit Frühstück in der Nähe bei ehemaligen Bergmannsfamilien.
  Krähenbusch 3
  45307 Essen
  Tel. 02 01/860 59 40
  www.bvv-zollverein.de

Restaurants:
- In der ehemaligen Kompressorenhalle bietet das **Casino Zollverein** Gerichte der Neuen Deutschen Küche und als Hommage an die Bergleute Rheinischen Sauerbraten.
  Gelsenkirchener Str. 181
  Tel. 02 01/83 02 40
  www.casino-zollverein.de
- Auf dem Gelände der Zeche gibt es auch mehrere Cafés.
- Eine urige Brauereiwirtschaft in Essen Borbeck mit Ruhrpottküche ist die **Dampfe.**
  Heinrich-Brauns-Str. 9–15
  Tel. 02 01/63 00 70
  www.dampfe.de

Köln

Im Hohen Dom

Vollbusige Funkenmariechen und Fußballspieler des FC Köln, hoch auf den Domspitzen in Stein gemeißelt? Bisse jeck? Nun ja, die Steinmetze, die nach dem Zweiten Weltkrieg eine Vielzahl von Kreuzblumen ersetzen mussten, wollten eben nicht immer das gleiche steinerne Blattwerk bearbeiten. Sogar Kennedy, Chruschtschow und de Gaulle sind dabei: 1960er-Jahre eben. Von unten bräuchte man ein Fernglas, um das gesamte Panoptikum zu entschlüsseln. Den Tauben ist es ohnehin egal, worauf sie köteln und damit den Steinmetzen auf ewig Arbeit sichern. Daran können auch die Wanderfalken nicht viel ändern, die man als »biologische Taubenwaffe« im Dom angesiedelt hat. Sechs Millionen Euro Baukosten verschlingt der Unterhalt des Kölner Doms – pro Jahr.

Der Deutschen liebstes Bauwerk ist eine unendliche Geschichte. Begonnen hat sie 1248, als Erzbischof Konrad von Hochstaden den Grundstein legte und Meister Gerhard anfing, die größte gotische Kathedrale der Welt zu bauen. »Gotisch« nannte man das damals noch nicht: Der Begriff kam als Schimpfwort in Mode, als die Renaissance ihren Siegeszug angetreten hatte und auch die Kölner die Lust am Weiterbau verloren. Im Jahr 1560 stellte man die Arbeiten ein: Der Baukran über dem Südturm wurde zum Wahrzeichen Kölns.

Doch selbst das unvollendete Werk beeindruckte: So besuchte ein Republikaner wie Georg Forster 1790 »diesen herrlichen Tempel, um die Schauer des Erhabenen zu fühlen«. Da hatte der Dom seine schlimmsten Tage, die Entweihung durch Napoleons Truppen, noch vor sich. Goethe fand ein »krausborstiges Ungetüm« vor, nannte aber 1821 den Dom, dessen Wiederaufbau er unterstützte, »das tüchtigste, großartigste Werk, das vielleicht je mit folgerechtem Kunstverstand auf Erden gegründet worden«. 1814 fand man die mittelalterlichen Baupläne der Westfassade wieder, und so tönte der Publizist Joseph Görres in vaterländischem Pathos: »In seiner trümmerhaften Unvollendung, in seiner Verlassenheit, ist er ein Bild gewesen von Teutschland seit der Sprach- und Gedankenverwirrung; so werde er denn auch ein Symbol des neuen Reiches, das wir bauen wollen.«

Da mochte Heine in »Deutschland. Ein Wintermärchen« noch so sehr über »die armen Schelme vom Domverein« spotten: Im Jahr 1842 legte Preußens König Friedrich Wilhelm IV., der »Romantiker auf dem Throne«, den Grundstein zur Domvollendung, und keinem »Franzosenfresser« der damaligen Zeit fiel auf, dass die Gotik alles andere als altdeutscher Stil war, sondern in der französischen Île de France ihre ersten Triumphe gefeiert hatte. Gleichviel: Was der geniale Dombaumeister Ernst Friedrich Zwirner (1802–1861) schuf, ist so authentisch gotisch, wie es nur sein kann, und dass der Dom so vortrefflich mit der

Als »krausborstiges Ungetüm« titulierte Goethe einst den Dom zu Köln

Feierliche Zeremonie im lichtdurchfluteten Innenraum

stählernen Hohenzollernbrücke und dem benachbarten Hauptbahnhof harmoniert, war von
Anfang an als Verbindung zwischen moderner
Technik und mittelalterlicher Architektur geplant. Tatsächlich fällt man vom Hauptbahnhof
fast in den Dom hinein, und so können ihn auch
Durchreisende zwischen zwei Zügen besichtigen
(ein Portal des nördlichen Querhauses steht offen). Wenn die Zeit bis zum nächsten Anschluss

▶ Seitenblick

Dreikönigenschrein

Das Meisterwerk mittelalterlicher Goldschmie-
dekunst steht hinter dem Choraltar. Nach einem
Entwurf von Nikolaus von Verdun wurde ab
ca. 1190 bis 1220 an dem Schrein gearbeitet. In
Form einer dreischiffigen Basilika gestaltet, misst
er 153 cm Höhe, 110 cm Breite sowie 220 cm
Länge und ist so der größte Goldsarkophag des
Abendlandes. Im Schrein sollen die Gebeine der
Heiligen Drei Könige, der Märtyrer Felix und
Nabor sowie des hl. Gregor von Spoleto ruhen.

sehr knapp ist, wirft man wenigstens durch die
verglaste Eingangshalle des Bahnhofs einen Blick
auf das Kölner Wahrzeichen.

Was schon um einiges schwerer ist: die gesamten 7000 Quadratmeter Fläche der gewaltigen
Westfassade mit ihren zwei 157 Meter hohen Türmen von der meist zugigen Domplatte aus auf ein
Foto zu bannen. Ein Tipp: Den besten Fassaden-
blick bietet die Terrasse des Café Reichard. Aber
interessante Perspektiven eröffnen sich an vielen
Standorten. Als die Kölner am anderen Rheinufer
Hochhäuser planten, drohte die UNESCO gar mit
der Aberkennung des Weltkulturerbes: So wichtig
ist die visuelle Integrität des Doms für die Kölner
Stadtsilhouette.

Den sechs Millionen Dombesuchern pro Jahr
ist das Gezerre ums Weltkulturerbe wahrscheinlich egal. Denn die architektonischen und künst-
lerischen Schätze des Doms sprechen für sich. Alt
und Neu fügen sich harmonisch ineinander. Man
betritt den Dom durch das unter dem Südturm
gelegene Petersportal, dessen Skulpturen zwar
schon im Mittelalter vollendet waren, jedoch heute durch Abgüsse ersetzt sind, um die kostbaren
Engel, Propheten und Heiligen vor saurem Regen

zu schützen. Wer von hier aus die 509 Stufen, vorbei an der Glockenstube, zur 97 Meter hohen Aussichtsplattform hinaufsteigt, hat sich sein Mittagessen redlich verdient. Der Blick auf die Dachlandschaft des Doms und hinüber bis zum Siebengebirge ist einzigartig.

Aber nun hinein in die Hohe Domkirche St. Peter und Maria! Man besichtigt sie am besten im Uhrzeigersinn. Schon das Mittelschiff, fast 120 Meter lang und 43 Meter hoch, ist ein Erlebnis gotischer Lichtarchitektur, ein mystischer Wald aus Strebebögen mit über hundert Pfeilern und riesigen bunten Glasfenstern. Besonders wertvoll sind die fünf Renaissancefenster (1507 bis 1509) an der nördlichen Wand des Seitenschiffs. Das Geburt-Christi-Fenster und das Anbetungsfenster mit den Heiligen Drei Königen gelten als Meisterwerke. Einige Schritte weiter zeigt der 1360 entstandene exquisite Clarenaltar Szenen aus dem Leben Jesu.

In der Vierung zwischen Lang- und Querhaus wird der Gottesdienst zelebriert. Dahinter liegt der nur auf einer Führung zugängliche Binnenchor mit dem mittelalterlichen Hochaltar von 1322, dessen Marmorplatte fast sieben Tonnen wiegt. Das von 1308 bis 1311 geschnitzte Chorgestühl ist mit seinen 104 Plätzen das größte in Deutschland. Hier nahmen Domkapitel und hohe Kirchenmänner Platz. Je ein Sitz ist für den Papst und den Kaiser reserviert. Mit einer Taschenlampe entdeckt man Bibelthemen, Mythologien sowie Szenen mit Tiergestalten, Fabelwesen und Dämonen. Die Chorschranken hinter dem Gestühl zeigen auf der Innenseite einen Bilderzyklus aus der Kölner Malerschule, der zwischen 1322 und 1340 entstand. Noch älter sind die überlebensgroßen Chorpfeilerfiguren von Christus, Maria und den zwölf Aposteln (um 1270–1290), die durch ihren lebendigen Ausdruck faszinieren.

Oft übersehen wird das 1300 Quadratmeter große Bodenmosaik (19. Jh.) des Chors, das die Geschichte des Doms erzählt. Die begann ja eigentlich mit einem Raub. In Kaiser Barbarossas Auftrag überführte 1164 der Kölner Erzbischof Rainald von Dassel, gleichzeitig kaiserlicher Heerführer, die Gebeine der Heiligen Drei Könige aus dem aufständischen Mailand nach Köln. Dem

Domfenster von Gerhard Richter

Pilgerstrom war der alte, um 870 entstandene »Hildebold Dom« nicht mehr gewachsen. Die drei Heiligen ruhen im größten Schatz der Kirche: dem Dreikönigenschrein. Damit möglichst viele Pilger ihn sehen konnten, legte man einen Chorumgang an, dessen enorm hohe Obergadenfenster (1315) den größten original erhaltenen Glasmalereizyklus des 14. Jahrhunderts in Europa darstellen, der fast vollständig geblieben ist.

Nach ein paar Metern schon findet man links vom Chorumgang die Kreuzkapelle, in der das berühmte Gerokreuz (um 976) hängt. Die früheste erhaltene Großplastik des mittelalterlichen Abendlandes war vermutlich eine Schenkung des Erzbischofs Gero. Christus ist auffallend realistisch dargestellt, im Augenblick des Todes, mit würdevollem, vom Leben gezeichnetem Antlitz. Von hier führt eine Tür zur hochgotischen Sakramentskapelle.

Genau in der Mittelachse des Doms, im Chorhaupt, wurde der mit 2,20 Meter Länge größte und berühmteste Reliquienschrein des Abendlandes, der Dreikönigenschrein, aufgestellt. Um 1190–1220 schufen der Goldschmied Nikolaus von Verdun und seine Schüler diese Miniaturbasilika. Auf der Vorderseite (nur sie aus purem Gold) zeigen edelsteinbesetzte Verzierungen die Heiligen Drei Könige bei der Anbetung, daneben tauft Johannes den Erlöser, darüber thront Christus als Weltenherrscher. An den Längsseiten stellen vergoldete Silbertreibarbeiten Figuren der Propheten und Apostel dar. Auf der Rückseite erscheint u. a. Erzbischof Rainald von Dassel.

Von den sieben unverändert erhaltenen Chorkapellen besonders sehenswert sind die Dreikönigenkapelle, deren Mittelfenster mit biblischen Szenen schon um 1260 eingesetzt wurde, und die Marienkapelle. Hier ist der berühmte Flügelaltar

der Stadtpatrone zu sehen, ein um 1442 von Stefan Lochner geschaffenes Bildwerk, dessen Mitteltafel die Anbetung Marias und des Jesuskinds durch die Heiligen Drei Könige zeigt.

An dem Tag, an dem der Dom fertig gebaut ist, geht die Welt unter, heißt es in Köln. Vorläufig verhindert hat die Apokalypse auch der geniale Dresdner Künstler Gerhard Richter (*1932). Die von ihm entworfene abstrakte Verglasung des Südquerhausfensters demonstriert seit 2007 mit 11 500 Quadraten in 72 unterschiedlichen Farben, dass der Dom bis heute ein faszinierendes Work in progress ist.

► Informationen

Anfahrt:
Autobahn-, Zug- und Flugverbindungen mit allen deutschen Großstädten. Der Dom ist vom Hauptbahnhof in zwei Minuten zu Fuß zu erreichen.

Info:
- **Kölner Dom**
  Domkloster 4
  Tel. 02 21/17 94 02 00
  www.koelner-dom.de und
  www.dombau-koeln.de
  Nov.–April 6–19.30, Mai bis
  Okt. 6–21, So/Fei nur 13 bis
  16.30 Uhr; Übersicht und
  Zeiten für alle Führungen
  (auch Ausgrabungen und
  Nachtführungen) auf www.
  domfuehrungen-koeln.de;
  Turmbesteigung: Nov. bis
  Febr. 9–16, März, April, Okt.
  9–17, Mai–Sep. 9–18 Uhr.
- Große Sehenswürdigkeiten in
  Köln sind zwölf romanische
  Kirchen, das romanische
  Overstolzenhaus, das **Römisch-Germanische Museum**, das **Wallraf-**

Richartz-Museum mit riesiger Gemäldesammlung und das **Museum Ludwig** mit großer Picasso-Kollektion.
- **Köln Tourismus**
  Kardinal-Höffner-Platz 1
  Tel. 02 21/34 64 30
  www.koelntourismus.de

Unterkunft:
- Gleich gegenüber dem Dom
  bietet das noble, privat geführte **Excelsior Hotel
  Ernst** elegante Zimmer und
  Wellness und die asiatische
  Michelinküche des Gourmetrestaurants taku
  Trankgasse 1–5, Domplatz
  Tel. 02 21/27 01
  www.excelsior-hotel-ernst.de
- Ein elegantes privates Designerhotel in Domnähe ist das
  Eden Hotel Früh am Dom.
  Sporergasse 1
  Tel. 02 21/27 29 20
  www.hotel-eden.de
- Einen tollen Blick vom rechtsrheinischen Ufer auf die Alt-

stadt mit Dom bietet das preiswerte **Rhein-Hotel St. Martin.**
Frankenwerft 31–33
Tel. 02 21/257 79 55
www.rheinhotel-koeln.de

Restaurants:
- Im über 400 Jahre alten Traditionsrestaurant **Em Krützche** gibt's Kölner Küche, darunter Gänse- und Fasanenbraten oder »Himmel un Äd« (gebackene Blutwurst auf Kartoffel-Apfel-Püree).
  Am Frankenturm 1–3
  Tel. 02 21/258 08 39
  www.emkruetzche.de
- Unverfälschte Kölscher Spezialitäten, wie hausgemachten Sauerbraten in Mandel-Rosinensauce mit Kartoffelkloß und Apfelmus, servieren viele Brauhäuser der Altstadt, darunter das besonders alte **Brauhaus »Zum Prinzen«.**
  Alter Markt 20–22
  Tel. 02 21/96 02 22 20
  www.zum-prinzen.com

Der Dom im Abendlicht: das Westportal stammt aus dem 19. Jahrhundert

Ein Wagnis war es allemal, das Dombaumeisterin Barbara Schock-Werner mit diesem Projekt einging. Die nach dem Zweiten Weltkrieg für ein zerstörtes Fenster eingesetzte schlichte Ornamentverglasung sollte ersetzt werden, da wegen ihrer Farblosigkeit das einfallende Licht zu sehr blendete. Ursprünglich wollte das Domkapitel Märtyrer des 20. Jahrhunderts abbilden. Mit Richter, der vor allem mit ungegenständlichen Farbkompositionen zu einem der höchstdotierten Künstler der Welt aufgestiegen ist, war das Thema figürliche Darstellung bald vom Tisch. Als Inspiration diente ihm sein Bild »4096 Farben« von 1974. Man könnte glauben, das sei alles so einfach gewesen, denn Richter hat das Fenster nicht komponiert, sondern einen Zufallsgenerator mit Daten gefüttert. Dieser übernahm die Platzierung der Farbtöne auf dem riesigen Feld, wobei die bei-

den Hälften spiegelbildlich zueinander gesetzt sind. Doch kontrollierte Richter die unzähligen Entwürfe so lange, bis sich die 72 Farbtöne ausbalanciert in das Zusammenspiel der Farbeffekte einfügen, das die benachbarten Fenster aus dem Mittelalter und dem 19. Jahrhundert erzeugen.

Sein letztlich alles andere als zufällig entstandenes riesiges Kaleidoskop bietet je nach Tageszeit und Lichteinfall alle nur denkbaren Farbspiele an, drängt dem Auge immer wieder neue Farbkoalitionen auf. Kardinal Meisner hat Gerhard Richters Pixelkunst offenbar überfordert. Das Ganze passe eher in eine Moschee oder in ein anderes Gebetshaus, wetterte der im Juli 2017 verstorbene Kirchenfürst. Die meisten Kritiker und auch die Dombesucher sind anderer Meinung – sie sind begeistert von der Magie, die Richters irrlichterndes Fenster entfaltet.

Brühl

Rheinisches Rokoko

»In Schloss Augustusburg als der ersten herausragenden Schöpfung des Rokoko in Deutschland ist der europäische Geist noch heute lebendige Wirklichkeit«, urteilte die UNESCO 1984, als sie die Brühler Residenz zusammen mit Schloss Falkenlust und den Brühler Gärten südlich von Köln zum Weltkulturerbe erklärte.

Schuld an allem war der bayerische Kurfürst Karl Albrecht. »So altmodisch baut doch heute kein Mensch mehr«, mahnte er seinen Bruder, Clemens August (1700–1761), fünfter und letzter Kurfürst und Erzbischof von Köln aus dem Haus Wittelsbach, als dieser ihm 1725 die Pläne des Baumeisters Johann Conrad Schlaun zeigte. Albrecht schickte seinen Hofarchitekten François de Cuvilliés und den Gartenkünstler Dominique Girard, Schüler des großen Le Nôtre, aus München nach Brühl. Die besten Architekten, Maler, Bildhauer und Stuckateure aus Italien, Frankreich, den Niederlanden und Süddeutschland schufen in Brühl in 40 Jahren Bauzeit ein glanzvolles Gesamtkunstwerk des Rokoko.

Mit dem Prunktreppenhaus, heute festlicher Rahmen für die Brühler Schlosskonzerte, gelang Balthasar Neumann von 1740 bis 1746 ein architektonisches Meisterwerk. Farbiger Stuckmarmor an Säulen, Gewölben und Wänden sowie das prachtvolle Deckenfresko von Carlo Carlone sorgen für eine unübertroffene Farbkomposition. Das Bildprogramm preist die ruhmreiche Gestalt von Clemens August als kurkölnischem Herrscher. Das ebenfalls von Carlone geschaffene Deckenfresko des angrenzenden Gardensaals ist eine Huldigung an den illustren Bruder Karl Albrecht, der von 1742 bis 1745 unter dem Namen Karl VII. deutscher Kaiser war. Eine Götterversammlung nimmt eine idealisierte Wittelsbacher Heldengestalt auf, umschwebt von den allegorischen Tugendfiguren, der von den vier Erdteilen gehuldigt wird. Tatsächlich war Karl Albrechts dreijährige Kaiserherrschaft aber nur eine recht unbedeutende Episode in der Geschichte.

Im folgenden Speise- oder Musiksaal huldigen, wieder auf einem Deckenfresko Carlones, Apollon und die neun Musen Clemens August, der mit dem Hochmeisterkreuz des Deutschen Ritterordens geschmückt ist, während an den Wänden und im Deckenstuck die Personifikationen und Embleme der Tages- und Jahreszeiten, der Ele-

Der repräsentative Audienzsaal von Schloss Augustusburg – ein Meisterwerk des späten Rokoko

mente, der Künste und der Herrschertugenden dem Deckenfresko zugeordnet sind.

Noch faszinierender ist der Audienzsaal, der die vielleicht reichste und schönste Decke des späten deutschen Rokoko besitzt. Vergoldeter Stuck mit gemalten Scheinschatten fasst die nuancenreichen Falkenjagdszenen von Joseph Billieux ein. Strukturen und Farbgebung harmonieren bis ins Detail mit den wie Stickereien wirkenden Zierbeeten und dem Grün des Rokokogartens. Durch das benachbarte Paradeschlafzimmer geht es weiter ins Kabinett, auf dessen Deckenmalereien Affen jagen gehen.

Im ersten Stock entfaltet sich im Gelben Appartement eine ungemein elegante, ganz in Gold und Weiß gehaltene Raumfolge, die François de Cuvilliés ab 1728 in den Formen der Régence und des frühen Rokoko ausstattete.

An heißen Tagen zog man sich ins Sommerappartement im Erdgeschoss zurück. Hier sorgen Marmorböden und um 1738 gefertigtes nieder-

ländisches blau-weißes Fliesendekor, das Genreszenen nach niederländischen Meistern und Figuren der Commedia dell'Arte zeigt, für Kühle.

Nur einen Spaziergang von Schloss Augustusburg entfernt liegt am Rand eines Wäldchens das Jagdschloss Falkenlust, das zwischen 1729 und 1737 nach Plänen von François de Cuvilliés als »maison de plaisance« entstand. Es gilt als eine der kostbarsten Träumereien des frühen Rokoko in Deutschland und diente dem Kurfürsten als Jagdrefugium, als Lusthaus für Soupers mit Mätressen und als Ort für politische Geheimverhandlungen. Das Motiv der Falkenjagd ist allgegenwärtig: auf den Fliesen, dem Stuck, den Porträts, der Rocailledekoration. Besonders exquisit gestaltet sind das Lackkabinett, ein Beispiel für inszeniertes China, und das prunkvolle Spiegelkabinett. 1763 war der junge Mozart auf Falkenlust zu Gast, und man möchte gern glauben, dass er sich an die hiesigen Falkenreiszenen erinnerte, als er den Vogelfänger Papageno in der »Zauberflöte« schuf.

Schloss Augustusburg verkörpert die Sehnsucht nach einem Versailles am Rhein

▶ Informationen

Anfahrt:
Von Köln mit der Straßenbahn-
linie 18 nach Brühl-Mitte oder
mit der Bahn von Köln und
Bonn nach Brühl (Bahnhof direkt gegenüber dem Schloss).

Info:
- **Brühl-Info**
  Uhlstr. 1, 50321 Brühl
  Tel. 022 32/793 45
  www.bruehl.de
- **Schloss Brühl**
  Schlossstr. 6, Brühl
  Tel. 022 32/440 00
  www.schlossbruehl.de
  Schloss Augustusburg und
  Jagdschloss Falkenlust: **Di–Fr**
  9–12, 13.30–16, Sa/So 10 bis
  17 Uhr, Dez. und Jan. geschl.;
  Garten- und Parkanlage:
  Sommer 7–20, sonst bis 19
  bzw. 18 Uhr

- **Zentrales Kartenbüro der
  Brühler Schlosskonzerte**
  Tel. 022 32/94 18 84
  Fax 94 18 85
  www.schlosskonzerte.de
- In Brühl außerdem sehr se-
  henswert ist das **Max Ernst
  Museum,** Max-Ernst-Allee 1,
  Tel. 022 32/579 30, www.
  maxernstmuseum.de (Di–So
  11–18 Uhr)
- Kinder lieben den Vergnü-
  gungspark **Phantasialand** in
  Brühl, Tel. 022 32/362 00, Fax
  362 36, www.phantasia
  land.com

Unterkunft:
- Wer nicht im nahen Köln
  übernachtet, findet in Brühl
  originelle Unterkunft im
  Hotel Ling Bao, das zum
  Vergnügungspark Phantasia-

land gehört und als chinesi-
sches Feng-Shui-Paradies
gestaltet ist.
Berggeiststr. 31–41
Tel. 022 32/36 90 41
www.phantasialand.de/de/
hotels/ling-bao/
- Preiswerter schläft man
  im **Hotel Am Stern.**
  Uhlstr. 101
  Tel. 022 42/180 00
  Fax 180 55
  www.hotel-am-stern.de

Restaurant:
- In **Glaewe's Restaurant**
  genießt man gehobene Küche,
  die Bodenständiges mit kreativen Highlights versieht.
  Balthasar-Neumann-
  Platz 20–30
  Tel. 022 32/135 91
  www.glaewesrestaurant.de

Aachen

Gewaltiger Tempel

Als »Salomons gewaltigen Tempel« rühmte der Reichenauer Abt Walahfrid Strabo schon Anfang des 9. Jahrhunderts die Pfalzkapelle Karls des Großen in Aachen. Dabei wissen wir sehr wenig über die Entstehungsgeschichte des um 785 begonnenen und wohl um 800 fertiggestellten Bauwerks.

Zweifellos orientiert sich die Säulenstellung des hohen überkuppelten Oktogons mit zweigeschossigen, sechzehneckigen Umgängen an der byzantinischen Kirche San Vitale in Ravenna, der alten Hauptstadt Theoderichs, wobei diese Kirche wiederum die Palastkirche Kaiser Justinians I. in Konstantinopel nachahmt. Westrom und Ostrom: Unübersehbar ist die Tradition, in die sich Karl, der beim Bau der Kirche noch nicht Kaiser war, zu stellen trachtete. Schon deshalb mussten die Säulen im Umgang des Obergeschosses antiker Herkunft sein, darunter acht Exemplare aus rotem ägyptischem Porphyr, der in der Antike kaiserlichen Bauten vorbehalten war. Und doch wurde am Dreikönigstag 805 etwas Neues, Einzigartiges geweiht.

Aus karolingischer Zeit stammen noch der Bronzeguss der Portale und der filigranen Emporengitter, die anderen Schätze der Pfalzkapelle sind Zeugnisse einer 1000-jährigen Verehrung, die im Mittelalter auch den kostbaren Reliquien

galt, die Karl 800 hierher hatte überführen lassen. 1312 wurden das Kleid Mariens aus der Heiligen Nacht, die Windeln Jesu, das blutige Lendentuch des Herrn am Kreuz und das Enthauptungstuch

Schlichte Eleganz: der marmorne Kaiserthron

Kaiserliches Großmachtstreben in gewaltigen Dimensionen: der Aachener Dom

Johannes des Täufers öffentlich gezeigt. Bald schwoll der Pilgerstrom nach Aachen so stark an, dass man den alten karolingischen Chor von 1355 bis 1414 durch eine gotische Chorhalle ersetzte, die nur aus Fenstern (1949–1951 erneuert) zu bestehen scheint.

Der gotische Marienschrein mit silbergetriebenen Reliefs, der die Reliquien birgt, ist heute in der Schatzkammer des Doms aufgestellt. Diese versammelt die meisten Kostbarkeiten, die im Lauf der Jahrhunderte gespendet wurden. Im prunkvollen Proserpina-Sarkophag aus dem 2. Jahrhundert soll Karl ursprünglich bestattet gewesen sein. Des Weiteren faszinieren das karolingische Evangeliar, das elfenbeinerne Weihwassergefäß (um 1000) mit Edelsteinen, das ottonische Lotharkreuz mit einem Profilbildnis des römischen Kaisers Augustus und die Karlsbüste, eine Stiftung Kaiser Karls IV.

30 deutsche Kaiser nahmen bis 1531 auf dem Marmorthron Karls Besitz vom Römischen Reich Deutscher Nation. Ausgelöst hat den Karlskult Kaiser Otto III. (994–1002), der das Karlsgrab öffnete und den Domschatz bereicherte. Die wertvollsten Schätze im Aachener Dom sind Schenkungen von Kaisern, die sich in die Tradition Karls stellten. Heinrich II. stiftete im Jahr seiner Krönung 1014 den wunderbaren Ambo, ein mit goldenen Platten belegtes und mit antikem und orientalischem Dekor verziertes Lesepult, und ließ um 1020 das schon von Otto III. in Auf-

trag gegebene Antependium, die »Pala d'Oro«, im Dom aufstellen. Sie ist die einzige aus ottonischer Zeit erhaltene Altarbekleidung.

Der gewaltige Radleuchter, eine Schenkung von Friedrich Barbarossa, spiegelt mit seinen acht Kreissegmenten und 16 Türmen die Architektur der Kirche wider und setzt sie in Beziehung zum Abbild des Himmlischen Jerusalem, das die Pfalzkapelle sein sollte.

Unter dem Leuchter stand im Mittelalter der prunkvolle – heute im gotischen Chor aufgestellte – Karlsschrein, auf dessen vergoldeten silbergetriebenen antiklerikalen Reliefs sich die segnende Hand Gottes allein über dem Kaiser zeigt. Bereits Barbarossa hatte 1165 die Kanonisierung Karls durchgesetzt. 1215 ließ Friedrich II. von Hohenstaufen, im ewigen Clinch mit dem Papst, den Karolinger in diesen neuen Schrein umbetten und schlug persönlich die Nägel ein. Fast 600 Jahre später machte Napoleon Bonaparte im September 1804 Charlemagne seine Aufwartung, und drei Monate später krönte er sich selbst zum neuen Imperator gallicus. Vive l'Empereur!

▶ Informationen

Anfahrt:
Autobahn- und Zugverbindung mit Köln und Düsseldorf.

Info:
• **Tourist Service**
  Friedrich-Wilhelm-Platz
  52062 Aachen
  Tel. 02 41/180 29 50
  www.aachen-tourist.de
• Der **Dom** ist tgl. 7–19, im Winter bis 18 Uhr geöffnet, die Domschatzkammer tgl. 10–18 (Jan.–März bis 17), Mo bis 14 Uhr.
  Tel. 02 41/47 70 90
  www.aachendom.de

Unterkunft:
• Ein traditionsreiches Haus zwischen Casino und Kurpark ist das **Pullman Quellenhof** mit eleganten Zimmern und großem Wellnessangebot.
  Monheimsallee 52
  Tel. 02 41/913 20
  Fax 913 21 00
  www.pullmanhotels.com
• Recht günstige, aber durchaus komfortable Zimmer bietet das **Hotel Benelux.**
  Franzstr. 21–23
  Tel. 02 41/40 00 30
  Fax 40 00 35 00
  www.hotel-benelux.de

Restaurants:
• Während der **Ratskeller** anspruchsvolle Küche serviert, gibt's im **Postwagen** Regionales, darunter Himmel en Erd, Rheinischer Sauerbraten oder Öcher Schlachtplatte.
  Markt 40
  Tel. 02 41/350 01
  www.ratskeller-aachen.de
• Etwa 7 km außerhalb des Zentrums lohnt die Einkehr ins **Restaurant St. Benedikt,** das mittags Bistroküche und abends Menüs serviert.
  Benediktusplatz 12
  Aachen-Kornelimünster
  Tel. 024 08/28 88
  www.stbenedikt.de

Drachenfels

Gipfel mit Ausblick

»Und zu Schiffe, wie grüßen die Burgen so schön, Und die Stadt mit dem ewigen Dom! In den Bergen, wie klimmst du zu schwindelnden Höhn, Und blickst hinab in den Strom!« Karl Simrock, der Dichter dieser Zeilen, übersetzte 1827 das »Nibelungenlied« und war sich ganz sicher: Dort, am Drachenfels im Siebengebirge, hat Siegfried den Lindwurm erschlagen!

Wer's nicht glaubt, kann am Fuß dieses Hügels die Drachenhöhle, einen Reptilienzoo und die Nibelungenhalle besichtigen. Dieser Jugendstilbau wurde 1913 zu Richard Wagners 100. Geburtstag errichtet und mit Nibelungenszenen in brennenden Farben ausgemalt. Statt »schwindelnder Höhen« wird der Besucher des Siebengebirges östlich von Bonn allerdings eher sanft bewaldete Hügelkuppen vorfinden, deren leichte Kegelform noch an die vulkanische Vergangenheit erinnert. Drunten ziehen Rheinschiffe und Lastkähne dahin, und vielleicht erspäht man im blauen Dunst sogar die Türme des Kölner Doms. An den rechtsrheinischen Hängen gedeihen Weinreben, und das schon seit mindestens 1000 Jahren. Königswinter, zentraler Ausflugsort des Siebengebirges und Ausgangspunkt für den bekanntesten Gipfel, den Drachenfels, wurde bereits 1015 erstmals erwähnt. Sein Name bedeutet so viel wie »königlicher Winzerort«.

Der bezauberndste Blick auf die Ruine der 1147 erbauten und 1634 zerstörten Burg des »Mons draconis« bietet sich vom Petersberg. In seinem 1914 vollendeten Kurhotel residierten von 1949 bis 1952 die Hochkommissare der Westmächte. Danach baute die Bundesregierung das Hotel zur Unterkunft für Staatsgäste um, und heute darf hier jeder nächtigen, der es sich leisten kann.

Die Staatsgäste fuhren mit der Limousine den Petersberg hinauf – das geht beim 321 Meter hohen Drachenfels nicht. Der Pfad, den wohl schon römische Steinmetze benutzten, ist sogar recht steil. Wer nicht so gut zu Fuß ist, kann in Europas älteste Zahnradbahn einsteigen oder sich von einem Muli hinauftragen lassen. Vorfahren dieser geduldigen Grautiere schleppten die schweren Quader, mit denen der neureiche Börsenmakler Baron Stephan von Sarter aus Bonn zwischen 1882 und 1884 auf halber Höhe die Drachenburg im romantisierenden Stil errichten ließ.

Siebengebirgsblick: Aussicht vom 321 Meter hohen Drachenfels über die Drachenburg

Die 2,5 Millionen Touristen, die den Drachenfels zu »Europas meistbestiegenem Berg« machen, schreckt der neoromantische Kitsch nicht. Es zieht sie noch weiter hinauf, zur alten Burgruine. Die hat einen tollen Ausblick und natürlich eine Drachensage zu bieten. Als Heiden hier eine Jungfrau dem Drachen opfern wollten, zeigte die dem Untier ihr Kreuz, worauf sich der Drache in einen Abgrund stürzte und die Heiden sich zum neuen Glauben bekehren ließen. Gott sei Dank, dass Siegfried kein Kreuz dabei hatte – sonst hätte es vielleicht nie eine Nibelungensage gegeben.

► Informationen

Anfahrt:

Von Köln oder Bonn auf der Schnellstraße oder mit dem Zug nach Königswinter, ab dort zu Fuß, mit der Bahn oder per Muli auf den Drachenfels.

Info:

• **Tourismus Siebengebirge**
Drachenfelsstr. 51
53639 Königswinter
Tel. 022 23/91 77 11
Fax 91 77 20
www.siebengebirge.com

Unterkunft:

• Das **Hotel Maritim** bietet einen Panoramablick auf den Rhein, komfortable Zimmer und ein gutes Restaurant.
Rheinallee 3, Königswinter
Tel. 022 23/70 70
www.maritim.de

• Hausherr im Gästehaus der Bundesregierung ist heute das **Steigenberger Grandhotel Petersberg.** Die Zimmer sind klassisch-elegant.
Auf dem Petersberg
Königswinter/Bonn
Tel. 022 23/740
www.steigenberger.com

Restaurants:

• In einem Fachwerkhaus serviert das **Weinhaus Weinmühle** internationale Gerichte. Auf der Weinkarte stehen auch lokale Tropfen.
Lindenstr. 7
Königswinter-Oberdollendorf
Tel. 022 23/218 13
www.weinmuehle-lelke.de

• Im nahen Bad Honnef erlebt man bei wunderbarer Aussicht regionale Küche im **Restaurant Op de Hüh.**
Höheweg 25
Bad Honnef-Aegidienberg
Tel. 022 24/82 08 70
www.op-de-hueh.de

Tour 13:

Durchs Burgenland

Route:

Koblenz ▶ Kobern-Gondorf
▶ Treis-Karden ▶ Cochem

Dauer:

ca. 65 km, Tagestour

Praktische Hinweise:

• Diese Tour sollte man mit
  dem Auto unternehmen.

Tour-Start:

Gestartet wird in **Koblenz** 🔟.
Über den Winzerort Winningen
gelangt man nach **Kobern-
Gondorf** 2️⃣ mit der St.-Mat-
thias-Kapelle. Wer die Ehren-
burg bei Brodenbach besichtigen
möchte, muss auf die Hunsrück-
seite wechseln. Ansonsten folgt
man der B416 weiter bis Hat-
zenport mit der Ruine Bischof-

stein. Eine Abzweigung führt
hinauf auf die weiten Höhen der
Eifel Richtung Münstermaifeld.
Von hier ist es nicht weit bis zur
Burg Pyrmont. Wieder zurück
am Moselufer, erreicht man nach
wenigen Kilometern Moselkern
und die Burg Eltz. Danach geht
es weiter am Fluss entlang
über **Treis-Karden** 3️⃣ mit der
Stiftskirche St. Castor nach
Pommern. Über Klotten gelangt
man nach Cochem mit der eindrucksvollen **Reichsburg** 4️⃣.

Koblenz 🔟

»Apud Confluentes«, bei den
Zusammenfließenden, nannten
die Römer ihre Ansiedlung an
der Mündung der Mosel in den
Rhein. Es folgten Franken, der
Deutsche Ritterorden, die Trie-

rer Kurfürsten, die Franzosen.
Heute entdecken Besucher die
Gassen der Altstadt, die Kultur-
denkmäler der Jahrhunderte,
aber auch die vielen Biergärten,
Cafés oder das Weindorf.

Am Deutschen Eck

Kurz vor ihrer Mündung in den
Rhein macht die Mosel noch einen kleinen Schlenker, sodass
die beiden Flüsse in einem recht
spitzen Winkel zusammentref-
fen. Dieser Winkel wird Deutsches Eck genannt. Hier steht
seit 1993 wieder das **Reiterstandbild Kaiser Wilhelms I.,**
ein künstlerisch wie politisch
höchst umstrittenes Denkmal,
das 1893 bis 1897 errichtet wurde. Geht einige Schritte rhein-
aufwärts, gelangt man zum

Das Koblenzer Rathaus im ehemaligen Jesuitengymnasium

Deutschherrenhaus und Museum Ludwig. Das Deutschherrenhaus war die erste Niederlassung des Deutschen Ordens. Die meisten Gebäude wurden im Zweiten Weltkrieg zerstört. Erhalten blieb der Rheinbau, in dem das Museum Ludwig untergebracht ist. Der Kunstsammler Peter Ludwig stattete das Museum mit Schenkungen und Dauerleihgaben aus; der Schwerpunkt der Sammlung liegt auf zeitgenössischer französischer Kunst nach 1945 (Di–Sa 10.30 bis 17, So, Fei 11–18 Uhr; Führungen Mi 16, So, Fei 15 Uhr, www.ludwigmuseum.org).

Nur wenige Schritte sind es bis zur **Basilika St. Kastor** (12. Jh.), der ältesten Kirche der Stadt. Die unteren Geschosse besitzen keinerlei Schmuck. Je weiter der Bau wuchs und je später die Geschosse entstanden, desto reicher wird die architektonische Gliederung. Den größten Eindruck innen macht das gotische Sterngewölbe.

Die Altstadt

Am Florinsmarkt liegen die **Florinskirche** (12. Jh.) und das »Kauf- und Danzhaus« (1419 bis 1425 erbaut), eines der schönsten Ensembles der Altstadt und Standort des **Mittelrhein-Museums** mit Kunstsammlungen vom 12. bis 20. Jh. (Di–So 10 bis 18 Uhr, www.mittelrheinmuseum.de).

Der Trierer Erzbischof Heinrich von Vinstingen ließ im 13. Jh. eine Trutzburg, die **Alte Burg**, erbauen. Die **Balduinbrücke** (1343) war die erste steinerne Moselbrücke.

An der Kreuzung Altengraben/ Am Plan und Markt-/Löhrstraße befinden sich die **Vier Türme,** die Erker der barocken Fachwerkeckhäuser (17. Jh.).

Die **Liebfrauenkirche** stellt ein Stilgemisch dar: romanische Türme mit barocken Turmhauben und ein romanisches Langhaus mit gotischem Chor.

Am Jesuitenplatz steht das Rathaus. Attraktion ist aber der **Schängelbrunnen** (1940). Sein Name ist ein Produkt deutschfranzösischer Kooperation. Jean wurde zuerst zu »Schang«, und schließlich »Schängelche«.

Den Görresplatz schmückt ein Brunnen samt 10 m hoher **Historiensäule,** die die Stadtgeschichte dokumentiert.

Am Rhein

Das ehemalige **Kurfürstliche Schloss** liegt außerhalb der Stadtmauer. Es wurde im 18. Jh. angelegt. An das Schloss schließen die Kaiserin-Augusta-Anlagen an. Davor steht das **Görres-Denkmal,** das an den Publizisten und Verleger Joseph Görres (1776–1848) erinnert.

Festung Ehrenbreitstein

Da der Hügel gegenüber der Stadt Koblenz strategisch von enormer Bedeutung war, ließ man schon um 1100 hier eine Festung anlegen. Als die Franzosen sich 1801 aus dem Rheinland zurückzogen, sprengten sie die alte Festung, die Preußen begannen nach 1815 mit dem Neuaufbau. Sie schufen bis zum Jahr 1828 eine der größten und stärksten Festungen Europas. Hier befindet sich heute auch das **Landesmuseum,** dessen Ausstellungen sich der Wirtschafts- und Sozialgeschichte der Region widmen (Mitte März–Mitte Nov. tgl. 9.30 bis 17 Uhr, www.landes museumkoblenz.de).

Info:

Koblenz Touristik
- Zentralplatz 1
  56068 Koblenz
  Tel. 02 61/194 33
  www.koblenz-touristik.de
- Verkehr: Fährverbindungen: im Sommer tgl. 7–19, im Winter tgl. 8–17 Uhr

Unterkunft:

Diehls Hotel Rheinterrasse

Elegantes Hotel; Restaurant mit hervorragender Küche.

• Am Pfaffendorfer Tor 10
  Tel. 02 61/970 70
  www.diehls-hotel.de

Contel

Moderne Zimmer am Moselufer.

• Pastor-Klein-Str. 19
  Tel. 02 61/406 50
  www.contel-koblenz.de

Waldhotel Forsthaus

Ruhige Villa im Grünen.

• Remstecken
  Koblenzer Stadtwald
  Tel. 02 61/555 79
  www.forsthaus-remstecken.de

Restaurants:

Konditorei Baumann

Traditionscafé mit köstlichen Pralinen und Torten.

• Löhrstr. 93
  Tel. 02 61/314 33
  www.cafebaumann.de

Schiller's Restaurant

Michelinküche im Hotel Stein, besonders beliebt ist hier das 16-gängige Confluentia-Global-Menü.

• Mayener Str. 126
  Tel. 02 61/96 35 30
  www.hotel-stein.de

Da Vinci

Kreative Sterneküche mit Designer-Ambiente im Deinhard-Stammhaus von 1794.

• Deinhardplatz 3
  Tel. 02 61/921 54 44
  www.davinci-koblenz.de

Weindorf

1925 wurden am Moselufer vier Winzerhäuser aufgebaut – heute ein Großrestaurant.

• Julius-Wegeler-Str. 2
  Tel. 61/133 71 90
  www.weindorf-koblenz.de

Nightlife:

Café Hahn

Beliebter Musik- und Klein-

kunstklub mit vielseitigem Programm.

• Neustr. 15
  Tel. 02 61/423 02
  www.cafehahn.de

Circus Maximus

Restaurant, Bar, Club und Bistro. Zudem viele Veranstaltungen.

• Stegemannstr. 30
  Tel. 02 61/300 23 58
  www.circus-maximus.org

Kufa

Engagiertes Kleinkunsttheater.

• Mayer-Alberti-Str. 11
  Tel. 02 61/852 80
  www.kufa-koblenz.de

Shopping:

Deinhard Sektkellerei KG

Einblick in die Sektproduktion bringt die Kellerführung durch das Deinhard Stammhaus. Mo bis Fr 10–12, 13–17 Uhr.

• Deinhardplatz 3
  Tel. 02 61/91 15 15 10
  www.deinhard.de

Die Türme von St. Castor überragen den Stiftsbezirk im Ortsteil Karden

Kobern-Gondorf 2

Bei Kobern-Gondorf wird das Moseltal besonders eng, steil klettern die Weinreben die Hänge hinauf. Der Doppelort lag an der ehemaligen Römerstraße, dass auch die Kelten hier einst ansässig waren, beweist der Goloring außerhalb des Ortes.

Am Marktplatz steht – umgeben von schmucken Fachwerkhäusern – der 1961 errichtete Tatzelwurmbrunnen, der den gewundenen Lauf der Mosel symbolisiert. In der Kirchstraße steht der Abteihof St. Marien, eines der ältesten deutschen Fachwerkhäuser.

Romantisch auf der Höhe über dem Moseltal liegen zwei Burgen und die Matthiaskapelle. Ober- wie Niederburg haben ihren Ursprung im 12. Jh. In der St.-Matthias-Kapelle (13. Jh.) wurde ursprünglich das Haupt des Apostels Matthias aufbewahrt. Die Kapelle gilt Kunsthistorikern als wichtiges Beispiel rheinischer Spätromanik.

Info:
Tourist-Information
- Kirchstr. 1
  56330 Kobern-Gondorf
  Tel. 026 07/10 55
  www.kobern-gondorf.de

Unterkunft:
Pension Marienhof
Ruhiger Hof in Gondorf.
- Römerstr. 7
  Tel. 026 07/45 93
  www.pension-marienhof.de

Weinhaus Moselschänke
Gepflegte Zimmer in einem historischen Gasthaus

- Marktplatz 20
  Tel. 026 07/384
  www.hotel-garni-mosel
  schaenke.de

Restaurant:
Alte Mühle Höreth
Märchenhaftes Restaurant mit Spitzengerichten.
- Mühlental 17
  Tel. 026 07/64 74
  www.thomas-hoereth.de

Treis-Karden 3

Karden wird von der mächtigen Stiftskirche St. Castor überragt. Um 350 gründete der hl. Castor hier eine Gemeinde. Nach seinem Tod wurde Karden zum Wallfahrtsort. Im 12./13. Jh. baute man eine große Kirche, den Moseldom, wie er liebevoll genannt wird. Zwei wuchtige Chortürme sind dem Fluss zugewandt, die westliche Seite hat einen Turm mit einer barock geschweiften Haube.

Info:
Tourist-Information Ferienland Treis-Karden
- St.-Castor-Str. 87
  56253 Treis-Karden
  Tel. 026 72/915 77 00
  www.treis-karden.de

Unterkunft:
Hotel am Stiftstor
Familiäres Haus mit Restaurant und Weinstube.
- St.-Castor-Str. 17, Karden
  Tel. 026 72/13 63
  www.hotel-stiftstor.de

Restaurant:
Schloss-Hotel Petry
Gourmetrestaurant mit frischen

Weithin sichtbares Wahrzeichen von Cochem ist die Reichsburg

Produkten aus der Rhein-Mosel-Region.
- St.-Castor-Str. 80, Karden
  Tel. 026 72/93 40
  www.schloss-hotel-petry.de

Die Reichsburg 4

Die Reichsburg beherrscht seit dem 11. Jh. den Lauf der Mosel am Cochemer Krampen. Die Franzosen zerstörten die Burg 1689. 200 Jahre später begann der Wiederaufbau. Weitgehend original erhalten ist der Hexenturm (11. Jh.). Daneben gibt es sieben verschiedene, im Stil des ausgehenden 19. Jhs. eingerichtete Räume: Hier sieht man Öfen, Möbelstücke, Teppiche und Wandbehänge, die damals zum Interieur der Burg gehörten. Interessant ist auch die Sammlung mittelalterlicher Waffen (12. März–1. Nov. tgl. 9–17 Uhr, Tel. 026 71/255, www.reichsburgcochem.de). Jedes Jahr am ersten Augustwochenende findet auf der Reichsburg für Freunde der Ritterzeit ein Burgfest statt.

Maria Laach

Stille Eifel

»Gestern Abend im hellen Mondschein war ich wieder auf dem Laacher See … Die waldbewachsenen Felsen um den anderthalb Stunden langen und dreiviertel Stunden breiten Wundersee, die ganz deutlich noch die Spuren von vulkanischen Ausbrüchen zeigen, und der dichte Wald, die uralten Stämme, sodass aller Vergangenheit, die mir bekannt ward, und die ich mir denken kann, mir wie heute und gestern dagegen vorkamen …

Dann die Abtei am Ufer mit der alten Kirche, die Menschenspur und Kunst, die uns wieder Beruhigung gibt und Staunen und Schrecken von der Seele löst. Alles das musst Du selber sehen. Ich habe den besten Willen, es Dir zu beschreiben, aber es geht nicht …« Man muss Dorothea von Schlegel so ausführlich zitieren, denn mit ihrem Brief hat sie 1808 der an einem einsamen Eifelsee gelegenen romanischen Klosterkirche ein unvergleichliches literarisches Denkmal gesetzt. Goethe fand das Kloster verödet vor, war es doch 1802 von den Franzosen im Zug der Säkularisation aufgehoben worden. Dennoch machte der See »mit seinen gelinden Hügeln und Buchenhainen« einen tiefen Eindruck auf ihn. Heute leben in Maria Laach wieder 60 Benediktinermönche, die sich zu Gebet und Arbeit versammeln. »Meditative Rast« nennen sie ihr Angebot für Besucher, einige Tage in stiller Einkehr im Kloster zu verbringen, um »miteinander Zuspruch zu empfangen durch euren und meinen Glauben«, wie es bei Paulus im Römerbrief heißt. Wem das zu lang oder zu still ist, der kann auch einfach einem Konzert in der Basilika lauschen.

In der Abendsonne kommen der braungelbe Tuff, die blauschwarze Basaltlava, der weiße Kalkstein und der rote Sandstein der ehrwürdigen Abtei der heiligen Maria am See besonders gut zur Geltung. Pfalzgraf Heinrich II., der dem Salierkaiser Heinrich IV. auch in schweren Zeiten die Treue hielt, wollte hoch hinaus mit seiner klösterlichen Familiengrablege, die er 1093 stiftete. Die rheinischen Kaiserdome waren seine Vorbilder. Die quadratischen Türme des Ostchors erinnern an Speyer, das Oktogon des Vierungsturms an Mainz, die runden Türme, die den mächtigen Westturm flankieren, an Worms. Das mächtige Westwerk gilt als politische Demonstration, mit der sich der Pfalzgraf im Investiturstreit auf die Seite des Kaisers schlug.

1127 begannen Mönche aus Brabant mit dem Bau der doppelchörigen Pfeilerbasilika. Da der Stifter früh verstarb, zog sich der Bau über 120 Jahre hin. Staufische Schmuckfreude nahm ihm einiges von seiner ursprünglich geplanten Strenge. Die im 13. Jahrhundert hinzugekommene Vorhalle, das »Paradies«, gehörte nicht zum Bauplan des Pfalzgrafen. Solche frei stehenden Vor-

2016 feierte man den 860. Weihetag der Klosterkirche Maria Laach

bauten waren im Hochmittelalter weit verbreitet, heute sind sie in Deutschland fast nirgends mehr zu sehen. Elegant geschwungene Arkadenreihen, ein reich gestaltetes Portal sowie fantasievoller, sehr fein skulptierter Kapitellschmuck mit Fabeltieren und geradezu humorvoll wirkenden Szenen begrüßen den Besucher. Auf einem Kapitell streiten sich die »Haarraufer«, auf einem anderen notiert ein Teufelchen mit Bocksfuß und Schwanz die Sünden des Volkes auf einer Pergamentrolle.

Der südliche Arm des Paradieses führt auf das mit Rankenwerk und Fabelwesen besonders filigran skulptierte südliche Kirchenportal zu. Besonders auffällig ist eine nackte Eva: Sie reitet auf einem Teufel, der eine Narrenkappe trägt. Nach so viel spätromanischer Verspieltheit wirkt der strenge salische Innenraum ernüchternd. Fast die gesamte Ausstattung ging 1802 verloren, das Mosaik in der Ostapsis stammt aus dem 19. Jahrhundert. Erhalten blieb jedoch das frühgotische Hochgrab des Stifters in der westlichen Apsis in

Ein Ort der Besinnung inmitten alter Mauern: Innenhof im Kloster Maria Laach

originaler Farbfassung der Entstehungszeit (ca. 1280). Ebenfalls original ist das berühmte, Ende des 13. Jahrhunderts entstandene Hochaltarziborium, ein von sechs schlanken Säulen getragener sechseckiger steinerner Baldachin, dessen stilisti- sche Besonderheiten den Kunsthistorikern bis heute Kopfzerbrechen bereiten. Ganz anders die strenge Krypta, der älteste Bauteil der ganzen An- lage: Mit ihren glatten Säulenschäften und den massigen Würfelkapitellen erinnert sie an Speyer.

▶ Informationen

Anfahrt:
Autobahn nach Mendig/ Maria Laach, Busverbindung ab Andernach.

Info:
• **Abtei Maria Laach**
56653 Maria Laach
Tel. 026 52/590
www.maria-laach.de
• Einige Kilometer südwestlich von Maria Laach ist das von vielen Türmen und Erkern be- krönte, über die Jahrhunderte hinweg intakt gebliebene **Schloss Bürresheim** zu be- sichtigen, das wie **Burg Eltz** eine Ganerbenburg ist, Infos unter Tel. 026 51/764 40, www.burgen-rlp.de/index. php?id=schlossbuerresheim

Unterkunft:
• Moderne, geschmackvoll eingerichtete Zimmer, teils mit Seeblick, bietet das ganz auf die Bedürfnisse von Ta- gungsgästen zugeschnittene **Seehotel Maria Laach** mit gutem Restaurant und eigener Konditorei.
Tel. 026 52/58 40
Fax 58 45 22
www.seehotel-maria-laach.de
• Im nahen Mendig kann man im familiär geführten **Hotel Hansa** recht preiswert nächtigen.
Laacher-See-Str. 11
Tel. 026 52/970 80
Fax 97 08 13
www.mendighansahotel.de

Restaurants:
• In Andernach am Rhein bie- ten das Restaurant/Bistro und die Ratsstube im **Hotel Am Helmwartsturm** (auch gute Zimmer) klassisch-mediter- rane Küche.
Am Helmwartsturm 4–6
Tel. 026 32/95 84 60
Fax 95 84 61
www.hotel-am-helmwarts turm.de
• In Mayen empfiehlt sich das Restaurant von **Gourmet Wagner** mit vorzüglich zubereiteter nationaler und internationaler Küche.
Marktplatz 10
Tel. 026 51/497 70
Fax 49 77 10
www.gourmet-wagner.com

Burg Eltz

Ritter und Burgen

Oberhalb der Mosel erhebt sich über dem Elztal ein graues Ensemble von Türmen und Mauern aus dichten Wäldern: Eltz ist der Inbegriff deutscher Burgenromantik, kein historisierender Nachbau, sondern unverfälschtes Mittelalter. Von der Mosel her blickt man hinauf, von der Hochebene des Maifelds kommend, hinunter in das enge Tal: Beide Burgansichten sind höchst reizvoll. »Hoch, großartig, fremd, düster«, erschien sie Victor Hugo: »Ich habe noch nichts Ähnliches gesehen.«

Im 14. Jahrhundert überstand die Burg die Eltzer Fehde (1331–1336), die zwischen reichsfreien Rittern unter Führung von Johann von Eltz und dem Erzbischof Balduin von Trier ausgefochten wurde. Der Erzbischof ließ Eltz von einer fluss-aufwärts errichteten »Trutzeltz« mit Katapulten beschießen: Einige Steinkugeln liegen heute noch im Burghof. Selbst der französische Sonnenkönig Ludwig XIV., der 1689 bei seinem Rückzug fast alle Wehrbauten zwischen der französischen Grenze und der Rheinlinie schleifen ließ, ver-schonte Eltz, weil ein Johann-Anton von Eltz-Üttingen als Offizier im französischen Heer dien-te und mit engagiertem Einsatz seine Stammburg rettete. Mitte des 19. Jahrhunderts wurde die Burg Eltz sorgsam restauriert.

Eifelballaden und Eifelsagen umranken die Burg, die schon 1157 in einer Schenkungsurkun-de Friedrichs Barbarossas an den Trierer Erz-bischof Erwähnung findet. Dabei ist sie gar keine richtige Trutzburg mit Palas und Bergfried, sagen

► **Seitenblick**

Unzerstört majestätisch

Eltz ist eine Ganerbenburg, das heißt, sie ver-blieb nach Aufspaltung des Hauses Eltz in die drei Linien Rübenach, Kempenich und Rodendorf im Besitz aller Linien. Jede Linie errichtete ihre eigenen Wohngebäude, und so entstanden die zahlreichen Türme. Als eine von nur wenigen deutschen Burgen wurde sie nie nie zerstört. Bei einem Rundgang kann man die mittelalter-lichen Wohntürme auch von innen bestaunen.

Die Bilderbuch-Burg Eltz zierte die alten 500-Mark-Scheine

die Architekturhistoriker, sondern die mittelalterliche Version einer Erben- und Wohngemein-
schaft, deren Mitglieder sich jeweils innerhalb
des Burgrings ein eigenes Haus errichteten.
Ganerbenburg nennt man solche durch Erbtei-
lung entstandenen Domizile. Die Eltzer Burganlage teilten sich schon um 1268 drei Linien des
Hauses Eltz: die vom goldenen Löwen, die vom
silbernen Löwen und die von den Büffelhörnern.
Tore, Brunnen und Wehranlagen wurden ge-
meinschaftlich verwaltet. Burgfriedensbriefe re-
gelten das harmonische Zusammenleben, der älteste datiert von 1323.

Platznot veranlasste die Familien, nicht nur
jeden Zentimeter Raum auszunutzen, sondern
auch in die Höhe zu bauen: ein Staffelwerk aus
sieben verschachtelten Wohntürmen, die eigene
Miniburgen darstellten, aber sich stets in das

Ensemble einfügen mussten. Das gilt selbst für
die erst zwischen 1604 und 1661 im frühbarocken Stil errichteten Kempenicher Häuser. Individualität konnte man nur im Kleinen zeigen. Im
Burghof faszinieren auf engstem Raum die architektonischen Details des im Jahr 1472 vollendeten achtgeschossigen Rübenacher Hauses und
des zehngeschossigen Groß-Rodendorfer Hauses: Türme, prunkvolle Portale, Fensterfronten,
Fachwerkgiebel, Erker, hohe Schornsteine und
schwarze Schieferdächer mit runden und eckigen
Türmchen. Nur der siebengeschossige Bergfried
Platt-Eltz stammt noch aus der Zeit vor der Erb-
teilung.

Aber auch die Innenausstattung aus vielen
Jahrhunderten blieb erhalten. Bei einem Rundgang erlebt man 850 Jahre Kulturgeschichte. Berühmt ist besonders das über eine enge Wendel-

treppe erreichbare Rübenacher Schlafgemach, das vollständig mit gotischem Blüten- und Rankenwerk ausgemalt ist. Sein Prunkstück ist ein Stufenbett mit geschnitztem Baldachin von 1520. Der angrenzende freskengeschmückte Kapellenerker besitzt kostbare Glasfenster des späten 15. Jahrhunderts. Im Waffensaal ist eine in den Türkenkriegen erbeutete Waffensammlung zu sehen. Der Rübenacher Untersaal ist noch komplett mit spätmittelalterlichen Möbeln und Tapisserien aus dem 15. und 16. Jahrhundert ausgestattet. Die Gemäldesammlung besitzt eine Weinrebenmadonna von Lucas Cranach d. Ä. In den Kellergewölben wurde 1981 eine Schatzkammer eröffnet, u. a. mit Meisterwerken der Gold- und Silberschmiedekunst aus Nürnberg und Augsburg.

In den Rodendorfer Häusern befinden sich das Kurfürstenzimmer mit französischen Gobelins, der Fahnensaal mit reichem spätgotischem Netzgewölbe und Kachelofen sowie das Comtessenzimmer, in dem das älteste Renaissancebett

Unverändert erhalten geblieben ist die Küche aus dem späten Mittelalter

Deutschlands aus dem Jahr 1525 steht. Nie verändert wurde die spätmittelalterliche Küche – die Zeiten, in denen hier gekocht, gebraut und gebrutzelt wurde, sind allerdings endgültig vorbei.

▶ Informationen

Anfahrt:
Von Koblenz oder Trier mit dem Auto oder mit der Bahn durch das Moseltal nach Moselkern (auch Anlegestelle der Köln-Düsseldorfer-Schifffahrtsgesellschaft) und Karden. Von beiden Orten führen Wege zur Burg. Mit dem Auto kann man auch über Münstermaifeld zum Parkplatz an der Antoniuskapelle fahren (auch Busverbindung), von dort führt ein Weg (ca. 800 m) zur Burg. Es verkehrt außerdem ein Pendelbus.

Info:
• **Gräflich Eltz'sche Kastellanei**
Burg Eltz, Burg-Eltz-Str. 1
56294 Wierschem

Tel. 026 72/95 05 00
Fax 950 50 50
www.burg-eltz.de
Karfreitag–Okt. tgl. 9.30 bis 17.30 Uhr, nur mit Führung

Unterkunft:
• Zimmer verschiedener Kategorien von elegant bis rustikal, dazu eine kreative Küche in der Schloss-Stube und regionale Gerichte in der rustikalen Weinstube bietet das **Schloss-Hotel Petry.**
St.-Castor-Str. 80
Treis-Karden
Tel. 026 72/93 40
Fax 93 44 40
www.schloss-hotel-petry.de

• In Moselkern kann man in der hübschen **Pension Zur Burg Eltz** übernachten.
Oberstr. 54
Tel. 026 72/27 31
Fax 83 09
www.zur-burg-eltz.de

Restaurants:
• In zwei **Selbstbedienungsgaststätten** in der Burg gibt es kleine Gerichte, Kaffee und Kuchen. Hier kann man auch Eltzer Wein probieren und den Ausblick genießen.
• In Moselkern empfiehlt sich das Restaurant **Café Ringelsteiner Mühle.**
Elztal 94
Tel. 026 72/91 02 00
www.ringelsteiner-muehle.de

Mittelrheintal

Ein uraltes Märchen

»Eigentlich ist der Vater Rhein gar kein Vater, sondern ein Fluss«, so spottete Kurt Schwitters 1927 über die in Kitsch abgesunkene Verklärung des Rheins. Doch was hilft das, wenn selbst Heinrich Böll in seiner Nobelpreisrede betont: »Wenn dieses Land je so etwas wie ein Herz gehabt haben sollte, lag's da, wo der Rhein fließt.«

Er hat ja recht. Es genügt, mit dem Zug von Mainz nach Koblenz zu fahren. Hinter Bingen mit seinem berüchtigten Mäuseturm taucht wie ein stolzes steinernes Schiff die Burg Pfalzgrafenstein aus den Fluten auf, dann rückt der Loreleyfelsen ins Blickfeld. Im Kopf macht es klick – das Programm namens »Mythos Rhein« läuft ab: romantische Leporelloansichten, William Turners Aquarelle, Brentanos mondglänzender Fluss, der versunkene Nibelungenhort, Lord Byrons poetischer Reiseführer, Moritz Arndts patriotische Forderung »Teutschlands Strom, aber nicht Teutschlands Gränze«, Heines Weltschmerz, die donnernde Wacht am Rhein. Nichts bringt den Mythos um, nicht einmal die Giftfluten, die sich 1986 aus den Baseler Sandoz-Werken rheinabwärts wälzten. Tempi passati: Heute schwimmen wieder Lachse im Rhein.

Seit 2002 ist das obere Mittelrheintal Welterbe, der Kulturlandschaft, aber auch der seltenen Flora wegen. Durch die Rüdesheimer Drosselgasse wälzen sich Heerscharen von Besuchern, denen man überzuckerte Liebfrauenmilch als deutschen Qualitätswein andreht. Wenn das Ausflugsschiff am Loreleyfelsen vorbeifährt, krächzt aus den Bordlautsprechern »Ich weiß nicht, was soll es bedeuten«, und die japanischen Touristen summen begeistert mit. Der neue Markt ist China, sagen die Rheintouristiker.

Aber bei allen touristischen Auswüchsen – wer kann schon Namen wie Vierseenblick, Siebenjungfrauenblick oder Loreleyblick widerstehen? Aber wo hat man denn nun die schönste Aussicht? Fast unschlagbar ist der Ausblick auf die scharfe Kurve des Rheins zwischen Kaub und Bacharach, auf Burg Gutenfels und die Zollburg Pfalzgrafenstein, mit dem Soonwald als Horizont. Ein heißer Kandidat ist auch der Blick auf die Burg Rheinfels und St. Goar. Oder doch die Aussicht bei Patersberg über Burg Katz hinweg auf die Loreley? Nur 130 Meter breit ist der Fluss an dieser Rheinbiegung.

Der Rhein mit dem Loreleyfelsen an seiner tiefsten und engsten Stelle

Auf dem Loreley-Plateau empfängt heute ein »Besucherzentrum mit interaktiven Installationen, Exponaten zum Anfassen und Sirenengesängen im Mythenraum« den Besucher. Ach Loreley, urdeutsche Femme fatale am Rhein, männermordende, blondgelockte Sirene! Ob Clemens Brentano wohl geahnt hat, was er 1801 anrichtete mit seinem Gedicht über die »Lureley«, aus deren Liebesbanden keine Rettung mehr war? Um 1870 war die romantische Schöne zur franzosenfressenden Walküre mit leuchtendem Harnisch verkommen, und 1916 spottete Karl Valentin über die erkältete Blondine, der ihr Lied bald fad wurde.

Aber Touristiker lieben Geld bringende Mythen. Und so durfte 1983 die Künstlerin Natascha Alexandrova Prinzessin Jusupov die Landzunge mit einer monumentalen nackten Frauenstatue beglücken, die inzwischen auf Millionen von Urlaubsfotos verewigt ist, auch wenn sie eher an eine luderhafte Schwester der kleinen Meerjungfrau erinnert. Einer Überlieferung zufolge soll sich die Loreley vom Felsen gestürzt haben: Verdenken könnte man ihr das inzwischen nicht mehr.

Man traut es sich kaum zu sagen, aber eigentlich wirkt der Loreleyfelsen vom Schiff aus so aufregend nicht. Je näher man kommt, desto banaler sieht er aus, und tatsächlich ist mancher Rheintourist enttäuscht, wenn er den düsteren Klotz aus der Nähe sieht, den so viele Dichter besungen haben. Man soll Mythen eben nie zu genau inspizieren.

Der sagenhafte Felsen wurde ja schon entweiht, als man einen Eisenbahntunnel durch ihn schlug und damit die »edel wichtelin« vertrieb, die in sei-

Der Sage nach verspeisten hier im Mäuseturm von Bingen Mäuschen den hartherzigen
Mainzer Erzbischof Hatto I. bei lebendigem Leib

nem hohlen Inneren das Rheingold hüteten und
in Köln als Heinzelmännchen die Sagenwelt be-
lebten. Damit verschwand auch das wunderbare
Echo, von dem Ernst Moritz Arndt noch 1799 zu
berichten wusste.

Aber lästern wir nicht über die Eisenbahn. Sie
sorgt dafür, dass man im Rheintal aufs Auto verzichten kann. 2005 wurde mit dem Rheinsteig ein
Fernwanderweg eingeweiht, der die Natur- und
Kulturschönheiten des rechtsrheinischen Ufers
erschließt. Die meisten Einstiegspunkte in diesen
Weg sind direkt von den jeweiligen Bahnhalte-
punkten aus zu erreichen, und von sechs links-
rheinischen Bahnhöfen aus kann man mit einer
Fähre übersetzen. Auf diese Weise entdeckt man
dichte Wälder, grüne Weinberge, stille Seitentäler,
weite Höhen und atemberaubende Aussichts-

punkte, die mit dem Auto nicht zugänglich sind.
Von einer Burg geht es zur nächsten, und überall
kann man einkehren und natürlich auch den hier
heimischen Wein probieren. Man wird auf einer
Wanderung aber auch feststellen, dass viele Weinberge verwildert sind. Es lohnt sich nicht mehr,
auf den steilen Terrassen die Trauben per Hand zu
lesen. Die Globalisierung hat auch im Rheintal
Einzug gehalten.

Gottlob produzieren die Winzer aus der Umge-
bung von Bacharach noch so manches Spitzenge-
wächs, und Bacharach selbst, das der französische
Romantiker Victor Hugo als eine der »schönsten
Städte der Welt« beschrieb, ist mit seinen vielen
Fachwerkfassaden noch immer einen längeren
Besuch wert. Auch hier thront so manche Burg-
ruine über der Stadt. Hervorragend erhalten ist

dagegen die Stadtbefestigung aus dem 14. Jahrhundert – genau wie im benachbarten Oberwesel einige Kilometer flussabwärts: Die »Stadt der Türme und des Weines« zählt zu den größten Weinanbaugemeinden des Mittelrheins.

Noch weiter flussabwärts breitet sich gegenüber der Loreley das Städtchen St. Goar aus, das eine romanische Stiftskirche aus dem 11. Jahrhundert mit den reichsten gotischen Wandmalereien des Rheinlands besitzt. Hoch über der Stadt erhebt sich mit der Ruine Rheinfels die größte Burganlage am Mittelrhein. Etwas weiter nördlich macht der Rhein eine scharfe Schleife. Hier liegt das 2000-jährige Boppard, dessen Römerkastell

als besterhaltene Festungsanlage der Spätantike nördlich der Alpen gilt.

Der letzte architektonische Höhepunkt vor Koblenz ist die rechtsrheinische Wein- und Rosenstadt Braubach: wieder schönes Fachwerk, enge, verwinkelte Gassen und darüber die imposante Marksburg, die einzige unzerstörte Höhenburg am Mittelrhein – ganz anders als die erst 1845 wieder errichtete neugotische Burg Stolzenfels auf der gegenüberliegenden Rheinseite. Wahrscheinlich hätten es Byron, Shelley, Schlegel und Brentano anders gesehen, doch romantisch ist nur eine echte Burgruine, nicht eine falsche neue Burg.

▶ Informationen

Anfahrt:
Autobahn- und Zugverbindung nach Mainz und Koblenz, ab dort Bundesstraße, Regionalbahn oder Rheinschifffahrt (Fahrplan unter www.k-d.com).

Info:
- Umfangreiche Informationen zum Welterbe bietet die Website www.welterbe-mittelrhein.de. Dort sind auch die Touristeninformationen der einzelnen Orte verzeichnet.
- **Loreley Besucherzentrum** Auf der Loreley (Loreleyplateau) 56346 St. Goarshausen Tel. 067 71/59 90 93 www.loreley-besucherzentrum.de

Unterkunft:
- Hoch über dem Rhein liegt das **Landhaus Delle,** eine Adresse für Individualisten. Die großzügigen Zimmer sind

mit Antiquitäten eingerichtet. Leichte Küche, beeindruckende Weinkarte. Nur Ostern bis Oktober geöffnet. Gutenfelsstr. 16 Bacharach-Henschhausen Tel. 067 43/17 65 Fax 10 11 www.landhaus-delle-hotel. com
- Das **Jugendstilhotel Bellevue** an der Rheinpromenade, seit 1887 in Familienbesitz, bietet sehr stilvolle Zimmer, einige mit Rheinblick. Das Restaurant Chopin serviert Gourmetküche, das Le Bristol regionale Spezialitäten. Gemütlicher Weinkeller. Rheinallee 41 Boppard/Rhein Tel. 067 42/10 20 Fax 10 26 02 www.bellevue-boppard.de
- Ritterspiele, Wellness, elegante Zimmer und gute regionale Küche bietet das in Deutschlands größter Burg-

anlage untergebrachte **Schlosshotel Rheinfels.** Schlossberg 47, St. Goar Tel. 067 41/80 20 Fax 80 28 02 www.schloss-rheinfels.de

Restaurants:
- Mit gehobener regionaler Küche und einer bestens sortierten Weinkarte lockt der **Landgasthof Zum Weißen Schwanen,** auch als Übernachtungsmöglichkeit zu empfehlen. Brunnenstr. 4, Braubach Tel. 026 27/98 20 Fax 88 02 www.zum-weissen-schwanen. de
- Das **Hotel-Restaurant Zum Turm** ist für Schlemmerküche zu zivilen Preisen bekannt. Zollstr. 50, Kaub Tel. 067 74/922 00 Fax 92 20 11 www.rhein-hotel-turm.de

Trier und das Moseltal

Römische Spuren

»Ragende Villen hier, auf hängendem Ufer gegründet. Und grünende Hügel dem Bacchus gewidmet und der Mosel lieblich strömende Flut, die mit leisem Gemurmel einher fließt.« Über 1600 Jahre alt sind diese Zeilen: die ältesten, die eine deutsche Landschaft in Poesie fassen. Geschrieben hat sie Ausonius (310–393) aus Burdigala, dem heutigen Bordeaux. Er reiste im Jahr 368 von Bingen nach Trier und hielt seine Erlebnisse drei Jahre später in seiner Dichtung »Mosella« fest.

Statt römischer Villen zieren nun mittelalterliche Burgen die Hänge, aber zwischen Koblenz und Cochem, an der »Terrassenmosel«, wirkt die Landschaft fast mediterran, und auf dem Wärme speichernden Schiefer der Steillagen gedeiht der Riesling besonders gut. Kein Wunder, dass es den Römern hier gefiel. In Neumagen-Dhron, dem ältesten Weinort Deutschlands, wurden das aus Lateinbüchern bekannte Neumagener Schulrelief und das berühmte römische Weinschiff entdeckt, das als Grabmal für einen Weinhändler diente. Im benachbarten Piesport hat man wiederum zwei römische Weinpressen gefunden, Anlass genug, Anfang Oktober das Römische Kelterfest zu feiern. Männer und Frauen in weißen Togen stampfen dann in einer Presse die Trauben mit den Füßen, danach werden Moretum (Käseaufstrich) und Vinum Pigonti (Kelterwein) verkostet.

Wie eine der von Ausonius erwähnten Villen ausgesehen haben mag, kann man in Longuich nordöstlich von Trier sehen. Hier hat man eine Villa urbana, ein Stadthaus aus dem 3. Jahrhundert, rekonstruiert. Einst schmückten Mosaiken die Böden dieser Villen. In Nennig, an der luxemburgischen Grenze, ist das schönste Mosaik nördlich der Alpen in situ zu bewundern: Da kämpfen Gladiatoren, und ein gepeitschter Bär reißt seinen Peiniger zu Boden. Berühmt ist auch die Igeler Säule, mit 23 Metern das höchste erhaltene römische Pfeilergrabmal. Sie wurde von einer Trierer Tuchhändlerfamilie errichtet und zeigt Szenen aus dem Leben der Tuchmacher und der griechisch-römischen Mythologie. Goethe faszinierte das Denkmal so sehr, dass er sich 1792 eine Miniatur anfertigen ließ. Zusammen mit den Römerbauten von Trier ist das Grabmal Weltkulturerbe.

Die Porta Nigra, das »Schwarze Tor«, gilt als Wahrzeichen Triers

In Trier, das Kaiser Augustus 15 v. Chr. als Augusta Treverorum gründete und das im 4. Jahrhundert zeitweilig Kaiserresidenz war, steht das Wahrzeichen des römischen Deutschlands: die fast 2000 Jahre alte Porta Nigra (»Schwarzes Tor«). Der Name leitet sich wohl von der Farbe der nachgedunkelten hellgrauen Sandsteinquadern ab, steht aber einer mittelalterlichen Deutung zufolge auch symbolisch für die Niederlage: Nach dem Verlust einer Schlacht zogen die geschlagenen Soldaten durch das Nordtor in die Stadt. 30 Meter ist es hoch und ohne Mörtel errichtet. Nirgendwo in der römischen Welt findet man noch ein so gut erhaltenes Stadttor. Da der heiliggesprochene Einsiedler Simeon aus Syrakus sich hier 1028 für sieben Jahre im Ostturm einmauern ließ, wandelte Erzbischof Poppo die Porta Nigra in eine Doppelkirche um, deren Auflösung erst Napoleon veranlasste.

Der zweite große Römerbau in Trier ist die Palastaula, die Kaiser Konstantin Anfang des 4. Jahrhunderts errichten ließ: ein 67 Meter langer und 30 Meter hoher Repräsentationsbau mit Flachdecke, seit 1856 evangelische Kirche. Auch von Kaiserthermen und Amphitheater blieben Ruinen erhalten.

Die großartigsten Römerfunde aus dem Moselraum und der Eifel versammelt das Rheinische Landesmuseum in Trier, das 2007 mit der großen Landesausstellung »Konstantin der Große« wiedereröffnet wurde. Der Überlieferung nach soll Kaiser Konstantin auf einer Anhöhe bei Neumagen (der Ort ist allerdings umstritten) im Jahr 312 ein flammendes Kreuz mit der Inschrift »In hoc signo vinces« (In diesem Zeichen wirst du siegen) erschienen sein.

Der romanische Trierer Dom St. Peter bewahrt als wichtigste Reliquie den Heiligen Rock, das le-

Ursprünglich erlebt man das Moseltal an der Flussschleife bei Trittenheim

gendäre Leibgewand Christi, das Konstantins später heiliggesprochene Mutter Helena auf einer Pilgerfahrt ins Heilige Land gefunden und Trier geschenkt haben soll.

Unter dem heutigen Kirchenboden wurde 1946 eine bemalte Prunkdecke aus konstantinischer Zeit entdeckt, deren tanzende Eroten von einer genussreichen Zeit künden, die an der Mosel bis heute lebendig ist. Wie schon Ausonius rühmte: »Aber das Beste wohl ist, dass Natur den Söhnen der Mosel huldvoll Tugend verlieh und dazu fröhlichen Geist gab!«

► Informationen

Anfahrt:

An der Mosel entlang von Koblenz nach Trier (auch Zugverbindung). Moselrundfahrten: Personenschifffahrt Gebr. Kolb, Tel. 06 51/266 66, Fax 263 37, www.moselrundfahrten.de

Info:

• **Tourist-Information Trier Stadt und Land**
  An der Porta Nigra
  54290 Trier
  Tel. 06 51/97 80 80
  Fax 978 08 76
  www.tit.de
• Umfassend über die **Straße der Römer** informiert die Website www.strasse-der-roemer.eu

Unterkunft:

• Eine Jugendstilvilla mit individuell eingerichteten Zimmern ist das **Hotel Villa Hügel.**
  Bernhardstr. 14, Trier
  Tel. 06 51/93 71 00
  www.hotel-villa-huegel.de
• Geschmackvolle Zimmer bietet das in stilvoll-modernem Design gehaltene **Hotel Casa Chiara** in der Nähe der Porta Nigra.
  Engelstr. 8, Trier
  Tel. 06 51/27 07 30
  Fax 278 81
  www.casa-chiara.de

Restaurants:

• Für die kulinarischen Highlights in Trier sorgt das mit zwei Michelinsternen ausgezeichnete **Becker's.**
  Olewiger Str. 206
  Tel. 06 51/93 80 80
  www.beckers-trier.de
• Das **Restaurant Zum Domstein** serviert römische Speisen von Marcus Gavius Apicius (ca. 30 n. Chr.) zwischen konstantinischen Ausgrabungsfunden.
  Hauptmarkt 5, Trier
  Tel. 06 51/744 90
  www.domstein.de
• Auch im rustikalen Restaurant **Wein im Turm** wird getafelt wie vor 2000 Jahren: mit römischem Wildspanferkel und Wildpasteten. Auch Unterkunftsmöglichkeit.
  Weinstr. 23, Longuich/Mosel
  Tel. 065 02/55 95
  Fax 55 72
  www.weingut-js.de

Mainz

Reich der Buchstaben

»In principio erat verbum«, im Anfang war das Wort: So steht es am Beginn des Johannesevangeliums, fein säuberlich in gut lesbarer Frakturschrift, in der 42-zeiligen Gutenberg-Bibel, einem zweibändigen Werk mit insgesamt 1282 Seiten, für das Gutenberg 290 verschiedene bewegliche Lettern goss. Zwischen 1452 und 1455 wurde diese Bibel in einer Auflage von 180 Stück in Mainz gedruckt. Heute sind im 1900 gegrundeten Mainzer Gutenberg-Museum zwei von 49 erhaltenen Exemplaren zu bewundern.

Wohl keiner hat mehr für die Verbreitung des Wortes getan als der in Mainz geborene Johannes Gutenberg (1400–1468). Vor seiner Zeit war das Wort, besonders das biblische, exklusives Herrschaftswissen. Gleich gegenüber, im mächtigen romanischen Dom von Mainz, wurde das Wort verkündet, wie es der Kirche gefiel, als bildliche Darstellung in sorgfältiger Auswahl in Stein gemeißelt, in Holz geschnitzt oder auf Leinwand und Mauern gemalt. Aber den für jedermann unbeschränkten Zugang zur Botschaft Christi, und natürlich nicht nur dazu, ermöglichte erst der Buchdruck Gutenbergs.

Dabei hat Gutenberg den Buchdruck nicht »erfunden«. Das Mainzer Museum dokumentiert in vorbildlicher Weise, dass man in China schon seit dem 7. Jahrhundert Holzdruckstöcke hergestellt

In der Mainzer Altstadt

Gutenberg war emsiger Bibeldrucker, wenngleich nicht Erfinder des Buchdrucks

hatte und bereits um 1040 bewegliche Druck-stempel aus Keramik kannte. In Korea war das Drucken mit beweglichen Metalllettern lange vor Gutenberg verbreitet.

► Seitenblick

Die fünfte Jahreszeit

Es soll Mainzer Bürger geben, die verabschieden sich aus der Stadt, wenn Fastnacht ansteht. Die »fünfte Jahreszeit« sei eine Naturgewalt, und Festunwillige hätten keine Chance, sagen sie. Und sobald man einmal mitgefeiert hätte, stünde man am Aschermittwoch am Fastnachtsbrunnen, dem Denkmal für die fünfte Jahreszeit, und wa-sche seinen während der Festivitäten geleerten Geldsäckel wie alle Mitfeierer auch. Der Turm ist daher mit allen möglichen Symbolen der Mainzer Fastnacht dekoriert.

Gutenberg bewies jedoch mit seiner Bibel, dass die »nova forma scribendi« es in ästhetischer Hin-sicht mit jeder gotischen Handschrift aufnehmen konnte – aber eben viel preiswerter, schneller und in Massenanfertigung. Gutenbergs Errungen-schaft bestand darin, dass er das Verfahren des Buchdrucks technisch möglich und rentabel machte. Sein Werk sind die Signatur am Kegel der Type, das Formenwechseln beim Gießen der Ty-pen, der Aufbau der Druckerpresse, die aus-tauschbaren Metalllettern und der Setzkasten. Im Untergeschoss des Museums kann man in einer »Gutenberg-Werkstatt« das Schriftgießen, Setzen und Drucken mit beweglichen bleiernen Lettern wie zu Gutenbergs Zeiten erleben.

Ein Besuch des Museums, das in den nächsten Jahren umfassend neu konzipiert wird, ist eine Reise durch über 500 Jahre Geschichte der »Schwarzen Kunst«. Von den Büchern des Eras-mus von Rotterdam und der »Utopia« (1518) des Thomas Morus führt der Weg zu den Reformationsschriften Martin Luthers, den astronomischen Werken des 16. Jahrhunderts, den Darstellungen der menschlichen Anatomie von Andreas Vesalius (1555), barocken geografischen Abhandlungen und den Schriften der Aufklärung bis zur schöngeistigen Literatur Lessings, Schillers und Goethes, die in kleinformatigen »Taschenbuchausgaben« gedruckt wurde. Auch die Industrialisierung und Mechanisierung des Buch- und Druckgewerbes im 19. Jahrhundert zeichnet das Museum mit Gieß- und Setzmaschinen nach. Vom Offsetdruck, der um 1904 ausgereift war, geht die Reise weiter bis zum modernen Digitaldruck.

Noch viel älter als Gutenbergs Buchdruck ist die Stadt Mainz, wenngleich die Bomben des Zweiten Weltkriegs viel von der historischen Altstadt zerstört haben. Die antike Zeit von Maguntium dokumentiert das Römisch-Germanische Zentralmuseum (Neubau bis 2020) mit prunkvollen Sarkophagen und Mosaiken. Machtvollstes Symbol des mittelalterlichen »Goldenen Mainz« ist der sechstürmige Dom St. Martin und St. Stephan, der zusammen mit dem Dom zu Speyer als frühester monumentaler Gewölbebau in Deutschland gilt: 975 begonnen und 1239 vollendet, mit Grabdenkmälern aus dem 13.–18. Jahrhundert.

Auf dem Marktplatz von Mainz steht der Marktbrunnen von 1526, einer der frühesten und schönsten Renaissancebrunnen Deutschlands. Den Krieg unbeschadet überstanden hat auch die Augustinerkirche (1768–1776) mit einer prachtvollen Barockfassade. Schwere Verwüstungen erlitt dagegen die um 1340 fertiggestellte Pfarrkirche St. Stephan, und doch ist ihr Besuch ein Erlebnis: In magischen Blautönen leuchten die biblischen Figuren auf den Glasfenstern, die Marc Chagall zwischen 1978 und 1985 schuf – ein Beitrag zur jüdisch-deutschen Aussöhnung, von der seit 2010 auch die spektakuläre Architektur der Synagoge »Licht der Diaspora« Zeugnis ablegt.

▶ Informationen

Anfahrt:
Autobahn- und Zugverbindung u. a. mit Frankfurt/Main, Köln und Stuttgart.

Info:
- **Tourist Service Center**
  Brückenturm, Rheinstr. 55
  55116 Mainz
  Tel. 061 31/24 28 88
  www.touristik-mainz.de
- **Gutenberg-Museum**
  Liebfrauenplatz 5
  Tel. 061 31/12 26 40
  www.gutenberg-museum.de
  Di–Sa 9–17, So 11–17 Uhr
- **Römisch-Germanisches Zentralmuseum**
  Ernst-Ludwig-Platz 2
  Tel. 061 31/912 40
  www.rgzm.de
  geschl. wg. Umzug bis 2020

Unterkunft:
- Eine gelungene Synthese aus einem historischen Fort und gläserner Moderne bildet das **Hyatt Regency,** dessen Restaurant Bellpepper kreative internationale Küche serviert, mit exzellenter Weinkarte.
  Templerstr. 4
  Tel. 061 31/73 12 34
  Fax 73 12 35
  http://mainz.regency.hyatt.com
- Ein modernes architektonisches Schmuckstück ist das kleine **Hotel Quartier 65** mit nur sechs Zimmern in puristischem, elegantem Design.
  Wormser Str. 65, Mainz-Weisenau
  Tel. 061 31/27 76 00
  www.quartier65.de

Restaurants:
- Im **HDW** (Haus des Deutschen Weines) begleiten herzhafte Meenzer Spezialitäten, darunter Handkäs' mit Musik und Mainzer Wurstsalat, eine große Auswahl an Weinen aus Rheinhessen, darunter Gewächse vieler namhafter Weingüter rund um Mainz.
  Gutenbergplatz 3–5
  Tel. 061 31/22 13 00
  www.hdw-gaststaetten.de
- Mit guter regionaler Küche und einer umfangreichen Weinkarte empfehlen sich **Gebert's Weinstuben.**
  Frauenlobstr. 94
  Tel. 061 31/61 16 19
  www.geberts-weinstuben.de

Worms

Traum von Toleranz

»Ich habe da gestanden und habe alles selber erfahren, mir ist all der Tod widerfahren: all die Asche, all die Zerspelltheit, all der lautlose Jammer ist mein; aber der Bund ist mir nicht aufgekündigt worden. Ich liege am Boden, hingestürzt wie diese Steine. Aber gekündigt ist mir nicht. Der Dom ist, wie er ist. Der Friedhof ist, wie er ist. Aber gekündigt ist uns nicht worden.«

Auf Sand aus Palästina gebaut wurde der Jüdische Friedhof in Worms

Der Ort, von dem der jüdische Religionsphilosoph Martin Buber 1933 sprach, ist der älteste jüdische Friedhof nördlich der Alpen in Worms. »Heiliger Sand« wird er genannt, weil der Überlieferung zufolge hier Sand aus Palästina ausgestreut wurde, damit die Juden in »heimatlicher Erde« ruhen konnten. Jüdische Friedhöfe werden für die Ewigkeit angelegt: Dieser hier hat fast 1000 Jahre überdauert. Der älteste erhaltene Grabstein ist der von Jakob ha-bachur; er stammt von 1076. Über 2000 Steine mit hebräischen Inschriften, überwiegend aus dem 11. bis 17. Jahrhundert, alle nach Süden ausgerichtet, erinnern an eine bewegte Geschichte. Hier ruhen namhafte jüdische Gelehrte: der Märtyrer Rabbi Meir von Rothenburg (Maharam), Elia Loanz (der Baal-Schem von Worms) oder der Rabbi Jakob Mölln aus Mainz (Maharil).

Bereits um 990 hatten sich die ersten Juden in Worms angesiedelt. Um 1060 studierte Rabbi Salomo ben Issak aus Troyes im damals in ganz

Europa berühmten Wormser Lehrhaus. Aufgrund seiner Talmud-Kommentare zählt er zu den bedeutendsten Gelehrten der jüdischen Welt.

In einer Urkunde von 1090 sicherte Kaiser Heinrich IV. den Wormser Juden Schutz von Leben und Eigentum, Freiheit der wirtschaftlichen Betätigung und Religionsausübung sowie Autonomie in innerjüdischen Rechtssachen zu. Friedrich II. weitete das »Wormser Privileg« 1236 auf alle Juden im Heiligen Römischen Reich aus. Zeugen der langen Geschichte und Kultur der Wormser Juden sind die 1961 wiederhergestellte Synagoge mit dem um 1185/86 angelegten und unzerstört erhalten gebliebenen Frauenbad im vormaligen Judenviertel sowie das Jüdische Museum im Raschi-Haus.

Der »Martin-Buber-Blick« schweift über die Grabsteine und die Stadtmauer zum nahen romanischen Kaiserdom St. Peter, »sichtbar gewordene Harmonie der Glieder, eine Ganzheit, in der kein Teil aus der Vollkommenheit wankt«, wie Buber anmerkte. Die frühesten erhaltenen Bauteile wurden unter Bischof Burchard (1000–1025) errich-

tet. Bis Ende des 12. Jahrhunderts verliehen die Stauferkaiser der Pfeilerbasilika mit vier Türmen und zwei Kuppeln ihre heutigen hoch- und spätromanischen Formen. Besonders bemerkenswert ist das Südportal mit seinem romanischen Tympanon und der gotischen Bilderbibel. Am Nordportal soll dem Nibelungenlied zufolge der Streit zwischen Kriemhild und Brunhild um den höheren Rang stattgefunden haben – es müsste natürlich das Portal eines Vorgängerbaus gewesen sein. Tatsächlich stand hier bereits in frühchristlicher und später in merowingischer Zeit eine Kirche. In der Nähe von Worms soll Hagen den Nibelungenschatz im Rhein versenkt haben. Mit Nibelungenmuseum und Nibelungenfestspielen halten die Wormser die Sage in Ehren.

Der Dom ist Grablege für die Vorfahren und Angehörigen des salischen Königshauses. Hier beendete 1122 das Wormser Konkordat den Investiturstreit, und 1521 stand Luther während des Reichstags im 1689 zerstörten Bischofshof vor Kaiser Karl V. und konnte nicht anders: Die Folge war der Bruch in der abendländischen Kirche.

▶ Informationen

Anfahrt:
Autobahn- und Zugverbindung von Ludwigshafen, Mannheim und Mainz.

Info:
• **Tourist-Information**
Neumarkt 14
Tel. 062 41/853 73 06
www.worms.de
• **Jüdisches Museum im Raschi-Haus**
Hintere Judengasse 6
Tel. 062 41/853 47 01
April–Okt. Di–So 10–12.30, 13.30–17, sonst bis 16.30 Uhr
• **Nibelungen-Festspiele**
Tel. 062 41/200 04 00
www.nibelungenfestspiele.de

• Das **Wormser Backfischfest** (Ende Aug.) ist das größte Wein- und Volksfest am Rhein, www.backfischfest.de

Unterkunft:
• In zwei historischen Gebäuden bietet das **Parkhotel Prinz Carl** komfortabel eingerichtete Zimmer.
Prinz-Carl-Anlage 10–14
Tel. 062 41/30 80
www.parkhotel-prinzcarl.de
• Eine zentral gelegene Unterkunft am Heylschen Schlossgarten ist das **Hotel Kriemhilde,** dessen Restaurant gute regionale Küche und vorzügliche Rheinweine serviert.

Hofgasse 2
Tel. 062 41/911 50
www.hotelkriemhilde.de

Restaurants:
• Die bekannte **Rôtisserie Dubs** in Rheindürkheim (8 km nördlich von Worms) bietet erstklassige französisch inspirierte Küche.
Kirchstr. 6
Tel. 062 42/20 23
www.dubs.de
• Das **Café Schmerker** ist für seine Spezialität »Wormser Nibelungenschatz« bekannt.
Wilhelm-Leuschner-Str. 9
Tel. 062 41/238 14
www.cafe-schmerker.de

Lorsch

Kleinod Königshalle

»Es ist, als habe sich mitten in einer urdeutschen Landschaft der Märchenvogel eines fremden, eines versunkenen Landes niedergelassen«, so erschien die berühmte karolingische Torhalle im hessischen Lorsch bei Worms dem Dichter Werner Bergengruen. Geheimnisvoll und mystisch wirkt sie, genauso wie die althochdeutschen Zaubersprüche des Bienensegens aus dem Lorscher Kloster, mit denen man vor 1000 Jahren entflogene Bienen zu bannen suchte: »Noh du mir nindrinnes, noh du mir nintuuinnest« (Du sollst mir weder entrinnen, noch sollst du mir entwischen).

Fast wäre auch das letzte Denkmal der einst so mächtigen, 1621 in den Wirren des Dreißigjährigen Krieges durch spanische Truppen weitgehend zerstörten karolingischen Reichsabtei abgebrochen worden. Gerettet hat es 1803 Landgraf Ludewig durch persönliches Eingreifen. Heute ist die Torhalle UNESCO-Weltkulturerbe, zusammen mit dem »Altenmünster« genannten ersten Klosterareal auf der Weschnitzinsel.

Die Bedeutung des im Jahr 774 im Beisein Karls des Großen geweihten Lorscher Klosters im karolingischen Ostreich kann man nicht genug preisen – war es bis zum hohen Mittelalter ein Macht-, Geistes- und Kulturzentrum. Ludwig der Deutsche, ein Enkel Karls des Großen, wurde hier

876 beigesetzt, sechs Jahre später sein Sohn Ludwig der Jüngere. Der von Karl dem Großen abgesetzte Bayernherzog Tassilo soll im Kloster Lorsch sein Leben beschlossen haben. Weltberühmt ist das um 810 angefertigte Lorscher Evangeliar, das Karl der Große der Lorscher Abtei schenkte und das heute an drei verschiedenen Orten aufbewahrt wird. Mit dem um 795 geschriebenen Lorscher Arzneibuch begann die mittelalterliche Pharmazie: Medizin wurde nicht mehr als Eingreifen in den göttlichen Heilsplan, sondern als aktive christliche Nächstenliebe verstanden, wofür auch heidnische Schriften ausgewertet werden durften. Mittlerweile gibt es im Bereich des ehemaligen Klosterfriedhofs wieder einen Kräuter-

garten mit den im Arzneibuch beschriebenen Heilpflanzen.

Fast überschwänglich berichtet der Lorscher Codex von der kostbaren Ausstattung der Abtei. Geblieben sind davon nur die Torhalle und die Vorkirche. Wer ihren Zauber genießen möchte, beschäftigt sich lieber nicht zu intensiv mit den ausführlich dokumentierten späteren Um- und Rückbauten. Die Torhalle war wohl nicht die »Königshalle«, die für Karl den Großen nach seinem Sieg über die Langobarden im Jahr 774 erbaut wurde; wahrscheinlich ist sie etwa 100 Jahre jünger.

Aber der Fassadenschmuck präsentiert sich immer noch so wie vor über 1100 Jahren. Original erhalten sind darüber hinaus der Palmettenfries, die kannelierten Pilaster sowie das Traufgesims. Der kleine Dachreiter mit Glöckchen wurde im Jahr 1697 angefügt, als die Torhalle als »Kappellche« diente – und so nennt sie die Lorscher Bevölkerung liebevoll noch heute.

Eines der ganz wenigen Denkmäler aus der Karolingerzeit ist die Königshalle in Lorsch

▶ Informationen

Anfahrt:
Über Worms, Mannheim, Ludwigshafen, Darmstadt und Heidelberg.

Info:
- Der **Klosterpark** mit Torhalle, romanischem Kirchenrest, Kräutergärten, Zehntscheuer ist täglich bis Einbruch der Dunkelheit offen.
- **Museumszentrum Lorsch** Nibelungenstr. 32, Lorsch Tel. 062 51/514 46 www.kloster-lorsch.de Di–So 10–17 Uhr (u. a. interessantes Tabakmuseum)
- **Tourist-Info Nibelungenland** Altes Rathaus

Marktplatz 1, 64653 Lorsch
Tel. 062 51/17 52 60
Fax 175 26 26
www.lorsch.de

Unterkunft:
- Komfortable Zimmer bieten das **Hotel-Restaurant Karolinger Hof** (Lindenstr. 14, Lorsch, Tel. 062 51/17 52 00, www.karolinger-hof.de) und das **Hotel Jäger** (Bahnhofstr. 79, Tel. 062 51/522 44, www.hotel-jaeger-lorsch.de).
- In der näheren Umgebung verdient das **Alleehotel Europa** eine Empfehlung. Europa-Allee 45 Bensheim Tel. 062 51/10 50 www.alleehotel-europa.de

Restaurants:
- Im **Restaurant Zum Schwanen** speist man international in elegant-rustikaler Atmosphäre unter einer hinterleuchteten Tiffany-Glasdecke, im Sommer auch im schönen Hofgarten. Gute Weinkarte. Nibelungenstr. 52, Lorsch Tel. 062 51/522 53 www.zum-schwanen-lorsch. de
- Gute Küche und nette Unterkunft bietet das **Hotel Restaurant Poststuben.** Schlossstr. 28–32 Bensheim-Auerbach Tel. 062 51/596 20 Fax 747 43 www.poststuben.de

Speyer

Imperiale Romanik

Fast 1000 Jahre deutscher Geschichte spiegeln sich in der größten noch erhaltenen romanischen Kirche des 11. Jahrhunderts mit einer Länge von 133 Metern und einer Mittelschiffhöhe von 30 Metern. Konrad II., der 1027 als erster Salier den Thron bestiegen hatte und Historikern als weitblickender Kaiser des Mittelalters gilt, demonstrierte mit dem 1030 gegründeten Dom seinen Herrschaftsanspruch über Reich und Kirche.

Vom mittelalterlichen Altpörtel in der Maximiliansstraße, einem der schönsten und mit 55 Metern auch einem der höchsten Stadttore Deutschlands, bietet sich eine fotogene Durchsicht auf das mächtige Bauwerk, dessen kritisiertes Westwerk allerdings erst in neuromanischer Zeit aufgemauert wurde. Unverfälschter ist der Blick vom Domgarten auf die Chorapsis und die beiden 71 Meter hohen Osttürme.

Da französische Revolutionstruppen den Dom 1793/94 plünderten, kann man sich heute ganz auf den Raumeindruck der dreischiffigen Pfeilerbasilika konzentrieren. Die Restaurierungsarbeiten 1957 bis 1966 nahmen die neoromanischen Erneuerungen und Ausmalungen, die von 1854 bis 1858 unter dem bayerischen König Ludwig I. den Dom verändert hatten, weitgehend zurück. Seither sieht das Langhaus wieder annähernd so

aus wie in der Zeit Heinrichs IV. Der hatte den Dom nach seinem »Gang nach Canossa« als Machtdemonstration gegen den Papst umbauen lassen und die Flachdecke des Mittelschiffs durch sechs Gewölbejoche ersetzt. Der Dom wurde die Grablege des gesamten salischen Hauses, aber auch späterer Kaiser.

Erst im frühen 12. Jahrhundert gelang es, auch die in der Fläche etwa 15 × 15 Meter messenden Querarme zu überwölben. Die diagonal über diese Räume gespannten Gurtrippen gehören zu den zahlreichen Neuerungen, die vom Speyerer Dombau ausgingen. Allerdings musste das Langhaus nach Zerstörungen im Pfälzischen Erbfolgekrieg (1689) zwischen 1772 und 1775 größtenteils wieder errichtet werden. Immerhin lassen sich die ersten beiden Bauphasen am Mauerwerk der Kirchennordseite recht einfach unterscheiden. Die

Der Dom zu Speyer verkörpert die zeitlose Schönheit der Romanik

Bruchsteine sind älter, die roten Sandsteinquader jünger. Ältester Teil ist die Hallenkrypta mit quadratischen Jochen, Gurtbogen, Kreuzgratgewölben und unverjüngten Säulen, die in frühromanischen Würfelkapitellen enden. Eigentlich präsentiert sich der gesamte Dom heute als zurück-restaurierter mittelalterlicher Rohbau. Wie prächtig und bunt er einst ausgestattet war, lässt sich nicht mehr erahnen. Aber gerade wegen dieser Nüchternheit wirkt er so zeitlos.

▶ Informationen

Anfahrt:
Autobahn- und Zugverbindung u. a. mit Ludwigshafen, Mannheim, Karlsruhe, Heidelberg.

Info:
- **Tourist-Information**
  Maximilianstr. 13
  67346 Speyer
  Tel. 062 32/14 23 92
  www.speyer.de
- Der **Dom** ist April–Okt. 9–19, Nov.–März jeweils bis 17 Uhr geöffnet, www.dom-speyer.de.

- Außerdem sehenswert sind der **Judenhof** (1104) sowie das **Technik Museum** und **IMAX Dome Filmtheater** (Tel. 062 32/670 80, http://speyer.technik-museum.de, Mo–Fr 9–18, Sa/So bis 19 Uhr).

Unterkunft:
- Im ehemaligen Reichskammergericht wurde das **Hotel Domhof** mit komfortablen Zimmern eingerichtet.
  Bauhof 3
  Tel. 062 32/132 90
  www.domhof.de

Restaurants:
- Mit regionalem Slow Food, darunter in Heu eingepackter Rinderschmorbraten, und vorzüglichen Pfälzer Weinen überzeugt das Restaurant **Zum alten Engel.**
  Mühlturmstr. 7
  Tel. 062 32/709 14
  www.zumaltenengel.de
- Im Gewölbe des **Ratskellers** wird erlesene Pfälzer Küche serviert.
  Maximilianstr. 12
  Tel. 062 32/786 12
  www.ratskeller-speyer.de

Trifels

Die Kaiserburg

Beim Anblick der Burg Trifels, die 300 Meter oberhalb von Annweiler auf dem Sonnenberg im Pfälzerwald thront, ging schon in früher Zeit die Fantasie mit den Sagendichtern durch. Da stört es nicht, dass der größte Teil der 1602 weitgehend abgebrannten Anlage erst ab 1938 wieder aufgebaut wurde. Von der Turmspitze bietet sich ein toller Blick auf Annweiler und die Ruinen der beiden Nachbarburgen Anebos und Scharfenberg. Der schlanke Bergfried von Scharfenberg diente einst als letzte Zufluchtsstätte. Der Rest wurde 1525 im Bauernkrieg zerstört.

Hat wirklich Richard Löwenherz auf der Burg Trifels geschmachtet, »in schnöder Fesseltracht«? Aufbrausend hatte der englische König auf den Wällen Akkons das Banner Leopolds von Österreich beleidigt. Als Richard auf der Heimkehr aus dem Heiligen Land durch Österreich reiste, ließ ihn Leopold auf der Burg Dürnstein an der Donau festsetzen, bis er ihn an Heinrich VI. ausliefern musste. Tatsächlich weilte Richard 1193/94 zehn Monate lang als Gefangener auf Burg Trifels, aber in ein finsteres Verlies hat der Kaiser seine Geisel nicht gesteckt. Zeitzeugen berichten, dass der König sogar seine Wächter unter den Tisch trank. Schließlich wollte Heinrich ein hohes Lösegeld, also kümmerte man sich um den Gefangenen genauso gut wie um die Reichsinsignien, die hier bis 1298 verwahrt wurden.

»Wer Trifels hat, hat das Reich«, hieß es damals, denn für den Kaiser war es wichtig, Lanze, Krone, Reichsapfel, Reichszepter und Reichsschwert, die im Mittelalter Symbole seiner Herrschaft waren, in einer loyalen Festung zu wissen. Erst die Staufer bauten den Trifels zur Reichsburg aus. Den über zwei Stockwerke reichenden Kaisersaal hat es in historischer Form jedoch nie gegeben, er entstand erst 1938. Heute dient er im Sommer als Kulisse für Serenadenkonzerte. In der Burgkapelle sind die Nachbildungen der Insignien zu sehen, die seit 1800 in Wien verwahrt werden.

Die Geschichte von Richards treuem Spielmann Blondel, der auf der Suche nach seinem gefangenen Herrn singend von Burg zu Burg zog, bis Richard mit der zweiten Strophe antwortete, wurde schon um 1260 in einer Kreuzzugschronik

Blick von Burg Trifels hinüber zur Schwesterburg Scharfenberg

erzählt und im 18. Jahrhundert durch die Oper »Richard Cœur-de-Lion« von André-Ernest-Modeste Grétry (1784) populär. Später griffen Sagendichter des Historismus wie Christian Friedrich Hebbel die Geschichte auf und schmückten sie immer weiter aus.

Burgenromantiker kommen hier wahrlich auf ihre Kosten. Südlich von Annweiler sind allein im Dahner Felsenland und im benachbarten Elsass 16 Burgen und Ruinen zu entdecken, alle mit großartigen Ausblicken auf Schwarzwald und Vogesen. Und um jede rankt sich eine Sage.

▶ Informationen

Anfahrt:

Von Karlsruhe und Ludwigshafen über Landau nach Annweiler. Die Trifelsstraße endet unterhalb der Burganlage, von hier 20 Minuten zu Fuß. Vom Bahnhof Annweiler erreicht man die Burg in einer Stunde über den Wanderweg.

Info:
• **Burg Trifels**
  76855 Annweiler am Trifels
  Tel. 063 46/84 70
  www.reichsburg-trifels.de
  April–Sep. 9 bis 18, sonst
  9–17 Uhr, Dez. geschl.
• **Südliche Weinstraße**
  Annweiler am Trifels e.V.
  Meßplatz 1, Annweiler

Tel. 063 46/22 00
www.trifelsland.de

Unterkunft:
• In Annweiler kann man in der idyllisch im Grünen gelegenen **Pension Bergterrasse** nächtigen.
  Trifelsstr. 8
  Tel. 063 46/72 19
  www.pension-bergterrasse.de
• Komfortable, moderne Zimmer und eine vorzügliche Küche mit besten Pfälzer Weinen bietet der **Landgasthof Sonnenhof.**
  Mühlweg 2, Siebeldingen
  Tel. 063 45/33 11
  www.sonnenhof-siebeldingen.de

Restaurants:
• Im nahen Landau ist das historische **Gasthaus Fünf Bäuerlein,** das von fünf renommierten Winzern aus der Südpfalz betrieben wird, für höchst kreative Pfälzer Küche und natürlich erstklassige Tropfen bekannt.
  Theaterstr. 2
  Landau in der Pfalz
  Tel. 063 41/207 46
  www.fuenf-winzer.de
• Verfeinerte regionale Küche serviert die sehr gemütliche **Weinstube Brand.**
  Weinstr. 19, Frankweiler
  Tel. 063 45/95 94 90
  www.rieslingdorf.de/brand-weinstube.html

Völklinger Eisenhütte

Industrie-Kathedrale

Industrie als Weltkulturerbe? Die Begründung der UNESCO aus dem Jahr 1994 klingt nicht besonders spannend: »Die Völklinger Hütte ist die einzige stillgelegte Eisenhütte in ganz Europa und Nordamerika, in der die Originalausstattung noch erhalten ist.«

Aha. Aber deshalb ins Saarland fahren? Gibt's da nichts Schöneres zu entdecken? Wer will denn Hochöfen, Winderhitzer, Wasserhochbehälter, Gebläsemaschinen, Schwungräder und Gasküh- ler sehen? Über 150 000 Menschen pro Jahr wollen! Wer einmal das Spektakel des Kunstfeuerwerkers Rainer Ellenberger erlebt hat oder Hans Peter Kuhns farbenprächtige Wiederbeleuchtung der

Die Völklinger Eisenhütte gehört heute zum UNESCO-Welterbe

sechs Hochöfen, der versteht, worum es hier geht. Ein banaler Arbeiterspind wird zur faszinierenden Skulptur, das riesige Schwungrad zur ehrwürdigen Ikone, die Gasgebläsemaschinenhalle zur Kathedrale, das Labyrinth aus Rohren, Schlackenrinnen, Eisentreppen, Wartungsbrücken, Stellrädern und Windzylindern zur Kunstkulisse.

Ein Rundgang vermittelt die technischen Abläufe der Roheisenproduktion in Sinteranlage, Kokerei, Gichtbühne, Hochofenabstich und Gebläsehalle mit ihren gigantischen Schwungrädern. Was für eine Plackerei! 1965 malochten über 17 000 Männer auf der Hütte. Jetzt wird das Tuten, Quietschen, Pochen, Dröhnen, Vibrieren, Brummen und Wummern auf »Klangspaziergängen« vermittelt. Doch heute muss kein Schmutzfilm mehr weggeschrubbt werden, keine rostrote Staubwolke legt sich quälend auf die Lunge. Auch auf die mörderische Hitze wird verzichtet. Lieber besucht man das interaktive Ferrodrom, das »sinnliches Erleben des Eisens« vermitteln soll.

Ja, die Hütte ist ein Denkmal, genauso wie eine Kathedrale oder ein Schloss. Doch sie hat unsere moderne Welt vielleicht stärker verändert als der mächtige Dom oder die romantische Ritterburg. Schon die Römer betrieben im Saarland kleine Eisenschmelzen, 1593 wurden Ofenplatten in Neunkirchen bereits industriell gegossen. Die Alte Völklinger Hütte wurde erst 1873 gegründet und ist damit die jüngste Eisenhütte des Saarlands, doch kann sie wegen ihrer Monumentalität, Komplexität und Vollständigkeit den Ablauf einer Verhüttung hervorragend vermitteln. Bis 1986 hat die Roheisenproduktion der Völklinger Hütte unverändert gearbeitet.

Losgelöst von ihrer ursprünglichen Funktion dokumentieren die Riesenmaschinen nicht nur den tief greifenden Strukturwandel und den Niedergang der Schwerindustrie. Sie entwickeln vor allem eine ästhetische Eigendynamik. So wird die Gasgebläsemaschinenhalle als Veranstaltungsort genutzt, die ehemaligen Werkstätten der Handwerkergasse dienen als Künstlerateliers. Teile der gigantischen Anlage wird der unaufhaltsame Rost allmählich zerstören. Aber warum sollte Industrie nicht ebenso vergänglich sein wie die Kunst?

▶ Informationen

Anfahrt:
Autobahn- und Zugverbindungen u. a. mit Frankfurt/Main, Ludwigshafen, Kaiserslautern und Trier.

Info:
- **Weltkulturerbe Völklinger Hütte**
  Europäisches Zentrum für Kunst und Industriekultur
  Rathausstr. 75–79
  66333 Völklingen
  Tel. 068 98/910 00
  www.voelklinger-huette.org
- **Tourist Information im Rathaus St. Johann**
  Rathausplatz 1
  66111 Saarbrücken

Tel. 06 81/95 90 92 00
www.saarbruecken.de/tourismus

Unterkunft:
- Übernachten sollte man am besten in Saarbrücken. Ein besonders schön renoviertes Altstadthaus ist das **Domicil Leidinger.**
  Mainzer Str. 10
  Tel. 06 81/932 70
  www.leidinger-saarbruecken.de
- Stilvolle Zimmer bietet auch das **Victor's Residenz-Hotel** direkt neben der Spielbank.
  Deutschmühlental 19

Tel. 06 81/58 82 10
www.victors.de

Restaurants:
- Im **Gourmettempel Gästehaus Klaus Erfort** wird viel mit Trüffeln gearbeitet.
  Mainzer Str. 95
  Tel. 06 81/958 26 82
  www.gaestehaus-erfort.de
- Ein Jugendstil-Forsthaus mit frankophiler Küche ist das **Restaurant Quack** im Haus Weismüller.
  Gersweilerstr. 43 a
  Tel. 06 81/521 53
  www.restaurant-quack.de

Tour 14:

Zweitägige Fahrradtour am Edersee

Route:

Frankenberg (Eder) ▶ National-
parkZentrum Kellerwald
▶ Hemfurth-Edersee
▶ Waldeck ▶ Korbach

Dauer:

2 Tage; 92 km

Praktische Hinweise:

• Auf dem Eder-Radweg (www.
eder-radweg.de) wechseln sich
geschotterte Wald- und Wirt-
schaftswege mit wenig befahrenen Nebenstraßen ab. Die
Strecke ist gut ausgeschildert.

• Der Ederseebahn-Radweg
verläuft auf einer ehemaligen
Bahntrasse und ist asphaltiert
(www.edersee-bahnradweg.de).

• Frankenberg und Korbach liegen an der Bahnlinie Kassel –
Marburg, die von der DB AG
im Ein- bis Zweistundentakt
befahren wird. Räder können
im Zug mitgenommen werden.

Tour-Start:

Vom rauschenden Bach bis zum
kilometerlangen Stausee: Die
Eder ist ein Gewässer mit vielen
Gesichtern. In **Frankenberg
(Eder) 1**, bekannt für sein
zehntürmiges Rathaus, ist sie
bereits ein mehrere Meter brei-
tes, stetig dahinströmendes
Flüsschen. Vom Bahnhof sind es
nur ein paar Meter zum Eder-
Radweg, der das Gewässer
flussabwärts begleitet. Schon
nach wenigen Kilometern wird
das weite Tal enger, die Eder
mäandert durch üppige Buchen-

und Fichtenwälder. Kurz vor
Vöhl-Herzhausen wechselt der
Radweg die Uferseite und führt
zum **NationalparkZentrum
Kellerwald 2** mit einer Ausstellung über den Nationalpark.
  Wenig später ist der Edersee
erreicht: Auf einer ruhigen Ne-
benstraße geht es am südlichen
Ufer nach Asel Süd, immer direkt am Wasser entlang – oder
auch nicht. Mit den Fluten der
1914 eingeweihten Talsperre
werden Weser und Mittelland-
kanal schiffbar gehalten. In besonders regenarmen Jahren
kann die Wasserentnahme dazu
führen, dass weite Teile des
Stausees trockenfallen. Dann
tauchen die Grundmauern von

Siedlungen und Gehöften wieder auf, die nach dem Bau der
Talsperre versanken – quasi ein
Edersee-Atlantis. Eine Attraktion ist die Aseler Brücke, die
nach einem trockenen Sommer
sogar begangen werden kann.
Unter www.edersee.com/
ederseeatlantis.html kann nach-
gelesen werden, welche Überreste bei niedrigem Pegelstand
zuerst auftauchen. Auch ohne
Wasser hat der Edersee seinen
Reiz: Aus dem nährstoffreichen
Boden schießen nach wenigen
Wochen Gräser und Blumen
empor, die das Seebett in ein
grünes Meer verwandeln.
  Auf Waldwegen und stillen
Straßen führt der Radweg über

In trockenen Jahren sinkt der Pegel des Edersees, und die Aseler Brücke taucht aus den Fluten auf

Bringhausen und Rehbach zur 400 m langen Staumauer, deren Krone eine wunderschöne Aussicht bietet. Zu Füßen der 48 m hohen Mauer liegt der Touristenort **Hemfurth-Edersee** 3, Endpunkt des ersten Tourentags nach 54 km.

Ab Hemfurth-Edersee folgt der Radweg den Gleisen der ehemaligen Kraftwerksbahn, auf der einst tonnenschwere Turbinen zum Edersee-Pumpspeicherkraftwerk befördert wurden. Auf einem Teilstück der Strecke findet ein Draisinenbetrieb statt (April–Okt., tgl. außer Mo 11 bis 18 Uhr, www.eder-draisine. de). Im Ort Edertal-Affoldern verlässt man den Eder-Radweg und biegt links in die wenig befahrene Buhlener Straße (K 34) ein, die in knapp 2 km zum ehemaligen Bahnhof Buhlen führt.

Hier beginnt der Ederseebahn-Radweg, der auf der Trasse der

1995 eingestellten Bahnlinie Bad Wildungen – Korbach verläuft. Die Steigungen sind moderat – so macht Radeln mit Bahnflair richtig Spaß!

Erste »Station« ist der Bahnhof Waldeck, dessen Empfangsgebäude heute verlassen auf einer Wiese steht – nur die Bahnsteigkante erinnert noch an frühere Zeiten, als hier sogar internationale D-Züge mit Ziel Amsterdam abfuhren. Vom Bahnhof lohnt ein Abstecher in den Ort **Waldeck** 4 (dem Radweg parallel zur Bahnhofstraße folgen) und weiter zum Schloss mit Panoramablick.

Zurück auf der Bahntrasse, geht es nach Netze, wo im alten Bahnhof Das Pfannkuchenhaus zur Einkehr lockt (Edertalstr 3, 34513 Waldeck, Tel. 056 34/99 48 84, www.pfann kuchenhaus-netze.de, Di–So 9–23 Uhr, mit Biergarten). Kurz

nach Überquerung des Selbacher Viadukts folgt der Bahnhof Sachsenhausen (Waldeck), dessen Empfangsgebäude mit der immer noch intakten Uhr den Eindruck erweckt, als müsste man hier nicht lange auf den nächsten Zug warten. Immer wieder beeindruckt der Ederseebahn-Radweg mit Panoramablicken über das Waldecker Land. An heißen Tagen erfrischend sind die Fahrten durch die kühlen Tunnel bei Sachsenhausen und Meineringhausen.

Auf den letzten 2 km geht es bergab. Der Radweg endet in **Korbach** 5 an der Wildunger Landstraße, die in die Gassen der Altstadt führt. Hier kann man sich bei Kaffee und Kuchen von den 38 Fahrrad-km des Tages erholen. Der Bahnhof Korbach, von dem es per Zug zurück nach Frankenberg geht, liegt 1 km nördlich der Altstadt.

Auf dem Ederseebahn-Radweg sorgen zwei Tunnel für Abkühlung

Frankenberg (Eder) **1**

Mittelpunkt der Kleinstadt mit knapp 18 000 Einwohnern ist das zehntürmige **Rathaus** auf dem historischen Obermarkt, ein Fachwerkbau von 1509. Die Türme repräsentieren die zehn damals ortsansässigen Zünfte. Es ist bereits das dritte Rathaus in der Geschichte der Stadt, deren Wurzeln bis ins 13. Jh. reichen. Landgraf Konrad von Thüringen ließ 1233 auf dem nach drei Seiten steil abfallenden Frankenberg eine Burg und eine Stadt errichten. Schon bald wurde die Stadt mit einer mächtigen Mauer umgeben – von den einst 25 Wachtürmen ist heute noch der **Hexenturm** erhalten. Am 9. Mai 1476 fielen fast alle Gebäude einem Feuer zum Opfer. Als eines der wenigen Häuser blieb das **Steinhaus** von 1240 erhalten, in dem sich heute die Stadtbücherei befindet (Pferdemarkt 20). Einen Abstecher wert ist die 1286–1380 im spätgotischen Stil errichtete **Liebfrauenkirche,** ein Hallenbau, der von einem 63 m hohen Turm überragt wird.

Infos:
Ederbergland Touristik
• Untermarkt 12
  35066 Frankenberg (Eder)
  Tel. 064 51/71 76 72
  www.ederbergland-
  touristik.de

Unterkunft/Restaurants:
Die Sonne Frankenberg
Klimatisierte Zimmer und Suiten in einem historischen Gebäudeensemble mitten in der Altstadt. Zwei Restaurants bieten regionale und mediterrane Küche, das hoteleigene Café Sonne hausgemachtes Gebäck.
• Marktplatz 2–4
  35066 Frankenberg
  Tel. 064 51/75 00
  www.sonne-frankenberg.de

Bavaria Wirtshaus
Zwei rustikal eingerichtete Gästezimmer, Restaurant mit Biergarten. Die Speisekarte bietet regionale Spezialitäten.
• Obermarkt 16
  35066 Frankenberg
  Tel. 064 51/717 71 60
  www.bavaria-frankenberg.de

NationalparkZentrum Kellerwald **2**

Der südlich des Edersees gelegene Nationalpark Kellerwald-Edersee wurde 2004 eingeweiht. Weite Teile, darunter die »Alten Buchenwälder Deutschlands« und die wenigen noch vorhandenen Urwaldreste, wurden 2011 in die Liste des UNESCO-Weltnaturerbes aufgenommen. 30 Wanderwege und fünf Radrouten durchziehen den rund 57 km² großen Nationalpark. Viel zu erleben gibt es im NationalparkZentrum: In der interaktiven Ausstellung »WaldWerk« ist mehr über die Geheimnisse der Buchenwälder zu erfahren, ein 4-D-Sinne-Kino nimmt kleine und große Besucher mit auf einen Streifzug durch die Wildnis. Im GastRaum laden regionale Gerichte zur Rast ein. E-Bikes sind ausleihbar.

Infos:
NationalparkZentrum Kellerwald
• Weg zur Wildnis 1
  34516 Vöhl-Herzhausen
  Tel. 056 35/99 27 81
  www.nationalparkzentrum-
  kellerwald.de
  April–Okt. tgl. 10–18 Uhr,
  Nov.–März Di–So 10 bis
  16.30 Uhr

Hemfurth-Edersee **3**

Direkt an bzw. unterhalb der Staumauer des Edersees liegt der kleine Doppelort mit Hotels, Pensionen und Restaurants. Er entwickelte sich aus einer Siedlung, die bei der Errichtung der Talsperre in den Jahren 1908–1914 für die Bauarbeiter angelegt worden war. Einen Besuch wert ist der **Aquapark,** ein Mini-Edersee im Maßstab 1 : 200 mit Wassererlebnisspielen für Jung und Alt (geöffnet tgl. Ostern–Okt, Eintritt frei). Nach Einbruch der Dunkelheit wird die Staumauer von 39 LED-Scheinwerfern illuminiert.

Unterkunft/Restaurant:
Hotel Floren
Familienhotel nahe der Staumauer mit geschmackvoll eingerichteten Zimmern. Im hoteleigenen Restaurant werden mediterrane Gerichte serviert.
• Zur Sperrmauer 59
  34549 Edertal
  Tel. 056 23/17 78
  www.hotel-floren.de

Pension Haus Talblick
Preiswerte Einzel- und Doppelzimmer, teilweise mit Etagen-Dusche und -WC.
• Zur Sperrmauer 45
  34549 Edertal
  Tel. 056 23/17 34
  www.pension-haus-talblick.de

Waldeck 4
Hauptattraktion des Luftkurorts, der über einen Marktplatz mit Stadtkirche verfügt, ist das **Waldecker Schloss.** Die in 120 m Höhe über dem Edersee thronende Burganlage aus dem 11. Jh. ist frei zugänglich. Das historische Gemäuer beherbergt nicht nur ein luxuriöses Hotel, sondern auch das Restaurant und Café Altan mit Aussichtsplattform: Der Blick auf den Edersee, über die Buchenwälder des Kellerwalds und das Waldecker Land ist spektakulär!

Unterkunft/Restaurant:
Schlosshotel Waldeck
Stilvoll eingerichtete Zimmer mit herrlicher Aussicht. Im Restaurant und Café munden Gerichte aus der gutbürgerlich-regionalen Küche ebenso wie Kaffee und Kuchen (tgl. 11–18, So und Mo auch 18–21 Uhr).
• Schlossstr. 1
  34513 Waldeck
  Tel. 056 23/58 90
  www.schloss-hotel-waldeck.de

Korbach 5
Die Hansestadt Korbach blickt auf eine über 1000-jährige Geschichte zurück. Aufgrund ihrer Lage an der Kreuzung bedeutender Handelswege wuchs die Stadt rasch, sodass sie bald zu klein wurde. Viele Kaufleute siedelten sich daher in einer neuen Stadt in der Nachbarschaft an. 1377 wurden beide Städte vereinigt, und auf der ehemaligen Grenze entstand das sich bis heute an dieser Stelle befindende **Rathaus.** 1469 wurde Korbach erstmals als Mitglied im Hansebund erwähnt.
  Bereits im Mittelalter förderten Goldsucher aus der größten Goldlagerstätte Deutschlands, dem nahen Eisenberg, über eine Tonne des Edelmetalls. Besucher können Korbach heute auf der »Goldspur« kennenlernen, einer im Boden eingelassenen Markierung, die u. a. das Rathaus, das **Gotische Lagerhaus,** die **Kirchen St. Kilian** und **St. Nikolai** sowie das **Wolfgang-Bonhage-Museum** miteinander verbindet. Das Museum zeigt 250 Mio. Jahre alte Fossilien aus der Korbacher

Spalte und Zeugnisse des historischen Goldbergbaus (Kirchplatz 2, Tel. 056 31/532 89, www.museum-korbach.de, Di–So 12–16.30 Uhr).
  Nur ein Katzensprung ist es zur **Korbacher Spalte.** Hier wurden die versteinerten Überreste säugetierähnlicher Reptilien gefunden, die stammesgeschichtlich eine Brücke zu den fortschrittlicheren Säugetieren bilden, darunter auch der Procynosuchus. Im **GeoFoyer Kalkturm Korbach**, einer Außenstelle des Wolfgang-Bonhage-Museums, informiert eine Dauerausstellung über die Funde (Frankenberger Landstr. 22, Di–So 12–16.30 Uhr).

Infos:
Tourist Information im Bürger-Büro
• Stechbahn 1, 34497 Korbach
  Tel. 056 31/530
  www.korbach.de
  Mo–Fr 8.30–18, Sa 9.30–13 Uhr

Unterkunft/Restaurants:
Zur Waage
Das in einem Fachwerkhaus untergebrachte Hotel bietet liebevoll eingerichtete Zimmer. In der Gaststube gibt es regionale Spezialitäten (Mo–Sa 11.30–14, 18–21.30, So 11.30–14 Uhr).
• Marktplatz 5, 34497 Korbach
  Tel. 056 31/33 42
  www.hotel-waage-korbach.de

Antikcafé Fundus
Große Auswahl an selbst gebackenen Kuchen.
• Im Sack 5, 34497 Korbach
  Tel. 056 31/668 98
  tgl. 9.30–19 Uhr

Kloster Eberbach

Im Namen der Rose

»Porta patet, cor magis – Die Tür steht offen, mehr noch das Herz«, lautet ein Wahlspruch der Zisterziensermönche. Während der Bauernkriege um 1525 nahmen aufständische Rheingauer diese Aufforderung wörtlich und plünderten die üppigen Weinvorräte des Zisterzienserklosters Eberbach bei Eltville im hessischen Rheingau. Die Atmosphäre der 1136 gegründeten Abtei faszinierte den Filmregisseur Jean-Jacques Annaud so sehr, dass er hier 1985 und 1986 die Innenaufnahmen zum Film »Der Name der Rose« mit Sean Connery drehte. Er war seinerzeit die teuerste Produktion der europäischen Filmgeschichte.

300 Klöster habe er besucht, so erzählt Annaud, aber letztlich kam nur Eberbach als Drehort für das Mittelalterdrama »Der Name der Rose« um William von Baskerville und Adson von Melk nach einem Roman von Umberto Eco infrage. Cineasten werden das lichte – im Film wesentlich düsterer wirkende – Mönchsdormitorium aus dem 13. Jahrhundert sofort wiedererkennen, das im Film als Skriptorium diente: ein 72 Meter langer frühgotischer Saal, dessen Kreuzrippengewölbe auf niedrigen Säulen mit laubverzierten Kapitellen ruhen. Nicht minder eindrucksvoll und in vielen Filmszenen zu sehen ist das alte Laienrefektorium, ein frühgotischer Raum mit schweren Kreuzgratgewölben.

Im Film ist es Schauplatz grässlicher Leichenfunde und Tagungsort des Inquisitionstribunals. Auf dem Boden der Küche wird der junge Adson, gespielt von Christian Slater, von dem namenlosen Bauernmädchen verführt. Hier sind historische Weinkeltern aus zisterziensischer Zeit zu sehen.

Bernhard von Clairvaux gründete die Abtei als erstes rechtsrheinisches Zisterzienserkloster. Die Klosterkirche wurde im 12. Jahrhundert errichtet. Später hinzugekommene gotische Maßwerkfenster erhellen den kargen, leer geräumten Raum. Mit den schwedischen Plünderungen des Dreißigjährigen Kriegs und der Säkularisierung im Jahr 1803 ist die zisterziensische Schlichtheit in die Kirche zurückgekehrt, die in der Barockzeit reich ausgestattet war: Die Eberbacher Mönche waren nämlich höchst erfolgreiche Winzer und bewirtschafteten die größte Anbaufläche des europäischen Mittelalters. Vom Kreuzgang des Klosters blieben der Nord- und Westflügel im gotischen Stil erhalten. Letzterer wurde um 1480 für die Bibliothek in Fachwerk aufgestockt. Besonders schön ist der spätgotische quadratische Kapitelsaal. Eine mächtige Mittelsäule trägt das Sterngewölbe, dessen Gewölbekappen mit zarter, um 1500 entstandener Ranken- und Blumenmalerei verziert sind. Der Speisesaal der Mönche entstand von 1720 bis 1724 und besitzt eine prachtvolle barocke Stuckdecke. Hier empfängt die hessische Landesregierung heute gern ihre Staatsgäste und kredenzt dabei Tropfen aus dem nunmehr staatlichen Weinbau von Eberbach. Auch andere Gäste können in Eberbach Kultur und Wein genießen. Aber im Gegensatz zu Bauernrebellen des 16. Jahrhunderts bezahlen sie dafür.

Überraschend lichtdurchflutet ist das im Film düster wirkende Dormitorium

▶ Informationen

Anfahrt:

Autobahn- und Zugverbindung von Frankfurt/Main und Köln nach Eltville. Das Kloster liegt etwa 6 km nordwestlich (Busverbindung).

Info:

- **Stiftung Kloster Eberbach**
  65346 Eltville im Rheingau
  Tel. 067 23/917 81 00
  Fax 917 81 05
  www.klostereberbach.de
  April–Okt. tgl. 10–18 Uhr,
  Regelführungen Fr 15 Uhr,
  Sa/So 11, 13 und 15 Uhr;
  Nov.–März tgl. 11–17 Uhr,
  Regelführungen Sa/So 14 Uhr.
  Termine für Themenführungen auf der Website.

Unterkunft:

- Das **Gästehaus Kloster Eberbach** ist in einem Wirtschaftsgebäude und in der Klosterschänke untergebracht. Die 28 Zimmer sind schlicht, aber nicht spartanisch, mit Dusche oder Bad.
  Tel. 067 23/917 81 00
  Fax 917 81 05
  www.klostereberbach.com
- Im Dörfchen Hattenheim bei Eltville nächtigt man elegant im **Kronenschlösschen,** dessen Restaurant auch Feinschmecker zufriedenstellt.
  Rheinallee
  Eltville-Hattenheim
  Tel. 067 23/640
  Fax 76 63
  www.kronenschloesschen.de

Restaurants:

- Zum Kloster gehört die gemütliche **Klosterschänke,** die herzhafte regionale Gerichte, wie Hessische Kartoffelsuppe, Rheingauer Spundenkäse und Eberbacher Weinfleisch, serviert.
  Tel. 067 23/917 81 00
  www.klostereberbach.com
- Vorzügliche, aber nicht zu teure Rheingauküche, darunter einen köstlichen Sauerbraten, gibt es im **Weinhaus und Hotel Zum Krug,** natürlich mit bestens sortierter Weinkarte.
  Hauptstr. 34
  Eltville-Hattenheim
  Tel. 067 23/996 80
  www.hotel-zum-krug.de

Odenwald

Urzeitliches Felsenmeer

Kaum eine deutsche Landschaft ist reicher an Sagen und Mythen als der Odenwald. »Hier ragt die Vorwelt Siegfrieds in die Bilderwelt der Kindheit«, schrieb Theodor W. Adorno über Amorbach. Von Worms führen Nibelungen- und Siegfriedstraße quer durch das Mittelgebirge zwischen Oberrheinischer Tiefebene, Main und Kraichgau. Hier verlief der römische Limes, hier jagten die Burgunder, hier führt die ruhelose Seele des Rodensteiner Ritters nachts sein Gefolge durch die Lüfte zur »wilden Jagd«. Hinter der Burg Zwingenberg aus dem 15. Jahrhundert liegt die grandiose Wolfsschlucht, die Carl Maria von Weber zu seiner Oper »Der Freischütz« inspiriert haben soll.

Zwei Odenwalder Quellen, der Siegfriedbrunnen in Grasellenbach und der Lindelbrunnen im Mossautal, streiten darum, der Ort gewesen zu sein, an dem der eifersüchtige Hagen von Tronje den blonden Recken Siegfried meuchelte. Das althochdeutsche »odowalt« erinnert an einen Hain des germanischen Göttervaters Odin – vielleicht war es aber auch nur die Bezeichnung für den »Ödwald« abseits der kulturell früh erschlossenen Rheinebene.

Im Herbst veranstaltet die Gemeinde Reichenbach das beliebte »Felsenmeer in Flammen«: Eine musikalisch untermalte Licht- und Nebelshow verwandelt das mit 168 Hektar größte Felsenmeer der Gegend in Lautertal-Reichenbach in eine magische Farbenlandschaft. Da kommt die Nibelungenfantasie so richtig in Schwung. Fast glaubt man, sie alle zu erkennen: den Drachen, in dessen Blut Siegfried badete, die Zwerge, die den Nibelungenschatz bewachten, den finsteren Hagen, der Siegfried den Speer in die verwundbare Stelle an der Schulter stieß.

Doch auch an ganz normalen Tagen wirkt das Felsenmeer geheimnisvoll und urzeitlich, besonders wenn Lichtflecken über die Granitblöcke huschen oder Nebelschwaden über den Waldboden kriechen. Zwei Riesen sollen sich hier mit Felsen beworfen haben, die so fantasievolle Na-

Geheimnisvoll und urzeitlich wirkt das Odenwalder Felsenmeer

men wie Teufelskanzel, Riesensessel und Kroko-
dilstränen tragen.

Die Geologen sehen das nüchterner: Die Fel-
senmeere sind im Erdaltertum hervorgequollenes
Magma, das zu Quadern, sog. Wollsäcken, verwit-
terte. Diese wurden von eindringendem Wasser
nach und nach abgerundet und sammelten sich in
Tälern und Mulden.

Schon die Römer, unter deren Herrschaft die
strata montana, die Bergstraße, ein wichtiger
Handelsweg war, bauten hier mit Steinsägen und
Keilen Granit ab. Vier der Granitsäulen des Trierer Doms, eine Palastaula des frühen 4. Jahrhunderts, stammen aus dem Gebiet des Felsbergs.
Manch einen Block ließen die Römer unfertig
zurück, so die schon im 15. Jahrhundert erwähnte
27 Tonnen schwere »Riesensäule«, das über zwölf
Meter lange »Schiff« oder den »Altarstein«. Der
dunkelgraue Melaquarzdiorit ist dem begehrten

echten Granit zwar sehr ähnlich, muss aber anders gespalten werden, was die römischen Steinmetze nicht wussten.

»De Buggel nuff, de Buggel nunner«, geht es im
Odenwald, der viele Gesichter hat: manchmal
unheimlich wie am einzigen erhaltenen Galgen
Deutschlands in Beerfelden, aber oft auch licht
und heiter. Im Frühjahr verwandeln die Streu-
obstwiesen das Land in ein Blütenmeer, im Sommer leuchtet überall der rote Fingerhut am
Wegesrand, im Herbst entfalten Buchen, Eichen
und Ahornbäume ihre ganze Farbenpracht.

Bunt treiben es auch die kleinen Fachwerkstädtchen: Weinheim mit seinem romantischen
Marktplatz oder das mittelalterliche Michelstadt,
dessen extravagantes spätgotisches Rathaus aus
dem Jahr 1484 mit seinem Spitzgiebel und zwei
Erkertürmen ein besonders beliebtes Fotomotiv
ist. Das Palmsche Haus aus dem Jahr 1610 in

Michelstadt und sein fotogenes Rathaus

Mosbach weiter südlich gehört zu den schönsten Fachwerkhäusern Süddeutschlands, und in Miltenberg beansprucht der fünfgeschossige Fachwerkbau Zum Riesen aus dem Jahr 1590, Deutschlands ältestes Gasthaus zu sein.

Vielleicht stand sogar die Gralsburg, in der der Heilige Gral versteckt sein soll, im Odenwald? Fünf Kilometer südwestlich des berühmten Klosters Amorbach erhebt sich die Ruine der um 1200 errichteten Burg Wildenberg auf einem Bergvorsprung. Sie war das Vorbild für viele stauferzeitliche Profanbauten. Am großen Kamin im Palas hat der Dichter Wolfram von Eschenbach (um 1170–um 1220) vermutlich Teile seines epischen Werks »Parzival« vorgetragen, »hie ze Wildenberc«. War Wildenberg vielleicht sogar Munsalvaesche, der französische »Mons sauvage« (wilde Berg) – Vorbild für von Eschenbachs Gralsburg Montsalvat?

▶ Informationen

Anfahrt:

Das Felsenmeer liegt ca. 7 km nordöstlich von Bensheim/Bergstraße und ca. 16 km südlich von Darmstadt auf der südöstlichen Seite des Felsberges. Vom Naturparkplatz »Felsenmeer« erschließen Wanderwege das Areal.

Info:

- **Felsenmeer Informationszentrum**
  Seifenwiesenweg 59
  64686 Lautertal (Odenwald)
  Tel. 062 54/94 01 60
  Fax 307 32
  www.felsenmeer-informationszentrum.de

Unterkunft:

- Im Ohrnbachtal bei Michelstadt-Vielbrunn bietet der **Gasthof Geiersmühle** attraktive Zimmer, sein Restaurant regionale und mediterrane Delikatessen.
  Tel. 060 66/721
  www.geiersmuehle.de
- Ein Ferien- und Kurhotel mit rustikalen Zimmern ist der **Siegfriedbrunnen.**
  Hammelbacher Str. 7
  Grasellenbach
  Tel. 062 07/60 80
  www.hotel-siegfriedbrunnen.de
- Preiswerte Gästezimmer findet man im **Landgasthof Felsenmeer.**
  Lautertal-Beedenkirchen
  Tel. 062 54/555
  www.gasthaus-felsenmeer.de

Restaurants:

- Deutschlands ältestes Gasthaus **Zum Riesen,** dessen Geschichte bis ins Jahr 1158 zurückreicht (das heutige Haus ist ein Fachwerkbau der Renaissance), serviert Fränkisch-Odenwalder Spezialitäten und empfiehlt dazu das jeweils passende Bier.
  Hauptstr. 99, Miltenberg
  Tel. 093 71/98 99 48
  Fax 98 94 50
  www.riesen-miltenberg.de
- Ein vorzügliches Odenwalder Gasthaus ist **Treusch im Schwanen,** das frischen Produkten aus der Umgebung internationalen Pfiff verleiht.
  Rathausplatz 2
  Reichelsheim
  Tel. 061 64/22 26
  www.treuschs-schwanen.com

Darmstadt

Verspielter Jugendstil

»Die erhobene Hand gegen die Kunst-Philister«, so rühmte Großherzog Ernst Ludwig (1868–1937) den eigenwilligen Hochzeitsturm
des Architekten Josef Maria Olbrich (1867–1908), den die Bürgerschaft
ihrem Großherzog 1905 zur Vermählung geschenkt hatte. Erbaut
wurde der 48 Meter hohe, dunkelrote Backsteinbau mit um die Ecken
geführten Fenstern allerdings erst 1908. Der Dachabschluss, als fünf-
zinnige Krone in Kupferblech mit violetten Verblendsteinen ausgeführt,
erinnert tatsächlich an die Finger einer ausgestreckten Hand.

Von der Aussichtsplattform des Turms bietet sich ein wunderbarer Rundblick über Darmstadts Mathildenhöhe. »Eine Stadt müssen wir erbauen, eine ganze Stadt! Alles andere ist nichts!«, hatte Olbrich gefordert. Der Mitbegründer der Wiener Secession war eine der treibenden Kräfte der Künstlerkolonie, der u. a. die Architekten Peter Behrens und Alfred Messel, die Kunsthandwerker und Maler Hans Christiansen und Albin Müller sowie die Bildhauer Ludwig Habich und Bernhard Hoetger angehörten. Diese zwischen 20 und 32 Jahre jungen Männer wollten in Darmstadt ihren Traum von der Gestaltung einer neuen Lebenswelt verwirklichen und wurden dabei großzügig von dem kunstsinnigen und weltoffenen Großherzog gefördert. Dieser hatte William Morris und die Arts-and-Crafts-Bewegung in Eng-

land kennengelernt. Nun wollte er die Kunst seines Hessenlandes in der aufstrebenden Residenzstadt aufblühen lassen und mit Innovationen neue Möglichkeiten für Handwerk und Industrie schaffen.

So entstand zwischen 1899 und 1914 wie im Rausch ein Ensemble eigenwilliger Jugendstilbauten auf der Mathildenhöhe, einem ehemaligen Weinberg, den der Großherzog ab 1900 in eine Parkanlage im italienischen und englischen Gartenstil umwandeln ließ. Anfang des 20. Jahrhunderts galt die Mathildenhöhe als Tempel der Architektur. Auch Gropius, Mies van der Rohe und Le Corbusier holten sich dort Inspirationen, denn ab 1910 ging man zu einer strengeren Ästhetik über, in der sich bereits die Sachlichkeit des Bauhauses ankündigte.

Die russische Kapelle in Darmstadt versetzt den
Betrachter an die Wolga oder die Newa

In vier Ausstellungen, 1901, 1904, 1908 und 1914, entwickelte sich der »Darmstädter Stil«. Die spektakulärste war sicher die dritte, die »Hessische Landesausstellung für freie und angewandte Kunst« (1908).

Das leuchtend weiße Ernst-Ludwig-Haus am Alexandraweg 26, von 1900 bis 1901 von Olbrich zur ersten Ausstellung »Ein Dokument Deutscher Kunst« als Atelierhaus der Künstlerkolonie errichtet, dient heute als Museum. Berühmt ist die Schaufront mit dem omegaförmigen Mittelportal: Seine Skulpturen »Mann« und »Weib« sowie die vergoldeten Pflanzenornamente stehen in starkem Gegensatz zur sonstigen äußeren Schlichtheit. Das Portal schmücken die Worte des Dichters Hermann Bahr, die zum Motto des Darmstädter Jugendstils wurden: »Seine Welt zeige der Künstler, die niemals war noch jemals sein wird.«

Sehenswert ist auch das Ausstellungsgebäude Olbrichs neben dem Hochzeitsturm, das 1908 für die dritte Ausstellung eröffnet wurde. Eine Treppenanlage führt hinauf zu einem baldachinartigen, klassizistisch anmutenden Bau, dessen Kuppel ein Mosaik nach Entwürfen Olbrichs ziert. Im Rahmen der Ausstellung waren auch die Wohnhäuser der Künstler zu besichtigen, einschließlich ihrer Innenausstattung: Türgriffe, Einzelmöbel, Glas, Porzellan, Grafik, Textilien und Schmuck in dekorativ-floralem, ornamentalem Jugendstil. Kunst und Leben sollten ineinanderfließen. Leider sind von den einstmals 17 Häusern nur noch wenige original erhalten.

Ein exotisches Kleinod der Mathildenhöhe ist die Russische Kapelle am Nikolaiweg 18, die 1898 zur Hochzeit von Alice von Hessen und Zar Nikolaus II. entstand und mit reichem Mosaikschmuck und blattgoldbelegten Zwiebelhauben prunkt. Sie wurde nach Plänen des Petersburger Architekten Benois (1856–1928) im typisch russischen Kirchenstil von Carl Gustav Jacobi und Friedrich Ollerich ausgeführt. Obwohl sie eigentlich nichts mit Jugendstil gemein hat, prägt sie mit ihren drei vergoldeten Kuppeln und dem farbigen Mosaikschmuck bis heute wesentlich das Erscheinungsbild der Mathildenhöhe.

► Informationen

Anfahrt:
Autobahn- und Zugverbindung u. a. mit Frankfurt/Main und Mannheim. Die Mathildenhöhe östlich des Stadtzentrums ist mit dem Bus F (Oberwaldhaus) oder zu Fuß vom Darmstädter Schloss über die Erich-Ollenhauer-Promenade erreichbar.

Info:
• **Wissenschaftsstadt Darmstadt Marketing GmbH**
Luisenplatz 5
64283 Darmstadt
Tel. 061 51/13 45 13
Fax 13 45 36
www.darmstadt-tourismus.de

• **Mathildenhöhe**
Olbrichweg 13
Tel. 061 51/13 27 78
www.mathildenhoehe.eu
Das Gelände ist jederzeit zugänglich. Ausstellung: Di–So 10–18, Do bis 21 Uhr, Museum Di–So 11–18 Uhr.

Unterkunft:
• Vornehm logiert man im 5 km östlich gelegenen **Jagdschloss Kranichstein.**
Kranichsteiner Str. 261
Tel. 061 51/13 06 70
www.hotel-jagdschloss-kranichstein.de
• Eine preiswerte Unterkunft ist das **Prinz Heinrich.**

Bleichstr. 48
Tel. 061 51/813 70
www.hotel-prinz-heinrich.de

Restaurants:
• Im **Müller & Müller** wird kreative Küche überwiegend aus Biozutaten serviert.
Mühlstr. 60
Tel. 061 51/15 38 63
www.mueller-und-mueller.de
• Das elegante Abendrestaurant **Kavaliersbau** im Jagdschloss Kranichstein glänzt mit vorzüglicher Küche.
Kranichsteiner Str. 261
Tel. 061 51/13 06 70
www.hotel-jagdschloss-kranichstein.de

Limburg

Vollendeter Dom

»Denn im glühendsten Abendlicht hob die herrliche Stiftskirche zum heiligen Georg ihre sieben Türme in die reinen Lüfte empor, und da es ein Samstag war, klang das abendliche Geläut so vollstimmig ihm entgegen, dass das Innerste seiner Brust davon erschüttert wurde.« So schwärmerisch beschreibt die »Spielmannslegende« (1833) von Paul Heyse den Anblick des Georgsdoms, der über der Altstadt von Limburg auf einem Felsen thront und selbst Eilige, die mit Tempo 150 auf der Autobahn unterwegs sind, kurz aufschauen lässt. Eindrucksvoller ist jedoch der Blick von der alten, ab 1315 erbauten Lahnbrücke.

Der 1235 geweihte Dom vereint in großartiger Weise französische Frühgotik und rheinische Spätromanik. Nicht ohne Grund war er auf der Rückseite des 1000-Mark-Scheins abgebildet. Als diese Banknote 1964 gedruckt wurde, war der Dom noch felsengrau. Erst zwischen 1967 und 1973 erhielt er seine mittelalterliche Farbgebung aus Weiß, Rot, Ocker und Schwarz zurück. Seine sieben Türme mit ihren noch romanischen Rautendächern folgen bereits gotischer Symbolik: Sie stehen für die sieben Sakramente, die drei göttlichen und vier weltlichen Tugenden. Drei multipliziert mit vier ergibt zwölf: die Anzahl der Apostel und der Stämme Israels, aber auch die zwölf Tore des Himmlischen Jerusalem.

Bei der Restaurierung zwischen 1974 und 1991 kamen farbenfrohe Fresken zum Vorschein, darunter ein großes Wandbild des Baums Jesse im nördlichen Querhaus. Zu den kostbarsten Stücken zählen die um 965 entstandene und 1204 von Kreuzfahrern aus Konstantinopel mitgebrachte Staurothek, eines der bedeutendsten Goldschmiedereliquiare byzantinischer Herkunft, sowie das 980 in Trier gefertigte Petrusstab-Reliquiar.

Eigentlich ist die gesamte Altstadt von Limburg mit ihren mittelalterlichen Fachwerkhäusern ein Schatzkästlein. Im Garten des 1289 erbauten gotischen Hauses Römer 2–4–6, eines der ältesten frei stehenden Häuser Deutschlands, hat man eine Mikwe, ein jüdisches Kultbad, entdeckt. Das Wer-

Auf dem guten alten 1000-Mark-Schein verewigt war der Dom zu Limburg

ner-Senger-Haus (Rütsche 5) ist ein schönes Hallenhaus mit Fachwerkfassade aus dem 13. Jahrhundert. Am längsten wird man aber vor dem 1567 erbauten Haus der sieben Laster in der Brückengasse 9 verweilen, dessen Balkenköpfe die sieben Hauptlaster des Christentums darstellen: Hoffart, Geiz, Neid, Unkeuschheit, Zorn, Trägheit und Völlerei.

▶ Informationen

Anfahrt:
Autobahn- und Zugverbindung u. a. mit Frankfurt/Main, Köln.

Info:
- **Tourist Information**
  Barfüßerstr. 6
  65549 Limburg a. d. Lahn
  Tel. 064 31/61 66
  Fax 32 93
  www.limburg.de
- Domführungen: Mo–Fr 11 und 15, Sa 11 Uhr, So 12 Uhr,
  www.dom.bistumlimburg.de
- **Domschatz- und Diözesanmuseum Limburg**
  Domstr. 12
  Tel. 064 31/29 54 82
  www.staurothek.de
  Das Museum ist Di–Sa 10–13,

14–17, So/Fei 11–17 Uhr geöffnet. Hier finden auch Wechselausstellungen statt.

Unterkunft:
- Moderne, komfortable Zimmer in einem historischen Altstadtgebäude bietet das **Dom Hotel Limburg** mit elegantem Restaurant, das gute neue deutsche und internationale Küche serviert.
  Grabenstr. 57
  Tel. 064 31/90 10
  Fax 68 56
  www.domhotellimburg.de
- Mit klassischer Eleganz überzeugen die Zimmer im **Zimmermann Romantik Hotel,** dessen Restaurant gute und mediterran inspi-

rierte Küche auf den Tisch bringt.
Blumenröder Str. 1
Tel. 064 31/46 11
www.hotelzimmermann.de

Restaurant:
- In einem besonders stimmungsvollen Ambiente, nämlich in der ehemaligen Friedhofskapelle am Schafsberg, serviert das **Restaurant Himmel und Erde** frische, saisonal wechselnde Gerichte. Im Sommer kann man auch im Kapellengarten kulinarische Events genießen.
  Joseph-Heppel-Str. 1a
  Tel. 064 31/584 72 08
  www.kapelle-himmelunderde.de

Reinhardswald

Traumprinz gesucht

»Rings um das Schloss aber begann eine Dornenhecke zu wachsen, die jedes Jahr höher ward, und endlich das ganze Schloss umzog, und drüber hinaus wuchs, dass gar nichts mehr, selbst nicht die Fahnen auf den Dächern, zu sehen war.« Ja, hier auf der Sababurg muss sie geschlafen haben, die lieblichste aller Prinzessinnen.

Mitten im Reinhardswald thront das Dornröschenschloss auf einem lange erloschenen Vulkan, zwischen Kassel und Göttingen auf der hessischen Seite des Weserberglands. Als die Brüder Jakob Ludwig Karl und Wilhelm Karl Grimm hier viele ihrer Märchen aufschrieben, war die 1334 errichtete und 150 Jahre später zu einem prachtvollen Jagdschloss ausgebaute »Zappenborgck« noch eine einsame Ruine.

Bis zum Jahr 2011 gab es auch einen »Prinzen« auf der Sababurg: Der langjährige Burggärtner Gijsbert Vroegh hat viele alte Rosen im Burggarten wachgeküsst, die noch heute hier blühen: die mittelalterliche Apothekerrose, das 500 Jahre alte Mairöschen und eine herrlich duftende 1000-blütige Kletterrose, die sich schon bis zum Dornröschenzimmer der Burg hinaufrankt. Wenn sie Mitte Juni blüht, ist die Luft mit dem Summen der Hummeln erfüllt.

Da oben, im Turmzimmer, stach sich Dornröschen an der Spindel der bösen Fee: 60 Stufen musste der Prinz die Wendeltreppe hinaufsteigen. Hat es sich so zugetragen? Oder ist »La Belle au Bois Dormant« nicht eigentlich eines der französischen Märchen, die Dorothea Viehmann, Nachfahrin französischer Hugenotten, vor 200 Jahren den Grimms erzählte? Und war der »Urwald« der Märchendichter nicht eigentlich ein alter Hutewald, ein Eicheln- und Bucheckernlieferant, den man von störenden Sträuchern freihielt? Erst seit 1907 darf ein 92 Hektar kleines geschütztes Areal wirklich wieder Urwald sein. Wie die Pfeiler einer Kathedrale ragen mächtige Eichen und Rotbuchen in den Himmel, ungestört legen sich die Baumriesen hier zum Sterben nieder. Roterlen und Faulbäume wachsen auf sumpfigem Boden, Adlerfarn und Pfeifengras erobern die Lichtungen, Vogelbeeren leuchten im üppigen Grün, zwischen Ebereschen und Birken glitzern Spinnweben im Sonnenlicht. Klopft da nicht ein Schwarzspecht? Ach, auch Wanderer sind unterwegs.

Wunderschöne Rosenhecken in der Sababurg lassen das Herz des Romantikers höherschlagen

Es gibt hier aber auch jede Menge zu sehen: Durch den Tierpark der Sababurg, der schon 1571 gegründet wurde und damit wohl Europas älteste zoologische Anlage ist, streifen Wisente, Tarpane, Wölfe und Luchse. Im Dornröschenschloss kann man jetzt wohnen, sogar im Turmdoppelzimmer mit Himmelbett, und wenn's der Traumprinz ist, besorgt das Burghotel einen Standesbeamten.

▶ Informationen

Anfahrt:

Die Sababurg erreicht man über Kassel und Hofgeismar (bis dort auch Zugverbindung).

Info:

- **Märchenland Reinhardswald Tourist-Info**
  Markt 5
  34369 Hofgeismar
  Tel. 056 71/99 92 22
  www.reinhardswald.de
- **Information Trendelburg**
  Marktplatz 1
  34388 Trendelburg
  Tel. 056 75/749 90
  Fax 74 99 30
  www.trendelburg.de

Unterkunft:

- Das **Dornröschenschloss Sababurg** bietet romantische Zimmer und ein umfangreiches Programm. Das Restaurant serviert Wildbret aus dem Reinhardswald.
  Im Reinhardswald
  Hofgeismar (Sababurg)
  Tel. 056 71/80 80
  www.sababurg.de
- In einem Fachwerkhaus der malerischen Altstadt von Hofgeismar bietet das **Hotel Zum Alten Brauhaus** Zimmer mit gediegenem Komfort und internationale Küche.
  Marktstr. 12, Hofgeismar
  Tel. 056 71/30 81
  www.zumaltenbrauhaus.de

Restaurants:

- Pfälzisch-italienische Leckereien serviert die **Vinothek Pfundt** zu ihrer großen Weinauswahl.
  Hinterm Dorf 10
  Hofgeismar-Schöneberg
  Tel. 056 71/509 40 84
  www.cella-vinaria.de
- Wo Rapunzel einst ihr Haar herunterließ, im Burgfried des Städtchens Trendelburg nördlich der Sababurg, bietet das **Hotel Burg Trendelburg** »mittelalterliche Tafeleyen«.
  Steinweg 1, Trendelburg
  Tel. 056 75/90 90
  www.burg-hotel-trendelburg.com/de/maerchen_dinner

Informationen

Tourismusinformation:

Deutsche Zentrale für Tourismus
* Beethovenstr. 69
  60325 Frankfurt/Main
  Tel. 069/97 46 40, Fax 069/75 19 03
  www.deutschland-tourismus.de

Tourismusinformationen der Länder:
* **Tourismus-Marketing
  Baden-Württemberg**
  Esslinger Str. 8, 70182 Stuttgart
  Tel. 07 11/23 85 80, Info- und
  Prospektbestellung: Tel. 018 05/55 66 90
  www.tourismus-bw.de
* **Bayern Tourismus Marketing**
  Arabellastr. 17, 81925 München
  Tel. 089/212 39 70
  www.bayern.by
* **Berlin Tourismus Marketing**
  Am Karlsbad 11, 10785 Berlin
  Tel. 030/25 00 23 33
  www.visitberlin.de
* **Tourismus-Marketing Brandenburg**
  Am Neuen Markt 1, 14467 Potsdam
  Tel. 03 31/200 47 47
  www.reiseland-brandenburg.de
* **Bremer Touristik-Zentrale**
  Findorffstr. 105, 28215 Bremen
  Tel. 04 21/3 08 00 10
  www.bremen-tourismus.de
* **Hamburg Tourismus**
  Wexstr. 7, 20095 Hamburg
  Tel. 040/30 05 13 00
  www.hamburg-tourism.de
* **Hessen Agentur**
  Konradinerallee 9
  65189 Wiesbaden
  Tel. 06 11/950 17 81 91
  www.hessen-tourismus.de
* **Tourismusverband
  Mecklenburg-Vorpommern**
  Konrad-Zuse-Str. 2, 18057 Rostock
  Tel. 03 81/403 05 50
  www.auf-nach-mv.de

* **Tourismus Marketing Niedersachsen**
  Essener Str. 1, 30173 Hannover
  Tel. 05 11/2 70 48 80
  www.reiseland-niedersachsen.de
* **Tourismus Nordrhein-Westfalen e.V.**
  Völklinger Str. 4, 40219 Düsseldorf
  Tel. 02 21/913 20-500
  www.nrw-tourismus.de
* **Rheinland-Pfalz Tourismus**
  Löhrstr. 103–105, 56068 Koblenz
  Tel. 02 61/91 52 00
  www.rlp-info.de
* **Tourismus Zentrale Saarland**
  Franz-Josef-Röder-Str. 17, 66119 Saarbrücken
  Tel. 06 81/92 72 00
  www.tourismus.saarland.de
* **Tourismus Marketing Sachsen**
  Bautzner Str. 45/47, 01099 Dresden
  Tel. 03 51/49 17 00, www.sachsen-tour.de
* **IMG – Investitions- und Marketing-
  gesellschaft Sachsen-Anhalt mbH**
  Am Alten Theater 6, 39104 Magdeburg
  Tel. 003 91/5 68 99 80
  www.sachsen-anhalt-tourismus.de
* **Tourismus-Agentur Schleswig-Holstein**
  Wall 55, 24103 Kiel, Tel. 04 31/60 05 83
  www.sh-tourismus.de
* **Thüringer Tourismus**
  Willy-Brandt-Platz 1, 99084 Erfurt
  Tel. 03 61/374 20.
  www.thueringen-tourismus.de

Pannenhilfe:

* Unter der bundesweit einheitlichen Rufnummer
  018 02/22 22 22 ist die Pannenhilfe des **Allgemeinen Deutschen Automobil-Clubs
  (ADAC)** rund um die Uhr vom deutschen Fest-
  netz bzw. unter der Rufnummer 22 22 22 von allen Handynetzen aus erreichbar.
* Der **Auto Club Europa (ACE)** bietet 24 Stunden tgl. über Tel. 07 11/530 34 35 36 Pannen-
  und Notfallhilfe. Der **Automobilclub von
  Deutschland (AVD)** hilft bei einer Panne unter der kostenfreien Nummer 0800/990 99 09.

Notruf bundesweit:

- Polizei: 110
- Notarzt: 112
- Feuerwehr: 112

Hotelreservierung:

- **Ehotel,** www.ehotel.de, Tel. 030/47 37 32 45. Gut strukturierte Website. Reservierungen auch telefonisch möglich.
- **Hotel.de,** www.hotel.de, kostenfreie Tel. 08 00/511 21 11. Einfache Bedienung. Weltweit mehr als 300 000 Hotels, zusätzliche Kurzreise-Angebote.

Infos im Internet:

Baden-Württemberg:

- www.heilbaeder-bw.de
  Übersicht über alle Heilbäder und Kurorte in Baden-Württemberg. Beschreibungen sowie Tipps und Angebote.
- www.kultur.baden-wuerttemberg.de
  Informationen zu den kulturellen Einrichtungen von Kunstausstellungen über Opern bis zu Konzerten und Filmfestivals.

Bayern:

- www.servicestelle.bayern.de
  Servicestelle der bayerischen Staatsregierung mit Infos zu den Themen Freizeit und Kultur in Bayern. Viele weiterführende Links.
- www.museen-in-bayern.de
  Gutes Verzeichnis aller nichtstaatlichen Museen in Bayern mit vielen wichtigen Infos.
- www.muenchen.de
  Umfassendes Portal der Landeshauptstadt mit nützlichen Infos zu Ausgehen, Sehenswürdigkeiten, Shoppen, Umland, Unterkunft, Veranstaltungen und vielem mehr.

Berlin:

- www.berlin.de
  Offizielles Portal der Hauptstadt mit zahlreichen interessanten Themenfeldern von A–Z. Unter www.berlin.de/stadttouren findet man virtuelle Stadttouren in 360°-Bildern für gut 50 Sehenswürdigkeiten, außerdem zahlreiche spannende Infos.

- www.smb.museum
  Sehr gute Übersicht mit zahlreichen nützlichen Informationen zu den staatlichen Museen Berlins, inklusive Aktuellem zum Baufortschritt auf der Museumsinsel.

Brandenburg:

- www.kulturfeste.de
  Infos, Programme und Termine zu zahlreichen kulturellen Veranstaltungen in Brandenburg.

Bremen:

- www.bremerhaven.de
  Rundum-Informationen zu allen Sehenswürdigkeiten und Freizeitaktivitäten in der Seestadt Bremerhaven.
- www.universum-bremen.de
  Das Internetportal gibt einen guten Überblick über das berühmte Bremer Science-Center mit spannender Wissenschaft zum Anfassen und Miterleben.

Hamburg:

- www.hafen-hamburg.de
  Dieses Portal des größten Seehafens in Deutschland liefert viele interessante Bilder und nützliche Informationen rund um den Hafen.
- www.hamburg-magazin.de
  Umfangreiche aktuelle Informationen rund um die Hansestadt.

Hessen:

www.hessen.de/fuer-besucher/kultur-erleben
Gute Übersicht über Hessens Kulturszene.

Mecklenburg-Vorpommern:

- www.mecklenburgische-seenplatte.de
  Webseite des Tourismusverbands »Mecklenburgische Seenplatte« mit Infos rund um den Urlaub im Land der tausend Seen.

Niedersachsen:

- www.die-nordsee.de
  Eine der beliebtesten Urlaubsregionen Niedersachsens stellt sich in den schönsten Bildern vor. Auf der Homepage kann man sich seinen Nordseeurlaub maßschneidern lassen.

- **www.reiseland-niedersachsen.de**
  Bietet u. a. eine virtuelle Touristenkarte von ganz
  Niedersachsen mit nützlichen Infos zu unterschiedlichen Themenbereichen wie Unterkunft,
  Sehenswürdigkeiten oder Natur. Außerdem gibt
  es ein Porträt der unzähligen Seen, Flüsse, Kanäle und der Küste Niedersachsens.
- **www.weserbergland-tourismus.de**
  Infos zu Kultur- und Aktivurlaub im niedersächsi-
  schen Weserbergland.

Nordrhein-Westfalen:

- **www.route-industriekultur.de**
  Beeindruckende Ansichten des industriellen
  Erbes sowie der industriellen Zukunft im Ruhrgebiet. Insgesamt 400 Kilometer Rundwege zu
  unterschiedlichsten Themenbereichen des
  Industriereviers.
- **www.die-region.info**
  (auch Rheinland-Pfalz) 151 Attraktionen und
  Sehenswürdigkeiten des Rheinlands werden hier
  reich bebildert vorgestellt.

Rheinland-Pfalz:

- **www.museen.rlp.de**
  Webseite des Museumsverbands Rheinland-Pfalz
  mit aktuellen Ausstellungen, Tipps und Veranstaltungen der nichtstaatlichen Museen.
- **www.burgen-rlp.de**
  Die unzähligen Schlösser und Burgen bzw. deren
  geschichtsträchtige Ruinen in Rheinland-Pfalz
  sind hier alphabetisch und bebildert zusammen-
  gestellt.

Saarland:

- **www.bonjour-saarland.de**
  Informationen zu Sehenswürdigkeiten sowie
  Wandern, Radfahren und Veranstaltungen im
  Dreiländereck.

Sachsen:

- **www.sachsen-unter-dampf.de**
  Sachsen ist ein Zentrum für Liebhaber alter
  Dampfzüge. Mit Hinweisen auf Museen, Vereine
  und Veranstaltungen sowie Termine für Fahrten
  mit den nostalgischen Zügen.
- **www.schloesserland-sachsen.de**
  Burgen und Schlösser als Zeitzeugen der stolzen
  sächsischen Geschichte werden hier mit schönen
  Bildern und umfangreichen Informationen vorgestellt.

Sachsen-Anhalt:

- **www.radtouren-sachsen-anhalt.de**
  Monatlich werden neue Rad- und Wandertouren
  zu den schönsten Plätzen des Landes präsentiert.
- **www.tourismusband-elbe.de**
  Informationen vor allem zur Natur-, aber auch
  Kulturlandschaft rund um die Elbe mit Touren-
  informationen zu Wasser und zu Land, Unterkünften, Veranstaltungen etc.

Schleswig-Holstein:

- **www.museen-sh.de**
  Der Museumsverband Schleswig-Holstein bietet
  auf dieser Website eine anschauliche themati-
  sche Übersicht über die Vielfalt der Museen des
  Landes.
  www.ostsee-schleswig-holstein.de
  Umfangreiche Informationen über Urlaub an der
  Ostseeküste von Schleswig-Holstein.

Thüringen:

- **www.thueringen.info**
  Links zu allen touristisch interessanten Gemein-
  den Thüringens, mit Tipps zu Gastronomie und
  Übernachtung, unter anderem Urlaub in Bio-
  und Reiterhöfen.

Magische Landschaft

Ausblicke

Einblicke

Tiefblicke

Ferienregion Münstertal Staufen - Südlicher Schwarzwald
Tel.: 07636 707-30 ♦ touristinfo@muenstertal-staufen.de ♦ www.muenstertal-staufen.de

KONUS

Register

Personenregister

Bildnachweis

Coverfoto: Schloss Neuschwanstein © Bildagentur Huber/Olimpio Fantuz
Fotos Umschlagrückseite: oben © Shutterstock/Michael Thaler; unten links © seasons.agency/Jalag/G. Hänel; unten Mitte © LOOK-foto/Konrad Woth; unten rechts © Shutterstock/Rob Christiaans

Alamy Stock Photo: 124, 152; Alamy Stock Photo/Bert Hoferichter: 337; Alamy Stock Photo/robertharding: 271; Alamy Stock Photo/Guido Schiefer: 317; Alamy Stock Photo/Armin Staudt: 139; Bayrische Schlösser- und Seenverwaltung: 260; Bildagentur Huber: 282; Bildagentur Huber/C. Cassaro: 219, 220; Bildagentur Huber/C. Därr: 96/97; Bildagentur Huber/F. Damm: 195; Bildagentur Huber/Gräfenhain: 48, 53, 72, 75, 88, 89, 90, 94, 231, 339; Bildagentur Huber/Hans Peter Huber: 77; Bildagentur Huber/Krammisch: 143; Bildagentur Huber/Lubenow: 93; Bildagentur Huber/Arcangelo Piai: 131; Bildagentur Huber/Radelt: 309; Bildagentur Huber/R. Schmid: 10/11, 28, 31, 129, 148, 199, 202/203, 231, 247, 248, 272, 310, 351; Bildagentur Huber/Chris Seba: 69; Corbis/imageBRO-KER/Werner Dieterich: 159; Andrea Diefenbach: 366; F1online/Getty Images: 19; Fotolia/alexgres: 219; Fotolia/animaflora: 62; Fotolia/Ansebach: 193; Fotolia/bautsch: 33; Fotolia/Bergfee: 227; Fotolia/Henry Czauderna: 23; Fotolia/dihetbo: 327; Fotolia/dk-fotowelt: 133; Fotolia/dmaphoto: 132; Fotolia/etfoto: 117; Fotolia/franziskus46: 211; Fotolia/Uwe Graf: 207; Fotolia/Jörg Hackemann: 164; Fotolia/helmutvogler: 365; Fotolia/JFL Photography: 109, 259; Fotolia/Jürgen Natke: 115; Fotolia/Christian Pedant: 291; Fotolia/PixelPower: 274; Fotolia/pure-life-pictures: 214, 217, 284; Fotolia/rcfotostock: 324; Fotolia/sborisov: 315, 319; Fotolia/sehbaer_nrw: 209; Fotolia/Manuel Schönfeld: 213; Fotolia/Jenny Sturm: 234; Fotolia/Val Thoermer: 223; Fotolia/Frank Wagner: 216; GlowImages: 50; GlowImages/ImageBROKER RM: 46; GlowImages/NovarcImagesRM: 138, 303; Hochschwarzwald Tourismus GmbH: 267; IFA Bilderteam/Siebig: 228; Jahreszeiten Verlag/Garp/G. Hänel: 70; Jahreszeiten Verlag/Gregor Lengler: 249; Jahreszeiten Verlag/Maria Schiffer: 345; Jahreszeitenverlag/Walter Schmitz: 155, 166, 167, 183, 186, 187, 188, 238, 241, 242, 243; Jahreszeitenverlag/Arthur F. Selbach: 266, 275; laif/Babovic: 79, 171, 178, 180; laif/Bialobrzeski: 343; laif/Frieder Blicke: 66; laif/Futh: 253; laif/Gaasterland: 145, 340; laif/Gaff: 141; laif/Galli: 107; laif/Gordon Welters: 111; laif/Gulliver Theis: 64; laif/Henlein-Klover: 346; laif/Hoa Qui: 178; laif/Jehnichen: 179; laif/Kirchgessner: 212; laif/Linke: 316; laif/Modrow: 136; laif/Raach: 279, 280; laif/Ralf Kreuels: 285; laif/Thomas Linkel: 185; laif/Vogel/Stern: 177; laif/Westrich: 363; laif/Zahn: 123, 232, 254; laif/Zielske: 25, 45, 135, 323; Werner Lieberknecht: 184; LOOK-foto/H & D. Zielske: 67, 101, 269; LOOK-foto/Konrad Woth: 128; mauritius images/age fotostock: 20; mauritius images/Alamy: 80; mauritius images/Alamy/Bildarchiv Monheim GmbH: 321; mauritius images/Chromoranger: 147; mauritius images/age/Hoffmann Photography: 85; mauritius images/Hiroshi Higuchi: 276; mauritius images/imageBROKER/Ferdinand Hollweck: 163; mauritius images/imageBROKER/GTW: 150; mauritius images/imageBROKER/hwo: 160; mauritius images/Reiner Kaltenegger: 237; mauritius images/Kolley: 250; mauritius images/Catharina Lux: 200; mauritius images/Bernd Römmelt: 261; mauritius images/Chris Seba: 191; mauritius images/Travel Collection/Natalie Kriwy: 22; mauritius images/Rainer Waldkirch: 86; Mosellandtouristik GmbH: 330; Pixelio/H. Dittmar-Ilgen: 331; Schluchtensteig Schwarzwald/Bichler: 265; Tim Schulz: 359, 360; seasons.agency/GourmetPictureGuide: 15; seasons.agency/Jalag/Klaus Bossemeyer: 292/293, 305, 313, 348; seasons.agency/Jalag/G. Hänel: 393; seasons.agency/Jalag/Peter Hirth: 173; seasons.agency/Jalag/Georg Knoll: 355; 174; seasons.agency/Jalag/Tim Langlotz: 287, 289; seasons.agency/Jalag/Pieter-Pan Rupprecht: 60; seasons.agency/Jalag/Walter Schmitz: 59, 73, 191; seasons.agency/Jalag/Lukas Spörl: 26; seasons.agency/Jalag/H. u. D. Zielske: 71; Shutterstock/alex7370: 47; Shutterstock/Antonshutterstock: 113; Shutterstock/anweber: 63; Shutterstock/anyaivanova: 153; Shutterstock/canadastock: 233; Shutterstock/Rob Christiaans: 226; Shutterstock/ecwo: 168; Shutterstock/Fexel: 192; Shutterstock/jan krainendonk: 106, 344, 356; Shutterstock/ImYOUR: 262; Shutterstock/Ruediger Jahnke: 32; Shutterstock/jan kranendonk: 105; Shutterstock/LaMiaFotografia: 34, 37, 38, 301, 353, 371; Shutterstock/Axel Lauer: 16; Shutterstock/manfredxy: 245; Shutterstock/Mike Mareen: 196; Shutterstock/Yuri Megel: 336; Shutterstock/Christian Mueller: 329; Shutterstock/Mikhail Markovskiy: 224, 298; Shutterstock/mije_shots: 146; Shutterstock/Volker Rauch: 57; Shutterstock/Gerhard Roethlinger: 54; Shutterstock/Scanrail1: 39; Shutterstock/Seqoya: 116; Shutterstock/Scirocco340: 322; Shutterstock/Takashi Images: 81; Shutterstock/toriru: 368; Shutterstock/Dennis van de Water: 333; Shutterstock/T. W. van Urk: 103; 334; Shutterstock/villorejo: 110; Stiftung Preußisches Schlösser und Gärten Berlin-Brandenburg: 119, 120; stock.adobe.com/arsdigital: 201; stock.adobe.com/Carsten Böttinger: 126; stock.adobe.com/Hans und Christa Ede: 257; stock.adobe.com/GordonGrand: 307; stock.adobe.com/janvier: 299; stock.adobe.com/kobeza: 43; stock.adobe.com/Waldteufel: 82; Thüringer Tourismus GmbH/M. Schuck: 157; Tittmann-Keramik: 208; Wikipedia/elisabeth: 17.

Alle Informationen stammen aus zuverlässigen Quellen und wurden sorgfältig geprüft. Für ihre Vollständigkeit und Richtigkeit können wir jedoch keine Haftung übernehmen.

Ihre Meinung ist uns wichtig. Bitte schreiben Sie uns:
GRÄFE UND UNZER VERLAG GmbH, Postfach 86 03 66, 81630 München, www.polyglott.de

LESERSERVICE
polyglott@graefe-und-unzer.de, Tel. 0 800 / 72 37 33 33 (gebührenfrei in D, A, CH),
Mo–Do 9–17 Uhr, Fr 9–16 Uhr

1. Auflage 2018

© **2018 GRÄFE UND UNZER VERLAG GmbH München**
Dieses Buch wurde auf chlorfrei gebleichtem Papier gedruckt.
ISBN 978-3-8464-0265-8

Alle Rechte vorbehalten. Nachdruck, auch auszugsweise, sowie die Verbreitung durch Film, Funk, Fernsehen und Internet, durch fotomechanische Wiedergabe, Tonträger und Datenverarbeitungssysteme jeglicher Art nur mit schriftlicher Genehmigung des Verlages.

Bei Interesse an maßgeschneiderten POLYGLOTT-Produkten:
Verónica Reisenegger
veronica.reisenegger@graefe-und-unzer.de

Bei Interesse an Anzeigen:
KV Kommunalverlag GmbH & Co KG
Tel. 089/928 09 60
info@kommunal-verlag.de

Redaktionsleitung: Grit Müller
Verlagsredaktion: Anne-Katrin Scheiter
Autor: Wolfgang Rössig
Bildredaktion: Nafsika Mylona, Tobias Schärtl
Karten und Pläne: GeoGraphic Production GmbH
Titeldesign: Patrick Tümmers
Satz: Tim Schulz, Mainz
Herstellung: Anna Bäumner
Druck und Bindung: Drukarnia Dimograf Sp. zo. o. (Polen)

Ein Unternehmen der
GANSKE VERLAGSGRUPPE

100 Sehnsuchtsziele

Im Norden

Mecklenburg-Vorpommern
1 Rügen
2 Hiddensee
3 Stralsund
4 Halbinsel Fischland-Darß-Zingst
5 Mecklenburgische Seenplatte
6 Heiligendamm
7 Wismar

Schleswig-Holstein
8 Lübeck
9 Holsteinische Schweiz
10 Schleswig
11 Friedrichstadt
12 Nord-Ostsee-Kanal
13 Westerhever
14 Sylter Listland
15 Helgoland

Hamburg
16 Hamburg

Niedersachsen
17 Lüneburger Heide
18 Hildesheim
19 Hannoversch Münden
20 Hameln
21 Altes Land
22 Worpswede
23 Bremerhaven

Im Osten

Berlin
24 Berlin
25 Berliner Museumsinsel

Brandenburg
26 Sanssouci
27 Mark Brandenburg
28 Niederfinow
29 Spreewald

Sachsen-Anhalt
30 Wittenberg
31 Dessau-Wörlitz
32 Dessau
33 Dom zu Magdeburg
34 Quedlinburg
35 Harz
36 Naumburg

Thüringen
37 Weimar
38 Erfurt
39 Wartburg

Sachsen
40 Leipzig
41 Erzgebirge
42 Meißen
43 Schloss Moritzburg
44 Dresden
45 Sächsische Schweiz
46 Bad Muskau
47 Görlitz

Im Süden

Bayern
48 Würzburg
49 Rothenburg ob der Tauber
50 Bamberg
51 Nürnberg
52 Regensburg
53 Bayerischer Wald
54 Passau
55 Fraueninsel im Chiemsee
56 Königssee
57 Münchner Museen
58 Münchner Biergärten
59 Augsburg
60 Ammersee
61 Bernried
62 Murnau
63 Wieskirche
64 Neuschwanstein
65 Zugspitze

Baden-Württemberg
66 Ulm
67 Blaubeuren
68 Tübingen
69 Reichenau
70 Freiburg
71 Baden-Baden
72 Kloster Maulbronn
73 Heidelberg
74 Schwetzingen
75 Neckartal

Im Westen

Nordrhein-Westfalen
76 Corvey
77 Lemgo
78 Soest
79 Atta-Höhle
80 Münsterland
81 Zeche Zollverein
82 Köln
83 Brühl
84 Aachen
85 Drachenfels

Rheinland-Pfalz
86 Maria Laach
87 Burg Eltz
88 Mittelrheintal
89 Trier und das Moseltal
90 Mainz
91 Worms
92 Lorsch
93 Speyer
94 Kaiserburg Trifels

Saarland
95 Völklinger Eisenhütte

Hessen
96 Kloster Eberbach
97 Odenwald
98 Darmstadt
99 Limburg
100 Reinhardswald